帆船，在诗海上漂流

——俄汉诗歌翻译研究

谷羽　著

南开大学出版社

天　津

图书在版编目(CIP)数据

帆船，在诗海上漂流：俄汉诗歌翻译研究 / 谷羽著
. —天津：南开大学出版社，2019.1
ISBN 978-7-310-05500-5

Ⅰ.①帆… Ⅱ.①谷… Ⅲ.①俄语－诗歌－翻译－研
究 Ⅳ.①H355.9

中国版本图书馆 CIP 数据核字(2017)第 287999 号

南开大学出版社出版发行
出版人:刘运峰
地址:天津市南开区卫津路 94 号　　邮政编码:300071
营销部电话:(022)23508339　23500755
营销部传真:(022)23508542　　邮购部电话:(022)23502200
＊
唐山鼎瑞印刷有限公司印刷
全国各地新华书店经销
＊
2019 年 1 月第 1 版　　2019 年 1 月第 1 次印刷
210×148 毫米　32 开本　16.75 印张　2 插页　433 千字
定价:50.00 元

如遇图书印装质量问题,请与本社营销部联系调换,电话:(022)23507125

与诗结缘　默默耕耘

谷　羽

今年我七十七岁，回望六十年前，1957 年刚上高中，开始学习俄语，舌尖颤音发不出来，光练打嘟噜就练了一个多月，后来学名词变格、动词变位，几乎张口就出错，初步体会用两个字概括：真难！当时最喜欢的课程是语文、作文，还喜欢诗歌，课余时间常悄悄写诗。

我们班四十多个同学，临近毕业考大学的时候，报文科的只有两个人。我报的第一志愿是南开大学中文系古典文学专业，第二志愿是北京师范大学历史系，根本没有报俄语。出乎意料的是，我被南开大学录取，却分配到外文系学俄语，这真是怕什么来什么，很长时间感到郁闷和失落，一直懊悔语文没有考好。

去年 8 月，我的老师叶乃芳先生九十寿辰，他的几个研究生来天津为导师祝寿，约我一起吃饭。席间，叶老师忽然对我说："小谷，告诉你个秘密，你是我从中文系要过来的！"我听了简直惊呆了，一时不知道说什么才好。1960 年南开大学外文系恢复俄语招生，报考的学生不多，于是从中文系挑选了几个转到外文系学俄语，我就是其中之一，这就叫作命运。五十多年前的秘密解开了，我不抱怨叶老师，反而心存感激。我心里明白，正是叶老师为我推开了一扇门，从而使我有缘走进俄罗斯文学的广阔天地，聆听俄罗斯诗歌美妙的旋律。

升入大学，当时没有转系一说，服从分配是板上钉钉的事，不容商量，我只能耐着性子学俄语。感谢外文系俄语专业的各位老师，他们大都有留学苏联的经历，没有出过国的，也都是研究生毕业，个个精通业务，循循善诱，关怀爱护学生，善于启发调动学生的主动性和积极性。老师们说俄语，语音语调流畅和谐，读课文，悦耳动听，再加上生活中的关怀体贴，不知不觉中，我对俄语的看法改变了，逐渐打消了畏难情绪，巩固了专业思想，学习有了兴趣，自然也就产生了动力，成绩也越来越好。

学到三年级，叶乃芳先生为我们讲授欧洲文学史，拓宽了我们的文化视野，让我们接触到一些世界名著。曹中德老师给我们上俄罗斯文学选读，连续介绍诗人普希金、莱蒙托夫、费特、阿赫玛托娃、叶赛宁，带领学生朗诵诗歌，分析俄罗斯诗歌的音韵结构和艺术特色。俄语诗节奏明快，音韵优美，学生大都爱上曹老师的课，他引导我们进入了俄罗斯诗歌的艺术天地，让我们领略到美妙的音响和奇异的风光。我由此大开眼界，对俄罗斯诗歌从爱好发展到痴迷，尝试翻译俄罗斯诗歌，就是从那时候开始的。后来我才知道，曹老师的父亲是著名翻译家、诗人曹葆华先生，曹老师热爱诗歌是有家传的。他在莫斯科大学攻读新闻系，能用俄语写诗，他的夫人有俄罗斯血统，怪不得他讲起课来那么引人入胜，读起诗来那样神采飞扬。

1965 年大学毕业，我有幸留在南开成了一名教师。先是下乡参加"四清"，锻炼一年，返校后赶上"文革"，看大字报，批判"封资修"，上山下乡，长途拉练，参加劳动，接受再教育，几年不摸书本，借用莱蒙托夫的诗句，白白流逝了黄金般的岁月。

1971 年起，我开始为工农兵学员上俄语基础课，屈指一算，高中三年，大学五年，学了八年俄语，可是用"听、说、写、读、译"五把尺子衡量自己，前三项的能力依然很弱，后两项稍好一点儿，可真要登上讲台面对学生，还是底气不足。几年后，我转到俄罗斯文学教研室，给学生讲授 19 世纪俄罗斯文学史，以后又自编教材，上俄罗斯诗歌选读课，可以说是现趸现卖，边学边教，在备课与教学实践中不断磨练，慢慢储备知识和积累经验。

业余时间，我开始翻译俄罗斯文学作品，先从童话、寓言、短诗入手，主要是考虑到这些作品篇幅短小，可以利用零星时间。在翻译过程中，我得到了前辈师长的指点和帮助，受益良多。我翻译克雷洛夫寓言，陈云路老师、臧传真先生审阅初稿，提出了宝贵的修改意见；系主任李霁野先生推荐拙译克雷洛夫寓言和莱蒙托夫抒情诗给《天津日报》和《新港》杂志，帮助我实现了译作变成铅字的梦想。我翻译陀思妥耶夫斯基中篇小说《白夜》《鳄鱼》，潘同龙先生逐词逐句修改，那密密麻麻的红色笔迹渗透着老师的心血，两份手稿成为我的珍藏品。我在叶乃芳先生的指导下撰写论文，第一次参加全国性的学术会议，1980 年 4 月，珞珈山樱花开放的季节，在武汉大学马雅可夫斯基诗歌研讨会期间，我见到了著名诗歌翻译家戈宝权先生、余振先生，认识了飞白先生和高莽先生。此后，高莽先生主编《当代苏联诗选》《苏联女诗人抒情诗选》《普希金抒情诗全集》，都给了我参与译诗的机会。去北京统稿、开会，我认识了更多的诗歌翻译家前辈和朋友。可以说，是高莽先生引导我走上了诗歌翻译的道路。

在高莽先生的引荐和帮助下，我先后参加了人民文学出版社《普希金全集》（七卷本）和浙江文艺出版社《普希金全集》（八卷本）的翻译工作。我个人翻译的《普希金爱情诗全编》和《普希金童话》也陆续出版。外国文学出版社出版"小白桦诗库"时，收入了我翻译的罗日杰斯特文斯基的诗选《一切始于爱情》，高莽先生为这本书撰写了序言。此后，顾蕴璞先生主编《莱蒙托夫全集》（五卷本），我应约翻译了诗人的 14 首长诗。

1988 年 11 月，受国家教委派遣，我有幸到列宁格勒大学进修一年，亲身体验了俄罗斯人对诗歌的痴迷、对诗人的热爱和尊崇。在城市漫步，经常能看到诗人的雕像，雕像前面常常摆放着鲜花；诗人故居纪念馆常年开放，遇到节日参观拜谒的人络绎不绝；书店里陈列着各种诗集，大学和作家协会经常举办诗歌朗诵会。我有幸参观了普希金就读的皇村学校、莫伊卡运河畔的诗人故居、普斯科夫省圣山普希金墓地、米哈伊洛夫斯克庄园自然保护区、诗人进行决斗的小黑河林间空地；凭吊了列宁格勒市郊科马罗沃的阿赫玛托娃墓地；在莫斯科拜访了卡扎科娃、罗日杰斯特文斯基、库兹涅佐夫、玛特维耶娃、伽姆扎托夫、米哈尔科夫等诗人，因为我翻译过他们的作品；去梁赞访问了叶赛宁的家乡，在诗人故居纪念馆，通过老式唱机的唱盘聆听诗人朗诵诗歌的声音：高昂、尖细、微微颤抖，在空气中回旋飘荡，留下的印象深刻而持久……

在列宁格勒，我结识了许多朋友，拜访过一些诗人、学者、汉学家。他们知道我翻译俄罗斯诗歌，就把诗集送给我。诗人舍甫涅尔不仅把他的两本诗集赠送给我留念，还把茨维塔耶娃的两卷集也送给我；库什涅尔送给我刚刚出版的诗集《活篱笆》；我的导师格尔曼·菲里波夫先生赠送我的是非常珍贵的诗集《俄罗斯诗歌三世纪》和《诗国漫游》两卷集；跟我学习汉语的学生沃洛佳送给我苏联科学院四卷本《俄罗斯文学史》，还有布罗茨基诗歌手稿的打印本；跟我同期在那里访学的天津医学院阎佩琦教授了解我的爱好，就把朋友送给他的俄罗斯爱情诗集《美妙的瞬间》转赠给我……所有这些，都让我感动，让我永远铭记在心。

在列宁格勒进修期间，我还跟俄罗斯诗人、学者合作，把中国当代诗歌译成俄语。我逐词逐句翻译的初稿，由俄罗斯朋友加工润色。我们先后翻译了70多首诗，其中既有牛汉、流沙河、邵燕祥等著名诗人的作品，也有年轻诗人北岛、顾城、芒克、车前子等朦胧派年轻诗人的诗作。当时恰巧赶上戈尔巴乔夫访华，中苏两国关系改善，这些诗歌有30多首在列宁格勒三家报纸和《星》杂志上陆续发表。

回国以后，我把学术研究的关注点转向俄罗斯白银时代，20世纪90年代后期指导硕士研究生，学位论文题目大都跟白银时代的诗人和作家有关。

1999 年，普希金诞辰二百周年。这一年我出版了《俄罗斯名诗 300 首》，同年 10 月荣获俄罗斯联邦文化部颁发的普希金纪念奖章和荣誉证书，多年的诗歌翻译得到了肯定和鼓励。在北京俄罗斯驻华大使馆颁发奖章的大会上，我朗诵了自己创作的诗歌，赞颂俄罗斯诗坛的太阳——普希金。

2002 年退休以后，我除了继续在南开大学汉语言文化学院兼课，为外国留学生讲授高级汉语口语，还自编教材，开了中国古典诗歌选读课，这门课受到留学生的喜爱和好评。

2003 年，俄罗斯汉学家李福清先生成了南开大学外国语学院的特聘教授，几乎每年都来天津讲学。在李福清先生的帮助下，我与高校俄语专业 25 位同行合作翻译了四卷本 195 万字的《俄罗斯白银时代文学史》。此后多年，我跟李福清先生保持联系，有问题就向他请教。他撰写的论文《阿列克谢耶夫院士译〈聊斋〉》寄给我征求意见，我用两个月时间译出了这篇七万五千字的文章，寄给他审阅修订。他在回信中说："谷羽，您是真正的劳动模范！"我撰写了两万七千字的论文《阿翰林呕心沥血译诗词》，研究和评论阿列克谢耶夫翻译的《聊斋》诗词，李福清院士把这篇文章收进了他的七十五岁纪念文集，并在俄罗斯发表。

阿列克谢耶夫院士和他的弟子们的著作，以及我亲眼见过的汉学家孟列夫、谢列布里亚科夫，翻译家车连义、陶奇夫、庞英、齐一得，都给我留下了深刻印象。他们严谨的学风，执着的研究精神和科学的治学方法，都为我树立了典范。我对其中一条印象深刻，就是翻译应与研究结合，在翻译诗歌和文学作品的基础上，撰写研究或评论文章。回顾这二三十年，我自己也写了不少或长或短的文章，大约有五十多万字。

2014 年，在南开大学外国语学院新任院长阎国栋教授的帮助下，经过申请，我得到南开大学科研处的资助，得以出版文集。

我挑选了四十多篇文章，大致可概括为三条线：一是围绕俄罗斯诗歌史，研究和评论俄罗斯诗人的创作，其中以普希金为研究重点；二是探讨俄罗斯诗歌翻译成汉语的原则与方法，侧重透视分析诗人翻译家查良铮（即穆旦）的译诗经验；三是关注俄罗斯汉学家译介中国诗的历史衍变，其中阿列克谢耶夫院士的学术著作是我关注的中心。此外，我还把自己撰写的一些诗歌赏析文章编入了文集。

　　我在诗歌阅读与翻译的崎岖山路上跋涉了四十多年，留下了或深或浅的脚印。俄语和诗歌带给我的，有痛苦忧伤，也有欢欣喜悦。让我感到欣慰的是，由于退休后学会了使用电脑，利用网络通讯的便利，我结识了一些俄罗斯的新朋友，如，莫斯科翻译《千家诗》的鲍里斯·梅谢里雅科夫，圣彼得堡诗人阿列克谢·菲利莫诺夫，还有翻译《李白诗五百首》、撰写《李白传》、荣获翻译终身成就奖的汉学家谢尔盖·托罗普采夫。我和托罗普采夫合作编选翻译中国诗歌，2017 年春天已经在圣彼得堡出版了《诗国三高峰 辉煌七百年》俄译本，其中包括唐诗 120 首、宋词 90 首、元曲 70 首，目前我们正在合作编选翻译"汉俄对照中国诗歌读本"系列丛书。让我最开心的是，我终于把俄语和我最初渴望报考的专业方向古典诗歌联系了起来。

　　外语是工具，文学是专业，诗歌是最爱。读诗、译诗、写诗、讲诗、评诗，成了我日常生活不可或缺的组成部分，与诗结缘，默默耕耘，让我感到生活的美好和充实。

　　这部文集有机会出版，我要感谢所有帮助过我的前辈师长、各位诗友，感谢南开大学的资助和南开大学外国语学院阎国栋教授的支持，感谢南开大学出版社编辑王冰先生和田睿老师，感谢李正明先生、姜敏老师校对书稿，提出宝贵的修改意见，为这部书稿付出了许多时间和精力。感谢诗歌评论家黄桂元先生，慷慨允诺引用他的文章为文集增色，没有各位师友的关心、帮助和支持，这本文集就难以问世。

最后，我想用自己写的一首诗结束这篇序文：

架桥铺路工

有人说："文学翻译，
是吃力不讨好的劳动，
译得好，
　　　光荣归于原作，
译不好，
　　　自己招惹骂名……"

可真正的译家不重名声，
他们甘愿做架桥铺路工，
陪外来作家过桥，
　　　　　排除障碍，
伴读者出国远行，
　　　　　一路畅通……

译著，是修桥铺路的基石，
辛勤劳作，只求桥宽路平，
广交朋友，心里高兴，
任人褒贬，镇定从容。

2017 年 6 月 6 日
于南开大学龙兴里

（原载《中华读书报》2018 年 1 月 3 日第 9 版）

目　录

俄罗斯诗歌研究

诗歌名篇赏析

俄罗斯诗歌研究

思接千载 视通万里

——普希金抒情诗的时空结构

欣赏普希金的抒情诗可以有不同的视角，分析和阐释诗中的时空关系及结构，是透视诗人情感世界的一种途径。

一、阻隔与超越

古今中外的诗人都多愁善感。时空阻隔是诗人笔下反复吟咏的主题。中国初唐诗人陈子昂在《登幽州台歌》中写道：

> 前不见古人，后不见来者。
> 念天地之悠悠，独怆然而涕下！

悲凉的慨叹抒发了孤独的情怀："古来圣贤多寂寞"，"萧条异代不同时"。南宋词人辛弃疾胸襟旷达，他的名句"不恨古人吾不见，恨古人不见吾狂耳"虽然狂放，却也蕴含着无奈。

普希金因创作《自由颂》触怒沙皇，被流放到俄国南方。1821年，他创作了《致奥维德》，抒发了自己对这位罗马诗人的同情、理解与景仰之情：

> 我是严肃的斯拉夫人，泪不轻弹，
> 我对世界、人生和自己统统不满，
> 但我理解你的歌，不禁心潮起伏，
> 寻觅你的行踪，我是任性的囚徒……①

显然，普希金推崇献身艺术、命运坎坷的奥维德，把这位罗马诗人视为异代知音。他从奥维德的遭遇联想到自己，进一步又联想到后世子孙对自己的评价：

> 欣慰吧，奥维德的桂冠没有凋零！
> 唉，世世代代将不知晓我的姓名，
> 孤傲不群的歌手，黑暗的牺牲品，
> 我的才华平庸浅陋而今行将耗尽，
> 与毕生忧伤、短暂浮名一道消逝……
> 然而后代子孙倘若了解我的身世，
> 来到遥远荒僻之地探访我的遗迹，——
> 挣脱遗忘之岸淡漠冷清的罗网，
> 我的幽灵满怀感激将向他飞翔……

诗中既表现了时空的阻隔，又展现了对阻隔的克服与超越。心理时空超越了历史时空，艺术时空超越了物理时空。普希金尽管与奥维德之间相隔一千八百多年，但奥维德的精神存在于他的诗篇当中，他与古代诗人产生心理共鸣，进行心灵对话，这种心灵相契与感应，不受时空的局限。普希金有理由相信，既然奥维德受到了后人的景仰，那么后世子孙中必定也会有人缅怀自己，

---

① 引自《普希金抒情诗选》，人民文学出版社，1989 年，第 377 页。本诗译者谷羽。

也会有人来比萨拉比亚寻访他的行踪。

如果说《致奥维德》表现的是时间的阻隔及对阻隔的克服，那么《渴望荣誉》则侧重表现空间的阻隔及对阻隔的克服。

普希金在敖德萨期间，与南俄总督的夫人沃隆佐娃产生了恋情，彼此相爱，一度陶醉于浪漫与温柔。然而打击与报复随之降临，像刺目的电光一闪，使四周的景物顿时陷入昏暗。诗人被削去公职，由南方押解至北方，在普斯科夫省米哈伊洛夫斯克遭受监禁。从此，诗人与他的心上人天各一方，相距千里，再也无缘相聚。分离的痛苦使得视虚名如粪土的普希金竟然开始渴望荣誉：

> 此刻，一种新的渴望使我苦恼：
> 我渴望荣誉！我愿让我的荣耀
> 时时传到你的耳畔，让你惊喜，
> 愿我的名字随时随地环绕着你，
> 让你周围的传闻把我高声谈论，
> 你在沉默中谛听我忠诚的声音，
> 愿你牢牢记住我们分手的时候，
> 在花园的夜晚我那最后的祈求。

荣誉、名声，能超越空间的阻隔，成为维系爱情的力量，提醒对方勿忘彼此相爱的山盟海誓。

能克服时空阻隔的除了荣誉、声名，还有歌声与回忆。十二月党人起义失败后，许多起义者被流放到西伯利亚。作为十二月党人的忠诚歌手，普希金依然忠实于往日的信念，忠实于朋友，他深信，自由的歌声能飞入苦役的囚室，如同爱与友谊能穿透重重牢门。为此，他创作了《寄西伯利亚》《给普欣》（1826）等诗歌。在《给普欣》一诗中，普希金谱写了满含情谊的诗句：

我祈求圣洁的神明，

愿我的歌为你的心灵，

带去同样温馨的慰藉，

让它以中学时代的明媚岁月，

照亮你那昏暗的牢笼。①

共同回忆皇村中学时期的美好时光，给身处逆境的挚友带来安慰与激励，使朋友的心贴得更近，纵然彼此相距万里。"海内存知己，天涯若比邻。"这句中国诗可以十分贴切地比况普希金与朋友的关系。由此可见，人生虽时时陷入时空阻隔的困境，但凭借艺术、畅想、回忆、友谊与爱情，总能够超越阻隔，寻找到一条出路。在这一方面，普希金的抒情诗带给了我们慰藉与启迪。

二、变形与往复

我国当代诗歌评论家孙绍振先生在其《美的结构》一书中指出："诗中的时空带有主观色彩，时空变成了心理时空，通常时空关系中不可逾越的界限变得富有奇异的弹性了。"②弹性意味着变形，心理时空既可以压缩，又可能扩展。这种时空变形的艺术处理，在普希金的抒情诗中有不少成功的例证。

"生年不满百，常怀千岁忧。"人生苦短，是古今中外诗歌中屡见不鲜的母题。曹操的《短歌行》、苏轼的《念奴娇·赤壁怀古》，都是这方面千古流传的名篇。有人说，人生短，短到只有三天：昨天、今天和明天。普希金极其敏感，他表现人生

①引自谷羽译《美妙的瞬间：普希金诗选》，广西师范大学出版社，2014年，第147页。本文后面引诗皆出自该书。

②引自孙绍振《美的结构》，人民文学出版社，1988年，第228页。

短暂，诗句形象、大胆、出人意料，把人生压缩为一天，只有
早晨、中午和夜晚。《生命的驿车》（1823）就是时空压缩变形
的范例。

　　在诗人出神入化的点染之下，生活变成了驿车，时间老人成
了须臾不离车座的车夫，而芸芸众生只不过是上车下车、来去匆
匆的过客。早晨，乘客们催着车夫拼命赶路，到中午时分已锐气
大减，经过摇晃颠簸，走过沟沟坎坎，恨不得车速能逐渐减慢。
然而——

　　　　　驿车像从前仍在奔驰，
　　　　　到傍晚我们才逐渐习惯，
　　　　　昏昏欲睡驶向宿营地，
　　　　　而时间老人正催马扬鞭。

　　"昏昏欲睡"象征龙钟老态，"过夜地点"便是长眠的墓地。
时间无情，它从不关心个体生命的生死存亡。深切领悟了这一点，
诗人才倍加珍惜时间与生命，才振作精神，把独到的体验融入诗
篇，用以消解心中的忧虑。

　　同样的情怀，在《该走了，我的朋友……》（1834）一诗中也
得到了展示，只是更加直白：

　　　　　该走了，我的朋友！心儿要求平静！
　　　　　日子一天天飞逝，每时每刻都带走
　　　　　我们一部分生命，你我两个人本想
　　　　　好好生活……可转瞬间将结束残生。
　　　　　世界上没有幸福，却有意志和安宁。
　　　　　令人羡慕的抉择久久酝酿在我心中——
　　　　　我这个疲惫的奴仆很早就想要逃走，

去遥远的所在从事劳作，体验平静。

　　这里除了对人生短暂的慨叹，更有身不由己的悲凉。普希金渴望逃离上流社会的纷扰以及城市的喧嚣，但是既得不到当局的批准，也得不到妻子的体谅，只能陷入双重的无奈。
　　在诗人普希金笔下，时空既可压缩，当然也能够延展。广为传诵的情诗名篇《致凯恩》（1825），就使瞬间变成了永恒。

　　　　　我记得那美妙的瞬间，
　　　　　你，出现在我的面前，
　　　　　宛如轻灵飘忽的精灵，
　　　　　恰似至纯至美的天仙。

　　1819年，普希金在圣彼得堡与凯恩初次相逢，凯恩非凡的美丽震撼了诗人的心灵，美人的声音久久回荡在诗人耳畔，诗人在梦中也几度重见美人的仪容。然而流放生活的痛苦使心灵麻木，他渐渐忘却了美人的情影。不料六年之后，在与米哈伊洛夫斯克相邻的三山村庄园，诗人与凯恩第二次邂逅相逢，美人像诗神缪斯一样，激发了诗人的灵感，引发了他的创作激情，瞬间迸发的创造力赋予美妙的瞬间以永恒的艺术价值，使瞬间得以无限期地延续。在揭示瞬间的美好含义的同时，诗人还采用了对比与反衬的艺术手法，揭示出具有审美价值的瞬间其意义远远超过庸庸碌碌无所作为的岁月流年。对于诗人说来，平庸意味着死亡，有了美，有了爱，才会有崇拜的神明，有灵感，有生命。普希金把美与爱推向了极致，诗思泉涌，喷薄而出，化为佳词丽句，突破了时空局限，扣动着一代又一代读者的心弦。
　　借助畅想、联想、沉思与回忆，普希金在诗国中任意翱翔，了无妨碍，诗中的时空结构具有回环往复的特点，即在回忆中展望，在展望中回忆，时空交错，耐人寻味。

1825 年，普希金在米哈伊洛夫斯克，受地方当局和教会监管，行动没有自由。他曾经谋划逃往国外。在《给奥西波娃》（1825）一诗中透露了个中消息，诗人说他不会长时间在平静的流放中滞留。这首诗的第二、三节写道：

　　但是在远方，在异域，
　　我将会时时处处回想，
　　神游三山村这片土地，
　　这草原、丘陵与小溪，
　　在花园菩提树荫徜徉。

　　当明朗白昼渐渐昏暗，
　　墓地里浮现一个孤魂，
　　他欲飞回自己的家园，
　　怀着缠绵不断的幽怨，
　　把深情目光投向亲人。

诗人先是设想自己逃到异国他乡，继而说自己会神游故土，魂归家园。现在困居乡村，异国他乡是理想之境；等到了异国他乡，曾经居住的乡村又成了魂牵梦萦的地方。畅想与回忆，来回往复，形成一个圆环，时空结构颇具特色。

写于 1835 年的《我又重新造访》，时空结构与上一首诗相似，但又有所区别。诗人在十年之后重返曾在那儿被幽禁两年的米哈伊洛夫斯克，当年的三棵松树附近，已长出一片稚嫩的小松树。诗人向陌生的后代问好，接着说，虽然自己看不到松树蔚然成林，但预言他的孙子会听见松涛的喧哗，并且在那个夜晚会回想起身为诗人的祖父。又是一个往复循环，祖父把希望寄托在孙子身上，而孙子在将来会怀念祖父。这种时空结构使我们不禁联想起李商隐的《夜雨寄北》：

> 君问归期未有期，巴山夜雨涨秋池。
> 何当共剪西窗烛，却话巴山夜雨时。

诗中既包含着空间的往复对照，又体现了时间的回环对比。细读此诗，有助于我们加深对普希金抒情诗时空结构的领悟与理解。

三、转换与过渡

普希金在被流放到俄国南方期间，创作了《囚徒》（1822）一诗。诗中的抒情主人公被关押在潮湿的黑牢里，而铁栅旁边一只被豢养的幼鹰则用目光和叫声发出了呼唤，它似乎在激励囚徒和它一起挣脱羁绊，展翅腾飞：

> 我们是自由之鸟，别再拖延，
> 让我们飞向乌云外的雪山，
> 飞向波涛万里的蓝色海洋，
> 飞向长风伴我遨游的地方！……

牢房，狭小、潮湿、阴暗，是囚徒的现实处境，是他的躯体难以越雷池半步的樊篱，也是失去自由的鹰被拘禁的所在，这种现实环境气氛压抑，令人窒息。而幼鹰心神向往的境界阳光灿烂，空阔辽远，有闪光的雪山、蔚蓝的大海，有万里晴空。

这理想之境与现实之境形成了巨大的反差。普希金在十二行诗句构成的简短篇幅之内，以非凡的艺术想象力，以气势恢宏、大开大合的手法完成了时空转换：由现实时空转向理想时空。

《囚徒》一诗既表现了诗人身遭流放失去自由的生活状况，又表现了他不甘屈服的意志，其艺术构思既有真实生活的依据，又不乏独具个性与才华的创造性。现实时空与理想时空相互联系又相互对照，这种时空结构既有现实主义因素，又充满了浪漫主义色彩，从而产生了强烈的审美感染力。

时空转换与过渡要有一个支点，一个起联结作用的意象。《囚徒》中的幼鹰便是联结现实与理想的关键形象。被豢养的鹰是囚徒的伙伴，同样失去了自由，但它的天性是在九天尽情翱翔。因为有了鹰，出现高山大海、万里长空才合乎逻辑与情理。鹰与囚徒相互依托，鹰是囚徒，囚徒也是鹰。鹰充满激情的呼唤，正是囚徒内心斗争精神的外化。由此可见，时空转换固然需要艺术想象力与布局谋篇的功力，但能否找到转换的支点却是成败的关键。

大幅度进行时空转换的另一杰作是《纪念碑》（1836），只不过时空转换方式略有不同。《囚徒》一诗是由现实时空转向理想时空；而《纪念碑》则相反，由回顾平生迅速转向展望未来，然后又复归到现实。在这首诗中，纪念碑是时空转换的支点，是联结诗人生平业绩与身后名声的纽带：

> 我为自己树立了一座非人工的纪念碑，
> 杂草遮不住人们寻访它踩出的小路，
> 它不甘屈服的头颅挺拔而崔巍，
> 　　足以俯视亚历山大石柱。①

---

① 引自谷羽译《俄罗斯名诗300首》，漓江出版社，1999年，第46页。

　　接下来诗人展望未来，对自己诗歌创作的成就与价值充满了自信：

> 是的，我不会完全消失，预言的琴声
> 将使我的灵魂超脱腐朽而永世长存——
> 我将获得荣耀，只要世界上月光溶溶，
> 　　哪怕只剩下最后一个诗人。

　　如果说这一节是从时光的悠远着眼，那么下一节则是从地域的辽阔入笔：

> 我的名字将会传遍整个伟大的俄罗斯，
> 四海之内所有的语言都将呼唤我，
> 骄傲的斯拉夫子孙，至今野蛮的通古斯，
> 　　芬兰人和草原上的卡尔梅克。

　　诗人之所以满怀自信，断言人民热爱他并且爱得持久，是因为竖琴激发了美好的情感，是因为他在严酷的时代歌颂自由，并且呼吁对身遭厄运的人即十二月党人予以宽容。然而当诗人从想象的时空回归到现实时空的时候，他所面对的依然是上流社会的污蔑、诽谤以及世俗社会的冷漠与蔑视。因此，他感到孤独、愤怒、悲凉与无奈。他只能与诗神缪斯对话，实际上是自己告诫自己：既不畏惧屈辱，也不希求桂冠，对于褒贬誉毁漠然置之，对愚昧的世俗之流不予理睬。

　　通过分析普希金抒情诗的时空结构，我们能更好地理解诗人的个性、才华与技巧。独立的人格、自由的思想、创造的精神贯穿在他的作品之中。诗人的艺术想象力极为丰富，借用刘勰《文

心雕龙·神思》中的十六个字加以形容，十分贴切与精当。这十六个字是：

寂然凝虑，思接千载；

悄焉动容，视通万里。

（为普希金诞辰二百周年而作。原载《俄罗斯文艺》1999 年第 4 期）

超越时空的知音

——查良铮与普希金

　　1836 年 8 月 21 日，离决斗死亡只有五个月零八天，普希金心头萦绕着不祥的预感，挥笔写下了回顾平生、展望未来的抒情名篇《纪念碑》，诗中头两个诗节是：

> 我为自己树起了一座非金石的纪念碑，
> 它和人民款通的路径将不会荒芜，
> 啊，它高高举起了自己不屈的头，
> 高过那纪念亚历山大的石柱。
>
> 不，我不会完全死去——我的心灵将越出
> 我的骨灰，在庄严的琴上逃过腐烂；
> 我的名字会远扬，只要在这月光下的世界
> 哪怕仅仅有一个诗人流传。①

　　普希金心系人民，傲视沙皇，对自己的诗歌成就充满了自信。他断定世界上未来的诗人将传颂他的诗名，实际上这也是诗人对

---

① 引自查良铮译《普希金抒情诗选集》（下），江苏人民出版社，1982 年，第 516 页。

不同时代不同民族与他心灵相通的艺术知音的呼唤。

　　岁月流逝了一百多年，在中国，有一位诗人与普希金产生了心理共鸣，他决心用自己的诗笔翻译普希金，让更多的中国读者了解普希金、热爱普希金，这个人就是 20 世纪 40 年代以笔名穆旦闻名于诗坛的查良铮。换一个角度说，是普希金改变了查良铮的生活道路，使他由诗人变成了诗歌翻译家。从 20 世纪 50 年代初开始，查良铮与普希金结下了不解之缘，是普希金陪伴他走过辉煌，也是普希金陪伴他度过了二十多年的坎坷与磨难。

　　查良铮（1918—1977）一度停止了自己的诗歌创作，而把时间和精力专注于诗歌翻译，其中有主观的因素与条件，也有外在的机缘。这里有必要回顾一下他的大致经历以及他与巴金夫妇的友谊。

　　查良铮出生于天津一个没落的书香门第，他像普希金一样早慧，上南开中学时就开始写诗。他把"查"字上下拆开，写成"木旦"，又取"木"字的同音字"慕"和"穆"，写成"慕旦"或"穆旦"作为笔名，隐含爱慕黎明之意。1935 年 9 月，他以优异成绩考入清华大学外文系，攻读英美文学专业，得以聆听闻一多、朱自清等名师的指教。1937 年抗日战争全面爆发，他随学校南迁至长沙，不久又迁至南岳，转年步行七百多公里至云南蒙自，后至昆明，成为西南联大的学生。1940 年大学毕业后，他留校任教，不久投笔从戎，以中国远征军的身份参加滇缅前线的抗日战争，在野人山经受了九死一生的考验。

　　在西南联大学习期间，查良铮的诗歌创作日趋成熟，逐渐形成了自己的风格。闻一多先生器重他的才华，编《现代诗抄》时收入穆旦 11 首诗，数量仅次于徐志摩而居第二位。到 1948 年，穆旦陆续出版了三本诗集：《探险队》《穆旦诗集》和《旗》，被公认为现代诗派的杰出代表。

　　作为诗人，查良铮的心灵承载着民族的忧患，他关注社会和下层人民的苦难，厌恶权势、暴力和世俗气，渴望心灵自由和人格的独立；在艺术上，他有开阔的视野，力图从西方现代派诗歌艺术中汲取营养，有意识地中国古老的诗歌语汇保持距离。

对于俄语和俄罗斯文学，查良铮早在大学期间就产生了兴趣。在云南蒙自，他结识了西南联大历史系的俄侨教授葛邦福，并跟他学习俄语，到昆明以后，他选修了刘泽荣教授的俄语课。[①]1945年他到沈阳创办《新报》，"几次与驻扎在东北的苏联盟军联欢，已能自如地操着俄语与他们交谈"[②]。1949年8月，查良铮远赴美国留学，在芝加哥大学研究生院攻读英美文学，同时选修了俄罗斯文学，他"是班上最优秀的学生，他的俄语阅读能力超过美国学生，经常让他在课堂上做示范阅读。此外，他还背诵了一本俄文词典。他常说，要掌握一种文字，必须要有一定的词汇量"[③]。由此可见，查良铮已经具备了扎实的俄语功底，这为他日后翻译普希金诗歌创造了良好的条件。

1953年初，查良铮和夫人周与良放弃了留居国外的机会，克服重重困难，毅然回到解放不久的中国，在他们终于盼来的黎明时刻，怀着满腔激情来报效祖国。在上海，巴金和夫人萧珊宴请了查良铮夫妇。萧珊也是西南联大外文系的学生，早就与查良铮相识，当她得知查良铮精通俄语时，极力劝说他从事翻译。巴金当时主持平明出版社，也答应全力支持。1954年4月，查译《波尔塔瓦》《青铜骑士》《高加索的俘虏》三部长诗单行本同时出版。同年10月，查译诗体小说《欧根·奥涅金》问世；12月，包含

① 参见赵瑞蕻《南岳山中，蒙自湖畔——记穆旦，并忆西南联大》，见杜运燮、周与良、李方、张同道、余世存编《丰富和丰富的痛苦——穆旦逝世20周年纪念文集》，北京师范大学出版社，1997年，第178页。
② 引自赵清华《忆良铮》，见杜运燮、周与良、李方、张同道、余世存编《丰富和丰富的痛苦——穆旦逝世20周年纪念文集》，北京师范大学出版社，1997年，第196页。
③ 引自周与良《怀念良铮》，见杜运燮、袁可嘉、周与良编《一个民族已经起来——怀念诗人、翻译家穆旦》，江苏人民出版社，1987年，第130页。

了 160 首诗的查译《普希金抒情诗集》上市发行,初版印数达 38 000
册。一年五本书, 由平明出版社独家出版同一个译者、同一个诗
人的代表作,这大概是空前绝后的现象。经由查良铮之手翻译,
普希金诗歌在中国形成了第一次冲击波,数以万计的中国读者争
相阅读普希金,出现了第一次普希金诗歌热潮,这大概是普希金
做梦也想不到的。

　　从 1954 年到 1958 年, 四年之间, 查良铮出版译著十七本,
其中十一本译自俄文,包括四本文艺理论著作、七本普希金诗作,
其余六本是英语诗歌作品。周与良在回忆文章中写道:"那是良铮
译诗的黄金时代。当时他年富力强, 精力过人, 早起晚睡, 白天
上课, 参加各种会议, 晚上和所有业余时间都用于埋头译诗。"①
"良铮译诗很快, 常全身心地投入译诗的境界, 平日少言寡语, 实
际上是沉浸在译文的构思之中了。他几乎把每个晚上和节假日都
用于翻译工作,从没有夜晚两点钟以前睡觉。"②卞之琳先生在《人
与诗:忆旧说新》一书中说:"五十年代起, 查良铮译诗最勤奋。"
他们对查良铮的评价正好可以互相印证。

　　翻译普希金诗歌, 查良铮有与众不同的特点。概括来说有以
下特点: 译者与诗人气质相似; 译笔速度惊人; 注重音韵格律;
反复修改, 精益求精。

　　虽然在 20 世纪 40 年代, 查良铮的创作注重借鉴西方现代派
的艺术技巧, 但在诗人的内在气质上, 他有许多地方与普希金的
精神息息相通, 他们都关注民族的命运, 思考人生的苦难, 珍视
心灵的自由与独立, 蔑视权贵和流俗。普希金的《自由颂》在严
酷的时代歌唱自由:

---

① 引自周与良《怀念良铮》,见杜运燮、袁可嘉、周与良编《一个民族已经起来——
怀念诗人、翻译家穆旦》,江苏人民出版社, 1987 年, 第 132—133 页。
②引自《穆旦年谱简编》,见穆旦著、李方编《穆旦诗全集》,中国文学出版社, 1996
年, 第 391 页。

来吧，把我的桂冠扯去，

把娇弱的竖琴打破，

我要给世人歌唱自由，

我要打击王位上的罪恶。

查良铮则通过《旗》的意象抒发对自由的追求：

是大家的心，可是比大家聪明，

带着清晨来，随黑夜而受苦，

你最会说出自由的欢欣。

普希金的《乡村》对俄罗斯农民怀着深切的同情：

这里的奴隶听从无情的老爷的皮鞭，

伛偻在别人的犁上，被牵着绳索，

瘦弱不堪地苟延残喘。

查良铮的《赞美》则以质朴的诗笔刻画中国农民的不幸：

一个农夫，他粗糙的身躯移动在田野中，

他是一个女人的孩子，许多孩子的父亲，

多少朝代在他身边升起又降落了，

而把希望和失望压在他身上，

而他永远无言地跟在犁后旋转……

普希金被幽禁在俄国北方乡村，漫漫冬夜里咀嚼孤寂。他听见"风吼着，忽而像是野兽，忽而又像婴儿的哭号"。查良铮则在中国北方的夜里体验到相似的悲凉："风向东吹，风向南吹，风在低矮的小街上旋转，木格的纸窗上堆着沙土，我们在草泥的屋顶上安眠，谁家的儿郎哭了，哇——呜——呜——从屋顶传过屋顶，他就要长大了，渐渐和我们一样地躺下，一样地打鼾。……"

普希金在《先知》一诗中写道：

> 被心灵的饥渴折磨不止，
> 我缓缓行在幽暗的荒原。

查良铮在《隐现》中的诗句正好与之呼应：

> 我们站在这个荒凉的世界上，
> 我们是 20 世纪的众生骚动在它的黑暗里。

正是这种气质的相近和相通，使得查良铮对普希金的诗理解得深刻，表达得准确，同时这种诗人气质也有助于他译笔的机敏。

作为诗人翻译家，查良铮高度重视译诗的形式、格律和音乐性，并强调充分发挥汉语的韧性与潜力。他的论文《谈译诗问题——并答丁一英先生》详细阐述了他的译诗原则。他既反对逐词逐句的死译，也不赞成忽视原作格律的散文化倾向，主张在俄诗汉译实践中兼顾内容与形式，并进行了大胆而有益的探索。他说："译诗不仅是精确地传达原诗的形象问题。它比译散文作品（如小说）多一道麻烦，就是还有形式的问题，这包括诗的韵脚、每行的字数或拍数、旋律、节奏和音乐性，等等。……对于译诗者，结合内容与诗的形式一并译出，这其中的困难，远远比传达朴素的形象或孤立的词句的困难大得多。……考察一首译诗，首先要看它把原作的形象或实质是否鲜明地传达了出来；其次要看它被安排在什么形式中。这两部分，说起来是分立的，实则在实践中就是一件事，即怎样结合诗的形式而译出它的内容。"①

　　在查良铮看来，内容和形式是相辅相成、辩证统一的，他把诗的形式和音乐性提到了应有的高度。作为诗人，他对于普希金原作的节奏与韵律极为敏感，立志以格律诗译格律诗。格律，从来不是他译诗的障碍，在查良铮笔下，音韵格律成了表达诗意内涵和展现艺术魅力的有力武器。

　　广大读者喜爱查良铮译的普希金抒情诗，另一个重要因素是他驾驭汉语灵活大胆，能够充分挖掘母语的韧性与潜力。他敢于打破原诗的句式，重新安排，有时为了整体的和谐，不惜做出局部的调整。作为诗人，他的悟性、激情和灵感，也使他的译作得以保持扣人心弦的艺术魅力。

　　1957年，查良铮开始遇到麻烦，他因为发表了诗作《葬歌》和《九十九家争鸣记》而受到报刊的点名批判。1958年他又因为参加过远征军的所谓"历史问题"而被打入另册，从此被剥夺了教书和发表作品的权利，开始了二十年坎坷屈辱的经历。他先是被管制，劳动改造，"文革"中又被"扫地出门"，下放农村，由此陷于极度的孤立与痛苦。但是在逆境当中，他并未屈服和消沉，而是利用一切可利用的时间读书、思考、翻译和写作。1976年初，他骑自行车不慎摔伤了大腿，股骨骨折。他利用在家休养的时间，开始重新修改普希金诗歌的译稿。同年5月27日，他在给一位年轻朋友的信中写道："我在这期间投入一种工作，每天校改普希金抒情诗，因为我觉得过去弄得草率，现在有条件精益求精，至今我已重抄改好的诗大约有五百首（有印的，有未印的），以备将来有用的一天。……这里的确有许多艺术和细致的味道。"②

　　同年6月15日，他在另一封信中有这样的文字："这两个多

---

　　① 引自查良铮《谈译诗问题——并答丁一英先生》，《郑州大学学报》，1963年第1期。
　　② 引自《致郭保卫的信（十一）》，见穆旦著、曹元勇编《蛇的诱惑》，珠海出版社，1997年，第239页。

月，我一头扎进了普希金，悠游于他的诗中，忘了世界似的，搞了一阵，结果，原以为搞两年吧，不料至今才两个多月，就弄得差不多了，实在也出乎意料。"接下去又说："我是做了大幅度的修改，力求每行都押韵，例如，《寄西伯利亚》一诗，原来韵脚很勉强，又是二、四行韵，一、三行无韵，现在我改成都押韵，而且取消那种勉强状态。"①除去注重形式、韵律更加忠实于原作以外，查良铮在修改译稿时还特别留意俄汉两种语言不同的历史背景与文化内涵，把初译中过于"归化"的用词都加以删除或修正。比如把"博学鸿儒"改为"博学之士"，把"不是翰林"改为"不高居学林"。因为"儒"与"翰林"都是中国特有的概念，改动之后与俄罗斯文化更贴近。

　　查良铮的伤腿未能得到及时的治疗，他抱病修改译稿，以精益求精的态度，以常人难以想象的顽强毅力，把普希金的抒情诗和诗体小说《欧根·奥涅金》译稿重新修订并誊写清楚。经过修改的《欧根·奥涅金》译稿语言更流畅，形式更严谨，已经接近了原作的"奥涅金诗节"。查良铮采用 ababcdcdefefgg 的韵式，每行大致在九个字至十一个字之间，基本上保持了四顿，再现了原诗的每行四音步的节奏感，这些都充分展现了他译笔的严谨。1977年2月，他把这些手稿放进一个帆布小提箱里，交给他的小女儿查平，告诉她说："你最小，希望你好好保存这些译稿，也许等你老了才能出版。"②接着又对夫人周与良说："该译的都译完了。译完了又去干什么呢？"话中透出悲凉与无奈，"似乎对死亡已有预感"。

　　1977年2月24日，查良铮住院准备为伤腿动手术，不料心脏病突发去世，终年只有五十九岁。他把最后的岁月献给了普希金。值得告慰查良铮先生的是，他的译稿没有被尘埋太久。四年

　　①引自《致孙志鸣的信（五）》，见穆旦著、曹元勇编《蛇的诱惑》，珠海出版社，1997年，第270页。
　　②引自《穆旦年谱简编》，见穆旦著、李方编《穆旦诗全集》，中国文学出版社，1996年，第409页。

后，1982 年 1 月，查译修订本《普希金抒情诗选集》（上、下）由江苏人民出版社出版；1983 年 8 月，四川人民出版社出版了《欧根·奥涅金》修订本；《普希金抒情诗选集》则多次再版，总印数高达几十万册，在中国形成了第二次普希金诗歌的冲击波。人们在赞赏普希金的同时，也深深缅怀这位诗人翻译家。著名作家王小波在《我的师承》一文中，推崇查先生的译文是最好的文字，认为查先生对他的帮助比中国近代一切著作家对他帮助的总和还要大。

查良铮不仅翻译普希金的诗，他在生命的最后一年又开始写诗了，而作品显然受到了普希金的影响，风格与 20 世纪 40 年代相比，发生了明显的变化。如果说他 40 年代的诗是抽象与具象结合，好玄思，句式追求陌生化，晚年的诗则转向从容、沉静、豁达，语言趋向平易明朗，形式更加工整。诗作《停电以后》表现的是诗人在没有阳光又遭遇停电的夜晚，点燃蜡烛，继续工作，对太阳倍加憧憬的情感。诗中所写的他的工作就包括修改普希金诗译稿。这时候，他必定想起了普希金的《酒神之歌》：

祝诗神万岁！祝理性光芒万丈！
……
祝太阳万岁！让黑暗永远隐藏！

查良铮还有一首诗《听说我老了》，表达诗人与世俗的隔膜，人们只看到他的外表，却并不了解他的内心世界。诗人说：

人们对我说：你老了，你老了，
但谁也没有看见赤裸的我，
只有在我深心的旷野中，
才高唱出真正的自我之歌。

它唱着，"时间愚弄不了我，
我没有卖给青春，也不卖给老年，
我只不过随时序换一换装，
参加这场化装舞会的表演。"

"但我常常和大雁在碧空翱翔，
或者和蛟龙在海里翻腾，
凝神的山峦也时常邀请我，
到它那辽阔的静穆里做梦。"

　　虽然境遇困窘艰难，但诗人决不出卖自己的良心，他要保持自己的个性与尊严。此时，他必定想起了普希金《囚徒》一诗中雏鹰的呼唤：

我们是自由之鸟，别再拖延，
让我们飞向乌云外的雪山，
飞向波涛万里的蓝色海洋，
飞向长风伴我遨游的地方！……

　　山峦、海洋、碧空，意境相似。只是查良铮的诗句中增加了大雁、蛟龙这样一些凝结着中国文化内涵的意象，从而多了一份中国诗歌的意蕴与情怀。
　　查良铮晚年还写了《春》《夏》《秋》《冬》一组诗，在气质上与普希金的《秋》《冬》有内在的呼应。诗人亲近自然，思念朋友，诗句中充溢着人文关怀与哲理思考：

我爱在雪花飘飞的不眠之夜，
把已死去或尚存的亲人轸念，

当茫茫白雪铺下遗忘的世界，

我愿意感情的热流溢于心间，

来温暖人生的这严酷的冬天。

这样的诗行充满了浓浓的人情味，它使人想起普希金的《寄普欣》《生命的驿车》，想起他在每年 10 月 19 日写的怀念皇村中学的同学和朋友的诗章。

普希金只活了三十七岁，二十岁以后历经流放、监禁，重返京都以后，仍然受到沙皇警察厅的暗中监视，行动没有自由。查良铮活了五十九年，早年动荡漂泊，晚年身处逆境，也是半世坎坷。当查良铮晚年重新修改普希金诗译稿时，一定把自己的人生感受都融进了译笔，而当他重新创作诗歌时，也并不排除翻译过程中触发的感情与联想。查良铮在最孤独的时刻，与普希金进行心灵的对话，从中获得了力量与灵感，中国与俄罗斯的两位真正的诗人成为异代知音，这将是中外文化交流史中一个意义深远的话题。著名诗人公刘说过："作为诗歌翻译家——另一种意义上的诗人——穆旦是不朽的。他的许多译诗是第一流的。不同语言的山阻水隔，竟没有能够困扰诗人的跋涉。人们将铭记他的功勋。"①是的，人们将会铭记查良铮，铭记他的诗歌和译作，铭记普希金和查良铮这一对超越时空的知音，铭记他们追求自由的精神、不屈不挠的品格、美好的心灵和坎坷的命运。但愿人们在铭记这两位诗人的同时，也能认真思考诗人的悲剧命运，思考为什么"时代孕育并创造了天才，但时代在创造天才的同时也开始了对他的扼杀"②。

（原载张铁夫主编《普希金与中国》，岳麓书社，2000 年）

---

① 引自周与良《怀念良铮》，见杜运燮、袁可嘉、周与良编《一个民族已经起来——怀念诗人、翻译家穆旦》，江苏人民出版社，1987 年，第 129 页。

② 引自谢冕《一颗星亮在天边》，见穆旦著、李方编《穆旦诗全集》，中国文学出版社，1996 年，第 10 页。

悲剧源于仇杀

——莱蒙托夫的长诗《哈志·阿勃列克》

这是二百多年前发生在高加索山区的一个震撼人心的悲惨故事。

天真无邪的少女列伊拉为了追求幸福与爱情，跟随她的情人私奔，离开了年迈苍老的父亲。老人孤苦无依，一心想找回自己的女儿。他请求山村的武士为他帮忙。年轻的哈志自告奋勇愿意前往。

原来，列伊拉的情人曾经杀死哈志的兄长，因而是哈志的仇人。哈志此行的真正目的，并非为老人寻找女儿，而是借机报仇，实现多年的心愿，完成兄长临终的嘱托。

经过长途跋涉，哈志终于找到了列伊拉。列伊拉成了一个富裕家庭的主妇，生活美满又幸福。她热情款待家乡的来客，为他献上美酒佳肴，还拿来铃鼓跳舞唱歌为客人助兴。她万万没有料到，来客竟然会对一个手无寸铁的无辜女子狠下毒手。

为报兄仇的哈志不去寻找列伊拉的情人布拉特决斗，却杀死了年轻美貌的列伊拉。冷酷的凶手有他自己的理由：毁灭仇人钟情的女子才能给他的心灵以致命的摧残！这真是常人难以理解的逻辑。哈志杀死了列伊拉，又带着少女的人头去见老人。老人始料不及，万分惊恐悲伤，当场死亡。后来，哈志与布拉特再次相遇，经过一场恶斗而同归于尽。

莱蒙托夫以高加索少数民族的民间传说为素材，谱写了一曲由于家族间相互仇杀而酿成的人间悲剧，从而展示了被仇恨扭曲的人性。正是这种冷酷无情、残忍盲目的仇恨，导致了真善美的毁灭，摧残了生机勃发的生命之花，长诗中蕴含着年轻诗人的哲理思考：善与恶的较量，其结果并不总以人心向背为转移。

诗人以赞赏与同情的笔触刻画了列伊拉的形象。她美丽、纯真、大胆而热情，为了爱情远走他乡。她在父爱与爱情的矛盾中做出了颇有主见的抉择。年轻的姑娘有自己的信念：

> 上帝的世界无处不美！
> 心灵原本就没有故乡。
> 它不惧怕强暴的力量，
> 展翅飞腾像鸟儿一样。
> 相信我吧：幸福乐土——
> 是有爱与信任的地方！

与列伊拉的生活信念相反，哈志的精神支柱是复仇，他的唯一追求是报复的刺激与犯罪的快感。他发誓说："为了复仇的唯一时刻，我不惜抛弃整个世界！"他不仅杀死了苦苦求饶的列伊拉，又带着人头去见老人，摧残一个与他无冤无仇的无辜长者。可以说，这个人物已经丧失人性，心理变态，几近疯狂。

莱蒙托夫以十分冷静客观的描写，刻画了两种性格，表现了两种观念的冲突，最终善不敌恶，美毁灭于丑，残酷的现实使读者心灵震颤，陷入沉思。

长诗中的老人，性格充满了矛盾。他思女心切，盼女归来，但是他对女儿的离家出走并不理解。他不像普希金笔下的驿站长维林那样明智、宽容、无私与豁达，那样甘心独自承受痛苦，不忍搅扰女儿的幸福。维林具有博大的慈父胸怀与自我牺牲精神。列伊拉的父亲只想到自己的孤独与痛苦，他忽视了女儿的情感、独立的人格与追求。他不明白，女儿不可能终生陪伴他而不寻求自己的所爱。从这个意义上说，他的父爱显得偏执而自私，从而成了引发女儿不幸死亡的直接诱因。

在长诗创作中，莱蒙托夫显然受到了普希金的影响。和普希金的长诗《茨冈》一样，莱蒙托夫成功地采用了戏剧性的对话和内心独白，把戏剧因素糅进了长诗。故事情节的发展一波三折，充满悬念和出人意料的因素。比如老人的求助与哈志的自告奋勇，列伊拉的热情待客与客人的顿生杀机，老人盼望哈志领女儿归来，不料却目睹了女儿的人头，这些场面都写得紧张曲折，不落俗套，显示出诗人的才华。

塑造人物性格时，诗人擅长运用对比与反衬的艺术手法。老人的衰迈无力、痛苦无奈，与哈志的强壮果断、剽悍刚毅形成反差；列伊拉的纯洁热情、开朗善良，与哈志的冷酷阴鸷形成对照；归途中，马的惊诧也烘托出哈志的冷酷无情。在这种对比之中，人物性格益发鲜明生动，令人印象深刻。

长诗的语言洗练、准确，极富表现力，比如，诗人以多彩的画笔描写高加索早晨的云：

> 早晨的万物尽情呼吸，
> 峡谷的云朵已经苏醒，
> 它像一片玫瑰色的帆，
> 飘舞空中，驾驭长风。

写得何等飘逸、清新、传神！
又如，写早晨野葡萄藤上的露水：

> 道路旁边高高的悬崖，
> 垂下一条条野葡萄藤，
> 马与骑手常碰到藤条，
> 洒一片银雨滴滴晶莹。

鲜明如画，使你简直能感受到露珠洒在身上的清凉！
写列伊拉为哈志劝酒，唱歌跳舞，宛如霞光中一只彩蝶：

> 在客人面前飞舞盘旋，
> 洁白的双臂举起铃鼓，
> 悦耳的鼓声连续不断。

　　绘声绘色地表现出列伊拉的美好心灵，使读者如同亲眼目睹了她的舞姿，亲耳聆听了她的鼓声。这样纯情的姑娘突遭不幸，哪个读者能不为之感叹、痛惜！
　　诗中写哈志行凶，笔调冷峻，节奏加快：

> 钢刀一闪，手疾眼快，
> 一颗人头，滚落尘埃……
> 哈志的手上鲜血淋漓，
> 从地上提起那颗脑袋。
> 他用凌乱如麻的发辫，
> 擦了一把锐利的刀锋，
> 披上毛茸茸的毡斗篷，
> 遮住他那冷酷的面孔。

凶手的残忍乃至狰狞，触目惊心。
长诗原作的韵律为四音步抑扬格，异常工整。译诗采用每行九字四顿，力图再现原作的音乐性，这是须附带说明的一点。《哈志·阿勃列克》创作于 1833 年。当时十九岁的莱蒙托夫就读于圣彼得堡骠骑兵士官学校。后来，他的同学未经他同意，把这首长诗的手稿寄给了《读者文库》，竟一投中的，发表于该刊 1835 年第 11 期，成了莱蒙托夫公开发表的第一部长诗。值得一提的是，普希金读过这部作品，并予以关注，别林斯基也曾在评论中予以肯定的评价。

从莱蒙托夫这部长诗初次问世的 1835 年至今，光阴悠悠，已经过了一个半世纪。然而诗人所描述的悲剧非但没有消失，反而一再重演。世界上民族之间的流血战争，家族之间的世代仇杀，在有些地区愈演愈烈，造成了多少无辜生命的毁灭！因而，即便在今天，我们也不妨听听俄罗斯大诗人莱蒙托夫的呼吁：多一些爱与信任，少一些仇恨与猜忌，也许这个世界会多一份安宁，多一份和谐。

（原载《俄罗斯文艺》1994 年第 6 期）

阴影 星光 霞光 灯光

——俄罗斯纯艺术派诗人费特的诗路历程

　　一个半世纪之前，俄罗斯《祖国纪事》杂志 1856 年第 5 期第 37 页刊登了一首题为《影》的诗歌译文：

> 塔的影子落在所有的台阶，
> 无论怎么扫也扫不干净，
> 太阳还来不及收起这影子，
> 月亮又照出了塔的阴影。

　　原来这里翻译的是我国宋代大诗人苏轼的七言绝句《花影》，汉语原文是：

> 重重叠叠上瑶台，几度呼童扫不开。
> 刚被太阳收拾去，却教明月送将来。

　　把这首诗译成俄语的是纯艺术派诗人阿方纳西·阿方纳西耶维奇·费特（1820—1892）。诗人不懂汉语，他是依据德文转译的。"花影"译成了"塔影"，究竟是德文译者的笔误，还是俄罗斯诗人费特的误解，现在已无从考证。值得指出的是，据说这是俄国刊物上正式发表的第一首俄译汉语诗歌。

"花影"也好，"塔影"也罢，终归都是阴影，象征着心里感受到的沉重与无奈。为什么这扫不干净的阴影引起了诗人费特的关注呢？这个问题倒值得思考。其实，诗人费特心里确实存在一些难以清除的阴影，其中有身世造成的阴影，有恋爱产生的阴影，也有社会经历留下的阴影。

阿方纳西·申欣是个俄罗斯贵族地主，他在四十四岁的时候去德国旅游疗养，其间认识了二十二岁的夏绿蒂·菲奥特。这个俄国男人不知施展了什么样的魔法，居然让德国少妇疯狂地爱上了他。夏绿蒂撇下了她的女儿和丈夫，跟申欣私奔逃回了俄国，不久之后她生了个男孩儿，起名也叫阿方纳西。这一对男女两年后才在教堂正式结婚。孩子长到十四岁时，不料，教会出面干涉，认为他是父母正式结婚前出生的，属于私生子，不能姓申欣这个姓，也不能继承贵族身份与特权。十四岁的少年，怎么能承受这样的打击呢？他的心里自然留下了浓重的阴影。

可怜无助的少年，只好使用母亲的姓氏菲奥特。他先是在一所德语寄宿学校读书，十八岁进入莫斯科大学语文系，上中学期间就开始写诗，读大学时不仅写诗，还开始翻译诗歌。他的德语和俄语一样好，他把歌德、海涅的抒情诗翻译成俄语，得到好朋友波隆斯基、戈利高里耶夫等人的赞赏。二十岁时出版了第一本诗集，在俄罗斯诗坛崭露头角。他写的抒情诗《黎明时你不要把她叫醒……》《含愁的白桦》《求你不要离开我……》《我来看望你……》等，不仅受到一般读者的好评，而且引起了作曲家的关注，他们开始为这位年轻诗人的作品谱曲，就连著名评论家别林斯基也赞赏他的才华。

身在校园的诗人给报刊投稿，起初署名为"阿·菲"或"菲奥特"，不料有一次编辑部给他改成了"费特"，他索性就用"费特"做了自己的笔名和姓氏。可是在他内心深处，最想使用的姓氏仍然是——申欣，因为那是被剥夺的姓，是贵族身份的象征。怎样才能失而复得，名正言顺地使用"申欣"这个姓，怎样才能重新得到贵族身份，成了这个年轻诗人的一块心病。

大学毕业时，他已经是名满京都的诗人了。照一般人看来，他会留在莫斯科，进入文学界，或者谋个官差，业余写诗。出乎所有人的意料，费特离开了莫斯科，他参军服役，跟随一个骑兵团到了遥远的俄国南方赫尔松省，部队的营地就驻扎在乡下。他下决心走投笔从戎这条艰苦的道路，唯一的目的就是想在军队中得到升迁，最终赢得贵族称号。可是人算不如天算，他在军队中服役十年，不仅没有达到取得贵族身份的目的，反而遭遇了另一次重大挫折，心灵又一次被阴影笼罩。

费特在南方乡村遇到了少女玛丽娅·拉季绮，她是个小地主的女儿，容貌秀丽，文静娴雅，喜欢文学和诗歌，还弹得一手好钢琴。费特最爱听她弹奏李斯特的乐曲。乡下生活单调枯燥，能欣赏悠扬的钢琴曲，实在是难得的精神享受。拉季绮爱上了有才华的费特，费特也从心里喜爱拉季绮。

可是究竟要不要娶这个姑娘为妻，费特十分犹豫。一方面，他觉得还没有能力结婚成家；另一方面，心里还有说不出口的盘算。除了那个贵族头衔的远大目标，他还指望未来的妻子能给他带来丰厚的陪嫁。就在他左右为难、进退失据的日子里，拉季绮家里发生了一场火灾，姑娘葬身火海，这给费特留下了终生的懊悔与愧疚。《往日情书》《另一个我》《你身陷火海……》《当你默默诵读……》等诗篇，都是费特怀念拉季绮的伤心之作。"烈火"成了诗人几十年挥之不去的情结。他晚年的诗集《黄昏灯光》里仍然有不少作品描写初恋的少女，抒发痛爱交织的复杂心情。

费特三十三岁时，由于部队换防，来到了圣彼得堡附近，从此又有机会跟首都文学界的人士接触交往。诗人屠格涅夫、涅克拉索夫，作家列夫·托尔斯泰，评论家鲍特金等人都成了他的好朋友。《现代人》杂志经常刊登他的诗歌作品,格林卡、柴可夫斯基等作曲家纷纷为他的抒情诗谱曲。他翻译的海涅的《美人鱼》,先后有十四位作曲家谱曲,他创作的《耳语,怯生生的呼吸……》也有十一位作家谱曲,这从一个侧面说明了费特诗歌的魅力。用萨尔蒂科夫·谢德林的话说:"整个俄罗斯都在传唱费特的浪漫曲。"

费特被称为纯艺术派的代表性诗人,属于这一流派的还有阿·托尔斯泰(1817—1875)、波隆斯基(1819—1898)、迈科夫(1821—1897)和梅伊(1822—1862)等为数不多的诗人。他们的创作题材侧重歌颂爱情、友情、亲情、乡情,描写自然风光,注重诗歌的形式和音乐性,在诗行结构、诗节安排、节奏韵律以及语言运用方面,推陈出新,形成了独特的风格,彰显出不俗的艺术个性。

费特尤其擅长捕捉自然界光与影的微妙变化,善于把握稍纵即逝的瞬间感受。他的抒情诗情景交融,如描绘春天和早晨清新喜悦的情感,描写夜色、星光、月光下人物的感受,尤为出色。《景色清幽……》《耳语,怯生生的呼吸……》《这清晨……》等抒情诗,有意不使用动词,采用意象叠加的手法,新颖别致。《给唱歌的少女》采用通感手法,化虚为实,把听觉形象转化为视觉形象,受到柴可夫斯基的高度赞赏。费特说过:"艺术创作的目的就是追求美!"因此他被冠上"唯美主义"的头衔,又被称为纯艺术派。

1857年7月9日,托尔斯泰给评论家鲍特金写信谈到了费特的诗《又一个五月之夜》。他说:"费特的诗美极了。像这样的诗句:'空中,尾随着夜莺婉转的歌声,到处传播着焦灼,洋溢着爱情。'真是美的极致!像这样大胆而奇妙的抒情笔法,只能属于伟大的诗人,这个好心肠的胖军官从哪儿来的这种本领呢?"细想诗人费特的性格,实在是充满了矛盾。一方面他是才思横溢的诗人，另一方面是肥胖的军官，是工于算计的地主。大概他的激情与诗意源自母亲的遗传，而他的精明盘算则受到了父亲申欣的影响。

19世纪40年代后期到50年代，是纯艺术派非常风光的一个阶段。十年河东，十年河西。进入19世纪60年代以后，伴随着俄罗斯自上而下废除农奴制，社会进入一个动荡变革的时期，平民知识分子走上历史舞台，抗议社会黑暗与不公。以涅克拉索夫为代表的公民诗派掌握了诗坛的主导权，处于主流地位。费特的纯艺术诗歌逐渐被边缘化，遭到非议与冷落。他出版的诗集无人问津，甚至被批评家皮萨列夫嘲讽、挖苦说只配做糊墙壁的衬纸使用。创作连续遭遇打击，自然给费特带来了心理上的又一层阴影。

费特三十七岁的时候，娶了批评家鲍特金的妹妹玛丽娅为妻。虽然她相貌平平，也缺乏艺术气质，而且还是再婚，可她的父亲是经营茶叶的大富商，给女儿的嫁妆十分丰厚，从而大大改善了费特的经济状况。他购置了田庄、土地，成了名副其实的地主。他的诗歌创作越来越少，心思集中在种燕麦、修磨坊、建养马场等杂务上。同时他还担任了民事调解法官，偶有闲暇时间，就阅读叔本华的哲学著作。原来诗歌界的朋友跟他几乎断绝了来往，只有列夫·托尔斯泰跟他保持联系。他有时去离图拉城不远的雅斯纳亚·波良纳庄园做客，托尔斯泰把费特看成知心朋友，有一年还亲手做了一双高筒皮靴送给他，这让费特感动不已。

到了1873年，五十三岁的费特时来运转，经过沙皇特批恩准，终于获得了贵族称号，并得以重新使用"申欣"这个姓氏。为了报答沙皇的恩宠，他不顾年事已高，居然申请当了宫廷侍从，就像当年普希金当宫廷侍从一样，引起了许多文人志士的嘲笑。

进入19世纪80年代以后，费特又重提诗笔，恢复了诗歌创作，依然保持了旺盛的创作热情与活力。他晚年出版的三本诗集均以《黄昏灯光》为书名。

综观诗人费特一生的创作，有个十分有趣的现象，社会生活相对平稳的时期，他的诗歌多受到肯定与好评；而社会动荡变革时期，他的作品便备受冷落。这一规律一直延续了很久。19 世纪与 20 世纪交界的白银时代，俄罗斯一些诗人如巴尔蒙特、勃留索夫、勃洛克，都把费特尊为象征派先驱，赞扬他艺术探索的勇气；十月革命后，费特诗歌再次被打入冷宫，直到 20 世纪 50 年代后期才重新恢复名誉；到了 20 世纪 80 年代，俄罗斯人已把费特视为俄罗斯诗坛十杰之一，他在诗歌史上占有了一席重要地位。经过世代风雨的冲刷，纯艺术派诗人费特终于得到了应有的历史评价。尽管诗人终其一生，在心里累积了重重叠叠的阴影，但是他欣赏月光、星光，赞美晨光、霞光，晚年还"点燃"了柔和的灯光，他留给后人的作品，光明多于阴影，不愧为爱与美的结晶。

（原载《中华读书报》2011 年 11 月 30 日第 19 版）

从辉煌到陨落

——太阳歌手巴尔蒙特和他的诗歌

假如时光倒退回一个世纪之前，放眼俄罗斯文学天地，你会看到诗坛上空高悬一轮辉煌的太阳，大气磅礴，君临天下，其灿烂的光芒无与伦比。这轮太阳就是当时的诗歌之王巴尔蒙特。

19世纪末20世纪初，巴尔蒙特连续出版的四部诗集——《寂静》(1898)、《燃烧的大厦》(1900)、《我们将像太阳！……》(1902)和《唯有爱》(1905)，是当时俄罗斯最为畅销、最有影响的诗歌名著，可以说这些作品征服了广大的诗歌爱好者，也使同时代的诗人自愧不如，不敢与之争锋。这几本诗集给诗人带来了巨大的声誉，也是他创作巅峰阶段的标志。

然而事物的发展规律总是物极必反，太阳有升就有落，巅峰状态难以持久，高峰过后就是下坡，诗歌之王巴尔蒙特同样逃脱不了这样的命运。随着时代风云的变幻，他渐渐淡出了诗歌爱好者的视野，十月革命后不久，他离开了俄罗斯，长期侨居国外，俄罗斯人有意无意地忘记了他。昔日的太阳失去了光辉，逐渐变得暗淡，诗人和他的诗歌无声无息，渐渐被岁月的沙尘所掩埋。

但是，真正的诗歌作品，经得起时间的筛选。金子埋在土里，终究会有发光的日子。一个世纪之后，俄罗斯人重新审视他们的文学遗产，终于再次认识并且高度肯定了巴尔蒙特诗歌的思想内涵和审美价值。作为巴尔蒙特诗歌的爱好者和翻译者，我愿意向国内爱诗的朋友们介绍这位诗人。让我们一起聆听他高亢华丽的声音，欣赏他独具一格的诗作。

一、歌唱太阳赞美风

康斯坦丁·德米特里耶维奇·巴尔蒙特（1867—1942）是俄罗斯象征主义诗歌第一浪潮的代表性人物。他出生于弗拉基米尔省乡村一个贵族家庭。十九岁入莫斯科大学法律系学习，转年因参加学潮被开除学籍。二十三岁出版第一本诗集，未引起任何反响。第二本诗集《在北方天空下》抒发了公民的忧伤，带有模仿涅克拉索夫和民粹派诗歌的痕迹，此后转向象征主义。20世纪初出版的《燃烧的大厦》《我们将像太阳》，使他名震诗坛，成为公认的俄罗斯诗歌之王。安年斯基认为巴尔蒙特开辟了诗歌创作的新路。勃留索夫在一篇评论中写道："在俄罗斯文学中，就艺术技巧而言，没有人能与巴尔蒙特比肩而立。"就连象征派大诗人别雷和勃洛克也都坦然承认他们师承巴尔蒙特。

谈到诗歌创作，巴尔蒙特说过："我认为，象征主义诗歌除了具体内容以外，还有用最纤细温柔的线与它保持有机联系的潜在内容。"象征主义诗人大多追求朦胧的意象，采用隐喻和暗示，甚至带有神秘主义倾向。巴尔蒙特和他们不同。在他的诗中，意象明朗，与现实生活的联系较为紧密。比如，追求光明，歌颂太阳，是他始终喜爱的主题之一。因此，人们称他为"太阳诗人"或"太阳歌手"。在他的心目中，太阳是力与美的象征，是个性的象征，是主体意识的象征。他的诗歌作品肯定生活，乐观向上，具有开朗豪爽的格调，引起了许多年轻读者的共鸣。

《我们将像太阳！……》是巴尔蒙特的代表作，诗篇意气风发，音调昂扬，色彩明快，朝气蓬勃。太阳天天升起，太阳永远年轻。太阳运行，一往无前，充满自信，太阳给人们以鼓舞和启迪。热爱太阳，才会追求新奇和力量，借助阳光才能分辨美丑善恶，认识卑微与圣洁。热爱太阳的人，才热爱自然，富于幻想，热爱生活，不畏惧死亡，将泯灭视为走向永恒。《我们将像太阳！……》的确蕴含着"美"的遗嘱，字里行间闪耀着金灿灿的光辉。

《我来到这世界……》也是一首太阳的赞歌，抒情主人公具有强烈的主体意识。他认为，诗人天生的权利就是观赏太阳、天空、群山、大海，而歌唱太阳则是诗人义不容辞的天职。诗人自信他是天下最出色的太阳歌手，无人匹敌，就连痛苦、遗忘、黑暗和死亡，都动摇不了他的决心和意志。

这首诗采用五音步与三音步交叉的长短句式，诗行工整而富有变化。十个长句有九个以"我"字开头，排比手法营造出一种气势，诗句铿锵有力，节奏鲜明，富有乐感，便于吟诵。它能打动一代又一代年轻读者的心，绝非偶然。但这首诗当年曾受到指责批判，因为诗中的"我"字，成了所谓"个人主义自大狂"的证据，在特定的年代，只能用集体主义的"我们"呐喊，而忌讳用代表个人的"我"字抒情。

巴尔蒙特的另一首诗《我用幻想追踪……》，抒发的也是对太阳的依恋，是黄昏时刻登高望远的感受。脚下已是夜色茫茫，诗人却能在高塔顶层观赏落日。诗中蕴含哲理，但又流露出几丝孤独与凄凉，似乎有"高处不胜寒"的忧虑。从结构上分析，这首诗相当别致，单行的后半句与双行的前半句相重复，巧妙运用顶真手法，造成了音韵回环、流畅和谐的艺术效果，读起来朗朗上口，余味无穷。

除了"太阳"这一意象，巴尔蒙特对"风"也情有独钟。《我不晓得明智……》（1902）、《我是自由的风……》（1903）两首诗可以说是诗人的创作宣言，体现了他特立独行的个性。随心所欲，往来驰骋，他最大的愿望是把飞逝的瞬间化为诗句。诗人发现，变化的世界像彩虹一般奇妙。他挚爱草地、柳丛、田垄、旷原、海洋与天空，置身于自然界总感到心旷神怡。他不愿意跟那些循规蹈矩的聪明人为伍，不愿跟他们对话，只愿呼唤真正爱诗懂诗的畅想家。为此，他不怕受人责骂，也不怕陷于孤立。

巴尔蒙特笔下的"风"，是自由的风，象征着诗人内心的追求与向往；同时它又是健美、雄浑的风，与众不同的风。这种强劲而有气势的风，充分展示了诗人桀骜不驯的个性与才情，当然，也孕育着悲剧性命运的胚芽。《向风呼号》一诗蕴含着预感："带上我吧，像卷走雪花，/ 我过冬的灵魂已满头白发，/ 我吟诗的灵魂开始滑坡。// 我已经厌倦词语梦境事业。/ 无边旷原上威严的风啊，/ 请把我带到你辽远的边界。"艺术的风与时代的风交织在一起，终于把诗人卷向了遥远的天边。这符合巴尔蒙特的心愿，但也昭示着他的无奈。

二、风暴中的苦闷之舟

巴尔蒙特的诗是多声部的，既有向往光明、歌颂太阳的豪爽明朗，也有表现苦闷、抒发惆怅的迂回婉转。诗人痛恨生活中的黑暗与不平，真诚渴望社会变革，一度倾向革命，1905 年革命时期，曾经创作出许多富有革命激情、锋芒犀利的诗篇。但是这种与社会变革相呼应的情绪维持的时间不久，他更多的时候还是固守自己的性情与创作理念，不愿改变自己的艺术见解以适应时代的要求，因而渐渐与社会环境产生隔阂。这是他的诗歌读者逐渐减少的根源，也是他 1921 年最终离开俄罗斯，客居异国他乡的主要原因。

巴尔蒙特的许多诗篇，抒发了 19 世纪和 20 世纪之交社会动荡时期知识分子的彷徨与苦闷。他们有理想，有抱负，有良知，但是无力改变社会现实，只能发出孤独的哀叹。因此，风中的芦苇、濒死的海浪、苦闷的小舟，便成了诗人关注的意象。

《芦苇》是一幅色调阴沉的画儿，又是一幕只有几句台词的独角戏。芦苇象征和暗示着诗人困惑的心境，使读者联想到诗人所处时代及生存环境的险恶。深夜、沼泽、泥潭、下沉的残月、沙沙作响的芦苇、苇丛中明灭不定的星火、蟾蜍和毒蛇……这一连串的意象营造出荒凉凄迷的气氛。芦苇向残月提问，残月却默不作声，困惑的苇丛陷入了苦闷。但闪烁的星火是黑暗中的亮点，毕竟透露出一丝希望。

《白色火焰》展现了奔腾的海浪，既像万千匹白马，又像跳荡的火焰，联想大胆而奇特。但充满活力的波浪终归在岸边平息，像火焰一样渐渐熄灭。面对此情此景，诗人心中萌发出生死转化仅在瞬间的感悟。俄罗斯诗人丘特切夫写过一首诗，题为《海驹》，以骏马神驹比喻汹涌奔腾的海浪，巴尔蒙特显然借鉴了他的隐喻手法，但是他更侧重有关死亡的体验，而不像丘特切夫侧重哲理的探索与追寻。

熟悉俄罗斯诗歌的读者，必定知道莱蒙托夫的《白帆》，孤独的白帆呼唤风暴，似乎在风暴中它才坦然。巴尔蒙特创作的《苦闷的小舟》仿佛是《白帆》的姊妹篇，两首诗之间有着内在的呼应。白帆呼唤暴风雨，暴风雨真的来了，苦闷的小舟有了切身的体验。《苦闷的小舟》是诗人的自我写照，现实社会的动荡使他惶恐，而理想境界又求之不得，纵然梦中有闪光的圣殿，却难以找到通往那里的航线。小舟难以弃水靠岸，因此，被黑暗和风浪吞没，便成了难以逃脱的命运。

这首诗不同凡响之处在于，诗人采用了奇妙的同音手法，赋予诗句以魔笛般的魅力。原作以四音步扬抑格写成，押交叉韵，韵式为 abab，这和传统的俄罗斯诗歌保持了一致。而同音法的采用则显示出它的新奇。第一个诗节一、二两行七个词，全部以相同的辅音开头，重读的元音有四个相同，而且排列有序：

> Вечер. Взморье. Вздохи ветра.
> Величавый возглас волн.

同音法并非巴尔蒙特的发明，但是他把这种艺术手法推向了极致，运用得十分娴熟，充分显示了诗人驾驭语言和韵律的才气与功力。不仅词汇、音节，甚至细微到每个音素，一切语言材料都俯首听命，听从诗人的调遣，这不能不让人佩服。译这样的诗自然相当困难，但也绝非不可转译，因为汉语灵活、简练、词汇丰富，是世界上最适于写诗的语言，自然也是最适于译诗的语言。

> 黄昏。海滨。寒风呼啸。
> 骇浪吼声撼动了天地。

运用汉语拼音的形式，可以更清楚地显示出两行连续七个词以相同的声母开头，再现了原作的风采：

> Huánghūn. Hǎibīn. Hánfēng hūxiào.
> Hàilàng hǒushēng hàndòngle tiāndì.

有人说，辅音同音是文字游戏，就这首诗来说则未必。如果作品没有实质性的内容，热衷于玩弄技巧，当然不可取；但如果诗中既有真实情感，又有时代特色，艺术手法有创造性，那就不该轻易地予以否定。

三、俄罗斯的帕格尼尼

　　在诗歌创作中，巴尔蒙特不懈地追求音乐感，在诗句结构、音韵节奏、语言锤炼等方面锐意创新，从而为推动俄罗斯诗歌的发展做出了贡献。他认为"诗歌是借助有节奏的语言表达出来的内在音乐"。巴尔蒙特总是"由语言的确定性区域向音乐的不确定性区域靠拢，竭尽全力追求音乐性"。他注重诗歌的艺术技巧，重叠、排比、复沓、蝉联等手法运用自如；头韵、内韵（或称腰韵）、谐音、同音（包括辅音同音和元音同音）运用娴熟，韵脚的安排富有变化自不必说。《苦闷的小舟》和《我用幻想追踪……》都是生动的例证。巴尔蒙特在韵律方面的创造性，不知使多少诗歌爱好者为之倾倒，许多研究音韵格律的学者和评论家一再把他的诗句引为范例，有的甚至把他和意大利小提琴演奏大师帕格尼尼相提并论，其中并非没有依据和道理。

　　《俄语节奏舒缓……》道出了诗人对母语的深刻理解，母语融进了他的生命，成为他的呼吸，而他则成了母语"雅致的晶体"。诗人"第一个发现了这种语言的倾向——反复吟诵那愤怒的、温柔的音响"。巴尔蒙特高声吟唱："我是唐突的裂变，／ 我是雷鸣与闪电，／ 我是一条透明的小溪——／ 既属于大家又很孤僻。"诗人自信地说："永远年轻如梦，／ 力量源自多情，／ 我对别人和自己，／ 都是精致的诗句。"

　　巴尔蒙特追求语言的音乐性，也擅长表现对于音乐的感悟与领会。《音乐》《音乐的诞生》就是最好的证明。目睹钢琴家的双手在黑白琴键上飞速跳动，诗人把无形的音乐转化为生动的形象："星星的露水似浸润了忧伤，／ 摇曳的风铃草为黎明畅想。""一根琴弦尖锐地扶摇向上，／ 穿越肖邦轻叹、舒曼畅想，／ 月亮疯狂！你宛然如月亮，／ 坠落像泡沫，飞扬似海浪。"优美的诗句与神奇的乐曲相得益彰，俱臻完美。

《在海底水草之间……》和《小金鱼》是两首梦幻般优美和谐的诗作。对于色彩和声音，巴尔蒙特具有极其敏锐的感受力，又善于把独特的感悟转化为新颖的语言。安详的水草，冷色调的海底、沙砾，与喧嚣的尘世形成鲜明的反差与对照。月夜池塘的小金鱼和提琴的旋律有着神秘的联系。这一切都引人遐想，给人启迪，耐人寻味。

作为一个懂得十六种外语的诗人，巴尔蒙特的创作无疑从欧美诗歌中吸收了营养。他一生翻译过许多西方诗人的诗作，比如德国诗人席勒的诗剧、法国象征主义诗人魏尔伦的作品、美国诗人惠特曼的自由诗。他对欧美诗人的作品有着独到而深刻的理解。他还写了不少诗作，表达自己对外国诗人的亲近与喜爱。巴尔蒙特推崇雪莱为"旷世奇才"，把他视为"好兄弟"，诗人觉得："我和你已经融为一体。／一样的痛苦是联系纽带，／我们两个同样痴迷，／为闪光的理想踟蹰徘徊。"

巴尔蒙特对法国诗人、象征派先驱波德莱尔同样赞赏有加："波德莱尔，你爱惊险、悬崖、梦幻，／你像王者一般常常浮现我的眼前，／你是我极其喜爱而又亲近的典范！"诗人祈求道："请你像精灵永远留存在我的心底，／神奇的法师啊，请跟我融为一体，／免得我在人们中间总是觉得恐惧！"

他喜爱美国诗人爱伦·坡的诗歌，把他的诗译成俄文，访问美国期间还在诗人的坟墓前默默追悼，寄托哀思与敬意。他对这位异国同行评价甚高："是他给混沌注入和谐意绪，／是他把世间俗物化为神奇。"这些有关外国诗人的诗作，无一不反映出巴尔蒙特视野的开阔、胸襟的博大。只有广泛借鉴，博采众长，才能使自己的诗歌艺术不断升华，永葆青春活力。

巴尔蒙特虽然不懂汉语，却对中国诗歌与古典哲学有浓厚兴趣。他借助德语与法语，翻译了《道德经》的片段；他以格律诗的形式翻译李白、杜甫等诗人的作品；他还创作了《伟大的虚无》，对庄子的哲学思想表示景仰。可以说，巴尔蒙特为中俄文化交流做出了独特的贡献。

巴尔蒙特对外国民间创作也颇感兴趣，从事过多年研究，他想通过民间文学了解其他民族的文化传统、神话传说。为此，他多次出国，到欧洲旅行，也曾漂洋过海，周游世界，足迹遍及美洲、非洲、大洋洲和亚洲。丰富的人生阅历，开阔的艺术视野，自然使其创作保持独特的品位。

巴尔蒙特晚年贫困潦倒，身体多病，最终死于法国。他离开俄罗斯以后，长期被视为"资产阶级颓废派""个人主义自大狂"，他的诗被打入另册，备受冷落。近二十年来，随着俄罗斯文学界对"白银时代"的重新评价与反思，渴望光明、醉心乐感的巴尔蒙特再次引起了诗坛的兴趣。正如诗人茨维塔耶娃所言，真正的诗歌，如陈年美酒，经过岁月的封存，变得愈发香醇诱人。巴尔蒙特的诗歌是一份宝贵的文学遗产，它不仅值得俄罗斯人珍惜，也值得我们中国诗歌界认真借鉴，用心欣赏。

（原载《太阳的芳香——巴尔蒙特诗选》，广西师范大学出版社，2014 年）

最有文化素养的诗人

——象征派领袖勃留索夫的诗歌创作

瓦列里·雅可夫列维奇·勃留索夫（1873—1924），俄罗斯象征主义诗派代表诗人，出生于莫斯科一个富裕商人家庭，祖父是赎身的农奴。少年时代的勃留索夫聪颖过人，八岁开始写诗，十一岁初次发表作品。中学时代，他兴趣广泛，爱好数学、天文，熟知达尔文进化论，尤其喜爱文学与外语，曾与同学一起创办手抄本杂志。1893 年，他进入莫斯科大学历史语文系学习，此后两年连续出版《俄罗斯象征派》三本集刊，其中大多数作品出自他自己的手笔，但以不同的笔名推出，集刊中还包括了他翻译的法国象征派诗人魏尔伦的作品。此后他又相继出版了《杰作》（1895）和《这就是——我》（1897）两本象征主义诗歌集，在诗坛崭露头角，引起反响。1899 年大学毕业后，他与其他象征派诗人共同创办了《天秤》杂志和"天蝎"出版社，为象征主义诗派发表作品、出版诗集提供了阵地，从而使象征主义在俄罗斯诗坛的影响日益扩大。勃留索夫也以自己的创作实绩和理论探索，赢得了许多年轻诗人的推崇，成了象征派公认的领袖。

勃留索夫的早期作品，借鉴法国象征派的艺术主张和技巧，力图标新立异，突破俄罗斯的诗歌传统。他的抒情主人公崇尚艺术，孤芳自赏，往往把人与生存环境割裂或对立起来，认为世界充满了邪恶与诱惑，诗中的情绪在消沉之中透出愤世嫉俗的倾向。《第三警卫队》（1900）和《给城市与世界》（1903）标志着他的诗歌创作趋向成熟，诗人摆脱了个人主义的樊篱，把目光投向历史和现实生活，诗风由孤傲颓唐转化为雄浑深沉。这时期写的诗，结构更加严谨，诗句节奏愈发鲜明。诗人的艺术视野日渐开阔，艺术手法更趋丰富和灵活。他不仅继续从外国诗歌中汲取营养，同时开始对俄罗斯传统重新审视，有所回归，有所继承。在他写的诗论文章中，无论是对普希金、莱蒙托夫，还是对丘特切夫、涅克拉索夫，都有精辟的见解，独到的分析。

　　1905 年至 1909 年期间，勃留索夫曾去欧洲各国旅游，进行艺术考察。欧洲文明与俄国专制制度的腐败黑暗形成对照，使得他对旧制度愈发不满。他渴望变革，倾向革命，但又担心革命风暴会使文明成果遭到破坏。与此同时，他认为艺术创作有其独立的存在价值，不应受其他社会因素限制，艺术家要保持个性独立。他说："比一切都更珍贵的是探索的自由。"因此曾经受到批评，被人认为具有无政府主义倾向。《花环》（1906）、《影之镜》（1912）、《彩虹七色》（1916）等诗集，表明诗人在倡导象征主义的同时，对其他艺术流派和艺术思潮采取了兼容并蓄的态度，诗风从容大度，作品闪耀着学识与智性的光辉。高尔基称赞他是"最有文化素养的作家"，并非溢美之词。

　　十月革命后，勃留索夫积极参加了苏维埃文化建设，诗歌创作和理论探索进入一个新阶段，先后出版了《最后的理想》（1920）、《当今岁月》（1921）、《瞬间》（1922）、《远方》（1922）、《快！》（1924）等诗集。同时还撰写了《诗学基础》《俄罗斯诗歌的昨天、今天和明天》等理论著作。除了诗歌创作，勃留索夫还写小说，从事翻译，表现出多方面的才能。他的诗歌作品和诗歌理论建树是俄罗斯一份宝贵的文化遗产。

　　流传甚广的《致少年诗人》（1896）道出了勃留索夫早期的艺术见解："幻想未来，珍惜自我，倾心艺术"，这是诗人恪守的信条。但十年之后写成的另一首《致诗人》则强调诗人应该面对残酷的现实，高傲如旗帜，如利剑，应该效法但丁，不惧怕地狱的火焰。这两首诗内容的变化，揭示出诗人思想上的进展。而《短剑》一诗同样表现了诗人的使命感，"诗人和民众同在，诗歌与风暴是永恒的姊妹"，"我是斗争的歌手，我应和空中轰鸣的霹雳"。诗句洋溢着战斗激情，此时的诗人再不是往日那个孤芳自赏的纯艺术派的追随者了。

　　《创作》是一首具有探索意义的象征主义诗篇，表现了诗人触景生情、灵感迸发、完成艺术构思的创作心理过程，诗句带有朦胧神秘的色彩。与传统的俄罗斯诗作每一诗节换韵的写法不同，这首诗采用了一韵到底的韵式。另外，每一诗节的最后一行和下一诗节的第二行相重复，最后一个诗节的最后一行又与第一诗节的尾行相重复，从而形成了一种别致的环状结构，节节相连，环环相扣，音韵和谐而新颖。诗中的"葵叶""紫罗兰""月牙儿""斑点"等意象，无不处在摇晃、回荡、闪烁的动态之中，显示出扑朔迷离的美感。

　　追求音韵美是象征主义诗歌的一大特色，勃留索夫非常注意音韵形式的创新。他写的《干枯的树叶》是这方面的范例。这首诗共有四个诗节，每节六行，一、二、四、五行末尾的词重叠，三、六两行押韵，视觉形象造成冲击，听觉形象引起震撼。枯叶，枯叶，无数的枯叶在风中盘旋，沙沙有声。枯叶在诉说死亡，但它们甘愿接受死亡，因为它们相信，来年春天枝头的鲜花会再度灿烂。诗人以奇妙的音律谱写了生死循环的赞歌。

　　勃留索夫曾创作组诗《历史的宠儿》，赞美古代军事统帅的功勋和先哲的贤明，对传说中富有个性的人物表示崇敬。《伊萨哈顿》和《唐璜》就是选自这一组诗的作品。伊萨哈顿是古代亚述国威名显赫的国王，公元前 680 年至前 669 年在位，曾消灭埃兰国，一度征服埃及，一举把腓尼基繁华的通商城市西顿夷为平地。正是他把亚述国的版图从亚洲的两河流域拓展到非洲。勃留索夫借用王中王伊萨哈顿的口吻，以独白的方式，歌颂这位统帅的威猛，实际上是以暗示和隐喻的手法呼唤摧枯拉朽的革命风暴，以便铲除俄国僵死的旧制度。

　　同样的主题也包含在《未来的匈奴》一诗中。古代的匈奴人是游牧民族，他们从亚洲迁徙，经过长途跋涉，于 4 世纪抵达东欧，然后一举击败东罗马帝国，侵入中欧，建立了地跨亚欧的匈奴帝国。阿提拉统治时期，匈奴帝国的势力达到了顶峰。勃留索夫明知匈奴人具有极大的破坏力，却呼唤未来的匈奴，这也是对社会变革的祈盼。不惜文明成果遭到毁灭，不怕自己与旧制度同归于尽，表现了诗人与旧制度誓不两立的决心。正因为如此，诗人厌恶知足常乐、不思进取的市侩心态，《致心满意足者》就是对这一类人的犀利嘲讽。

　　在象征主义诗人当中，勃留索夫涉足的题材最为广泛。诗人不仅关注社会变革，进行历史性的思考，还继承并且发扬了涅克拉索夫的传统，歌颂劳动人民，赞美劳动。诗人以他的祖辈曾扶犁耕作而自豪。他把农民看作自己的弟兄，承认是黑色泥土塑造了他的个性，因而他最能体验泥土的沉重，即便他取得了显赫的地位，也要把根深深地扎在底层。诗人愿意在知识阶层和劳动人民之间做媒介，也愿意成为欧洲文化与俄罗斯文化之间的媒介。《我是中介》展示的正是这样一种博大胸襟和富有远见卓识的眼光。

　　勃留索夫不仅让诗与历史沟通，还在诗与科学之间架起了桥梁，他的部分诗作表现了对自然科学的浓厚兴趣以及探索自然奥秘的精神。在俄罗斯诗人当中，他最早把目光投向宇宙空间，驰骋想象，关注人类的未来。透过《电子世界》（1922），我们不难发现诗人思维的敏锐和想象力的丰富。

作为学者型的大诗人，勃留索夫对欧洲的文化传统十分熟悉。他翻译过许多作品，从古罗马时代直到 20 世纪初期欧洲各国诗人的诗作，涉猎甚广。此外，他还创作了大量模仿各民族民间诗歌的作品，对音韵形式极为重视。这些诗歌质朴清新，和谐流畅，招人喜爱。在他的作品中，还经常会出现欧洲名著当中的人物。《游方的骑士，堂吉诃德！……》即是一例。在这首诗中，诗人以娴熟而幽默的笔法赞美了艺术家的创造力。真正的艺术形象具有持久的生命力，他们能超越时空的局限，走向永恒。

勃留索夫拥有非凡的语言天赋，除了母语，还精通法语、拉丁语，不借助词典能阅读英语、意大利语、德语和希腊语书籍。此外，他还懂西班牙语、瑞典语、捷克语、塞尔维亚语、保加利亚语、古埃及语、古波斯语、阿拉伯语和日语。粗略统计共有达十五种之多。

诗人曾有个梦想，写一部长诗——《人类之梦》，展现古代东方、古罗马、中世纪、文艺复兴时期以及近代人类生活的瑰丽画卷。为此他创作了大量仿外国风格的诗歌，为这部长诗做准备。遗憾的是，诗人五十一岁去世，他的计划未能实现。不过，他的仿作和译作，还是为后代读者了解各个时代、各个民族的诗歌风貌提供了大量珍贵的艺术文本。

值得指出的是，勃留索夫还创作了《中国诗》和《罗马人在中国》，流露出对中国古代文明的兴趣。他写的《中国诗》有意再现古代汉诗的"对偶"，说明他非常关注诗的音韵形式。

总之，勃留索夫是个视野开阔、个性鲜明、勇于探索的诗人。他为俄罗斯人留下了一笔厚重的文学遗产。他的诗歌作品值得翻译与借鉴，值得诗歌爱好者阅读与欣赏。

（原载《雪野茫茫俄罗斯——勃留索夫诗选》，广西师范大学出版社，2014 年）

诗人的胸襟与眼光

——诺贝尔文学奖得主蒲宁和他的诗

伊万·阿列克谢耶维奇·蒲宁（1870—1953），出身于没落贵族世家，在学校只读了四年书，全靠自学成才。他十六岁发表处女作，十七岁出版第一本诗集，三十岁成名作《落叶集》问世，三十三岁获得俄罗斯科学院普希金奖，三十九岁被推选为科学院院士，五十岁流亡法国，六十三岁荣获诺贝尔文学奖，成为俄罗斯获此殊荣的第一人。获奖给他带来了国际声誉，赢得了俄罗斯侨民文学界的推崇，却在苏联国内遭遇忌恨、斥责、冷落与封锁，致使他日后返乡的梦想落空，八十三岁终老于巴黎。

蒲宁是诗人，也是小说家。他以诗人的身份步入文坛，认为自己首先是诗人。他一生写诗，直到晚年，从未间断。但他的诗名被小说家的名声所遮掩。蒲宁是很有个性的诗人，他的诗歌创作鼎盛时期（1900—1920）正好与俄罗斯文学的白银时代相吻合。当时俄罗斯诗坛流派纷呈，许多诗人标新立异，而他却固守传统。茹科夫斯基、普希金、巴尔丁斯基、丘特切夫、费特、波隆斯基等，是他最为推崇的诗人。乡村、自然、生与死、爱的欢乐与痛苦、域外游历、世界历史与文化，是他经常涉笔的主题。在诗歌形式方面，他也遵循传统，从未感受到格律的束缚，八行诗、十四行诗，写得出类拔萃；抑扬格、扬抑格，乃至连环三韵体，运用起来达到了炉火纯青的地步。难怪有些评论家称呼他为"最后的俄罗斯经典诗人"。

他有很长时间跟高尔基友好相处，许多著作在高尔基主持的知识出版社出版。1916 年高尔基在给他的一封信中写道："发表您的诗和您的小说，对《文学年鉴》和我都是一桩大事。这并非一句空话。我爱您，请别见笑。我喜欢读您的作品，在我这纷扰困顿的生活中，怀念您，谈论您，大概您是最好的、最有意义的诗人。……对我来说，您是伟大的诗人，当代首屈一指的诗人。"

尽管受到高尔基如此器重，蒲宁还是在 1918 年离开了高尔基，离开了莫斯科，漂泊到南方城市敖德萨，1920 年 1 月 22 日，永远离开了祖国俄罗斯。

对于蒲宁及其诗歌，长期以来存在着误读与误解。有人说"蒲宁擅长写乡村、自然，是为没落贵族唱挽歌的歌手"，有人指责诗人不该流亡国外，导致"失去根基，才思枯竭"。其实，这两种看法都很片面。它不仅大大缩小了诗人的创作范围，也贬低了蒲宁诗歌的审美内涵与精神价值。

蒲宁虽出身贵族，但年轻时经历过很多坎坷，对社会底层生活有深刻的观察与了解。早期作品写乡村乞丐，写为轮船刷油漆的黑人孩子，写带着猴子流浪的克罗地亚人，处处体现出他同情弱者的人道主义情怀。

蒲宁多次出国游历，足迹遍布欧洲、中亚、非洲很多国家。他具有开阔的国际视野、深厚的文化积淀，胸襟博大，眼光锐利。他回顾与思索世界文化发展史，对杰出的历史人物、对不同宗教信仰与民族的文化给予理解与尊重。他的许多诗篇，就其精神价值而言，已经超越了民族疆界，成为世界诗坛的杰作和全人类宝贵的文化遗产。请听他笔下布鲁诺的呐喊：

　　"众人皆奴隶。你们的君主是野兽：

我将推翻盲目尊崇的王权宝座。

你们关在神庙里：我为你们打开门，

看灿烂光明，看蓝天深邃辽阔！"

（《乔尔丹诺·布鲁诺》，1906）

追求真理的布鲁诺，面对火刑，毫不畏惧，视死如归。他孤傲勇敢的呼声，穿越时代迷雾与风雨，震撼了多少心灵！诗人颂扬布鲁诺，追求人格独立、思想自由，他与布鲁诺的气质品性一脉相承：为求真理，不怕孤立！

蒲宁深知诗人肩负的使命。他们付出艰难生存的代价，换取身后的荣耀；他们坟头十字架上的花朵，尽是来自后人的敬仰。作为诗人，蒲宁对语言极其珍视与敏感。《碗上题词》，借助考古发现的情节，以三千年前的文字，传达着墓主人的信念：

"永恒的只有无边的海与天，

永恒的只有太阳和美的大地，

永恒的只有一条看不见的线——

让生存者的心与亡灵相牵联。"

联结生者与逝者，联结当代与远古的那条线，就是语言和文字。

陵墓、木乃伊和尸骨沉默无声——

唯独语言被赋予生命；

自茫茫远古，在宁静的乡村古坟，

只有文字才发出声音。

我们再也没有更贵重的财产，

时代充满了忧患！

我们对文字务必要加倍爱护，

语言——是不朽的财富。

（《语言》，1915）

在诗人蒲宁看来，语言文字具有超脱死亡的生命力，是不朽的财富；也只有心血与生命凝就的语言，才能抗衡权势的欺压与金钱的收买，永远闪烁艺术的光芒。

出国流亡，是极其痛苦、万不得已的抉择。为了维护个人的信念，忍受思乡之苦，是必然付出的代价。有很多俄罗斯流亡诗人写乡愁，但写得最简洁、最凝练、最生动、最感人的，还是蒲宁的杰作：

鸟儿有巢，野兽有洞。

年轻的心有多么沉痛，

当我辞别父母的家园，

离开故居说声"再见！"

野兽有洞，鸟儿有巢。

心儿痛苦啊，怦怦直跳，

当我背着破旧的行囊，

画着十字走进陌生客房！

（《鸟儿有巢……》，1922）

纳博科夫推崇蒲宁是丘特切夫之后最杰出的诗人。傲慢的诗人吉皮乌斯，在蒲宁的诗篇面前，也不得不低头，表示赞许与钦佩。

蒲宁一生创作了八百多首抒情诗。写得最多的当属赞美乡村

与自然风光的短诗。他继承了普希金风景抒情诗的传统，以现实
主义艺术手法，色彩鲜明地描绘俄罗斯的四季变化。乍看上去，
诗句平淡如散文，又像跟朋友娓娓絮谈；可你细细品味，那些俄
罗斯风景特有的细节，散发着诗情画意。比如写"坑坑洼洼的道
路""草地飘浮的白雾""绿油油的燕麦"，跟他的前辈大诗人一样，
蒲宁致力于挖掘自然风光中永不凋谢的意象之美：

> 世界各个地方都充满了美，
> 人间万物让我感到亲近可贵。
> （《在草原上》，1889）

　　金色的秋天是普希金最欣赏的季节。蒲宁除了喜爱多姿多彩
的秋天，还经常描写春夏两季的优美风光：

> 远处田野半个时辰雾气蒙蒙，
> 倾斜的万千雨丝来去匆匆，
> 变得气息清新的片片草地，
> 重新笼罩着蓝莹莹的天空。
> （《远处田野半个时辰雾气蒙蒙……》，1889）

　　蒲宁擅长借景抒情，他的视觉、听觉和嗅觉极其敏锐，善于
发现自然界的微妙变化。诗人的调色板上，蓝、青、绿、黄，色
彩纷呈，变化多端。他还特别爱用复合性色彩，比如"圆锥型的
墨绿云杉""黄白参半的原野""银中泛绿的光线"。当然，广为传
诵的还是《落叶》中的诗行：

> 森林恰似绚丽的彩楼，
> 呈现绛紫、朱红、金黄。

又像欢快斑斓的高墙，
下边的空地开阔敞亮。

　　蒲宁喜欢色彩与音响的交汇，喜欢倾听"森林寂静神秘地喧腾"。他的想象力极为丰富，擅长运用通感，化静为动：

绸缎上的彩色蝴蝶，
依然会飞舞，颤动翅膀——
在湛蓝色的天花板上
颤动，发出沙沙的声响。

（《总有一天……》，1916）

　　在蒲宁的诗中，各种各样的鸟儿婉转歌唱，不仅有夜莺、杜鹃、云雀、柳莺的歌声，还有鸫鸟、秧鸡、红腹灰雀的鸣叫。诗人特别擅长调动读者的感官，让人产生身临其境的梦幻感觉：

看不见飞鸟。森林凋零，
枝叶渐渐稀疏呈现病容。
蘑菇消失，但沟壑里面
潮湿的蘑菇气味还很浓……

（《看不见飞鸟……》，1889）

玻璃似的雨滴，罕见又饱满，
夹带着沙沙沙欢快的响声，
待雨水过后，森林一派青翠，
呼吸畅快清爽，四周安静。

（《夕阳西下之前……》，1902）

　　读蒲宁的诗，我们仿佛能嗅到森林、田野的气息，闻得见草地和秋天落叶的味道。在他的笔下，炊烟居然有"蜜味与果香"，"花园的气味清新，融雪的房顶散发暖意"，田野飘浮"燕麦和雨水的气味"。

　　诗人四十七岁时写的《铃兰》（1917），回忆青春岁月的花朵，使人仿佛还能闻到那如丝如缕的花香：

> 光秃秃的树林里，寒冷……
> 你在枯叶之间闪闪发亮，
> 那时节我还相当年轻，
> 刚刚涂抹最初的诗行——
>
> 你是那样新鲜、水灵，
> 略带一丝酸楚的芳香，
> 就永远浸润了一颗心——
> 我纯洁又年轻的心房！

　　正是凭借非凡的感受才能，诗人在日常所处的居室中才随时能感受"幸福"的滋味：

> 窗户敞开。一只鸣叫的小鸟
> 飞落在窗台。在那一瞬间，
> 放下书，我移动疲惫的视线。
>
> 傍晚时刻，天幕辽远空阔。
> 打谷场上传来脱粒机的轰鸣……
> 我看，我听，幸福洋溢心中。

（《傍晚》，1909）

　　出国以后，诗人怀念故乡的森林、原野，诗行中平添了几丝压抑、惆怅、悲凉与无奈：

> 又是寒冷的灰色天空，
> 又是郁闷的道路，空旷的原野，
> 莽莽丛林如红褐色地毯，
> 门口有仆人，台阶下有三套马车……
>
> "啊，一本天真的旧练习册！
> 当年我凭上帝的忧伤敢怒敢恨。
> 面对着大好秋光的幸福旅程，
> 再写出那样的诗句已力不从心！"
>
> 　　　　（《又是寒冷的灰色天空……》，1923）

　　让他寝食不安、念念不忘、魂牵梦绕的是家乡祖先的坟茔：

> 夜雨淋漓，房子潮湿昏暗，
> 唯独一个窗口亮着灯光，
> 寒冷发霉的房子默默伫立，
> 仿佛被铆在凄凉的坟场。
> 那里埋着历代祖先和父辈，
> 他们的尸骨早已经腐烂，
> 有个失明的老人在守夜，
> 戴着帽子在长凳上睡眠，
> 他比所有的老爷更长寿，
> 是他见证了岁月的变迁。

　　蒲宁写乡村自然风光，写人生苦难经历，诗笔通常是收敛的，含蓄平淡；唯独写到爱情，往往诗笔放纵，充满激情。这大概跟他的一种信念有关。在他看来，爱情是灵与肉的结合，爱情给人短暂而难忘的幸福，也会带来持久的痛苦和难以平复的创伤。读他的情诗，读者能看到他热情奔放的一面：

> 我和她很晚时还在原野，
> 颤抖的我接触温柔的唇……
> "你跟我尽管莽撞粗鲁！
> 我愿让你把我抱得更紧。"

> 她喘不过气来悄悄请求：
> "让我歇歇，舒服舒服，
> 不要亲得这么狠这么疯，
> 让我的头枕着你的胸脯。"

> 天上的星星冲我们闪烁，
> 露水的气息散发着清香。
> 我的嘴唇一直轻轻亲吻，
> 吻她的辫子和滚烫面庞。

> 她已经瞌睡。有次醒来，
> 朦胧中像孩子喘了口气，
> 面带着微笑瞅了我一眼，
> 然后倚着我贴得更紧密。

> 旷原的夜晚漆黑又漫长，
> 我久久守护酣睡的姑娘……
> 后来天边渐渐变成金色，

看东方悄悄浮现出光亮。

新的一天，原野很凉爽……
我轻轻地小声叫醒了她，
身披红霞我们走过草地，
踩着晶莹露珠送她回家。

（《我和她很晚时……》，1901）

诗人的一生经历了四次婚恋，深知爱情是把双刃剑，爱情带来欢乐也带来伤害。尤其是他的初恋情人帕欣科，同居两年，弃他而去，嫁给了他的朋友比比科夫，让年轻的蒲宁近乎崩溃，绝望中一度想要自杀。他对女性的绝情产生了刻骨铭心的记忆：

昨天你还在把我陪伴，
但是你已经厌倦。
我以为你就是我的妻子，
黄昏时阴雨连绵……

可对女人来说没有往昔：
厌倦就意味着离异。
没关系！点燃壁炉喝杯酒……
唉！真倒不如去买一条狗。

（《孤独》，1903）

蒲宁五十岁流亡国外，侨居法国三十三年，这期间创作了大量的作品，除了诗歌、散文、中短篇小说，还有长篇小说《阿尔谢尼耶夫的一生》，文学专著《托尔斯泰的解脱》以及耗费十年心血的《回忆录》。他始终保持了旺盛的艺术创作生命力，并非像有些人所说的"才思枯竭"。尽管乡愁的阴云一直笼罩心头，但也有摆脱阴影、心境明朗快慰的时刻：一是经过忘我的耕耘，到了收获季节；二是携夫人一道出游，忘情于山光水色之间。请听来自水城威尼斯的钟声：

> 源自中世纪钟声悠扬，
> 世世代代的怅惘忧伤，
> 这是生命常新的福音，
> 这是缅怀往昔的梦想。
>
> 这是古人的温馨宽恕，
> 这是安慰：人生无常！
> 这是一座座金色宫殿
> 倒映在碧水中的影像。
>
> 这是乳白色团团烟云，
> 这是云烟缭绕的夕阳。
> 这是微微扇动的羽扇，
> 这是远远投来的目光，
> 这是一串珊瑚石项链，
> 在水中的灵台上存放。

（《威尼斯》，1922）

　　蒲宁生就一双善于发现美的眼睛，有一颗善于欣赏美的心灵，又拥有一支善于描绘美的诗笔，因而留下了许多含蓄优美的诗篇，等待有心的读者去阅读、欣赏。真希望有越来越多的诗歌爱好者走近蒲宁的森林、草地，观赏自然界风雨阴晴的微妙变化。

　　我阅读和翻译蒲宁诗歌，要感谢一位俄罗斯学者。他来自莫斯科师范大学，在南开大学工作多年。他的名字叫维雅切斯拉夫·维克托罗维奇·费多特金，他让我称呼他的小名斯拉瓦。斯拉瓦向我推荐蒲宁诗歌，告诉我蒲宁善于在看似毫无诗意的地方发现美，用朴素的语言抒发真情实感，并且列举了他自己最喜欢的 10 首诗，从而引发了我的兴趣。

经过时断时续的阅读积累，由浅入深，由少到多，我陆续翻译了蒲宁的 160 首诗。我依然遵循多年坚持的原则：以诗译诗、以格律诗译格律诗，注重语言与意象的忠实，同时把握节奏、韵式，力求再现原作的音乐性与风采。我时刻不忘李霁野先生的嘱托——既要对得起作者，也要对得起读者。

诗人茨维塔耶娃说过，写诗是件手艺活儿。无独有偶，诗歌评论家江弱水先生说："诗，不管说得多崇高、多神秘、多玄，最后还是一件技术活儿，是怎么锯、刨、削、凿、钉的功夫。"他们说的是诗歌创作，其实也适用于诗歌翻译，即要慎重处理音节、音步、音韵、词句调配，追求节奏感，安排好诗行与韵脚，形成结构感，纵横交织，构筑诗歌的整体美感。我的追求是让译文经得起对读，即对照原文阅读，经得起俄罗斯汉学家的检验与批评。

在这里，我想引用蒲宁的《太阳神庙》（1907）一诗。这首诗赞美古代的灿烂文明，同时显示了诗人驾驭韵律的高超技巧，连环三韵体运用娴熟，得心应手。译文尽力接近原作，韵式亦采用 aba bcb cdc ded efe fjf j 的格式，以便再现原作的音乐性与风采：

> 六根大理石圆柱金光闪闪，
> 绿茵茵的峡谷一望无际，
> 雪笼黎巴嫩山，天空蔚蓝。
>
> 我见过尼罗河与斯芬克斯，
> 我见过金字塔，你更雄伟，

大洪水前的遗迹，更神奇！

那里的巨大石块黄中泛灰，
荒凉沙海中被遗忘的陵墓，
这里记载青春岁月的华美。

古代帝王身穿的华丽衣服——
四周环绕笼雪的起伏群山——
像彩色晨服把黎巴嫩围住。

山脚有牧场，有绿色庄园，
山涧的溪流凉爽而又欢乐，
澄澈透明如同孔雀石一般。

那里有早期游牧部族的村落，
尽管它很荒凉，也被人遗忘，
那柱廊有不朽的阳光闪烁。

那柱廊大门可通向欢乐之邦。

　　阅读和翻译蒲宁诗歌，有苦也有乐。我愿把自己的译本提供给爱诗的读者，一起走近诗人，聆听他恬淡从容、略带忧伤的歌声。

2014 年 3 月 4 日改定

古米廖夫的英雄情结与未了心愿

"艺术作品始终像它应该的那样，穿过拒绝接受它的若干时代之死亡地带，在后世复活。"这是诗人勃洛克在《论艺术与批评》一文中的论述。俄罗斯文坛的诸多事例一再验证这位大诗人的高瞻远瞩。

俄罗斯白银时代诗人尼古拉·古米廖夫（1886—1921）是阿克梅派的代表诗人和首领，独特的诗风和传奇经历，为他在诗坛赢得了广泛的声誉。三次远赴非洲探险，两枚圣乔治十字奖章，让许多亲友视他为英雄。而他对安娜·阿赫玛托娃的追求以及后来与她的结婚与离异，更引起了无数读者的好奇与关注。

1921年8月，古米廖夫三十五岁，大好年华，不料被牵涉进一桩"反革命案件"，不久即被处决。此后整整六十年被云遮雾罩，无声无息，直到1986年，在他百年诞辰时才得以平反昭雪，恢复名誉。诗人的作品穿越了六十年的"死亡地带"，再次复活，得见天日。

阅读古米廖夫的诗歌作品，引起我的深思。诗人为什么一而再、再而三地远赴非洲？为什么游历古老的斯堪的纳维亚？为什么向往远东地区的神奇国度？为什么一再歌颂航海的船长、征服者与冒险家？支撑他远行探险的内因究竟是什么呢？难道他去非洲仅仅是为了观赏美丽的长颈鹿吗？

古米廖夫对中国也充满了向往与好奇，不止一首诗写到中国，还像他所推崇的普希金一样，渴望登上万里长城。此外，他还借助法语翻译中国诗歌，出版了《琉璃亭——中国诗集》，这究竟是什么原因呢？

　　诗人古米廖夫与安娜·阿赫玛托娃都曾居住在圣彼得堡附近的皇村，他们两个人是不同年级的同学。十七岁的古米廖夫，爱上了十四岁的安娜·高连科（阿赫玛托娃是她后来的笔名），几次求爱，遭到婉言拒绝，古米廖夫曾痛苦地服毒自杀，经人抢救，才保全了性命。安娜既害怕又感动，终于在十九岁时同意嫁给他。然而好景不长，儿子列夫出生后不久，夫妻不和，经常争吵，最后不得不分手。两位诗人的爱情与婚姻为什么竟然是这样的结局呢？

　　古米廖夫聪颖早慧，八岁开始写诗，上学期间，成绩平平，原因是痴迷惊险小说，分散了钻研课业的精力。但这却为他日后渴望远行、勘察、探险，在潜意识里埋下了种子。

　　少年古米廖夫迷恋尼采的《查拉图斯特拉如是说》。尼采提倡"超人"哲学，认为超人是自我超越，超人具有大地、海洋、闪电般的气势，具有超强的意志力。超人是对天国的否定，对上帝的替代。古米廖夫诗中时常出现的"深邃""崇高""辽远"等修饰语，自我比喻为"穿铠甲的征服者"，无意间透露了他与尼采精神的依承关系。诗人歌颂"船长"，渴望发现新大陆，自愿报名以骑兵身份参加第一次世界大战，冒死冲锋陷阵，其英雄情结，可以在尼采的"超人"学说中追根溯源。

　　1906 年，二十岁的古米廖夫在巴黎期间，见到了梅列日科夫斯基和吉皮乌斯。古米廖夫说的几句话让这对夫妇感到意外和震惊："我一个人就能改变世界。在我之前，佛陀和基督都尝试过，可惜他们都没有成功。"在吉皮乌斯看来，这个年轻人说的是狂妄的疯话。但狂妄之中隐含着信息，那就是古米廖夫醉心于"玄想"和"宗教神秘主义"。这是一把钥匙，有助于我们理解他的诗中常常出现的词语"术士""咒语""魔鬼""祭祀"。他的三次非洲之行，对神秘东方的向往，都与此有关。他在非洲冒着生命危险，深入丛林部落，接近酋长，了解祭祀仪式，收集神话传说，都跟他的宗教探索有关。他在《记忆》一诗中写道：

> 只有蛇才会蜕皮，
> 是为了让灵魂衰老和成熟，
> 唉，我们和蛇类却不一样，
> 我们变换的是灵魂，不是肉体。

关注灵魂，往往与宗教信仰紧密关联。

古米廖夫有一首诗题为《回归》，值得关注。一个消瘦的黄种人以向导身份出现在抒情主人公身边，他们俩结伴同行，翻山越岭，长途跋涉，走到了中国的万里长城脚下。黄种人跟他告别，要去种稻、栽茶；而抒情主人公则惊喜地发现：

> 在洁净的丘岗上，在茶园的上边，
> 在一座古老的佛塔旁佛陀在静坐。
> 我心中暗喜，俯首膜拜，
> 感到有生以来从未有过的欢喜。

看来，诗人向往东方，心系中国，主要动因在于探索佛教与佛学的奥秘。

古米廖夫很有眼力，爱上了聪颖有才的安娜·高连科，经过多年追求，终于结为伉俪。安娜以笔名阿赫玛托娃写诗，很快引起诗坛重视。她的诗名甚至超越了古米廖夫。读者和诗歌爱好者都由衷地祝福这对诗坛情侣生活美满和谐。谁会想到，几年后，他们婚姻破裂，不得不分手。其实，他们婚后生活的矛盾与冲突在诗歌当中早有体现。比如阿赫玛托娃在一首无题诗中写道：

> 他喜欢世上的三种事物：
> 傍晚的歌声，白孔雀，
> 磨损的美洲地图。
> 他不喜欢婴儿啼哭，
> 不喜欢喝茶泡马林果，
> 不喜欢女人歇斯底里。
> ……而他的妻子是我。

　　阿赫玛托娃和古米廖夫的儿子列夫，小名廖瓦，三岁就什么话都会说了。有人问他："爸爸是谁？妈妈是谁？"廖瓦回答说："爸爸是诗人。妈妈是歇斯底里。"一般人很难想象，优雅的女诗人也会大发脾气，歇斯底里。在什么情况下，才会吵闹喊叫呢？那就是丈夫移情别恋，有了外遇。廖瓦出生于 1912 年 10 月。转年 10 月，女演员奥尔加·维索茨卡娅和古米廖夫的儿子出生，小廖瓦有了个同父异母的弟弟。1918 年古米廖夫跟阿赫玛托娃离婚以后，第二次结婚，妻子姓恩格尔哈特，名字也叫安娜。她为古米廖夫生了个女儿，取名海伦。没有人知道，古米廖夫给女儿起这个名字，是暗自纪念他的法国情人。
　　古米廖夫写的诗《唐璜》当中，有这样的诗行：

> 我的梦想既放荡又简单：
> 只知道抓起船桨，踏上马镫！
> 不管漫长岁月荏苒流逝，
> 时时亲吻那些可爱的新欢。

　　显然，诗人不想受婚姻的束缚，征服女性的"唐璜气质"，在他身上有所体现。当然，我们不应当仅仅指责古米廖夫的不忠，阿赫玛托娃同样具有追求自由的个性。结婚后不久，阿赫玛托娃单独去法国，结识了意大利画家莫迪里阿尼，两个人关系亲昵，画家以她为模特儿画了不少人体素描。1915年，阿赫玛托娃爱上了另一个画家鲍里斯·安列坡，送给他一枚黑戒指做信物，还写了一生当中唯一的一首贯顶诗，每行诗开头的第一个字母从上到下念出来，就是情人的名字和姓氏。既然丈夫和妻子两个人都不想受婚姻约束，这个家庭走向解体也是注定的结局。

阿赫玛托娃后来再婚，还有第二任、第三任丈夫，但她心里明白，最值得怀念和敬重的是古米廖夫。1921年8月她写过一首无题诗：

> 注定你不可能存活，
> 难以从雪地上爬起来，
> 二十八处刺刀伤口，
> 五颗子弹把你杀害。

> 我为朋友缝了一件
> 令人心碎的殓衣。
> 俄罗斯大地贪婪啊——
> 贪恋这斑斑血迹。

这是阿赫玛托娃对古米廖夫的真诚而心碎的追悼。她最为了解诗人的英雄情结、超人气质和坚毅冷峻的个性。这样的人物，在非洲，可以直面死亡，猎杀狮子和豹子；在战场，冒着枪林弹雨冲锋陷阵，能荣获战斗奖章；但是，面对红色风暴，面对契卡——肃反委员会，个体与群体的碰撞，注定了个体的毁灭。

据说，古米廖夫被押上刑场，面对死亡的时刻，他的冷静镇

定，让执行枪决的契卡人员也感到震惊。那一刻，诗人心里在想
什么呢？无人知晓，难以猜测。但从他的作品不难推断，他还有
很多未了的心愿。比如，再去非洲，改变土著部落的信仰与生活
方式；到中国旅行，去寺庙拜佛，与僧人交往，探寻佛学的奥秘。
当然，他也会想到他的两次婚姻，两个儿子，一个女儿，因为那
毕竟是他的骨肉，是他的后代……

　　古米廖夫在创作的鼎盛时期惨遭枪决，令人扼腕痛惜。但是
他的诗，是他生命的延续，诗人依然活在他的诗歌中。不仅俄罗
斯读者喜欢他的诗，他的作品还被翻译成多种外语版本，在世界
各地到处流传，叩响读者的心扉。

2016 年 12 月 28 日

论叶赛宁的忧伤

1917年震撼世界的十月革命标志着俄罗斯历史的伟大转折，同时也标志着俄罗斯文学翻开了新的篇章，进入了苏维埃文学的新纪元。在天翻地覆的革命斗争年代，勃洛克、叶赛宁、马雅可夫斯基是俄罗斯诗坛上最为引人注目的三大诗人，他们在苏联文学史上产生了深远的影响，是苏维埃新诗的奠基人。

这三个诗人都站在十月革命一边，热爱祖国，支持人民的正义斗争，政治思想上有一致或相近的地方。但是就文学创作和艺术风格而论，却各有特色，迥然不同。马雅可夫斯基的诗激昂豪迈，充满了战斗精神，面向未来，勇于创新；勃洛克的诗典雅精美，善于运用象征手法反映时代生活；而叶赛宁的诗则清新哀婉，以意象新颖、抒情细致见长。就袒露心灵的真诚大胆而言，叶赛宁是无与伦比的。

叶赛宁的诗歌创作和他的生活经历一样充满矛盾。欢乐与惆怅、振奋与迷惘、醒悟与痛苦，往往相互交织或交替出现，感情一直处在激剧的波动之中。他的作品始终带有一种忧伤的情调。这忧伤的情绪体现着诗人对于时代和人类命运的严肃思考，表现了知识分子在历史转折关头的苦闷彷徨。忧伤的情绪体现了诗人的个性，也反映了时代的风貌。探讨叶赛宁的忧伤在不同时期不同的表现形式，分析诗人忧伤情绪的主观因素和社会根源，有助于理解叶赛宁的诗，也有助于对诗人的创作道路做出正确的评价。

一、哀愁与希望

诗人叶赛宁生在农家，长在乡村，从小熟悉农民的生活、劳动和风俗习惯，热爱乡村的山川河流、田野草原和花草树木。他以少年明澈的眼睛观察自然和社会，发现了俄罗斯山水迷人的美，也发现了蕴藏在俄罗斯农民身上的美。他们淳朴真诚，吃苦耐劳，渴望幸福，向往光明。因此，少年诗人曾以宁静喜悦的心情歌唱乡村的朝霞夕照、月夜星光、蜡烛似的白桦、苹果花的芳香、草地上的环舞、姑娘们银铃似的笑声；歌唱他的初恋，歌唱少男少女纯洁而大胆的爱情；歌唱茅屋，歌唱母亲，歌唱充满乡土气息、夹杂着鸡鸣犬吠的农家生活。然而，他同时也觉察到生活的艰辛、社会的黑暗，他发现人们的生活远不像自然界那样美好和谐。这使得诗人那颗憧憬光明幸福的心蒙上了阴影，使他最初的欢愉糅进了忧愁，为此他感到苦恼和不安。

《我的生活》（1911）就是这种苦闷的写照：

> 仿佛命运使我生活中只遭遇痛苦，
> 命运也只让平庸的日子和我伴随，
> 生活中我已经是一忍再忍，
> 痛苦和忧伤使我心灵憔悴。

叶赛宁在诗中描写了使他痛苦和忧伤的社会现象：被人遗忘的乡土、荒凉的草原、三三两两东倒西歪的农舍，干旱卡断了庄稼的脖颈，求雨的农民摘下帽子长吁短叹；年老的母亲为当兵的儿子祈祷，惊恐和忧虑使她泪流满面；乞讨的小姑娘在肃杀的秋风中伸出冻僵的小手，祈求一小块干面包，而深宅大院里淫荡的笑声掩盖了她凄惨的哭泣；一个农家的小伙子怀着一颗纯洁的心和神圣的激情，却葬身在柳树下的坟墓里，没有人把他怜悯和思念……这一幕幕凄凉悲哀的生活画面，这些触及了俄罗斯社会矛盾的场景，全都引起了少年诗人的沉思，他为生活的不公正、为人们的不幸发出了由衷的感叹：

> 含着泪的思索常常折磨我……
> 我可爱的故乡哟，你过得不称心。
>
> 　　　　　　（《乌云在林中织好了花边》，1915）

　　1912 年，叶赛宁离开乡村，到了莫斯科，先后当过店员和印刷厂的校对员。他接触了城市的工人，参加过工人集会，散发过反抗沙皇政府的传单，曾在支持布尔什维克的信上签名，因此受到了警察的监视和搜查。

　　随着生活视野的扩大，叶赛宁对沙皇专制更加不满。他在继续创作诗歌的同时，也阅读历史、哲学和经济著作，力求对社会生活有更深刻的理解。他渴望改变不合理的社会现实，做一个对人民和祖国有用的人。他曾在一首题为《诗人》的短诗中表达了自己的志向：

> 诗人应敢于抗击仇敌，
> 视真理为生身的母亲，
> 爱众人像爱同胞兄弟，
> 为人们甘愿茹苦含辛，
> 这一切别的人难以做到，
> 他做来毫不勉强，出自真心，
> 他是诗人，人民的诗人，
> 他是立足于祖国大地的诗人！

诗中交织着强烈的恨与爱，洋溢着为真理献身的大无畏精神。诗人把自己的喜怒哀乐与广大人民的利益联系在一起，表现了博大的胸怀和人道主义的高尚情感。

1914年第一次世界大战爆发，苦难深重的俄罗斯人民蒙受了新的灾难。叶赛宁为祖国的命运忧虑，也为那些被卷进战争漩涡的农民的安危而焦灼。诗人用带有象征意味的诗句，例如恶狼的嗥叫、猫头鹰的眼睛闪着丝丝火光、乌鸦不祥的叫声、湖上泡沫像晃动的殓衣等意象来衬托战争引起的惊恐。农民们默默地承受战争带来的凶险、艰难和死亡，他们不得不送自己的子弟去当炮灰，然后在难耐的煎熬中等候前方的消息。诗人和人民患难与共，息息相通，他对祖国和人民爱得更加深沉：

> 啊，我的田野，可爱的犁沟，
> 你们在自己的悲伤中越发动人。
> 我爱这些歪歪斜斜的茅舍，
> 和在期待中煎熬的白发母亲。

忧愁孕育着不满，痛苦滋生出希望。叶赛宁创作的《铁匠》（1914）一诗，抒发了自己的理想和愿望。诗中首先描写了铁匠铺的燥热、嘈杂、闷不透风的窒息气氛，这是黑暗社会劳动人民恶劣生活环境的缩影。接下来诗人刻画了铁匠的动人形象：有力的双臂不停地挥舞，起落的火星映红了他的面孔，他的目光勇敢而严峻，闪烁着虹霓的光彩。铁匠宛如意欲展翅凌空的雄鹰，准备飞向海水翻腾的远方：

> 在遥远的天涯，乌云背后，
> 越过深沉岁月的门坎，
> 太阳的强烈光芒在飘舞，

照射着田野和平原。

诗人把自己的希望寄托于未来，寄托在劳动人民身上。他相信劳动人民有力量为自己创造一个幸福光明的欢乐世界。在那个美好的世界里，阳光将驱散阴霾和黑暗，庄稼散发出成熟的芳馨，一切都和谐、完美、自然。叶赛宁正是怀着深情的期待迎来了十月革命。他站在十月革命一边是合乎情理、极其自然的事情。当然，正如他自己所说的，他有自己的见解，他带有农民的倾向性。

二、欢欣与迷惘

1917 年，俄罗斯人民在列宁和布尔什维克党领导之下，进行了艰苦而英勇的斗争。二月革命，一举推翻了沙皇的专制统治；几个月以后，又推翻了资产阶级的临时政府，终于建立了世界上第一个无产阶级专政的国家。俄罗斯文坛经过革命风暴的洗礼，发生了急剧的分化。一部分资产阶级作家仇视革命，与人民为敌，公开站到了革命的对立面，攻击新生的苏维埃政权；一部分作家由于不理解革命的实质，在历史的转折关头感到困惑迷茫，因此有的迁居国外，有的则暂时沉默；而追求进步的作家，则对这场大革命表示热烈欢迎，用他们的创作反映底层人民的斗争。

诗人叶赛宁毫不犹豫地站在了革命人民一边，1917 年，是他的诗歌创作发生明显转折的一年。他的诗一扫哀婉抑郁的音调，产生了欢欣振奋、昂扬激越的旋律。二月革命给了他极大的鼓舞，他相信，随着黑暗的专制制度的崩溃，劳动人民盼望已久的幸福生活即将来临。他把革命比喻为"尊贵的客人"，他期待这位客人能早日到来：

明天早点儿叫醒我，

> 我的有耐心的母亲！
> 我要到大路边的坟岗上，
> 前去迎接尊贵的客人。
>
> 　　　　　（《明天早点儿叫醒我……》）

这位头戴月牙儿帽的贵客，驾着金晃晃的马车，马儿甩动着红色的尾巴，象征着光明，象征着革命。诗人从感情上觉得跟他亲近，相信这位客人会给他带来好运，使他成为俄罗斯著名的诗人。因此，他激动，兴奋，他为祖国将摆脱黑暗愚昧、进入一个新的历史时期而庆幸。他在另一首诗中唱道：

> 啊，展翅腾飞吧，俄罗斯，
> 建立截然不同的政体！
> 让新的草原巍然挺立，
> 启用新颖别致的名字。
>
> 　　　（《啊，展翅腾飞吧，俄罗斯！》，1917）

叶赛宁以饱满的热情写诗赞扬二月革命，在《如歌的召唤》（1917）一诗中，他把这次革命称为"北方的奇迹"，比喻为"庄稼汉牲口槽里的火焰，向整个世界燃烧的火焰"。

工人们为了自由平等，勇敢地走上街头，参加战斗，他们临危不惧，勇于流血牺牲。这种壮烈的斗争场面，在《同志》（1917）一诗中得到了鲜明的反映。工人们前仆后继的斗争精神甚至感动了耶稣，他也降临人间和人们一起为正义而战，但是罪恶的子弹夺去了他的生命。不过，共和国这个钢铁般的口号仍然在大街上回荡。

十月革命使诗人的情绪更趋激昂。《天上的鼓手》（1918）以磅礴的气势、浪漫主义的色彩，表现了新与旧两个世界的尖锐对立和斗争。冲向新岸的旋风式的骑兵终于摧垮了白色大猩猩的顽抗，"士兵、士兵、士兵，用闪光的长鞭抽打龙卷风"，"用粗糙的大手，摘下太阳做面金鼓"。诗人为此欢呼：地上和天上的革命万岁！

　　诗人以为，随着革命的成功，农民们梦寐以求的天堂已经来到人间。《八重赞美诗》（1918）和《伊诺尼亚》（1918）两首诗就是这种思想的反映。叶赛宁把革命比喻为新的救世主，参加革命的人们有力量建设幸福的乐土。他幻想自己脚踏祥云，倒悬空中，遥望这片乐土，从中望见了庄稼和农舍，望见了自己的家乡和年迈的母亲。叶赛宁想象中的天堂仍然局限于乡村和农舍之间，他念念不忘的是改善农民的处境。他的倾心革命，确实带有农民的特点、农民的倾向。

　　在革命年代里，叶赛宁精神上一度得到解脱，表现出少有的自信心与自豪感。他瞭望金色的大地、高翔的大雁，曾经这样抒发自己的情怀：

> 天空像一口大钟，
> 月亮是它的钟舌。
> 我的母亲是祖国，
> 我是布尔什维克。

（《约旦河的鸽子》，1918）

　　但是，诗人这种自信和自豪的欢欣情绪并没有持续多久。革命斗争的现实和诗人的幻想之间毕竟有着很大的差距。十月革命后，苏维埃政权面临着国内白卫军的猖狂反扑和国外帝国主义的武装干涉，处境极其艰难，战争、破坏、饥饿、严寒，一起降临到俄罗斯大地。为了巩固无产阶级政权，为了支持红军作战，为了把革命推向全国，苏维埃政府实行战时共产主义的政策，派出武装队伍到农村征集粮食，以便支持革命战争。

叶赛宁理想中的人间乐土并没有在乡村出现，他看到的却是乡村的衰落和萧条。他担心城市的力量会损害农民的利益，担心火车会吞噬平原、公路的石头手臂会扼住乡村的咽喉、电线杆的压力会使田野变得凋零，还担心哺育了他诗情的田园风光将遭到破坏。他把自己称作最后一个乡村诗人，他的忧思化成了凄凉的挽歌：

> 我的罗斯啊，乡村的罗斯！
> 我是你唯一的歌手与喉舌。
> 我喂养我野蛮的诗的忧思，
> 给它吃的是木樨草与薄荷。
>
> （《无赖汉》，1919）

叶赛宁趋向消沉的另一个原因是他不适应革命年代的残酷环境，对于人们的死亡和流血现象感到震惊。作为正直的诗人，他多愁善感，富有强烈的同情心，因此无辜者和弱者的血泪往往引起他心灵的悸动。他在《牝马船》（1919）一诗中记述了一幅悲惨的画面：

> 唉，歌唱谁？歌唱谁呢？
> 在这些尸体的狂乱血光中。
> 你们看，女人们的肚脐，
> 呆呆地瞪着第三只眼睛。
>
> 是眼睛！凝视着，像月亮，
> 未必看得见尸骨的鲜血，

> 看起来，我在自我嘲笑，
> 我曾为美妙的客人唱歌。

> 哪里？哪里还有十一个
> 灯盏一样点燃的乳房？
> 假如说诗人想要结婚，
> 只好去娶羊圈里的绵羊。

在《正在消逝的俄罗斯》（1924）一诗中，叶赛宁对他在十月革命后思想上的变化曾经有所回顾。他说目睹了许多人的悲剧，他们像糠秕一样被抛弃了，他们的目光比母牛的目光还凄凉，他们的血像发了霉的池塘，他们像落叶一样腐烂。这种情况使他痛苦，他对政治斗争感到厌倦，借酒浇愁，因而趋于颓唐。

叶赛宁变得消沉的第三个原因是他对文坛上的流派之争感到不满。1919 年他曾参加意象派，并且在该派的宣言上签了名。但是过了不久他就和意象派发生了分歧，因为他不赞成意象派诗人的荒谬主张。他认为诗歌并不是"形象一览表"和"形象群"，诗中除了艺术技巧，还有更重要的东西，那就是对于祖国的感情。尽管叶赛宁有自己的创作见解和主张，但是他还是作为意象派的首领受到了攻击。这种派别斗争使诗人感到烦恼和苦闷。

《一切生命都显示出早期的特殊标记》（1922）把这种斗争比喻为孩子们打架：

> 如果说从前人家打我的脸，
> 那么现在我的心浸在血泊里。

为此，诗人感到激愤：

> 我已经不再对妈妈去说，
> 而是冲笑哈哈的坏蛋说道：
> "没什么，我在石头上跌了一跤，
> 这些伤口明天就会长好。"

他在反驳某些粗暴的指责非难时，写过这样的诗句：

> 你们不要谩骂。事情就是这样？
> 我决不是贩卖词藻的商人。

诗人讨厌无谓的纠缠，忿忿不平地表示：我要把一切抛弃，蓄起长须，做一个流浪汉，漫游俄罗斯。

> 我将把讨饭的褡裢挎在肩头，
> 我将把诗歌和书籍抛在脑后。

消沉和迷惘是诗人内心痛苦的反映，他在尖锐复杂的斗争中一时迷失了方向：

> 我面前是一片迷雾，
> 暴风雨使生活天翻地覆，
> 我痛苦，
> 因为我不知道，
> 不祥的事变将把我引向何处……
>
> （《给一个女人的信》，1924）

这几句话真实准确地概括了诗人的思想状态和造成这种状态的社会原因。

三、悔悟与痛苦

随着国内战争的进展和胜利结束，苏维埃政权日益巩固。20世纪20年代初，苏联开始执行新经济政策，农业生产逐渐恢复，城乡关系得到改善，工农联盟更加紧密，国内经济战线出现了崭新的局面。对于密切关注着俄罗斯乡村情况的叶赛宁来说，这些变化产生了积极的影响。

1921年，叶赛宁和美国舞蹈家邓肯结婚后不久，有机会出国访问，先后游历了德国、法国、意大利、比利时，最后到了美国。诗人在国外把西方社会和苏联的社会主义制度加以对比，看到了西方的物质文明和高度发达的现代工业技术，也看到了西方社会的金钱崇拜和腐化庸俗的社会风气，他对于苏维埃政权有了信心。在特写《铁的密尔格拉德》里，他表示："我不再迷恋贫穷落后的俄罗斯了，……我更加爱上了共产主义建设。"他又说："只有在国外，我才完全明白了俄国革命为把世界从绝望的市侩习气中拯救出来，做了多么伟大的贡献。"

随着思想上的变化，诗人的创作进入了一个新的阶段。1923年到1925年是叶赛宁作品多产的年代，创作题材有所扩展，思想深度上有新的开掘。诗人力图跟上时代的步伐，力图振作起来，但他仍然摆脱不了悔恨、烦恼和痛苦，因此，这一个阶段也是诗人思想矛盾趋向激烈的时期。

叶赛宁虽然对十月革命的本质并不完全理解，对于斗争的残酷性一度感到惊恐，但他对革命领袖列宁、对革命斗争中勇于献身的英雄，始终怀着崇敬的感情。他颂扬列宁是"大地的船长"，发现了谁也没有发现的新大陆。他说："我感到幸福，因为在阴霾的日子里，我和他感情相通，一道生活，一同呼吸。"《二十六人之歌》（1924）是一首悲壮的颂诗，赞美了为抗击英国侵略者和保卫红色政权而在巴库英勇遇难的政治委员。长诗《伟大的进军之歌》（1924）描写已经觉醒的人民奋起保卫列宁格勒，粉碎邓尼金匪帮叛乱的故事，而长诗《安娜·斯涅金娜》（1925）则反映了农民在乡村建立苏维埃政权的英勇斗争。

叶赛宁对于乡村的看法出现了新的变化。1920 年，在《四旬祭》一诗中，他曾经用火车象征城市的力量，以红鬃马驹隐喻乡村，他把火车视为冷酷无情的异己力量，为火车战胜马驹而惋惜。但是到了 1924 年，他在《给外祖父的信》一诗中，却以截然相反的态度，赞美火车是值得夸耀的千里驹，表示不再迷恋家乡的瘦马，并且动员外祖父坐上火车看看广阔天地的美好风光。

在《撩人愁思的如水月色》（1925）一诗中，他表示希望以农业为本的俄罗斯变成工业发达的钢铁强国：

> 耕田度日的俄罗斯，够了！
> 再不能拖着木犁耕耘播种。
> 看着你破落萧条的光景，
> 连白桦和白杨也要心痛。
>
> 我不知道我将来的处境……
> 也许，对新生活难以适应，
> 但我仍然渴望古老的罗斯
> 成为钢铁强国，摆脱灾难贫穷。

叶赛宁在《斯坦司》（1924）一诗中表达了要成为歌手和公民的愿望。实际上，他的确写出了反映时代变化的一些好诗，创作了以农民起义为题材的诗剧，谱写了情调明朗的组诗《波斯曲》（1924—1925）。但是他并没有摆脱阴郁情绪的纠缠，主观原因是他感觉自己落后于时代，已经被人们遗弃，同时他也为自己一度颓唐放荡而悔恨。

　　1924 年，诗人又一次回到了故乡，接触到了乡村的沸腾生活，青年农民和共青团员们唱着杰米扬的歌曲，热情高涨，诗人一方面为他们祝福，同时又有一种孤独索寞的感觉，觉得在自己的故乡仿佛是一个愁眉不展的外国侨民，他的诗已经不符合人们的需要了。

　　《正在消逝的俄罗斯》（1924）一诗表现了诗人的矛盾心理：

> 　　我不是新人！
> 　　何必隐瞒？
> 　　一条腿留在过去，
> 　　我极力追赶钢铁大军，
> 　　另一条腿却滑倒在地。

诗人有一种荒废了青春年华的怅惘之情：

> 　　我羡慕在战斗中度过一生的人，
> 　　羡慕捍卫了伟大理想的人，
> 　　可我，连值得回忆的东西都没有，
> 　　白白断送了自己的青春。

　　他感到荒唐！十足的荒唐！他像陷进了狭窄的夹壁墙。他本来可以大有作为，可以成为有名的大诗人，但是，他却在颓唐之中虚掷了岁月。

　　这种回忆有时使他感到极度内疚，他痛恨自己的酗酒和胡闹：

> 　　头一个
> 　　该把我吊死，

从背后把我的双手倒剪：
因为
我用不合时宜的沙哑歌声
搅扰了祖国的
睡眠。

（《暴风雪》，1924）

　　除了主观上这些令叶赛宁悔恨和自我责备的内因以外，使他
感到痛苦的是社会上缺乏友谊和谅解，缺乏温暖和同情。许多人
看不到他弃旧图新的努力，看不到他在尽力追赶时代的步伐，却
死死抓住他往日的弱点，攻击他是流氓、无赖，是酒吧间的歌手，
是散布颓废情绪的堕落文人。

　　叶赛宁在《给妹妹的信》（1925）一诗中写道："生活中朋友
是这样稀少！"他在访问巴库期间曾感受到友谊的温暖，但是离开
巴库时写下的诗句却是那么感伤：

别了，巴库！我不会再见到你，
此刻心中唯有悲哀，唯有恐惧；
手抚心脏，感觉它跳得更快更痛了，
啊，我深深感到"朋友"这平凡词语的含义。

（《别了，巴库！……》，1925）

　　叶赛宁多么想振作起来投入新生活的洪流啊，可是他又卸不掉
沉重的思想负担；他的确看到了生活中新的气象、新的变化，同时
他也看到了生活中依然存在着欺骗和腐败。他曾经感慨地写道：

这个冷酷的星球上，
有多少肮脏的勾当！

就是太阳列宁

也不能马上把它们烧光！

（《回信》，1924）

诗人毕竟不是政治家，人们不应责备他某些时候分不清本质和现象、主流和支流。诗人往往更注重感情，因而也往往容易陷于难以解脱的矛盾之中。

使叶赛宁感到内心痛苦、最终酿成悲剧的另一个因素是他个人生活的不幸。他与邓肯的结合及离异给他造成了沉痛的心灵创伤。这种强烈的痛苦在《黑影人》（1925）一诗中得到了反映。黑色的幻影像恶魔一般追随诗人，使他坐卧不安，彻夜失眠，并且历数他的过失，嘲笑他把一个四十多岁的女人称作自己的情人。诗人气愤地用手杖向黑人掷去，却打碎了镜子，发现房间里只有他自己。这首自我谴责的诗表明诗人的苦闷已经到了绝望的程度。因此，他在绝命诗中才会写出：

朋友，再见，不必握手告别，

不必愁眉不展，不必忧烦，——

过这种日子死亡并不新奇，

可活着，自然也不怎么新鲜。

叶赛宁的诗大多带有忧伤的色彩。这些诗反映了诗人心灵的痛苦和矛盾。叶赛宁的悲剧也是那个特定时代的悲剧。用高尔基的话来说，叶赛宁的呻吟叹息"代表着数以十万计的人的心声，当新与旧的斗争不可调和时，他是一个鲜明的戏剧性的标志"。

叶赛宁的一生是短暂的，他只活到了三十岁，但是他所处的时代却是急剧转折的历史时代，他经历了 1905 年革命，1914 年第一次世界大战，目睹了 1917 年沙皇的专制制度的崩溃，迎接了十月革命的胜利，经历了国内战争的艰苦岁月。像绥拉菲莫维奇所指出的，他处于"两个历史磨盘的夹缝之中"。他的痛苦和忧伤固然有个人生活不幸的因素，但更主要的是由于热爱人民、为祖国的命运担忧所引起的精神苦闷。叶赛宁说过："我的抒情诗只为一种巨大的爱而存在，那就是对祖国的爱。对祖国的感情构成了我全部创作的基调。"他还说过，对于祖国，他"爱得又甜蜜，又痛苦"。这的确是合乎实际情况的肺腑之言。

叶赛宁的创作充满了矛盾。他的诗歌作品的美学价值并不一致。但是诗人毕竟以与众不同的声音歌唱了他的时代，既歌唱了祖国，颂扬了革命，也表现了普通人的坎坷与心灵。他的作品表现了革命不可逆转的历史进程，也表现了一个倾向进步的艺术家在革命年代艰难曲折的思想历程。列宁在评价托尔斯泰是俄国革命的一面镜子时曾经说过："如果我们看到的是一位真正伟大的艺术家，那么他就一定会在自己的作品中至少反映出革命的某些本质的方面。"这样的论断也适用于评价叶赛宁。他以自己的诗真实地反映了十月革命前后俄罗斯的本质变化。他不愧是一个伟大的诗人和艺术家。

（原载《叶赛宁研究论文集》，北京大学出版社，1987 年）

飞鸟凌空

——俄罗斯侨民诗人纳博科夫及其诗歌

　　喜爱外国文学作品的中国读者，想必都知道纳博科夫的名字，知道他那部引人入胜的长篇小说《洛丽塔》。

　　弗拉季米尔·纳博科夫（1899—1977）出生于俄罗斯的圣彼得堡，十九岁离开祖国，长期生活于欧洲和美国，终其一生再没有能返回他魂牵梦萦的俄罗斯。这位作家才华卓越，擅长运用双语写作，并且取得了巨大的成功。他的许多小说风行于欧美，文学界公认他是 20 世纪享有世界声誉的经典作家。

　　诺贝尔文学奖得主、俄罗斯作家索尔仁尼琴高度评价纳博科夫的创作。1972 年 4 月，索尔仁尼琴给瑞典皇家科学院写信，推荐纳博科夫为诺贝尔文学奖的候选人。推荐信中有这样一段文字："这是一位文学天赋光芒四射的作家，正是这样的作家被我们誉为天才。他达到了心理观察最为细腻的巅峰状态，运用语言极其娴熟（而且是驾驭世界上两种出色的语言）。他的作品结构完美，真正做到了独具一格，仅从一段文字你就能识别出他的才华：真正的鲜明生动，不可模仿。"

　　纳博科夫虽然没有获得诺贝尔文学奖，他的作品却被翻译成几十种外文版本，拥有最为广泛的读者，他在世界文学史上占有独特而崇高的地位。纳博科夫不仅是一位杰出的小说家，而且还是一位出色的诗人，只不过其诗名被小说家的名望所遮掩罢了。他从年轻时就开始写诗，最早出版的是诗集。他不仅用俄文写诗，也用英文写诗，而且一生几十年从未间断过诗歌创作。在他的长篇小说《天赋》中，有很多首抒情诗，使小说回荡着浓郁的诗意。同时，他也把小说注重细节刻画的艺术手法引入诗歌创作。无论是驾驭长篇小说，还是创作抒情诗，纳博科夫都达到了得心应手、炉火纯青的地步。

1970 年，纳博科夫出版了一本独具特色的诗集——《诗与棋谱》，其中包括 39 首俄文诗、14 首英文诗和 18 局国际象棋棋谱。在这本诗集的序言中，他对自己的诗歌创作道路进行了简明扼要的回顾："在欧洲时期，我的诗歌创作大致可分为几个相对独立的阶段：起始阶段，即所谓的十月革命时期，写了一些俗气的爱情诗；下一个阶段延续到 20 年代以后，诗作带有某种回顾往昔的怀旧情绪，同时追求拜占庭风格；随后十几年，我认为自己的宗旨是让每一首诗都具有情节，都有话可说（这似乎是对侨民诗歌中巴黎学派[①]忧伤、枯燥情调的反拨）；最后，在 30 年代以及其后的十几年，突然从这些自己加给自己的枷锁中解脱出来，这表现在诗歌作品的数量减少了，虽然为时已晚，但终于确立了自己的刚毅风格。"

刚毅风格，或者说硬风格，是纳博科夫诗歌趋向成熟的标志。刚毅或者坚硬，是意志和气质的体现，同时也是一种坚韧不拔、始终不渝的操守。这里既有对精神自由、个性独立的不懈追求，也有对祖国俄罗斯始终如一的爱，而这种爱的代价便是长久的漂泊、颠沛流离、孤独无奈。诗人往往在异国他乡或远隔重洋与俄罗斯进行心灵对话，或者谱写诗篇，留给未来岁月的读者。在《音韵生涯短暂……》（1923）一诗中有这样的诗句：

---

① 指侨居巴黎的俄罗斯诗人戈·伊万诺夫、阿达莫维奇等人组织的诗歌团体。

> 音韵生涯短暂，如残霞云霓，
> 我的诗句力避荒腔野调，
> 我的后世子孙个个目光挑剔，
> 未必记得我外号叫飞鸟。

　　飞鸟，迎风展翅自由翱翔的飞鸟，这一形象再鲜明不过地体现着诗人纳博科夫的坚毅性格，体现着他不同凡响的诗情，独来独往，不受任何拘束。飞鸟，不惧艰险，不受利诱，认定目标，飞向属于自己的一片天空。飞鸟，受到缪斯的青睐，获得了神奇的魅力，跨越时空的阻隔，从俄罗斯飞向西方，又从西方飞回俄罗斯；从过去飞到现在，又从现在飞向未来。

　　对于诗歌创作，纳博科夫有他自己的理解。他认为，诗，与其说是表达，不如说是刻画、描绘或者塑造。因此，某些小说的叙述手段可以赋予诗歌以生气。他认为，形象，并非来自"形象性"，并非来自修饰语的堆砌，并非来自难以传达的朦胧或者音乐旋律的巫术，而是来自语言的准确——词语、音调、韵律、节奏，在诸多艺术手段中寻求最确切的一种。俄罗斯最优美的抒情诗应当凭借自身的力量和柔情归结于一点，那就是和谐。一首诗，如果只有情绪，但缺乏形象，缺乏抒情情节的一致性，那么，这首诗只能是偶然的存在，艺术生命不会持久，就像情绪本身不能持久一样。强调抒情情节，强调语言的明晰与雕塑性，这种见解与俄罗斯阿克梅派诗人的主张非常接近，难怪纳博科夫那么喜爱古米廖夫的诗歌作品。阿克梅派另一位诗人阿赫玛托娃的抒情诗，同样借鉴了小说的艺术手法，注重细节刻画，纳博科夫想必也从她那里汲取了营养。

> 好心肠的人，你说，谁会在秋夜，
> 在俄罗斯的穷乡僻野，披着大衣，

凑近灯光浏览你的小说？

窗外的秋雨淅淅沥沥，

沙沙作响的是白桦树叶，

而四周满是烟蒂，锯末，

杂乱的家什物品影影绰绰，

你说，谁会把你的小说翻阅？……

　　这几行诗句摘自纳博科夫的诗作《荣誉》（1942），是诗人创作主张的生动例证。传统的诗歌意象"秋夜""白桦"，与缺乏诗意的"大衣""烟蒂""锯末""家什"交织，优雅和卑微并列，居然能和谐相处，照诗人的话说，"吟咏不值得吟咏的事物"，从而使得"一次目睹的情景永远不会再复归于混沌"。

　　纳博科夫的诗歌世界与歌舞升平的人间福境相距甚远。他所熟悉的是孤独、绝望，是亲人的流放、朋友的死亡。写于 1923 年的《怀念古米廖夫》只有短短的四行：

你死了，照缪斯的教导，死得高傲清白。

现在，叶里赛墓地一派寂静。

普希金正和你谈论飞驰的铜彼得，

谈论非洲充满野性的风。

　　诗人古米廖夫遭人诬陷，被罗织"参加反革命集团"的罪名，1921 年未经审讯便惨遭镇压。当时没有人敢替他申辩。纳博科夫却仗义执言，赞美诗人的"高傲"，认定他的"清白"，并把他的名字与普希金相联系。普希金与他交谈，意味着普希金对这位后辈诗人的赏识和器重，同时也道出了纳博科夫对他的推崇。纳博科夫曾经说过，普希金与托尔斯泰，丘特切夫与果戈理，正是这四位巨人为他撑起了一片文学的天空。

> 没有刮脸，冷笑，苍白，
> 西装上衣还算是干净，
> 没系领带，一颗小铜纽扣
> 贴近喉结扣紧了衣领。
>
> 他等着，能够看到的
> 有光秃的高墙围在四周，
> 草地上有个铁罐头盒儿，
> 还有瞄准的四条枪的枪口。

《处决的枪声》（1928）是一首展示人间悲剧、让人心灵震颤的诗作。前两个诗节以白描手法刻画了诗中主人公面对死亡的镇定从容。"一颗小铜纽扣贴近喉结扣紧了衣领"，这一细节，深刻地揭示了人物的内在心理：死，也要死得尊严。因此，他敢于面带冷笑凝视瞄准的枪口，注意，不是一条枪，而是四条枪！草地上的罐头盒儿则具有象征意味。罐头盒儿是空的，被人丢弃的。人的生命被强行剥夺，竟然像抛弃一个空罐头盒儿那样轻易，这真是人生的莫大悲哀！从这个人物身上，我们似乎看到了诗人古米廖夫的身影。

在诗歌创作中，除了推崇前辈大诗人普希金、丘特切夫之外，纳博科夫也借鉴了俄罗斯白银时代的一些诗人，如安年斯基、蒲宁、勃洛克和霍达谢维奇的经验。他在一篇评论霍达谢维奇诗集的文章中写过这样一段文字："如果说把诗中的诗意理解为诗美，狭义的、传统的诗美，那么，诗中的散文化手法就意味着诗人的完全自由。他可以任意选择主题、形象和词汇。大胆的、智慧的、不畏羞耻的自由，加上正确的（在某种程度上意味着不自由的）韵律，这两者的结合会形成诗歌的特殊魅力。"毫无疑问，这一原则在纳博科夫的诗歌作品中得到了体现。在俄罗斯侨民诗歌中，怀念祖国的诗篇不计其数，纳博科夫却找到了属于自己的语言，发出了属于自己的声音。请听他在《祖国》（1927）中的吟唱：

> 在域外偶然落脚的寓所，
> 放逐者的梦境平静安逸，
> 俄罗斯总是环绕在四周——
> 像风，像海，又像奥秘。

　　敏感的诗人善于倾听，透过大海的涛声聆听另一种喧腾："那是祖国轻轻的响声，是她的呼吸，她的律动。"就在午夜的沉寂时刻，不眠的耳朵久久聆听，"聆听着祖国和她的动静，聆听她永生不死的心灵"。引自《轻轻的喧响声》（1929）一诗的诗句，极具个性，生动深刻地抒发了诗人对祖国俄罗斯的赤子之情。

　　纳博科夫一贯拒绝平庸，拒绝粗俗，拒绝重复。他的诗风刚毅中糅进了典雅，平淡中融合了书卷气。他既不想重复别人，也不想重复自己。他不追求诗歌作品的数量，而更重视诗篇的审美价值。他总是从日常生活中挖掘诗意，哪怕这种诗意有几分苦涩，或者特别沉重；他总是从大自然中汲取灵感，总是与自然界息息相通，保持着一份赤诚的爱心。对于诗歌语言，他力求准确、凝练、鲜明、生动。他擅长运用比喻，有些比喻似乎信手拈来，实则独出心裁，不落俗套。《寄故乡》（1924）中有这样几行：

> 双脚脚掌一直深深思念，
> 思念你长满蕨藜的旷原。
> 整个身体不过是你的投影，
> 心灵就像涅瓦河上的天空。

　　这样的语言，这样的诗句，就像刻在大理石上的铭文，经得起风雨的冲刷，岁月的淘洗，必将引起一代又一代爱诗者的共鸣。俄罗斯象征派大诗人勃洛克在《论艺术与批评》（1920）一文中说过："上个世纪之交的艺术作品，必定会穿越拒绝接受它的死亡地带，尘埋若干年，在后世得到复活。"大诗人的确独具慧眼，他们超凡脱俗之处，就在于站得更高，看得更远。20 世纪 20 年代到 70 年代，俄罗斯读者半个多世纪几乎不知道纳博科夫的名字，更不用说读他的小说和诗歌了。然而，时过境迁，如今，俄罗斯不仅出版了纳博科夫多卷本的小说集和诗集，还把纳博科夫祖辈的故居修建成作家纪念馆。诗人小说家纳博科夫让热爱文学的俄罗斯人引以为荣，他们伸开双臂迎接穿越时空的"飞鸟"。

作为中国读者，我们也应当重新认识纳博科夫。小说和诗歌，可以说是这只飞鸟的双翼。只有既读他的小说，又读他的诗歌，我们才会对这位号称"飞鸟"的诗人小说家进一步加深认识和了解。

（原载《俄罗斯文艺》2005 年第 1 期）

诗人、翻译家、文化使者

——俄罗斯侨民诗人别列列申及其诗歌

我国唐朝诗人刘皂，名不见经传，却写出了一首非常有名的七言绝句《旅次朔方》（又题《渡桑乾》）：

> 客舍并州已十霜，归心日夜忆咸阳。
>
> 无端更渡桑乾水，却望并州是故乡。

诗人客居并州十载，日日夜夜想返回家乡咸阳。出乎意料的是，非但回乡无望，忽然传来一纸调令，他必须渡过桑乾河，到更遥远更荒凉的塞北去任职。官命难违，只好收拾行装启程。住在并州的时候思念故乡；可一旦要离开这个城市，却突然产生了依依不舍的感情，觉得它像故乡一样亲切，这时候想留在这第二个故乡也成了奢望。短短四行诗，把小人物受命运捉弄时的复杂心理，把抒情主人公的尴尬、悲凉与无奈表现得淋漓尽致。

俄罗斯侨民诗人别列列申的经历与这位中国诗人颇为相似，只不过境遇更加坎坷和曲折。他出生在俄罗斯，七岁时随母亲来到中国，在中国生活了三十多年，写了许多怀念俄罗斯的诗，却难以实现返回祖国的梦想。后来，形势所迫，他又不得不离开中国，漂洋过海去了南美洲的巴西。他有一首诗题为《无所归依》，说"中国有爱，巴西自由"，但俄罗斯是他的根基。他觉得自己有三个祖国，却不得不四处漂泊流浪。

在侨居里约热内卢的岁月里，他不仅思念俄罗斯，也常常怀念中国。为了排解忧烦，他开始把中国的古典文学作品译成俄文。他翻译了屈原的《离骚》，翻译了李白、李商隐、杜牧等诗人的诗作，还翻译了老子的《道德经》。他对中国的文学艺术真可谓一往情深。明知不能出版，却仍要翻译，说明中国文化成了他的精神依托。

这位诗人是在苦恋中漂泊，在漂泊中苦恋。尽管生活艰苦，但他心中有爱，爱俄罗斯，爱中国，也爱巴西。苦恋，最终变成了他的财富，成了他诗歌创作取之不竭的源泉，从而成就了他的诗名。这位诗人在促进俄罗斯与中国、俄罗斯与巴西文学交流方面做出了杰出贡献。俄罗斯人、巴西人、中国人都应该记住他的名字：瓦列里·弗朗采维奇·别列列申。

世界上各个国家、各个民族之间的文化和文学是彼此沟通、互相交流的，既从对方接纳自己需要的东西，又向对方施加影响。但是，一个民族对另一个民族文化与文学影响的接受，"是通过民族中成员个人的接受来实现的"①。"好的文学翻译家和好的文学家一样，是作为民族的代表者在接受着外来文学的影响。他并且不仅自己接受而已，还要比一般文学家更为直接地把自己接受过来的东西让本民族广大读者去接受。"②在这方面，侨民文学家能够发挥积极而重要的作用，成为国与国之间、民族与民族之间文化与文学沟通的桥梁。别列列申就是这样一位民间的文化使者。

俄语是别列列申的母语，但他也精通汉语、英语，后来又掌握了葡萄牙语和西班牙语，这为他深入了解不同的民族文化背景，

---

① 引自智量《俄国文学与中国》，华东师范大学出版社，1991年，第22页。
② 同上，第25页。

为他从事写作与翻译，自然提供了极大的便利。别列列申七岁时，跟随母亲来到中国，先后在哈尔滨、北京、上海生活长达三十二年之久，说他是个"中国通"，绝不为过。他在中国期间，先后出版了四本俄文诗集，其中很多作品和他在中国的生活有关。读一读他的诗，看看半个多世纪以前这位俄罗斯侨民诗人心目中的中国是什么样子，是一件很有意思的事情。

从别列列申的诗歌作品中不难发现，诗人熟悉中国的山川景物、风土人情。他发自内心地认同中国的文化，热爱中国文学、艺术和语言。他的诗明显受到了中国古典诗歌的影响，从意境到意象都有几分中国诗词的情调和韵味。

在中国，诗人游历过很多地方：从松花江边到长城脚下，从华北平原到江南水乡，从大上海到杭州西湖，处处都留下过他的足迹。同时，旅游观光也不断激发他的灵感，使他的诗篇源源不断地流了出来。1939年秋天，正是观赏香山红叶的季节，别列列申到了北京。这座古老的都城给他留下了特别美好的印象。从《中海》一诗，可以看出诗人悠闲喜悦的心境：

> 整个夏天有荷花开放
> 平静的湖水一片碧绿，
> 我常在这里休闲散步，
> 岸边的小路弯弯曲曲。
>
> 在这里看得清清楚楚，
> 往昔岁月的无言见证——
> 那是皇帝的一条古船，
> 还有岛上的梦幻凉亭。

诗人喜爱这里的湖水、荷花、松林，对"人间仙境"发出了由衷的赞叹：

> 花园当中我最爱中海，
> 爱水色澄碧水面宽广：
> 此地岂非神仙的天堂？——
> 法衣洁净才有幸观赏！

　　诗人当时正在俄罗斯东正教驻北京传教士团工作，担任该团图书馆图书管理员，大概是凭借这种身份才有机会到中海游玩。他觉得人生短暂，如无形幽魂倏忽飘过，有幸在荷花飘香的园林信步漫游，实在是上帝赐予的奖赏。

　　他的《从碧云寺俯瞰北京》一诗，有这样的诗行：

> 身为游子长期无家可归，
> 我站在白色大理石柱一旁，
> 脚下是一个庞大的城市，
> 人们熙熙攘攘如喧嚣的海洋。
>
> 我站在高山之上，碧云寺
> 庙宇高耸，巍然壮观，
> 如此庄严，名利烟消云散，
> 只听见永恒的风在呼唤。

　　诗人渴望停止漂泊，像鸽子飞回方舟一样，来碧云寺隐居，躲进松林，忘却荣辱，避开人世间的雷雨风暴，默默无闻地度过一生。诗句流露出消沉避世的宗教情绪，作为东正教的修道士，有这种想法并不奇怪。

　　《游山海关》一诗，既刻画了群山中"天下第一关"的雄伟，也真实记录了历史的沧桑，"历次战火毁坏了无数城垛，沉重的塔楼已快要塌陷"。山脚下的荒村，饭店里卖笑的胡琴声，都被聪慧机敏的诗人收入了诗行。

《游东陵》的两行诗，"陵墓中埋葬着列位帝王，他们梦见征战与盛宴"，词句凝重，隐含嘲讽。诗的最后一节特别值得玩味：

> 陵墓墓门的拱形墙壁，
> 满是图画、姓名与诗篇。
> 我们也用尖尖的石头，
> 把野蛮的名字刻在上边。

诗句有幽默调侃色彩，但又相当真实。帝王陵寝的威严，与游客的随意涂鸦形成反差。"野蛮"二字同样隐含着对比，诗人知道中国拥有悠久的历史，当李白仗剑漫游、饮酒高歌的盛唐时期，俄罗斯还是一片荒芜，因此诗人自称蛮夷，入乡随俗地提名留念也就不足为怪了。

别列列申有一首抒情诗，题为《香潭城》，浓墨重彩，音韵和谐流畅，写得格外动人：

> 黎明，云彩飘逸想休息，
> 早早飘向香潭城，
> 清风吹向香潭城，
> 河水流向香潭城。

> 白天，鸽群飞向山冈，
> 山冈后面是香潭城，
> 傍晚，霞光像只五彩凤，

它愿栖息香潭城。

微笑向往香潭城，
幻想聚会香潭城，
胡琴赞美香潭城，
花朵倾慕香潭城。

　　诗人从黎明、白天、傍晚，直写到夜晚，夜色"挥舞天鹅绒的旗，寂静笼罩了丘陵"，他匆匆逃出监狱，梦中飞往香潭城；到了早晨，原路返回他服刑的牢笼。抒情按时间线性发展，形成了一个螺旋上升的环状结构。为什么香潭城让诗人如此魂牵梦绕，心驰神往呢？

　　原来，香潭城是他的"幸福仙境"！至于为什么是"幸福仙境"，诗人却守口如瓶，只字未提，从而造成悬念，给读者留下了广阔的想象空间。你可能推测：那里有他的情人？有他的挚友？有艺术上的知音？有他难以忘怀的美丽风光？……好像是，又好像不是。在思索求解的过程中，你会进一步感受到这首诗朦胧的意境所生发出的魅力。

　　这首诗另一个鲜明的特色就是采用了"重叠"的艺术手法，全诗二十四行，"香潭城"一词，竟然出现了十二次，平均两行出现一次。在一首诗中，一个词重复的频率如此之高，实属罕见。但是你并不觉得诗句累赘啰唆。究其原因，是诗人调动了多种艺术手段来强化这个中心词汇，云彩、清风、河水、晚霞、微笑、幻想、胡琴、花朵、梦境、朝雾，全都围绕着香潭城，聚拢在香潭城。如果把这首诗比喻为一支乐曲，那么香潭城是旋律中反复出现的最强音；如果把这首诗比喻为一幅画儿，那么，香潭城处于光线最明亮的中心位置。它给读者留下美好的印象、长久的回味，也就是水到渠成、十分自然的事情了。而这个香潭城纯属诗人的虚构，实际上是影射杭州的西湖。

　　诗人别列列申喜欢中国的诗词、绘画、音乐，并且有相当深刻的了解和认识。他欣赏杜牧的诗《山行》中的诗句"霜叶红于二月花"，就以《霜叶红》为题写了一首诗：

　　　　霜叶红——说起来多么奇妙。
　　　　中国有多少聪慧的词句！
　　　　我常常为它们怦然心动，
　　　　今天又为这丽词妙句痴迷。

　　　　莫非枫叶上有霜？但是你——
　　　　乃是春天鲜艳娇嫩的花朵！
　　　　你说："春天梦多色彩也多，
　　　　秋天吝啬，秋天脱落树叶。

　　　　秋天干净透明，忧伤而随意，
　　　　秋天疲倦，不会呼唤生命。
　　　　秋天的叶上霜是冰冷的铠甲，
　　　　秋天傲慢，从不喜欢爱情。"

　　　　不错，但秋天中午的太阳，
　　　　仍以热烈的光照耀枫树林。
　　　　总有短暂瞬间：霜雪融化，
　　　　让我目睹霜下红叶与芳唇。

　　中国唐朝诗人杜牧的清词丽句给了别列列申以灵感，使他写出了一首非常美妙的爱情诗。这里既有借鉴，又有创新。诗中的少女与爱慕她的诗人显然有着年龄上的差距。少女喜欢多姿多彩的春天，对秋天表示冷漠。诗人巧妙地回答说，秋天中午的太阳，以热烈的光照耀枫树林。他相信，总有霜雪融化的瞬间，让他目睹霜下红叶与芳唇。多么美好的意境！多么富有诗意的情境！少女单纯，诗人执着，读者怎能不为之"怦然心动"？

　　中国绘画，是别列列申诗中多次涉笔的题材。诗人格外欣赏中国的山水画。在以《画》为题的一首诗中，他赞美中国国画大师笔触轻灵，格外神奇。

> 峡谷在下，绿草如茵，
> 牛羊走来，牧童吹笛，
> 人生的目的不宜渺小，
> 仿佛是这画中的真意。
>
> 上面的山岭有条小径，
> 攀登山径者当受鼓励，
> 樱桃树开花花团锦簇，
> 树木的阴凉凉风习习。

　　悬崖上孤松凌空，山中有贤哲隐居。诗人被这情景吸引，他表示："只要死神还追不上我，／只要我还能四处游历，／我知道，我这一颗心／必来此观赏山的神奇！"俄罗斯诗人常常写雪原，写森林，写大海，但很少写山。能够欣赏"山的神奇"，标志着别列列申对中国传统文化中"山水诗"的认同与亲近。

　　诗人别列列申之所以热爱中国，源于他对中国文化传统的了解和认识。他不仅精通汉语，熟读中国诗词，对中国儒家、道家的学说也有所涉猎。《湖心亭》（1951）一诗记述了他在杭州西湖的一次经历。在湖心亭的庙宇里，他观看了一位法名智化的僧人画家绘制的壁画。

无名的智化来到这里，
他是画家，也是和尚：
一幅幅图画语言精妙，
似在墙壁上放声歌唱。

啊，这荷花永不凋谢，
雨中的荷叶卓然挺立，
有几位圣贤不知疲倦，
端坐在松林的浓荫里。

荷花，出淤泥而不染；松柏，冒酷寒而不凋。这都是中国传统文人高尚情操的象征。圣贤端坐松林，寄情山水，怡然自得，物我两忘，这与道家清净无为的思想已经合拍。对中国文化没有深入的了解，肯定写不出这样具有中国情调的作品。

依依不舍离开了寺庙，
我们将重新看待生活，
生活的画卷班驳多彩，
我们的心将变得温和。

须知芦苇和花上蝴蝶，
同样也可以生存久远，
只要用妙笔轻轻描绘，
翩翩性灵凝聚于笔端。

生命短暂的蝴蝶，经过画家妙笔点染，居然可以获得持久的艺术生命力，诗人由衷地赞叹中国画家的高超笔法。这首诗还使我们有理由推测，诗人读过《庄子》，熟悉庄生化蝶的故事。

胡琴，是中国的民族乐器。一般的俄罗斯人更喜欢钢琴、提琴等西方乐器，未必把胡琴看在眼里。别列列申长时间生活在中国人之间，所以对胡琴也有了感情。请看他在《胡琴》一诗中表达的听到琴声的感受：

> 一把普通的木制胡琴，
> 配上尖锐高亢的弓弦——
> 但是这痛苦叩人心扉，
> 像离愁的笛音，像烟，
>
> 更像是初秋天气阴郁，
> 蛐蛐鸣叫，菊花凌乱，
> 树叶飘零，蓝雾迷蒙，
> 依稀显现青紫的山峦。

诗人对胡琴声的描写多么奇妙，他的想象力又何等丰富！声音有了形象，有了色彩，诗人运用通感的艺术手法十分娴熟，可谓达到了出神入化的地步！他坦然承认，这琴弦拨动了他的心弦：

> 由此一颗心出现变化：
> 盈盈泪水模糊了双眼——
> 我与缪斯这高尚女侍，
> 一道分享他人的辛酸。

只有在苦难中漂泊的诗人，才会如此善解人意，如此富有同情心。别列列申喜爱中国诗词，浸润日久，潜移默化，自然受到了影响。他的诗歌作品往往出现中国诗中常有、而俄罗斯诗中少见的意象，比如茶叶、扇子、松树、菊花，等等。而他笔下的荷花犹为传神。这里不妨引用《最后一支荷花》（1943）的诗句为证：

> 九月初的日子，
> 不再热似蒸笼，
> 北海公园园林，
> 晚霞照得火红。
>
> 远方呈现淡紫，
> 透明而又纯净。
> 百花一度矜持，
> 如今花朵凋零。
>
> 花茎变得干枯，
> 四周笼罩寂静。
> 最后一支荷花，
> 旗帜一样坚挺。
>
> 荷花不惧伤残，
> 傲骨屹立亭亭，
> 俨然古代巨人，
> 独臂支撑天空。

　　百花凋零的秋天，荷花虽已"伤残"，却屹立不倒，像旗帜，像勇士，敢于独臂支撑天空，傲骨铮铮，一副英雄气概。诗人虽然独自飘零，却执意为自由弹唱。原来荷花的不屈不挠，是诗人内心精神世界的写照。

　　别列列申把中国、巴西与俄罗斯并列，坦然承认中国是他的第二祖国。在题为《三个祖国》的抒情诗中，他说中国是丝绸与茶叶之国，扇子出名，荷花很多。他认为汉语既单纯又复杂，诗人为这种美妙的语言着迷，他形容说，用这种语言说话的应该是天堂的使者。

诗人写过一首题为《来自远方》的抒情诗，满怀深情地回忆了他在中国期间的一段爱情经历。他坦然承认，曾经爱上了一位中国姑娘。他常常幻想自己变成了一只鸟儿，飞回中国，在他心爱的姑娘头顶上空盘旋飞舞，啁啾鸣叫，以期引起她的眷顾。诗人断言，即便在临终时刻，他也必定要魂归中国：

> 我的一颗心返回那可爱的境界，
> 为的是殉情，我这颗痴迷的心，
> 在那里曾经勇敢、自由又真纯，
> 在那里燃烧……早已烧成灰烬。
>
> 但燃烧的心还活着，活在灰里，
> 过了这么多年，几乎快要窒息。

新颖的意象，独特的构思，真挚的语言，赋予这首诗以强烈的感染力和持久的艺术生命力。

真正的好诗能经得起时间的考验。正如俄罗斯诗人茨维塔耶娃所言："我的诗像珍贵的陈年佳酿，总有一天会受人青睐。"1992年诗人别列列申在巴西去世，最终也未能返回祖国，成了他难以瞑目的遗憾。然而值得告慰诗人的是，他的作品毕竟返回了俄罗斯。20世纪80年代末，俄罗斯报刊杂志开始发表他的诗歌，他的诗体译本《道德经》，1991年发表在《远东问题》杂志上。俄罗斯人终于接纳了这位远方的游子，承认他是杰出的侨民诗人。

2002年底，北方文艺出版社出版了李延龄先生主编的五卷本"中国俄罗斯侨民文学丛书"，其中也收入了别列列申的诗作。但愿热爱诗歌的朋友有机会阅读他的作品，并记住这位诗人、翻译家，记住他译过《道德经》，译过屈原的《离骚》、李白的诗歌，记住他把中国视为自己的第二个祖国，记住他是一位民间的文化使者。

（原载《外国文艺》2007 年第 5 期）

寓永恒于瞬间

——哲理诗人舍甫涅尔的创作

回顾苏联诗歌自20世纪50年代中期至80年代末期的发展变化，我们知道，两个诗歌流派最有影响：一个是响派或称大声疾呼派，另一个是静派或叫悄声细语派。前者以政治抒情诗见长，关注重大的社会题材，追求轰动的社会效应，诗风奔放雄健，其诗歌作品有明显的特点，那就是富有热情、激情与豪情。叶甫图申科、罗日杰斯特文斯基、沃兹涅先斯基、丽玛·卡扎科娃是这一派的代表性诗人。而静派诗歌则另辟蹊径，注重内心体验，抒写平凡人的身边事，表现爱情、友情与亲情。鲁勃佐夫、齐宾和索洛乌欣可以说是静派的领袖人物，他们的作品以平易亲切的风格赢得了一代读者。

在响派与静派之外，还有一些诗人，继承或接近俄罗斯古典诗歌的传统，追求抒情与哲理的结合，诗风冲淡、豁达、隽永，有些评论家称呼他们为哲理诗派。马尔夏克、扎鲍洛夫茨基、马尔蒂诺夫、杜金、伽姆扎托夫、斯鲁茨基、萨莫依洛夫和舍甫涅尔是属于这一派的重要诗人。

瓦吉姆·谢尔盖耶维奇·舍甫涅尔，1915年出生于彼得格勒，20世纪30年代中期开始发表诗作。他的早期作品，如《古堡》《森林火灾》等，就已经显示出诗人注重哲理思考的倾向。《彩色玻璃》

（1938）是诗人第一首引起诗坛重视的哲理抒情诗。

在这首诗中，舍甫涅尔绘声绘色地描述了他从封闭的凉台观看 7 月雷雨的感受。凉台上镶嵌着五彩玻璃，透过它们看到的外界景物时时刻刻在变换颜色：

> 一头母牛走过原野，
> 映进这多彩的玻璃，
> 起初是红的，紫的，
> 继而变黄复又变绿……

彩色玻璃映出的森林、花园、云团，在风雨中瞬息万变。这色彩的绚丽、动态的刻画、语言的精确与出神入化，都引人注目，而更加扣人心弦的却是诗的结尾：

> 闪耀的电光
> 以其不变的亮色——
> 穿透所有的玻璃！

刺目的闪电使彩色玻璃的魔法丧失了效力，幻象毕竟不能长久地掩盖真实。诗人的思绪赋予诗行以雷火电光般的辉煌与深度，从而使这首诗从好诗当中脱颖而出，一举成为杰作。年仅二十三岁的舍甫涅尔出手不凡，初登诗坛便崭露头角，显示出他的才华、气质与潜力。

然而，1941 年爆发的苏联卫国战争，暂时打断了诗人的哲理思索。他拿起武器，以普通一兵的身份投入战斗。他经历了列宁格勒被围困的 900 个日日夜夜，在残酷的战斗间隙，年轻的诗人仍然写诗。1943 年，诗人在极其艰苦的条件下出版了诗集《捍卫》，写出了《我们必胜》《列宁格勒》《信号旗》《野蔷薇》等一批金刚怒目式的作品，表现了俄罗斯人对法西斯匪徒的刻骨仇恨和对阵亡战友的缅怀与悼念。战争的惨烈，苏联人民的尊严、忠诚、坚韧和勇敢，在他的诗中得到了形象的体现。

抒情诗《镜子》（1942）是卫国战争期间舍甫涅尔最有代表性和最有影响力的作品。诗中真实地再现了列宁格勒连遭敌人炮火轰击后的惨象：处处焦土，断壁残墙。然而在一座毁坏的六层楼墙壁上，竟奇迹般地保存了一面镜子。诗人由此联想，这镜子不久前也许映照过一位姑娘梳妆的面容，可如今却只能照出战争烽火的残酷。新颖的构思和切入角度，深刻地表现了战争与和平的主题。诗写到此处停笔，亦不失为一首佳作，而舍甫涅尔却笔锋一转，写出了最后一节：

> 此刻夜的潮气与烟火
> 使这面镜子模糊不清。
> 希望在前。无论如何——
> 敌人休想照这面明镜！

结尾几行使诗意得到了升华。它使读者超脱出直观的印象，激发出积极的精神与昂扬的反法西斯斗志，充沛的爱国热情和坚定的必胜信念鼓舞人心。这首诗不胫而走，许多战士与市民相互传抄，不仅为列宁格勒人，也为千百万苏联人广为传诵。

卫国战争胜利后，诗人痛定思痛，仍时时回忆战争，关注战争幸存者的命运。《放鸟的人》（1952）写一个"忧伤的怪人"，常用他微薄的收入，购买黄雀与山雀，然后带到郊外去释放。因为这位老人总觉得心绪不宁，他的儿子在战争中下落不明，他甚至找不到一座坟茔可以尽情地痛哭一场。只有在往日的战场，望着放飞的鸟儿，他的眉宇间才浮现出一丝笑意。诗人与放鸟的老人心灵相通，他理解老人的隐痛，同情他那孤独凄凉的晚年。深沉含蓄的诗句，字里行间充满了人道主义精神以及对于不义战争的无声谴责。

20 世纪 50 年代中期以后，舍甫涅尔又转向他所喜爱的哲理抒情诗，《语言》《东西》都是其中的名篇。善与恶，生与死，人生的价值与意义，是诗人经常思考的主题。《箭》（1972）以独特的构思，表现了多行不义必自毙的哲理。抒情主人公以一支仇恨的箭矢射向他往日的朋友，这支箭却绕行地球一周，射中了他自己的脊背。想象出奇，构思不落俗套，读来引人深思。

哲理抒情诗，不同于哲学家的论述。忌说教，忌抽象，忌浅显直白、一览无余。出色的哲理诗，必呈于象，感于目，会于心，言不可言之物，解不可解之理，给读者以充分的联想空间和思考余地。正是在这一方面，舍甫涅尔的诗歌显示出不俗的特色。他不仅把哲理与抒情巧妙地融为一体，而且擅长叙事、状物、写景，以观察入微的目光，捕捉住一个又一个包蕴哲理的场景与画面。他很少直接论述，而是运用形象启发读者的心智，与读者达成情感的沟通。

进入 20 世纪 70 年代中期以后，舍甫涅尔的哲理抒情诗糅进了凝重的历史感和深沉的忧患意识，其作品的风格在豁达冲淡之中平添了苍郁和悲凉的成分。他经常涉笔的诗题是人与时代，瞬间与永恒：

> 你可想过永恒？
> 你就活在其中，
> 你吃永恒的食粮喝永恒的酒，
> 夜晚你看永恒的星，
> 你本身就由永恒的分子构成。
>
> （《个人的永恒》，1975）

人生短暂，时不我待，要想活得充实而有意义，必须高瞻远瞩，心系永恒，超脱于无谓的纷争、纠葛，从事艺术创作与劳动。因为诗人相信，以真善美为底蕴的艺术能超越时空，能战胜愚昧和恶劣环境而获得永生。《古陶》《心灵考古》《题赠友人》《时间的旅程没有终点》等写于 20 世纪 80 年代初期的诗作，都以鲜明生动的意象，抒发了永恒寓于瞬间的哲理。

意大利的比萨斜塔是人所共知的世界奇观，舍甫涅尔以其命题，用"将倒未倒"的斜塔反衬那些曾经"高傲威严"、不可一世的人物：

> 多少塔已经颓然倒地，
> 而斜塔——仍巍然屹立！
>
> （《比萨斜塔》，1983）

言有尽而意无穷。简短精辟的诗句涵盖了多少历史故事和人世沧桑！

诗人还以形象的语言把时代比喻为一本书。在《第二十卷》（1982）这首诗中，他嘲讽了某些"精明的"史学家：他们记忆中的著作成摞成排，但书写历史却没有主见与定见，涂涂改改，颠倒黑白。诗人郑重地宣告：

> 而历史在延续，突破了清规与戒律。
> 我们创造历史，史学家是我们自己。
> 只可惜对我们的时代我们不能评论，
> 第二十卷的读者是比我们年轻的人。

时代在发展，科学技术在进步，人类享受着空前的物质文明。但是人类也面临着生存环境的日益恶化，污染严重，破坏不断。

有些人在追求物质享乐的同时，道德水准却不断下降。这种种现象使得有良知有责任感的诗人深为忧虑。《世上的美人儿逐年增多》（1970）一诗以渐趋恶化的大自然衬托追求娇媚的女性，诗人不无嘲讽地写道：

> 清澈的水源已连遭污染，
> 大片的森林已连根斩断，——
> 但依照自然的神秘法规，
> 空前繁荣的是女人之美。

　　科学技术与人生，也是诗人关注的题材。《电子技术》（1981）一诗表现了科学技术使宇宙变小而人心却相距日远的矛盾现象。效果神奇的电子音像，使我们足不出户便可饱览世界风光和九重天外的奇观；但是有人哭泣，虽近在身边，我们却听而不闻，视而不见。对这种人情的淡漠，善良情感和同情心的失落，诗人感到痛心和愤慨。

　　写于1989年的《聊天儿》一诗也是涉及相似主题的作品。《圣经》传说中的恶魔，曾经被俄罗斯诗人莱蒙托夫写入诗篇，画家弗卢贝尔也曾为之画像，而今却受到世人的冷落，恶魔向诗人表示不满与困惑。诗人回答说：

> "恶魔同志，
> 我劝你弃恶从善。
> 你的心灵与事业俱已衰老，
> 你已经到了退休的年限。
>
> 你的种种手段已显贫乏，
> 你的过失算不上惊人的罪愆，

学生已经超过了先生，
这叫青出于蓝而胜于蓝。

在当今这个地球上，
我，算不上最为凶残，
连我比你的危害都更深重，
无须隐瞒，怒我直言！"

舍甫涅尔不仅擅长写哲理抒情诗，他的爱情诗也相当出色。
早期的《途中悲歌》（1940）以激动人心的笔触表现情人的失恋。
《信寄空茫》（1980）则以轻松幽默的口吻回忆年轻时的一段情事，
脉脉温情中略带几分怅惘。《青春楼房》（1985）像一幅彩色的油
画，虽属风景，但蕴含着绵绵的情意。而《临窗》（1983）则表现
了老年夫妻回首往事的欣慰与安详：

亲爱的，请关上电视，
让我们肩并肩倚近楼窗，
我和你持有一张签证，
能去别人看不到的地方。

连一件小行李也不带，
无须车轮，也不用翅膀，
从心中勾勒那个境地，
全凭善良与专注的目光……

尽管那穿堂院、旧厢房、矮墙边的树，远隔着时光的浩瀚海
洋，但是那居室、那生活却令人留恋与神往。共同的命运与阅历，
使得两颗心贴得更近，也更加亲密无间。俄罗斯的爱情诗擅长描

述初恋的热烈、失恋的忧伤，而舍甫涅尔却以回忆的笔法展示老年伴侣的情怀，他拓展了爱情诗的领域，写得明朗、从容，在技巧上也不落俗套，自然受到了读者的青睐与好评。

1988 至 1989 年，笔者在列宁格勒大学语文系苏联文学史教研室进修，有幸与诗人舍甫涅尔结识，并几次应邀去他家中做客。老诗人跟我谈到他的出身和经历，他的祖父在沙俄时期曾任海军上将，到过朝鲜，符拉迪沃斯托克（海参崴）有一条街道以舍甫涅尔命名以示纪念。他向我出示了一个小小的铜盒子，上面刻着中文的"囍"字。他还让我看 1943 年出版的诗集《捍卫》，那是在战火中诞生的小册子，64 开本，很薄很小，但我深知它的分量，任时代变迁，它的光彩永不泯灭。

诗人还给我看了一册《中国诗选》的俄译本，并高兴地告诉我他译过唐朝诗人王勃的《滕王阁诗》。原来，这首诗是汉学家译出初稿，然后请他加工润色译成的。舍甫涅尔告诉我，他读过不少译成俄文的中国古典诗歌，他喜欢陶渊明和杜甫的作品。诗人对汉诗的喜爱，使我油然而生敬意。他特别提出陶诗与杜诗，我觉得不仅独具慧眼，大概也是他的诗风接近古朴沉郁所致。

诗人把他的两部诗集和一部幻想小说集送给我留作纪念。我细读了他的诗歌作品，选译了几十首诗，对他加深了理解。我觉得，他的哲理诗能融理入情、入景、入事，绝无枯燥说教的弊病。他善于以新奇的艺术构思，道人所未道，言在此而意在彼，引而不发，由读者自己体味和咀嚼。他的诗初看上去也许显得平淡，但反复吟诵，必然使你感受到一种隽永新奇的神韵。

舍甫涅尔和其他哲理诗派的诗人一样，论影响和读者群的众多，也许赶不上最著名的响派与静派诗人，但是在诗歌界，在诗评家的心目中，他是个独具一格的诗人，重要的苏联诗歌选本都少不了他的作品。因为他的诗包含着时代精神，使特定的瞬间通向了永恒。有诗评家说过，越具有民族性的作品，越具有世界性；

越富有时代性的作品，越具有持久的艺术生命力。舍甫涅尔以其创作再次证实了这一论断的正确。

（原载《苏联文学》1992 年第 5 期）

【作者附记】

诗人瓦吉姆·谢尔盖耶维奇·舍甫涅尔荣获了 1997 年度俄罗斯普希金奖，再一次证实了他在俄罗斯诗坛的崇高地位及其诗歌的艺术价值。又据《世界文学》刊载，诗人舍甫涅尔已于 2001 年在圣彼得堡去世，享年八十六岁。作为他诗作的译者，读到这条消息，甚感痛惜。

2003 年 5 月 15 日记

在困境中寻求出路

——布罗茨基的诗友库什涅尔

一

回顾俄罗斯两百多年的诗歌史，可谓既辉煌又惨烈，天才诗人不断涌现，却又屡遭摧残与迫害，或因决斗而丧命，或在绝境中自杀，或遭受诬陷诽谤，或忍痛流亡国外，艺术的明灯一再被狂风暴雨扑灭，悲剧多次重演，令人扼腕叹息。

才华横溢的普希金被后世公认为"俄罗斯诗坛的太阳"。诗人为自己竖立了一座非人工的"纪念碑"，他满怀自信地宣告：

> 我将受到人民的爱戴并且爱得长久，
> 因为我的竖琴曾激发出美好的感情，
> 因为我在严酷的时代歌颂自由，
> 呼吁对蒙难者给予宽容。

熟悉俄罗斯诗歌的读者想必知道，诗人的欢乐源自爱情、友谊、创作灵感以及追求自由的个性与激情；可是诗人的大半生却是在流放、监禁、遭受诽谤污蔑的恶劣环境中度过的。的确，诗人是为自己构建了一座永恒的纪念碑，然而纪念碑的基石却是由叛逆、抗争、坎坷与苦难铸成的。

　　20世纪的俄罗斯诗人，堪与普希金比肩而立的当属阿赫玛托娃，诗人叶甫图申科把她称为"俄罗斯诗坛的月亮"。阿赫玛托娃对俄罗斯诗坛的贡献不仅在于细腻委婉且蕴含苦涩的抒情诗，更在于诗人置身于个人崇拜的恐怖时代，默默地创作了《安魂曲》，勇敢地呼吁法制与人格尊严。这部作品以及她后来写就的《没有英雄人物的叙事诗》，都是俄罗斯诗歌史上里程碑式的杰作。

　　阿赫玛托娃的人生经历分外悲惨：第一任丈夫古米廖夫惨遭镇压；儿子列夫·古米廖夫三次被关进监狱，后来还被流放；她自己也受到批判，被开除出作家协会，多年失去了发表作品的权利。

　　著名翻译家高莽先生是阿赫玛托娃诗集《爱》的中文译者，他对这位诗人素有研究。在不久前出版的著作《白银时代》一书中，高莽写道：

　　"阿赫玛托娃相信苦难是人所不能摆脱的经历，她相信天国，也相信人民，相信未来。当厄运临头的时候，她比马雅可夫斯基、比叶赛宁、比法捷耶夫表现出更大的勇气和韧性。她没有绝望，没有自杀。她始终和多灾多难的祖国人民在一起，勤勤恳恳地默默写作。去世前一年她写道：'我从来没有停止过写诗，我是以响彻我国英雄历史的旋律为旋律的。''我以能生活在这个年代，并阅历诸多无与伦比的事件而感到欣慰。'"①

　　阿赫玛托娃的精湛诗作，她对诗歌创作的执着追求，令年轻诗人敬佩。他们主动接近身处逆境的诗人，甘愿做她的学生。布罗茨基、莱茵、奈曼、库什涅尔就是其中的佼佼者。

　　阿赫玛托娃对布罗茨基的才华尤为赏识，但又为年轻诗人未来的命运忧虑。1962年她写了一首四行诗表达自己的心情：

---

① 引自高莽《白银时代》，中国旅游出版社，2007年，第101页。

> 如今我不再为自己哭泣，
> 盼只盼有生之年别再揪心
> 目睹未经风霜的前额
> 烙上遭遇挫折的金色疤痕。

　　这里的"金色疤痕"与19世纪公民诗人涅克拉索夫笔下的"黄金锁链"一样，语含双关，既是屈辱的标志，又是荣耀的象征。诗人阿赫玛托娃可谓独具只眼，她的忧心忡忡并非过虑。年轻诗人布罗茨基不久后就身遭诬陷迫害，阿赫玛托娃不幸而言中——他那"未经风霜的前额"果然烙上了"金色疤痕"。

　　1964年，布罗茨基受到诽谤，有人控告他"游手好闲，不劳而获"，是"资产阶级寄生虫"，随后他竟被当局判刑，发配到阿尔罕格尔斯克州偏远乡村，劳改五年。而真实的祸根是他在国外发表的诗作引起了当局的忌恨。

　　在布罗茨基遭受批判、流放，十分孤独苦闷的日子里，他的知心朋友亚历山大·库什涅尔写出了《致约瑟夫·布罗茨基》，给蒙受冤屈者以巨大的精神支持。这首诗当年曾以手抄本的形式在读者中流传。现译出整首诗引用如下：

> 在小流氓和醉鬼之间，
> 你咬紧了嘴唇睡眠。
> 头号寄生虫奥维德，
> 深夜里为你泪流满面。
>
> 他梦见遥远的意大利，
> 梦见家乡的葡萄园。
> 你梦见了什么？是不是
> 列宁格勒凝固的冬天？

> 当沿河街上暴风雪弥漫，
> 利捷伊内大街刺骨寒，
> 有一个人脊背对着风雪，
> 站在食品杂货店门边。
>
> 心中涌现出新的诗句，
> 没有人比得上他的才干，
> 词语的准确无与伦比，
> 没有人敢贸然跟他争辩。
>
> 令人震撼的沉重忧患，
> 那上面压着一车厢钢板，
> 毫不畏惧他甘愿承受，
> 他让种种荣耀趋向灰暗。

　　短短二十行诗句，不仅描写了布罗茨基的狱中处境——跟小流氓和醉鬼关在同一囚室，更刻画了他日常生活的艰难——在风雪弥漫的街头漂泊。然而无论身陷囹圄还是四处流浪，他念念不忘的却是诗歌创作。令人惊异的是，库什涅尔居然把年轻的布罗茨基与古罗马大诗人奥维德相提并论，并断言其诗友的才华无与伦比，将会让"种种荣耀趋向灰暗"。只有十分了解诗人和他的作品，才敢下此断语，做出预判。二十三年后，布罗茨基荣获诺贝尔文学奖，验证了库什涅尔的远见卓识。

　　经过阿赫玛托娃等诗人的奔走呼号、斡旋营救，布罗茨基在流放地只劳教了一年半，就回到了列宁格勒，但社会环境压抑，迫使他决意移居海外。1972 年，布罗茨基离开列宁格勒前夕，把他在国外发表的诗作整理成册，赠送给诗友库什涅尔留作纪念。他的题词颇有意味："在可爱的地方，不可爱的时代，谨将诗稿留赠亲爱的亚历山大。满怀友情的约瑟夫。"

　　让布罗茨基视为知己的诗人绝非等闲之辈。多年的交往与友情使布罗茨基意识到，库什涅尔为人真诚、沉稳，写诗执着、严谨，经过岁月磨砺，必将成为真正的大诗人。

<h2 style="text-align:center">二</h2>

　　亚历山大·谢苗诺维奇·库什涅尔，1936 年 9 月出生于列宁格勒，毕业于赫尔岑师范学院语文系，长达十年担任中学教师，讲授俄语和俄罗斯文学，同时从事诗歌创作。起初他的作品难以发表，因而他参与筹建了"地下出版物"《句法》杂志，使自己的作品得以刊载流传。随着苏联国内形势不断演变，诗人由边缘化的地下写作状态逐渐取得了发表和出版作品的权利，20 世纪 60 年代陆续出版了三本诗集：《最初印象》《夜晚之声》和《征兆》。

　　1969 年，库什涅尔辞去教职，离开学校，成为专业诗人。20 世纪 70 至 80 年代相继出版了《书信》《直接引语》《声音》《白日梦》《日记》《活篱笆》等多部诗集，还有两卷评论俄罗斯古典和现代诗歌的论文集。诗人凭借创作实力，在俄罗斯诗坛站稳了脚跟，赢得了读者与评论界的广泛承认与好评。

　　进入 20 世纪 90 年代后，《深夜的音乐》《幽暗的星辰》《灌木》等诗集的出版，标志着库什涅尔的创作更加成熟。从 1995 年起，诗人担任了大型丛书"诗人文库"的主编。1996 年诗人获得俄罗斯联邦国家奖，2002 年获得俄罗斯普希金奖，2005 年获得刚刚设立的"民族诗人"大奖。库什涅尔成了评论界和广大读者公认的优秀诗人。

　　1996 年，库什涅尔准备出版诗歌选集，请他的好友、远在美国的布罗茨基撰写序言。布罗茨基慨然应允，抱病写作，不久后突然去世。这位诺贝尔奖得主为库什涅尔写的序言成了弥足珍贵

的临终遗言。诗人布罗茨基写道:

"亚历山大·库什涅尔是 20 世纪杰出的抒情诗人之一,以俄语为母语的每个读者内心所珍视的诗人当中,必定有他的名字。……库什涅尔写诗的方法无疑汲取了注重音韵和谐的哲理诗派与阿克梅派的特点。……库什涅尔诗歌的本质特点在于语调的含蓄有度。诗人极力回避面面俱到的句式、神经质的严厉语气。别人兴奋的时刻,他会保持冷静;别人绝望的场合,他可能嘲讽调侃。总而言之,库什涅尔写诗遵循的是斯多葛主义的原则。"①

以冷静从容的态度,寻求独特的声音和语调,的确是库什涅尔多年的追求。对于诗歌创作的本质,他一直有自己的理解和体验。

俄罗斯的 20 世纪充满了动荡与灾难。作为 20 世纪后半叶的诗人,库什涅尔力图在诗歌中展示的主题用一句话概括就是"悲剧性的经验和意识,以及在困境中寻求出路的思考"。在诗人看来,抱怨生活混乱、责备生存荒谬,属于无知或轻浮;而以浪漫主义的观点拔高诗人,使其与民众相对立,则是荒唐傲慢的偏见。在库什涅尔看来,诗歌是生命的载体,诗的脉络里时刻流淌着涌动的血液:

> 诗歌——可谓是输送血液,
> 把莎士比亚和普希金的血
> 输送给颓唐而消沉的读者,
> 他的床头有一卷残旧诗册;
> 阅读诗歌乃储存血红蛋白,
> 能使人心潮澎湃喷涌如火,——
> 像普斯科夫的鲜红马林果,

---

① 斯多葛主义属于一哲学流派,转义为坚忍不拔,恬淡寡欲。

> 像斯特雷福德的枫林霜叶。
>
> 诗歌——亦可比喻为健康。
> 我倒想做个报告暗怀尖刻，
> 嘲讽种种病态的流言蜚语，
> 神秘的诗情久已被人忘却，
> 可惜呀可惜，我难以启齿，
> 作为演说家，我拙口笨舌，
> 我要说：储存精神与生命——
> 才有资格称得上优秀诗歌。

只有对诗歌的本质有深刻的认识，才能创作出有分量的、扣人心弦的作品。生活在 20 世纪的俄罗斯诗人，学会了珍惜平凡生活的点滴温馨：路边的花草，床上的毛毯，书架上的书籍，房间里的暖气，跟朋友打电话聊天儿，女友微笑的眼神……，身边的一切都值得珍惜，因为这些随时都可能被剥夺，成千上万的人有过这种惨痛经历。库什涅尔就擅长从看似平淡的生活中挖掘诗意：

> 想到荣誉不由得联想到死亡，
> 因而想到名声我们便会落寞。
> 莫如轻轻哼唱威尔第的歌曲，
> 或重新翻阅普鲁斯特的小说，
> 不然就回忆海上或乡村风景，
> 就像一头老牛在树荫下静卧，
> 须知风景可贵如音乐和语言，
> 不管它有阴影还是光芒闪烁。
> 我陷入沉思，回想多年以前，
> 影影绰绰很多人在那里落座，

> 他们全都穿着另一样的衣裳，
> 想到这里一阵惊恐心中掠过，
> 只是他们说什么我听不明白
> 也没有办法对他们加以描摹，
> 我像个幽灵，仿佛一只耗子，
> 又像只蝴蝶，语言已经忘却。

历史一再证明，诗人获得荣誉，往往会付出沉痛的代价，因此诗人才会"想到荣誉"就联想到"死亡"。与其拥有身后的荣耀，莫如品味眼前的平静——听歌，读书，欣赏风景。时代让诗人回避普希金式的激情，社会环境使他变得内敛和慎重。

著名文学批评家莉季娅·金兹堡曾在一篇评论中写道："库什涅尔描写幸福的诗篇，与传统诗作中的多数作品不同。他的诗歌在倾诉幸福感的同时，往往隐含着惊恐不安的因素。这些抒情作品既有对生活的肯定，又有潜在的悲剧性，这两种因素相互关联，密不可分。"作为诗人多年的朋友，金兹堡的分析十分中肯。可谓观点独到，深刻而精辟。

圣彼得堡的白夜举世闻名，库什涅尔以《白夜》为题的短诗却写得与众不同：

> 这些宛如白天的夜晚，
> 不知不觉正渐渐缩短。
> 它们弯下腰微微撩起，
> 阴沉而又痛苦的帷幔，
> 让我们俯身白色枕头，
> 心里有几分忐忑不安，
> 让我们看清爱的面孔，
> 咬紧嘴唇，忍受熬煎。

　　傍晚的花园是人们休闲的处所，库什涅尔却写出了非同寻常的感受：

> 独自站在空旷的花园，
> 四周的夜色一片迷茫。
> 忽而天堂开门声音轻，
> 忽而地狱开门叮哐响。
>
> 左边传来音乐的旋律，
> 唱歌的声音悠扬和谐。
> 可右边有人一直吼叫，
> 高声诅咒该死的生活。

三

　　真正的诗人必然思考诗人与时代的关系。1978 年，库什涅尔创作了一首无题诗，第一行是"时光岁月不由人们选择"。诗人告诉读者，时光岁月不由人们选择，人们都在其中生老病死。不能像在市场上买卖东西那样随意挑选时代，"任何世纪都是铁的世纪"。明白了这一点，就该好好生活，不必挑剔。人们追求幸福，没有人愿意活在伊万雷帝时代，也不愿遇到佛罗伦萨流行的瘟疫。这首诗的最后三节让人心动，让人警醒：

> 任何世纪都是铁的世纪。
> 但美丽的花园缭绕烟雾，
> 乌云闪光；与命运告别，
> 拥抱我的时代感到满足。

> 时代——其实就是考验，
> 对任何时代都不必羡慕。
> 时代是皮肤，不是衣裳。
> 与时代拥抱该抱得紧紧。
>
> 时代能留下深深的烙印。
> 就像我们手指上的指纹，
> 仔细看纹路与皱褶独特，
> 能留下与众不同的印痕。

"时代——其实就是考验，对任何时代都不必羡慕。""时代是皮肤，不是衣裳。"诗句掷地有声，如铭文一般镌刻在俄罗斯诗歌史上，烙在每个读者的心底，必将成为世代传诵的经典名句。

俄罗斯科学院院士、著名思想家、文艺理论家德·利哈乔夫十分欣赏库什涅尔的诗歌，曾为诗人的《诗歌选集》（1986）撰写序言。利哈乔夫指出："库什涅尔是洞察生活的诗人，对生活的纷繁复杂有清醒的认识，这是他诗歌创作的本质性特点。"《时光岁月不由人们选择……》一诗就是最好的例证，表明诗人库什涅尔对时代的认识既清醒又深刻。这首诗广为流传，也就是顺理成章的事了。

1991年，苏联解体，俄罗斯进入一个新的历史发展阶段。有人问库什涅尔，写作是不是改换了方式，是不是比过去更好。问话具有明显的倾向性。诗人为此写了一首短诗回答提问者：

> 看这丁香。苏维埃时代怎么开花，
> 今天依然是那样开放，毫不逊色！
> 沿着灌木丛漫步，倒影映在水洼，
> 我不愿意把平生切割为几个段落。

　　有人问我：写作是不是换了方式，
　　是不是写得更好，胜过某些年月？
　　我不会踩高跷，也不会装扮演戏，
　　看丁香花开放粉红淡紫依然故我。

　　诗人不能像墙头草一样随风摇摆。只有保持独立的创作个性，才能抒发真情实感，也才能像花开花落一样自然。假如总是随时装扮演戏，那就会沦为小丑、徒有诗人的虚名了。

　　苏联解体以后，许多俄罗斯人一方面否定往昔的一切，把过去说得一团漆黑，一无是处；另一方面向往西方，羡慕欧洲人的生活。诗人却不随波逐流。1996 年，库什涅尔写了一首短诗《假如……》，借以抒发自己的情怀：

　　假如，假如那一年我出生在德国，
　　假如我出生在欧洲任何一个国家：
　　比如法兰西、奥地利，或者波兰，
　　早已被煤气烧死，像帽子焚毁于火焰。

　　我有幸生在俄罗斯，这地方令人厌烦，
　　没有正义、半饥半饱、一天不得平安，
　　这里没有廉耻、极其痛苦、秩序混乱，
　　可唯独在这里我才活下来并活到今天。

　　作为犹太人的后裔，他对法西斯疯狂迫害犹太人的罪恶记忆犹新。他并不否认苏联曾经存在的种种社会弊端，但也不盲目地否定历史，表现了一位诗人的正直和良知。

　　库什涅尔的有些作品，选材新颖，视角独特，内涵丰富，耐人寻味。比如，他写了一首声称"不愿让外国翻译家翻译"的诗：

《我不喜欢……》，诗人一一列举了许多民族的弱点——法兰西人的吝啬与自私，犹太人的厚颜无耻与自负，阿拉伯人油腻的目光与狂热，英格兰人的古板守旧与假斯文，日尔曼人的凶狠与粗暴，意大利人的放荡和愚蠢，俄罗斯人的罪孽、虚伪、酗酒狂饮，西班牙人的自高自大与迟钝……。诗人害怕惹起众怒，因而请求翻译家千万别把这首诗译成外文。诗中结尾两行笔锋陡然一转，着实出人意料：

> 有人曾问诗人费特他愿属于哪个民族，
> 诗人回答：我爱大自然，没有民族归属。

一个真正拥有人道主义博大胸襟的诗人，的确应超越民族的局限，站在全人类的立场，关爱大自然并关注人类面临的种种困境。

库什涅尔写法别致的另一首诗，标题为《玩戏法的人》（1982）。诗人以调侃的笔触写道：

> 玩戏法的人一脸肃穆，
> 用块方巾把鸡蛋蒙住，
> 随后（手疾眼快！）一下子把方巾扯去！
> 哈，桌子上变出来一只毛茸茸的小鸡！
>
> 巴掌上忽然喷出水来，
> 他让水哗哗流进口袋，
> 接着（手疾眼快！）他把口袋翻个里朝外，
> 口袋里什么东西也没有，谁都觉得奇怪……

接下来，玩戏法的人吞下玻璃杯，忽然变出一只猫来；随后

又吞下个玻璃瓶子，用手在空箱子里摸来摸去，手疾眼快！摸出
了积木，还有大衣和花花绿绿的东西。

> 接下来他又吞咽了什么，
> 他让彩色粉笔变成白色……
> 他（手疾眼快！）让所有的人惊讶又糊涂，
> 观众们却长时间为玩戏法的人鼓掌欢呼。

> 不知多少次目睹这种场景：
> 我们这些傻瓜总被人愚弄！

　　这个"玩戏法的人"使人联想起竞选的政客、狡猾的推销员
和广告商。他们口若悬河，滔滔不绝，随意承诺，却无意兑现。
平民百姓常常受骗上当，永远也难以识破他们玩弄的花招儿。
　　库什涅尔也擅长写爱情诗，他一直寻求自己的视角和语汇。
例如在《热恋，就是四目对望……》（1975）一诗中，诗人写道：

> 热恋，就是四目对望，
> 置身古老帆船的底舱，
> 当榆树笼罩暮色苍茫！

> 又像四只手联弹钢琴，
> 把一切细节铭刻在心，
> 仔细欣赏奖章的花纹。

> ……

> 沙发上累乏的四条腿，

眼睛里雾一般的疲惫，
玻璃杯里那一枝玫瑰。

没有本能的精神世界，
只不过是教堂的和谐，
并非爱而是和睦妥协。

库什涅尔认定，爱情是灵与肉的结合，"没有本能的精神世界，只不过是教堂的和谐"。诗人的独到体验，想必能得到许多读者的认同。

库什涅尔曾经在他的随笔中写道，生活中常常有诗意的自然流露，人们只要留意，就不难发现：春天的云引人注目，闪耀出奇异的光彩；丁香花开放，绚烂美丽；大海的波浪充满了和谐的韵律；人世间的爱情无比美妙。诗，并非诗人的随意虚构或杜撰；诗，是从纷繁的世态中提炼出来的精华，是从生涩的材料中剥离出来的结晶。诗人的不同凡响之处，在于他能够运用语言把自己的感受抒发出来，谱写成有声有色的诗句。

四

进入 21 世纪以来，许多俄罗斯诗人进行新的探索，传统的诗歌形式受到了强烈冲击，年轻诗人纷纷抛弃传统的格律诗，争相创作自由诗。库什涅尔却依然故我，以不变应万变，坚持写他的格律诗。他认为，俄罗斯传统诗歌的音韵形式依然富有强大的生命力，尤其是语调和旋律方面尚存在巨大的潜力，有待于深入挖掘和开发。诗人认为，跟欧洲诸多民族的诗歌相比，俄罗斯诗歌还很年轻。

几十年来，库什涅尔倾心于抒情诗的创作。在他看来，抒情诗是艺术创作的心灵，不仅诗歌，包括散文、音乐、绘画，近几个世纪以来都是沿着抒情诗的发展轨迹而发展的。在违背人性的世界里，抒情诗是个性的捍卫者。这个问题也是 20 世纪和 21 世纪向诗人和艺术家们提出的重要课题之一。

与普希金、阿赫玛托娃、布罗茨基相比，库什涅尔似乎没有经历那么多的坎坷与苦难，他的生活仿佛平静顺利，其实他内心承受的精神压力同前辈诗人一样沉重。诗人的苦闷在于寻求精神出路，在重重矛盾之中维护创作自由和知识分子做人的尊严。在坚守人格与人道主义情怀的岁月里，他超越了纷争，超越了功利，超越了物欲，超越了世俗。诗人有意识地与政治保持距离，不跟统治者发生正面冲突，也不希求身后的荣耀，反而渴望回归内心的和谐与平静，冷眼旁观，默默思考，仿佛是位沉静睿智的修道者。

就创作风格而言，库什涅尔有别于普希金的明亮刚健、阿赫玛托娃的委婉柔韧、布罗茨基的雄奇犀利，冲淡平和——才是他的本色。

诗人在近期的一次电视采访中说过，20 世纪几十年的意识形态操控，使人感到窒息；当前号称已在俄罗斯实现自由，可今天的意识形态——金钱崇拜、两极分化——对于诗歌创作同样不利，对于诗人也并不宽容。诗人依然面临困境，如何摆脱尴尬局面，仍然有待探索。

在此想附带说明一下，1988 至 1989 年笔者访学列宁格勒期间，曾与库什涅尔有一面之缘。诗人将他刚刚出版的诗集《活篱笆》签名相赠。多年来笔者关注诗人库什涅尔的创作，并且挑选了他的几十首抒情诗，陆续翻译成汉语，力求以格律诗译格律诗，注重节奏、音韵和语气的传达，尽力再现原作的形式特色与音乐性。库什涅尔以其近半个世纪的创作实绩证明，他不愧是俄罗斯当代最杰出的诗人之一。他的创作理念、艺术探索、处世之道，是值得借鉴、有待研究的个案。我的粗浅分析不过是抛砖引玉，诚心希望听到更为深入的真知灼见，以期把俄罗斯当代诗歌研究逐步推向更高的层次。

（原载《中华读书报》2012 年 9 月 26 日第 1 版）

【作者附记】

作者澳门出版的杂志《中西诗歌》2015 年第 1 期刊登了我翻译的库什涅尔诗 35 首，并转载了这篇文章。2015 年 8 月，诗人库什涅尔荣获青海国际诗歌节"金藏羚羊奖"。《中西诗歌》主编黄礼孩先生赴青海参加了这届诗歌颁奖礼，并把杂志送给了诗人。此后我与诗人取得了联系，诗人在给我的书信中说，我把他的诗译成了汉语，让他感动，并说如有什么问题，他愿意随时解答。

2015 年 12 月 2 日记

俄诗汉译透视

形神兼备　精益求精

——查良铮译普希金抒情诗的探索与追求

查良铮（1918—1977）是诗人，也是诗歌翻译家。

20 世纪 40 年代，查良铮以"穆旦"为笔名，相继出版了三部诗集：《探险队》（1945）、《穆旦诗集》（1947）和《旗》（1948）。诗人承载着民族的苦难与忧患，"展现那时代真实的残缺与破碎，包括自己矛盾重重的内心世界"①。他有意识地站在中国传统诗歌的对立面，借鉴西方现代派的艺术手法，在诗的意象、句式、结构和语言等方面勇于探索创新，逐渐形成了自己冷涩奇崛的风格，在诗坛展示了独特的个性，引起了诗歌界的重视。闻一多先生主编《现代诗抄》一书，收入了穆旦的 11 首诗，篇目数量仅次于早期已成名的徐志摩而位居第二。

1953 年初，查良铮从美国学成归来，在巴金和夫人萧珊的敦促之下，转向诗歌翻译。他首先选择了俄罗斯伟大的民族诗人普希金的作品。1954 年是他翻译生涯起步的阶段，也是极为辉煌的一年。这一年当中，巴金先生主持的平明出版社连续出版了查译普希金四本诗集。4 月，三部长诗《波尔塔瓦》《青铜骑士》《高加索的俘虏》一道问世；10 月，普希金的代表作、诗体小说《欧

① 引自谢冕《一颗星亮在天边——纪念穆旦》，见穆旦著、李方编《穆旦诗全集》，中国文学出版社，1996 年，第 17 页。

根·奥涅金》出版；12月，包括160首作品的《普希金抒情诗集》发行，初版印数即达38000册。此后这些诗集不断再版，以《普希金抒情诗集》为例，1957年9月改由上海新文艺出版社出版，1958年第三次印刷，印数已高达76000册。查良铮以清新、质朴、流畅的译笔把普希金介绍给中国读者，在中国形成了一次"普希金热"和"普希金冲击波"。广大读者欣赏普希金的诗作，也记住了翻译家查良铮的名字。

　　1957年，查良铮因诗歌创作而受到批判；1958年，又由于所谓的历史问题被打入另册，从而失去了教书和从事创作与翻译的权利。但是，他在逆境之中并未消沉，反而以超乎想象的坚强与刚毅，承受命运的打击。他克服一切困难，利用一切可以利用的时间坚持译诗。前后花费十一年的功夫，数易其稿，译完了拜伦的长诗《唐璜》；此后，又反复修改普希金的诗体小说《欧根·奥涅金》，把普希金的500首抒情诗重新推敲、加工、润色，使译文质量日臻完善。

　　1977年2月，查良铮把《欧根·奥涅金》修订稿抄写完毕，连同已经重新修改誊写好的《普希金抒情诗集》译稿，整整齐齐地放进一个帆布小提箱，交给小女儿查平，对她说："你最小，希望你好好保存这些译稿，也许等你老了才能出版。"①此后不久，查先生便在伤病折磨和心境凄凉中默然去世，四年以后才得以平反昭雪。

　　查良铮一生翻译的诗歌作品近千首，其中普希金的抒情诗占了一多半。查译普希金抒情诗在我国影响深远，历来受到翻译界和广大读者的好评。查良铮先生在翻译普希金抒情诗的时候遵循了什么样的原则？有什么样的主张和追求？他的译诗有什么特色？他的译作对诗歌翻译有什么启迪和借鉴意义？所有这些问题

---

① 引自穆旦著、李方编《穆旦诗全集》，中国文学出版社，1996年，第409页。

都值得我们认真探讨与思考。我们只有认真研读其译作，对比译文与原文，对比译文初稿与修改稿，仔细揣摩其翻译技巧与手法，才能得出相应的结论。

一、格律音韵是表现的利器

怎样把外国诗译成汉语，历来有不同的主张。针对"字对字、句对句、结构对结构"的提法，查良铮写过一篇谈译诗问题的文章表达自己的见解。他说："译诗不仅是精确地传达原诗的形象问题。它比译散文作品（如小说）多一道麻烦，就是还有形式的问题，这包括诗的韵脚、每行的字数或拍数、旋律、节奏和音乐性，等等。老实说，对于译诗者，结合内容与诗的形式一并译出，这其中的困难，远远比传达朴素的形象或孤立的词句的困难多得多。"①接下来他又说："考察一首译诗，首先要看它把原作的形象或实质是否鲜明地传达了出来；其次要看它被安排在什么形式中。这两部分，说起来是分立的，实则在实践中就是一件事，即怎样结合诗的形式而译出它的内容。"②

内容与形式，在查良铮看来是相辅相成、辩证统一的，他把诗的形式与音乐性提到了应有的高度。作为诗人，他对于诗的音韵极为敏感，因此，他在忠实于原作内容与形象的前提下，总是努力再现原作的艺术形式。让我们看他译的两首普希金抒情诗。《你和您》是一首极富生活情趣的爱情诗。原文是：

Ты и Вы

Пустое *вы* сердечным *ты*

---

①② 引自穆旦《谈译诗问题——并答丁一英先生》，《郑州大学学报》，1963 年第 1 期，第 146 页。

Она, обмолвясь, заменила

И все счастливые мечты

В душе влюбленной возбудила.

Пред ней задумчиво стаю,

Свести очей с нее нет силы;

И говорю ей： как вы милы！

И мыслю： как тебя люблю！

（1828）（1-421）[①]

查良铮的译文是：

你和您

她一句失言：以亲热的"你"

代替了虚假客气的"您"，

使美妙的幻想立刻浮起，

再也捺不住这钟情的心。

我站在她面前，郁郁地，

怎么也不能把目光移开：

我对她说："您多么可爱！"

心里却想："我多么爱你！"

（下-216）[②]

---

　　① 引自俄文版《普希金三卷集》第 1 卷，莫斯科文学艺术出版社，1985 年，第 421 页。下面的俄文诗均引自此书。

　　② 引自查良铮译《普希金抒情诗选集》（下），江苏人民出版社，1982 年，第 216 页。下面的译诗均引自《普希金抒情诗选集》（上、下），只标上、下集及页码。

普希金原诗采用四音步抑扬格，每行四音步，按音节数计为89898998，韵式为ababcddc，即头四行押交叉韵，后四行押环抱韵，音韵和谐；语言质朴流畅，像口语一样生动，含蓄中不乏幽默，透露出诗人真挚的爱慕之情。

查良铮的译作韵式和原诗一样，也是头四行押交叉韵，后四行押环抱韵，诗行基本工整，大致可分为四顿，按字数计为10、9、10、10、9、10、9、9。最后两行，节奏感尤为鲜明。他的译法相当灵活。如"обмолвясь"，意为"说错话"，他译成"一句失言"，原词在第二行，译文中提到了头一行句首。三、四行直译应为"在爱慕的心中激起了种种幸福的幻想"，查良铮译为"使美妙的幻想立刻浮起，再也捺不住这钟情的心"，他舍弃了"все"一词，增加了副词"立刻"和动词结构"捺不住"，句式也有变化，更符合汉语的表达习惯。七、八两行，原文中两个人称代词"я"（我）均未出现，但动词变位形式已能体现，这样写既有节奏的要求，又反映了普希金行文的简洁。而译文中的"我对她说""我多么爱你"中两个人称代词"我"则决不能省略，不然就难以表达语意。需要指出的是，查先生习惯于把"的"和"地"读成"di"，现在看，不合乎汉语的读音规范，也许把第五行改译为"站在她面前，我心情忧郁"可能会更好，不然的话，把"地"字读成"de"，就难以和"你"字押韵。总而言之，查先生这首诗译笔流畅、自然，语调亲切平易，又不乏自我调侃的色彩，非常出色地传达了原作的艺术风格与特色，应当说是一首兼顾内容与形式的精彩译作。

《假如生活欺骗了你》是查译普希金抒情诗中广为传诵的作品。让我们先看原文：

Если жизнь тебя обманет,
Не печались, не сердись!

> В день унынья смирись:
>
> День веселья, верь, настанет.
>
>
> Сердце в будущем живет;
>
> Ностоящее уныло:
>
> Все мгновенно, все пройдет;
>
> Что пройдет, то будет мило.

（1825）（1-352）

查良铮的译文是：

> 假如生活欺骗了你，
>
> 不要忧郁，也不要愤慨！
>
> 不顺心时暂且克制自己，
>
> 相信吧，快乐之日就会到来。
>
>
> 我们的心儿憧憬着未来，
>
> 现在总是令人悲哀：
>
> 一切都是暂时的，转瞬即逝，
>
> 而那逝去的将变为可爱。

（下-113）

　　原作采用的格律是四音步扬抑格，头四行押环抱韵，后四行押交叉韵。诗中情感真挚，口吻亲切，像一位阅历丰富的兄长在开导情感遭遇挫折的小妹妹，字里行间充满了人情味和生活的哲理。

　　查良铮的译文明快质朴，韵式与原作稍有区别，头四行押交叉韵，后四行偶句押韵，整首诗一韵到底，每行字数虽然从8字到 11 字不等，但大致均可分为四顿，仍然是以格律诗译格律诗。五、六两行处理得十分精彩，把 "живет"（生活、生存、居住）译为 "憧憬"，颇富创造性。"现在总是令人悲哀"，原作只有两个词，译文中必须加词，才能保持诗行的节奏和韵律的完整，加上 "总是" 和 "令人" 两个词，十分妥帖。而第七行少译一个 "все"，原诗中的对应结构 "Все мгновенно, все пройдет" 未能再现，从局部看是一种缺憾和损失，但从整体上说来，保持了诗行的大致整齐，使整首诗形式和谐，艺术上得到了补偿。

　　上面两首译诗，可视为查良铮译作的两种类型：精确地再现原诗音韵形式，或局部保留原作音韵形式，局部做变通处理，但坚持以格律诗译格律诗。在查良铮之前，也有一些翻译家把普希金抒情诗译为汉语，但真正重视原诗的形式与音韵格律，把诗的音乐性提到是诗歌不可或缺的因素这一高度的，查良铮确是第一个人。是他让中国读者能领略并且能欣赏到普希金原作的音韵美和语言魅力。查良铮在翻译诗歌作品时，认真揣摩原作的诗行、音步、韵脚、韵式、诗节旋律，然后尽可能地用汉语加以传达和再现，显示出诗歌翻译家这方面的才华。

　　普希金有一些寄赠诗和讽刺诗，往往采用五音步抑扬格或六音步抑扬格写成，韵式为 aabbccdd，即押相邻韵。查良铮译这一类诗，基本上都仿照原韵，译得诗句流畅，音韵和谐。比如《致茹科夫斯基》（1816，上–137），《致奥维德》（1821，上–421），《冬天》（1829，下–285），《我们走吧，朋友》（1829，下–293）等都是成功的例证。我们不妨摘引几首诗的片段，对照原文加以欣赏。

> О люди! жалкий род, достойный слез и смеха!
>
> Жрецы минутного, поклонники успеха!
>
> Как часто мимо вас проходит человек,

Над кем пугается слепой и бурный век,

Но чей высокий лик в грядущем поколенье

Поэта приведет в восторг и в умиленье !

　　　　　　　　　　　　　　《Полководец》（1–565）

人群啊！可悯而又可笑的一族！

你们崇拜成功，信奉短暂的事物！

多少次，一个人在你们面前走过，

受到时代的盲目而暴虐的指责，

但他崇高的面貌在未来的世代里

却使诗人又是伤感，又是欣喜！

　　　　　　　　　　　　　　《统帅》（下–481）

　　《统帅》（1835）译诗与原作一样，采用了相邻韵，韵式也是 aabbcc，使用的语言简洁流畅，节奏鲜明，诗行大致工整。

　　普希金的抒情诗，每个诗节四行的居多，但也有一些诗节由六行或五行组成，其中的韵式又有变化。比如六行诗节的韵式常见的有 aabcbc，ababcc，aabccb 或 aaabab，五行诗节的韵式常见的有 abbab 或 abaab，对于这种细微的差别，查良铮也能认真地加以传达再现。试比较下列几首诗的片段：

Как ныне сбирается вещий Олег

Отметить неразумным хозарам:

Их села и нивы за буйный набег

Обрек он мечам и пожарам;

С дружиной своей, в цареградской броне,

Князь по полю едет на верном коне.

　　　　　　　　　　　　《Песнь о вещем Олеге》（1–272）

贤明的奥列格纠集起讨伐的大军：

无理的沙哈尔人引起了他的愤怒，

对他们的进犯，他报以火海与剑林，

使他们的田地和村庄受到惩处；

这统帅大军的公爵，披着沙列格勒的盔甲，

在田野上驰骋，坐下一匹忠实的骏马。

《贤明的奥列格之歌》（上-450）

《贤明的奥列格之歌》（1822）全诗共十七个诗节，每节都采用了 ababcc 的韵式，译文的韵式与原作完全一致。

再看普希金诗作《战死的骑士》（1815）当中的一节：

Чугунные латы на холме лежат,

Копье раздробленно, в перчатке булат,

И щит под шеломом заржавым,

Вонзилися шпоры в увлаженный мох:

Лежат неподвижно, и месяца рог

Над ними в блистанье кровавом.

«Сраженный рыщарь»（1-93）

山冈上睡着一副盔甲，

盾牌覆在锈钢盔底下，

折断的矛，手套，宝剑，

还有马刺插进了水草；

一切静止，而新月一角

挂在血红的晚天。

《战死的骑士》（上-1120）

　　全诗六个诗节，译文与原诗一样都采用了 aabccb 的韵式，体现出诗歌翻译家译笔的严谨。

　　下面是《雪崩》（1829）的一节原文：

> Дробясь о мрачные скалы,
>
> Шумят и пенятся валы,
>
> И надо мной кричат орлы,
>
> И ропщет бор，
>
> И блещут средь волнистой мглы
>
> Вершины гор.
>
> 　　　　　　　　　　　　《Обвал》（1–457）

　　原作韵式为 aaabab。

　　请看查良铮的译文：

> 水浪打在阴郁的山岩上，
>
> 碎成四溅的泡沫，发出巨响，
>
> 苍鹰在我头上鸣叫、呼应，
>
> 飒飒的松林在幽怨：
>
> 披着一层暗纱，那崇高的峻岭
>
> 冰雪的银光闪闪。
>
> 　　　　　　　　　　《雪崩》（下–298）

　　译诗韵式稍有变通，为 aabcbc，即头两行押相邻韵，后四行押交叉韵，仍然遵循了以格律诗译格律诗的原则。查先生还注意尽力传达原作长行与短行相互穿插的节奏变化，尽力接近原作的风貌，体现原诗的音乐性。

通过上面引用的一些例子，我们不难窥见查良铮对译诗形式与音韵的高度重视以及他运用韵律的娴熟技巧。闻一多先生在《诗的格律》一文中写过这样的一段文字："诗的所以能激发情感，完全在它的节奏；节奏便是格律。因难见巧，愈险愈奇。……这样看来，恐怕越有魄力的作家，越是要戴着脚镣跳舞才跳得痛快，跳得好。只有不会跳舞的才怪脚镣碍事，只有不会作诗的才感觉得格律的束缚。对于不会作诗的，格律是表现的障碍物；对于一个作家，格律便成了表现的利器。"①

写诗如此，译诗也应如此。查良铮作为诗人翻译家，把音韵节奏与格律视为表现的有力武器，在这一点上完全实现了他的老师闻一多先生的主张。他从不惧怕格律，从来不会被格律束缚手脚，相反，他更乐意戴着脚镣跳舞，并且要戴着普希金这位诗人制作的脚镣跳舞，跳得优美酣畅，痛快淋漓，他的才华在译诗中得到了充分的体现。

二、驾驭语言灵活大胆

马尔夏克是苏联著名诗人，也是卓越的诗歌翻译家。他把英国大文豪莎士比亚的十四行诗译成俄语，既受到俄罗斯读者的好评，也得到了英国文学界的首肯，取得了令人信服的成功。查良铮既精通英语，又精通俄语，对诗歌翻译家马尔夏克十分推崇。他在《谈译诗问题——并答丁一英先生》一文中引用了马尔夏克的论断，说明自己的译诗主张。

马尔夏克说："在一种语言里一个字眼挺俏皮，在另一种语言里就常常不，在这里美——在那里就不美，本是很动人的，照样译成外国的几个字，有时就索然无味，……不，逐字逐词地译诗

---

① 引自《闻一多全集》第三卷，上海开明书店，1948年，第413页。

是不行的。我们对译诗要求是严格的，但我们要求的准确，是指把诗人真实的思想、感情和诗的内容传达出来。有时逐字'准确'翻译的结果并不准确。……译诗不仅要注意意思，而且要把旋律和风格表现出来，……要紧的，是把原诗的主要实质传达出来。为了这，就不能要求在每个字上都那么准确。为了保留主要的东西，在细节上就可以自由一些。这里要求大胆。……常常这样：最大胆的，往往就是最真实的，……译者不是八哥；好的译诗中，应该既看得见原诗人的风格，也看得出译者的特点。"①

　　查良铮赞同马尔夏克的说法，主张在译诗时，打破原作的句法、结构，把原意用另外一些话表达出来，在文辞上有所增删。他说："对于那在原诗中不太重要的字、词或意思，为了便于实现形象和安排形式，是可以转移或省略的；甚至对于某一个词句或意思，明明知道有几种最好的方式译出来，可是却被迫采用不那么妥帖的办法说出来，以求整体的妥帖。这里就需要忍受局部的牺牲。但虽说牺牲，也同时有所补偿，那就是使原诗中重要的意思和形象变得更鲜明了，或者就是形式更美了。"②从这一段话我们不难看出查良铮译诗的一些具体的技巧，概括起来是：吃透原作的特点，译诗时，总体考虑形式，调整词序与诗行，对词句进行转移或增删，以局部牺牲换取整体的和谐。

　　下面让我们通过一些具体实例，看看他是如何实践自己的主张的。下面是普希金的一首无标题抒情诗：

Я пережил свои желанья,
Я разлюбил свои мечты,
Остались мне одни страданья,
Плоды сердечной пустоты.

---

①② 引自查良铮《谈译诗问题——并答丁一英先生》，《郑州大学学报》，1963 年第 1 期。

Под бурями судьбы жестокой
Увял цветущий мой венец;
Живу печальный, одинокий,
И жду: придет ли мой конец?

Так, поздним хладом пораженный,
Как бури слышен зимний свист,
Один на ветке обнаженный
Трепещет запоздалый лист.

（1821）（1-232）

查良铮的译文是：

我耗尽了我自己的愿望，
我不再爱它，梦想也消失，
只有痛苦还留在心上，
那内心的空虚之果实。

在残酷的命运的风暴里，
我鲜艳的花冠已经凋零，
我过得孤独而且忧郁，
我等着：是否已了此一生？

就好像当初冬凛冽的风
飞旋，呼啸，在枯桠的树梢头
孤独的——感于迟暮的寒冷，
一片弥留的叶子在颤抖……

（上-373）

《我耗尽了我自己的愿望……》是普希金流放俄国南方时的作品，诗人以初冬孤独的叶子自况，表达自己的痛苦与孤独。查良铮仿照原作的形式，每节都押交叉韵，以流畅又凄楚的诗句再现了诗人悲哀的心境。第一节第二行的"разлюбил"一词，他化成了两个词"不再爱"和"消失"，第三行增加了"在心上"三个字，从而使得第四行的"那内心的空虚"几个字加重了语气，却并不让人产生重复累赘之感。第二节译得忠实而又顺畅，把"мой конец"（我的末日），译为"了此一生"，增加了书卷气。最值得注意的是第三节。头三行完全打破了原诗的顺序而重新组合。原来在第一行的"迟暮的寒冷"移到了第三行；原来第二行的"听得见冬天风暴的呼啸"转化为"初冬凛冽的风"移到第一行，舍弃"听见"一词，加上"飞旋"一词，增加诗句的动感；第三行的"孤独，在裸露的树枝上"一部分化为"在枯桠的树梢头"移入第二行，而"孤独的"一词仍留在第三行，并与原第一行的几个词重新组合。这一节最生动地说明了查良铮破句重组的技巧与才能。

在诗歌翻译中，某一诗节内行与行之间的调整是经常的，并不罕见。但查良铮的译笔有时候会突破诗节的界限，这的确需要勇气和魄力。以著名的《囚徒》（1822）一诗为例。原诗的第二节与第三节是这样的：

Клюет, и бросает, и смотрит в окно,
Как будто со мною задумал одно;
Зовет меня взглядом и криком своим
И вымолвить хочет: "Давай улетим!

Мы вольные птицы; пора, брат, пора!
Туда, где за тучей белеет гора,

> Туда, где синеют морские края,
>
> Туда, где гуляем лишь ветер...да я! ..."
>
> 　　　　　　　　　　《Узник》（1-288）

查良铮的译文是：

> 它啄食着，丢弃着，又望望窗外，
> 像是和我感到同样的烦恼。
> 它用眼神和叫声向我招呼，
> 像要说："我们飞去吧，是时候了，
>
> 我们原是自由的鸟儿，飞去吧——
> 飞到那乌云后面明媚的山峦，
> 飞到那里，到那蓝色的海角，
> 只有风在飞舞……还有我做伴……"
>
> 　　　　　　　　　　　　（上-479）

　　查良铮把第三节第一行的"пора，брат，пора"译成"是时候了"，移到第二节第四行，舍弃了"брат"（兄弟）和"пора"（是时候了）两个词。在"我们原是自由的鸟儿"后面，加上了"飞去吧"这三个字，既和上面的"我们飞去吧"相呼应，又和后面的两个动词"飞"相连接，起到了承上启下的作用。局部的舍弃或牺牲，换来了整体的和谐、形式的完美。

　　打破诗节界限重新安排诗句的另一个翻译例证是《圣母》一诗。原诗中"на меня"（看着我）这两个词处在第二节第三行，但在译文中却移到了第三节的第二行，整整向后移动了四行，没有大胆驾驭语言的能力，决不会做如此灵活的处理。

词类转化的熟练运用也是查译普希金抒情诗的一个特点。让我们看看普希金《赠给葛利金娜》一诗的前六行。原文是：

Краев чужих неопытный любитель
И своего всегдашный обвинитель,
Я говорил: в отечестве моем
Где верный ум, где гений мы найдем?
Где гражданин с душою благородной,
Возвышенной и пламенно свободной?
«Краев чужих неопытный любитель...»（1-181）

请看查良铮的译文：

未曾踏出国门，爱把异邦夸说，
对于自己的乡土则一向怨尤——
这就是我。我要问：在我们祖国，
哪里有真正的才智，天资独厚？
哪里有这样的公民，为了自由
他高贵的心灵燃烧得火热？

（上-250）

原文中只有两个动词："говорил"（说）和 "найдем"（找到），译文中的动词则有十个："踏出、爱、夸说、怨尤、是、要、问、燃烧"和两个 "有"字，动词数量是原文的五倍。查良铮把原文中的名词 "любитель"（爱好者）、"обвинитель"（谴责者）、副词 "пламенно"（火热地），都做了变通处理，化为动词，从而使得译文生动流畅，很好地传达了原诗的意蕴。

《茨冈》（1830）一诗的最后一个诗节，原文是：

Он бродящие ночлеги

И проказы старины

Позабыл для сельской неги

И домашней тишины.

«Цыганы» (1-495)

查良铮的译文是：

他告别了流浪的行脚，

也暂忘了过去的欢乐，

他只想在舒适的乡村，

在家庭的寂静中生活。

（下-374）

原文中的一个动词"позабыл"（遗忘）在译文中变成了三个动词"告别、暂忘、只想"，从而使得诗句简练又灵活。假如照原文直译为"为了乡下的安适和家庭的宁静，他忘了漂泊的夜宿和往昔的欢乐"，意思倒是准确，但原诗音韵的优美、流畅、和谐则损失殆尽，抒情诗变成了乏味的散文。

《1827年10月19日》（1827）是普希金在皇村中学开学纪念日这一天为怀念同学们写的一首短诗。原诗只有八行：

Бог помочь вам, друзья мои,

В заботах жизни, царской службы,

И на пирах разгульной дружбы,

И в сладких таинствах любви!

Бог помочь вам, друзья мои,

И в бурях, и в житейском горе,

В краю чужом, в пустынном море,

И в мрачных пропастях земли!

　　　　　　　　　　《19 октября 1827》（1-409）

查良铮的译文是：

> 愿上帝保佑你们，我的朋友，
> 生活和皇差都顺适无忧，
> 祝你们常有友情的欢宴，
> 也不乏爱情的甜蜜的圣馔！

> 愿上帝保佑你们，我的朋友，
> 安然度过风暴和日常的忧愁，
> 无论在异乡或荒凉的海角，
> 或是在人间幽暗的地牢！

　　　　　　　　　　　　　　　（下-202）

　　原文中只重复使用了一个动词"помочь"（帮助），然后七次使用前置词"в"，一次使用前置词"на"，说明诗人希望朋友在哪些方面能得到上帝的保佑。原文这样写运用了排比的句式，语气连贯，反映了诗人心情的殷切。但照这种句式直译，则可能失之呆板。查良铮运用断句、加词和词类转换的技巧，出色地传达了原诗的内涵与意蕴。

　　上述译例都说明了一个道理：对于语言的悟性和驾驭能力是译诗成功必不可少的条件。诗人的气质与素养、高超的语言造诣，使得查良铮译诗时驾驭语言大胆而灵活，他从不拘泥于字句的传达，而是透过文字去把握内在的情感、脉搏与活泼的生命力，在语言运用方面，他为译诗者树立了典范。

三、发掘母语的韧性和潜力

在《谈译诗问题——并答丁一英先生》一文中，查良铮还引用了这样一段文字："文学翻译不是照相底片的翻印。'增之一分则太长，减之一分则太短'的科学精确性是不能求之于文学翻译的。文学翻译的艺术性所在，不是做到和原书相等，而是做到相当。……艺术性翻译本来就是创造性翻译。肯定了艺术性翻译只能求惟妙惟肖而不能求'一丝不走'，有足够修养的译者就不会去死抠字面，而可以灵活运用本国语言的所有长处，充分利用和发掘它的韧性和潜力。"①

下面是查译《战争》（1821）一诗的片段：

> 啊，战争！终于升起了战旗，
> 光荣之战的旗帜呼喇喇飘扬！
> 我将看见血，我将看见复仇的节日，
> 致命的子弹在我四周嗖嗖的响。
> 有多少强烈的印象
> 等待我渴望的心灵！
> 那狂暴的义勇军的攻击，
> 军营的警号，刀剑的振鸣，
> 还有杀气腾腾的战火里
> 将领和部卒的壮烈牺牲！……

（上-374）

---

① 引自卞之琳、叶水夫、袁可嘉、陈燊《十年来的外国文学翻译研究工作》，《文学评论》，1959 年第 5 期。

　　这里"呼喇喇飘扬""嗖嗖的响""杀气腾腾的战火"，使用了拟声词和叠字，原文分别是"шумят"，"засвищет"和"в роковом огне сражений"。查良铮充分利用了汉语的长处，揭示并扩充了原文词句的含义，出色地烘托了战争悲壮的气氛。抗日战争时期，他自己就曾经历过赴缅甸远征军野人山九死一生的战争考验，"杀气腾腾"几个字也蕴含着译者自己难以忘怀的切身感受。

　　普希金的《匕首》（1821）一诗，充满了反抗精神。其中第三节的原文是：

> Как адский луч, как молния богов,
> Немое лезвые злодею в очи блещет,
> И, озираясь, он трепещет
> Среди своих пирах.

　　　　　　　　　　　　　　　　　　《Кинжал》（1-238）

　　查良铮的译文是：

> 你沉默的刀锋对着恶人的眼睛直射，
> 有如地狱的冷光，有如天神的闪电，
> 而他呢，左右环顾，颤栗着，
> 在饮宴之中坐立不安。

　　　　　　　　　　　　　　　　　　　　（上-381）

　　他把"озираясь"（环顾，扫视）译为"左右环顾"，把 трепещет（颤抖）译为"颤栗着"，然后又引申一步，加上了"坐立不安"。"左右""坐立"这种反义复合词语是汉语特有的语汇，用在这里非常恰当，生动地刻画了色厉内荏的恶人形象。

《先知》（1826）是普希金一首非常有名的诗作，抒发了诗人的使命感。诗的最后四行写上帝对诗人的呼唤。俄语原文如下：

> "Восстань, пророк, и виждь, и внемли,
> Испонись волею моей,
> И, обходи моря и земли,
> Глаголом жги сердца людей."
>
> «Пророк»（1-385）

我们看查良铮的译文：

> "起来吧，先知！要听，要看，
> 让我的意志附在你的身上，
> 去吧，把五湖四海都去遍，
> 用我的真理把人心烧亮。"
>
> （下-163）

把"обходи моря и земли"译为"把五湖四海都去遍"，显然比"走遍所有的海洋和陆地"要简练，更符合汉语的表达习惯。在同一首诗中，查良铮还把"перепутье"（交叉路口）译为"十字路口"，把небо（天空）译为"九霄云天"，数字的巧妙运用，使译文增色，再一次展现了翻译家挖掘汉语潜力的本领。

虽然查良铮进行诗歌创作时，有意识地远离传统，追求诗歌语言的"陌生化"效果，但在译诗时，他却从不拒绝使用洗练的书面语，并且特别善于从古典诗词中汲取营养，有选择地使用带有书卷气的语汇，这也是他充分发挥汉语优势的一种惯用手法。下面是几个生动的例子。

《皇村回忆》（1814）一诗有这样一节：

> 敌人败亡，俄罗斯胜利了！
> 傲慢的高卢人往回逃窜；
> 但是，天庭的主宰对这百战的枭雄
> 还恩赐了最后一线慰安。
> 我们皓首的将军还不能在这里
> 把他降伏——噢，波罗金诺血染的战场！
> 你没有使那高卢人的狼子野心就范，
> 把他囚进克里姆里的城墙……

（上-59）

请看普希金的原文：

> Сразились — Русский победитель！
> И вспять бежит надменный галл；
> Но сильного в боях небесный вседержатель
> Лучом последним увенчал，
> Не здесь его сразил воитель поседелый；
> О бородинские кровавые поля！
> Не вы неистовству и гордости пределы！
> Увы！ на башнях галл Кремля！

«Воспоминания в Царском селе» （1-54）

查良铮把"сильный"（强者）译为"百战的枭雄"，再现了拿破仑的霸气；把"воитель поседелый"（白头发的将领）译为"皓首的将军"，使得俄军统帅库图佐夫的形象十分鲜明。而把"гордость"（高傲）译为"狼子野心"，则极其生动传神，可谓匠心独运。

　　在《贤明的奥列格之歌》（1822）一诗的译文中，有这样的诗行：

> 贤明的奥列格纠集起讨伐的大军：
> 无理的沙哈尔人引起了他的愤怒，
> 对他们的进犯，他报以火海与剑林，
> 使他们的田地和村庄受到惩处；

> （上–450）

　　这里"火海与剑林"的原文是"мечи и пожары"，如照字面直译为"剑与火"，显然气势不够，加上"林"与"海"两个字，既与原作名词复数相吻合，又使场面和声势顿时变得开阔而悲壮，大手笔用词之妙，让人不得不由衷佩服。同一首诗后面还有一词"箭雨"，原文"стрела"（箭）用的也是复数，译为"箭雨"，既简练，又形象，十分贴切。

　　查先生不仅善于表达战争的惨烈悲壮，在传达细腻柔情方面，也有不少出神入化的妙笔。1828 年普希金为奥列宁娜写了一首诗表达自己的倾慕。下面是原文和译文：

> Город пышный, город бедный,
> Дух неволи, стройный вид,
> Свод небес земно-бледный,
> Скука, холод и гранит —
>
> Все же мне вас жаль немножко,
> Потому что здесь порой
> Ходит маленькая ножка,

Вьется локон золотой.

　　«Город пышный, город бедный...»（1–431）

灿烂的城啊，可怜的城，
奴隶的气味，整齐的外形，
碧澄而又苍白的天空，
大理石墙，厌倦和寒冷——

但我仍对你有一点儿怜惜，
因为有时啊，在你的街上，
有小小的玉足款步来去，
金色的发波也随风飘扬。

　　　　　　　《灿烂的城……》（下–241）

　　"Ходит маленькая ножка" 译为"有小小的玉足款步来去"，格外精彩传神，若把"маленькая ножка"直译为"小脚"容易引起误解，使人联想到清朝以前中国女人的小脚，有人译成"莲步"，更加重了"三寸金莲"的联想，因而也不妥当。查良铮译为"玉足"，前面加上"小小的"三个字给予修饰，后面加上"款步来去"四个字进行烘托，生动地再现了美丽的女子奥列宁娜的妩媚身姿与步态，同时也把诗人普希金痴迷纤足女子的癖好，表现得淋漓尽致。

　　诗人普希金热爱秋天，在《秋》（1833）一诗中，他有个不同凡响的比喻，说秋天像患了肺结核的姑娘。原诗是这样写的：

　　　… На смерть осуждена,

Бедняжка клонится без ропота, без гнева.

Улыбка на устах увянувших видна;

Могильной пропасти она не слышит зева;

Играет на лице еще багровый цвет.

Она жива еще сегодня, завтра нет.

«Осень»（1-521）

请看查良铮的译文：

……她就要死了，

可怜的人儿没有怨尤，没有怒气，

而恹恹枯萎；她的唇边还露着微笑，

墓门已经张开口，她却没有在意：

她的两颊仍旧泛着鲜艳的红润，

今天她还活着——明天呢，香消玉殒。

（下-407）

把"играет"（玩耍）译为"泛着"，"багровый цвет"（红色）译为"鲜艳的红润"都颇见功力。令人叫绝的是最后一行，"завтра нет"译为"明天呢，香消玉殒"真是神来之笔。"нет"（不，不再）是个司空见惯、普普通通的口语词，查先生却选用了一个十分优雅，又颇具感伤色彩的书面语"香消玉殒"与之对应，效果极佳，会心者自当拍案称奇。

四、译诗需要激情与灵感

读查良铮译的普希金抒情诗，我们经常能感受到诗中的激情与灵性，这固然源自普希金的才华，但我们也必须承认译者的天赋。查良铮的诗人气质、开阔的视野、深厚的艺术素养，以及他对诗歌语言的悟性，有助于翻译家深入诗的世界，把原诗的内涵理解得更为透彻，表达得更加充分，而且更加富有诗意。

以《秋》（1833）的第十一节前四行为例，原文是：

> И мысли в голове волнуются в отваге,
>
> И рифмы легкие навстречу им бегут,
>
> И пальцы просятся к перу, перо к бумаге,
>
> Минута — и стихи свободно потекут.

«Осень»（1-522）

请看查良铮的译文：

> 于是思潮在脑中大胆地波动，
>
> 轻快的韵律驾着它的波涛跑开；
>
> 啊，手忙着去就笔，笔忙着去就纸，
>
> 一刹那间——诗章已滔滔地流出来。

（下-409）

思绪、韵律、手、笔、纸、诗，短短四行，生动地表现了诗人的创作过程，层次明晰，节奏迅速，有一气呵成之感，译这样的诗句，查良铮肯定也融进了自己的感受，不然就不会如此流畅。仔细对比后两行，译文与原文变化很大，不仅多出了一个语气词"啊"，而且把一个动词"просятся"（请求）转化成了重复使用的"忙着去就"。译文的动词重复，加强了诗句的气势，原文的动词省略，突出了用词的简练，但都取得了感人的艺术效果。可见，成功的译诗往往在似与不似之间，逐词死译，显得呆板；大胆创造，才有诗意。

普希金写过许多讽刺诗，用语或幽默俏皮，或尖刻犀利。让我们对照原文来欣赏两首译作。

История стихотворца

> Внимает он привычным ухом
> > Свист;
> Марает он единым духом
> > Лист;
> Потом всему терзает свету
> > Слух;
> Потом печатает — и в Лету
> > Бух!

（1—220）

诗匠小史

> 他的耳朵已听惯了
> > 嘶嘶;
> 他只是一心涂抹着
> > 稿纸;
> 以后就折磨世人的
> > 耳朵;
> 而后印成书, 在忘川
> > 沉没!

（1817—1820）（上—360）

把"стихотворец"译为"诗匠","история"译为"小史",
已传达出原诗的讽刺意味, 然后成功地再现了原诗长短穿插、不同寻常的句式，以流畅的诗句、和谐的韵脚抒发了诗人对于平庸诗匠的轻蔑。诗中的灵性在译文中表达得相当充分，这一切都得益于译诗家的悟性和功力。

К бюсту завоевателя

Напрасно видишь тут ошибку:

Рука искусства навела

На мрамор этих уст улыбку,

А гнев на хладный лоск чела.

Недаром лик сей двуязычен.

Таков и был сей властелин:

К противочувствуям привычен,

В лице и в жизни арлекин.

（1-460）

题征服者的半身像

你徒然看出这里的错误；
艺术之手在大理石上雕出
既有唇边的笑意，又有额前
文雅的圆滑，冷峻的愤怒。
何止是面容上含义双关，
这君王为人也与此逼肖：
他经常做矛盾感情的表演，
相貌和生活都是个丑角。

（1829）（下-305）

这首诗嘲讽的"征服者"是指沙皇亚历山大一世。在普通人眼里沙皇至高无上，但在普希金心目中，他只不过是个装腔作势的丑角。诗人早年创作《自由颂》，就勇敢地抨击王位上的罪恶；晚年写作《纪念碑》，仍然宣告诗人的功勋远远高出于圣彼得堡宫廷广场上的亚历山大石柱。诗人普希金的伟大就在于他的大无畏的反抗精神和始终说真话的勇气。

查良铮与普希金心灵相通，以出色的诗句表达了诗人对权势者的嘲讽与鞭挞。"двуязычен"（两面性）译为"含义双关"，"таков и был"（原是这样）译为"与此逼肖"，诗句颇富灵性。后四行押交叉韵，节奏鲜明，读来朗朗上口，无论是内容、形象，还是口吻、情绪，都与原作惟妙惟肖，十分传神。

普希金一生向往光明，《酒神之歌》（1825）是这种追求的代表作。诗中澎湃的激情难以用整齐的格律诗表达，因此诗人采用了自由体抑扬格。诗行长短交织，笔法潇洒而奔放。查良铮的译诗同样音韵铿锵，意气昂扬。他以多姿多彩的诗笔再现了诗人光彩四射的内心世界。

酒神之歌

为什么欢乐的声音喑哑了？
响起来吧！酒神的重叠的歌唱！
来呀，祝福那些爱过我们的
别人的年轻妻子，祝福柔情的姑娘！
斟吧，把这杯子斟得满满！
把定情的指环，
当啷一声响，
投到杯底去，沉入浓郁的琼浆！
让我们举手碰杯，一口气把它饮干！

祝诗神万岁！祝理性光芒万丈！
哦，燃烧吧，你神圣的太阳！
正如在上升的曙光之前，
这一盏油灯变得如此暗淡，
虚假的学识啊，你也就要暗淡、死亡，
在智慧永恒的太阳面前，
祝太阳万岁！黑暗永远隐藏！

（下–114）

　　凡能读懂普希金原作的人，一定会感受到诗中的激情；但感受激情是一回事，传达这种激情却是另一回事。它要求译诗者不仅具备丰沛激昂的情绪，同时还要为这种激情寻找到恰当的语言和音韵形式。查良铮凭借他出众的气质和才情，出色地实现了这种激情的转达。原诗中"да здравствует"重复出现四次，译文中区别情况采用了两种译法：前面译为"祝福"，后面译为"祝……万岁"，十分得体。原诗十六行，韵式为 abbacddceefifihh，即前八行采用两个环抱韵，然后两行是相邻韵，接下来四行是交叉韵，最后两行是对韵。译文韵式稍有变化，韵式为 ababccbbcbbccbcb，即前四行和最后四行押交叉韵，五至八行押相邻韵，然后四行是环抱韵。查良铮既顾及到原诗的三种韵式，又照顾到汉语诗一韵到底的审美习惯，这种优美流畅的韵式与诗中昂扬的激情相得益彰，十分谐调。从这首诗，我们既能领略原诗的神韵，又能悟出译诗家的风格；既能感受普希金的激情，也能欣赏查良铮的激情与灵性。

　　《致恰达耶夫》（1818）是普希金政治抒情诗的代表作，其中"Товарищ, верь: взойдет она, / Звезда пленительного счастья"（同志啊，相信吧：幸福的星 / 就要升起，放射迷人的光芒）被十二月党人刻在徽章上人人佩戴，由此人们把普希金称为十二月党人的歌手。因此我们不难推断这首诗在诗歌史乃至俄国历史上的重要意义。查良铮译的《致恰达耶夫》充满激情，其中四行尤为精彩，这四行原文是：

> Пока свободою горим,
> Пока сердца для чести живы,
> Мой друг, отчизне посвятим
> Души прекрасные порывы!
>
> 　　　　　　　　《К Чаадаеву》（1–194）

试看查良铮的译文：

> 朋友啊，趁我们为自由沸腾，
> 趁这颗正直的心还在蓬勃，
> 让我们倾注这整个心灵，
> 以它美丽的火焰献给祖国！
>
> 　　　　　　　　　　　（上–288）

他把"живы"（活着）译为"蓬勃"，大胆而富有创意，"蓬勃"一词音节响亮，且是上声，与"祖国"押韵十分谐调。把最重要、最响亮的词放在诗行末尾，放在押韵的位置，是许多优秀诗人常用的手法。再加上"沸腾""倾注""整个""火焰"这些经过精心挑选的词汇，字里行间跃动着爱国青年血气方刚的献身精神。

这首诗有许多不同的译本，我们不妨引用几例，与查良铮的文本加以对照：

译例一：现在我们的心还燃烧着自由之火，

现在我们为了荣誉的心还没有死，
我的朋友，我们要把我们心灵的
美好的激情，都献给我们的祖邦！

译例二：趁心中燃烧着自由的火光，
　　　　正义的心灵还没有湮没，
　　　　朋友啊，把隐藏在我们胸中的
　　　　美好的热情献给祖国！

译例三：趁现在自由之火仍在燃烧，
　　　　趁现在正直的心尚未死亡，
　　　　朋友，要把满腔美好的激情
　　　　全部献给我们亲爱的国家！

译例四：趁风中燃烧着自由之火，
　　　　趁心灵向往着荣誉之歌，
　　　　我的朋友，让我们用满腔
　　　　壮丽的激情报效祖国！

译例五：趁胸中燃烧自由之火，
　　　　趁心灵为荣誉而跳动，
　　　　朋友，让我们向祖国
　　　　奉献满腔美丽的激情！

　　我们仅从"живы"一词的译法来判断，译为"还没有死""还没有湮没""尚未死亡"都过于消极，虽然理解没有错误，但词语的运用明显地欠缺激情与力度；译为"向往""跳动"较好，但仍不如"蓬勃"精彩。一词之使用，孰优孰劣，一目了然。再加上音韵之和谐，断句之恰当，调动词序、调整诗行之灵活大胆，查良铮的译诗显得最具诗意，最富灵性与澎湃的激情。由此我们可以推论，译诗存在"对、好、妙、绝"四个层次，译得正确应当是起码的要求；对中求好，好中求妙，是有出息的译诗家的追求；但真正能译得绝妙的是少数，只有气质与禀赋与原诗人大体相当者才能达到钱锺书先生所说的"化境"。查良铮先生翻译的《致恰达耶夫》堪称诗歌翻译的上乘之作，不愧为真正的艺术精品。

五、反复修改　精益求精

1976 年 4 月到 6 月之间，查良铮在给朋友的信中几次提到正在修改普希金抒情诗。下面引用其中的几段。

比如："我在这期间投入一种工作，每天校改普希金抒情诗，因为我觉得过去弄得草率，现在有条件精益求精；至今我已重抄改好的诗，大约有五百首（有印的有未印的），以备将来有用的一天。"①

又如："这两个多月，我一头扎进了普希金，悠游于他的诗中，忘了世界似的，搞了一阵，结果，原以为搞两年吧，不料至今才两个多月，就弄得差不多了，实在也出乎意料。"②

再如："我是做了大幅度的修改，力求每行押韵，例如，《寄西伯利亚》一诗，原来的韵脚很勉强，又是二、四行韵，一、三行无韵，现在我改成都押韵，取消那种勉强状态。"③

---

① 引自《致郭保卫的信（十一）》，见穆旦著、曹元勇编《蛇的诱惑》，珠海出版社，1997 年，第 239 页。
② 引自《致孙志鸣的信（五）》，见见穆旦著、曹元勇编《蛇的诱惑》，珠海出版社，1997 年，第 270 页。
③引自《致孙志鸣的信（五）》，见见穆旦著、曹元勇编《蛇的诱惑》，珠海出版社，1997 年，第 270 页。

　　还有一段文字至关重要："诗本来是字少而意繁，所以应避免罗嗦。我认为每行十二三个字足可以表现任何思想，诗行太长就失去诗的分行意义了。"[①]

　　现在让我们就《寄西伯利亚》（1827）一诗对照原文，对比查良铮的初稿（1957年版）和修改稿（1982年版），看看他是如何反复修改、精益求精的。下面是普希金的原作：

Во глубине сибирскх руд ...

Во глубине сибирскх руд

Храните гордое терпенье,

Не пропадет ваш скорбный труд

И дум высокое стремленье.

Несчастью верная сестра,

Надежда в мрачном подземелье

Разбудит бодрость и веселье,

Придет желанная пора:

Любовь и дружество до вас

Дойдут сквозь мрачный затворы,

Как в ваши каторжные норы

Доходит мой свободный глас.

Оковы тяжкие падут,

Темницы рухнут — и свобода

---

①引自《致孙志鸣的信（五）》，见穆旦著、曹元勇编《蛇的诱惑》，珠海出版社，1997年，第260页。

Вас примет радостно у входа,

И братья меч вам отдадут.

（1-395）

请看查良铮的初译稿：

寄西伯利亚

在西伯利亚的矿坑深处，

请坚持你们高傲的容忍；

这辛酸的劳苦并非徒然，

你们崇高的理想不会落空。

"灾难"的姐妹——希望

正在幽暗的地下潜行，

她激起勇气和欢乐；

渴盼的日子就要降临。

爱情和友谊将会穿过

幽暗的铁门，向你们伸出手，

一如朝你们苦役的洞穴，

我自由的歌声缓缓迸流。

沉重的枷锁会被打断，

牢狱会颠覆——而在门口

自由将欢笑地把你们拥抱，

弟兄们把利剑交到你们手。

（一集-202）①

---

① 引自《普希金抒情诗一集》，新文艺出版社，1958 年。后引此书译例，只注明一、二集及页码。

请看修改稿：

寄西伯利亚

△在西伯利亚的矿坑深处，
　请把高傲的忍耐置于心中；
　你们辛酸的工作不白受苦，
　崇高理想的追求不会落空。

　灾难的忠实姐妹——希望
　在幽暗的地下鼓舞人心，
　她将把勇气和欢乐激扬；
△渴盼的日子就要降临。

△爱情和友谊将会穿过
　幽暗的铁门，向你们传送，
　一如我的自由的高歌
　传到了你们苦役的洞中。

　沉重的枷锁将被打掉，
　牢狱会崩塌——而在门口
△自由将欢笑地把你们拥抱，
△弟兄们把利剑交到你们手。

（下-183）

　　十六行诗中，只有第一、八、九、十五、十六这五行诗未经
改动（诗行前面带"△"号），其他十一行都或多或少地进行了修
改。原来只有"出手"与"逆流""门口"与"你们手"两对韵，
修改后诗行全都押韵，共有八对韵，第九行与第十行调整了顺序，

译文更符合汉语的表达习惯。其次把"容忍"改为"忍耐"，更贴近原意；"颠覆"改为"崩塌"，也更准确。经过修改，译诗的形式更趋完美。

　　查良铮修改译稿，不仅注重调整音韵，更侧重斟词酌句，追求简明洗练，试看下面的译例。《寄普欣》（1826）的最后两行原文是：

> Да озарит он заточенье
> Лучом лицейских ясных дней!
> 　　　　　　«И. И. Пущину»　（1-386）

查良铮的初译稿译为：

> 但愿这声音以中学时代的
> 明朗的回忆，照耀你的囚居！
>
> 　　　　　　　　　　（一集-190）

试看修改稿：

> 但愿它以中学的明朗时光
> 把你幽暗的囚居照亮！
>
> 　　　　　　　　　　（下-165）

　　初稿仿效原稿采用了跨行，但诗句失之拖沓；修改以后，断句合理，音韵和谐响亮，因而增强了艺术感染力。
　　《三条泉水》（1827）一诗中有这样的两行：

> Кастальский ключ волною вдохновенья

В степи мирской изгнанников поит.

«Три ключа»（1-398）

查良铮的初译稿是：

> 卡斯达里的泉水以灵感的浪头
> 解救草原上的流浪者的干渴。

（一集-206）

后改译为：

> 卡斯达里的泉水以灵感的浪头
> 润泽人间草原的流亡者。

（下-194）

把"поит"一词由译为"解救……干渴"改为"润泽……流亡者"，不仅词语简练，而且更富有诗意。

查良铮在修改译稿时还注意到语言的文化内涵，尽力把违背原文文化背景的词语加以删除或修正。

《四行诗节》（1826）赞颂了彼得大帝，其中有这样一节：

> То академик, то герой,
> То мореплаватель, то плотник,
> Он всеобъемлющей душой
> На троне вечный был работник.

«Стансы»（1-387）

查先生最初译为：

　　　　他忽而是水手，忽而木匠，

　　　　他忽而是博学鸿儒，忽而英雄，

　　　　他有一颗包罗万象的心；

　　　　他永远是皇座上的工人。

　　　　　　　　　　　　　　　（一集－192）

后来改译为：

　　　　他时而是水手，时而是木匠，

　　　　时而是博学之士，时而英雄，

　　　　他以一颗包罗万象的心；

　　　　永远当着皇位上的劳工。

　　　　　　　　　　　　　　　（下－166）

　　用词和音韵改进之处显而易见，最值得注意的是"академик"（科学院院士）一词，由"博学鸿儒"改为"博学之士"，因为"鸿儒"是中国特有的概念，把它强加到彼得大帝头上，显然不妥。

　　在《我的家世》（1830）一诗中也有类似的改动之处。原文的一节是：

　　　　Не офицер я, не ассесор,

　　　　Я по кресту не дворянин,

　　　　Не академик, не профессор;

　　　　Я просто русский мещанин.

　　　　　　　《Моя родословная》（1－492）

初译稿如下：

我既无军职，也不是文官，
既不当教授，也不是翰林，
又没有十字章封我为贵族，
我只不过是俄罗斯的平民。

（一集－195）

修改稿为：

我既非文官，也不带军队，
既不当教授，也不高居学林，
又没有十字章封我以爵位，
我只不过是俄罗斯的平民。

（下－367）

把"академик"（科学院院士）译为"翰林"，显然不妥，因
为俄罗斯没有翰林院。改译为"高居学林"就准确多了，因为"科
学院院士"的确是"学林"中的名人。

六、百尺竿头尚可更进一步

我国著名诗人、学者和诗歌翻译家卞之琳先生在《译诗艺术
的成年》一文中，对查良铮的译诗曾给予充分的肯定和高度的评
价。他指出，查良铮译诗"最勤奋"，认为查良铮翻译的《唐璜》
一书出版，是1980年译诗出版界的一件大事。同时惋惜地说："可
惜英年早逝者也就被彻底剥夺了百尺竿头更上一层的机会。"①也
就是说，他认为查良铮的译诗仍有改进的余地。

———————

① 引自卞之琳《人与诗：忆旧说新》，三联书店，1984年，第198页。

　　的确，在查先生的译诗中仍然偶有疏忽、错讹之处，某些诗篇的诗句译得不够简练，用卞之琳先生的话说是"失诸冗赘"，即把原诗诗行拉长了。作为查良铮在西南联大外文系的老师，卞先生对学生的要求是异常严格的。

　　翻译几百首诗，偶有疏漏是难免的。因为译者的精力不可能总是高度集中，眼睛疲劳时，出现错误的可能性很大。让我们看几个例子。

　　《英雄》（1830）一诗最后记下了写作日期："29 сентября 1830"，查良铮的初译稿和修改稿都赫然写着"一八三〇年十月二十九日"，可能查先生是在疲惫的状态下把"сентябрь"（九月）看成了"октябрь"（十月）。这种错误，书籍的责任编辑和校对也负有一份责任，假如他们认真对照原文校读译稿，这类错误是不难避免的。

　　在《乌鸦朝着乌鸦飞翔》（1828）一诗中有这样的一节：

　　　　　　　　Сокол в рощу улетел,
　　　　　　　　На кобылку недруг сел,
　　　　　　　　А хозяйка ждет милого,
　　　　　　　　Не убитого, живого.
　　　　　　　　　　《Ворон к ворону летит》（1-430）

　　查良铮的译文是：

　　　　　　　　苍鹰已经飞进了树林，
　　　　　　　　那匹马也已经病倒，
　　　　　　　　可是主妇等着迎接
　　　　　　　　不是死人，是情人的笑。

　　　　　　　　　　　　　　　　　（下-239）

查良铮把"недруг"（仇人、对头）看成了"недуг"（疾病），两个词只差一个字母，把"凶手、仇人"，错以为是"疾病"，因而把"仇人骑上马飞跑"译成了"那匹马也已经病倒"。这种误读导致误解和误译的情况，在翻译中并不罕见。

普希金在追求奥列宁娜时，写过一首诗，充满了自我调侃的色彩。原文是：

TO DAWE，ESQ

Зачем твой дивный карандаш
Рисует мой арапский профиль?
Хоть ты векам его предашь,
Его освищет Мефистофель.

Рисуй Олениной черты.
В жару сердечных вдохновений
Лишь юности и красоты
Поклонником быть должен гений.

（1828）（1-420）

查良铮的译文是：

给陶君

为什么你神异的铅笔
要把我黑人的侧影描画？
尽管你把它画上几世纪，
魔鬼也会厌恶地嘘它。

请描绘奥列宁娜的容貌。
若是充塞灵感的火焰，
天才应该把自己的心潮
只向着青春和美奉献。

（下-214）

仔细读译文，读者难免产生疑问：一幅画能画上几世纪吗？何况陶君是善画速写的英国画家，他在船上为诗人画像，如何能画几世纪？恐怕连几个小时也用不了。再说，人生不满百，岂能画几世纪？这句子实在太怪，核对原文，问题出在"предашь"一词的理解上。这个词没有画的意思，词义是"交给，支付"，在这里也可引申为"流传"，句子如译成"即使你让它流传几世纪"就符合原意，不致引起误解和疑问了。

查良铮的译笔是相当洗练的，但在译六音步的长诗行的时候，偶有拖沓的败笔，往往一行里出现三个"的"字，比如：

他没戴帽子，臂膀下夹着小儿的棺木，
正在远远的向牧师的懒惰的孩子高呼
《我的红面颊的批评家》（下-343）

在那雪地里，为战争的残酷而生，
是寒冷的斯基福的强悍的子孙。
《致奥维德》（上-421）

啊，金色的意大利的豪华的公民
《致奥维德》（上-422）

这些句子大有改进的余地。如果查先生还健在的话，他必定再次修改。可惜的是悲剧性的命运过早地让他放下了诗笔，这不能不令人感叹惋惜。后来者有责任继承先生的遗志，把普希金的诗歌翻译得更好。

卞之琳先生有一段论译诗的文字颇有见地："放手译诗，既忠于内容，也忠于形式，在译格律诗场合，看究竟是人受了格律束缚还是人能驾驭格律，关键就在于译者的语言感觉力和语言运用力。掌握了这一着，面前就会是好像得心应手的成果，虽然可能还是绞尽脑力的结果。"①借用这一段话评价查良铮的译诗也十分精当。查良铮是诗人，也是诗歌翻译家。他译诗有明确的艺术追求，有自己的原则。他把诗的审美价值，把诗的音韵形式，提到了前所未有的高度。他认为译诗是创造性的艺术活动，因而译诗不仅仅是文字的转移与传达，其中也需要悟性、灵感与激情，需要驾驭诗歌语言与格律的才能，需要锲而不舍、精益求精的志向，需要渊博的文化知识和理论素养，同样也需要与外国大诗人心灵相通的高洁人格和气质。查良铮的译诗，包括他所译的普希金抒情诗，和他的诗歌创作一样，是我国宝贵的文化遗产。他的译诗经验值得后来者认真深入地进行研究、探讨和借鉴。

著名诗人公刘在谈到查良铮的译诗时，有过这样的评价："作为诗歌翻译家——另一种意义上的诗人——穆旦是不朽的。他的许多译诗是第一流的，是诗。不同语言的山阻水隔，竟没有困扰诗人的跋涉。人们将铭记他的功勋。"②诗人最了解诗人。我愿意借用公刘先生的评价作为本文的结束语。

（原载《诗探索》2008 年第 1 期）

---

① 引自卞之琳《人与诗：忆旧说新》，三联书店，1984 年，第 199 页。
② 引自杜运燮、袁可嘉、周与良编《一个民族已经起来——怀念诗人、翻译家穆旦》，江苏人民出版社，1987 年，第 129 页。

译诗的境界

——论查良铮对普希金诗艺的再现

俄罗斯大诗人普希金（1799—1837）一生创作了十四部长诗，查良铮（1918—1977）翻译了其中的九部。

《波尔塔瓦》《青铜骑士》《努林伯爵》和《强盗弟兄》于1954年4月由上海平明出版社出版。其他的五部《高加索的俘虏》《加百利颂》《巴奇萨拉的喷泉》《塔西特》和《科隆那的小房子》，时隔三十一年后（1985年6月）才由四川文艺出版社出版，而此时距诗人翻译家不幸去世已有八年之久。想想查良铮在那段孤独沉寂岁月的艰难遭遇，欣赏其译笔的读者，必然扼腕叹息！

杰出的诗人，其作品往往具有明显的艺术风格。普希金的风格，别林斯基说是"深厚的坚韧，明亮的忧伤"。至于每部作品，往往又有细微差别。历史题材的长诗，语言庄严凝重，书卷气较浓；社会现实生活的题材，多用日常口语，语调清新活泼，洋溢着生活气息。有些作品主旨在于讽刺，比如《加百利颂》嘲讽宗教虚伪，语言犀利尖刻；《努林伯爵》讥笑贵族伪善，用语俏皮幽默；《科隆那的小房子》表现小市民的狡黠，诗行中洋溢着欢乐戏谑的情调。可贵的是，原作风格上的细微差别，在查良铮的笔下，都得到了艺术的再现。

> 我爱你，彼得兴建的大城，
> 我爱你严肃整齐的面容，
> 涅瓦河的水流多么庄严，
> 大理石铺在它的两岸……

著名作家王小波对查译《青铜骑士》的这几行诗赞赏有加。他在《我的师承》一文中说，上中学的时候，哥哥就给他朗读查良铮的译诗，并告诉他说，这是雍容华贵的英雄体诗，是最好的文字。有意思的是，王小波还引用了另一位译者的译文，与查译加以比较：

> 我爱你彼得的营造，
> 我爱你庄严的外貌……

王小波幽默地说："现在我明白，后一位先生准是东北人，他的译诗带有二人转的调子，和查先生的译诗相比，高下立判。那一年我十五岁，就懂得了什么样的文字才能叫作好。"[①]

王小波的评价中肯而有见地。普希金的《青铜骑士》，原诗采用四音步抑扬格，每行八个或九个音节，节奏平稳而从容。查良铮的译诗采用每行十个字或九个字，节奏分为四顿，所以显得诗句庄重，"雍容华贵"。而被王小波戏称东北人译、带有二人转调子的诗句，每行八字三顿，节奏紧迫急促，像中国的顺口溜和民间唱词，背离了原诗的恢宏气度，因而显得滑稽。

《波尔塔瓦》《青铜骑士》风格庄严凝重，与之形成对照的是《努林伯爵》的嘲讽和《科隆那的小房子》的戏谑。努林伯爵旅途中借宿庄园，与女主人见面后神魂荡漾：

---

①引自王小波《沉默的大多数：王小波杂文随笔全编》，中国青年出版社，1997年，第299页。

他想着她那秀美的双足，
真的，一切都这么清楚！
她以柔软的手漫然捏着
他的手，他真是笨伯！
为什么不和她留在一起
享受一下片刻的欢乐。

　　文字流畅、轻松、俏皮，隐含讥讽，把伯爵的轻浮好色、想入非非描绘得活灵活现。普希金刻画人物功力非凡，翻译家查良铮的译笔巧妙传神。

　　《科隆那的小房子》，又译作《科隆纳的一家人》，这一家人其实只有母女俩：老寡妇和她年轻的女儿巴娜莎。她们家雇佣的老厨娘不幸得病死了，女儿自己出去雇来了一个年轻、高大的新厨娘。一次母女俩一道去教堂祈祷，老寡妇心血来潮突然回家，她发现：

在巴娜莎的小镜子前面，厨娘
正静静坐着刮胡须。"哎呀，哎呀，"
怎么？老太婆扑通一声栽倒。
厨娘正把肥皂涂满了面颊，
看见了老太婆，便慌慌张张
（也不顾寡妇的尊严）越过了她，
一直奔向门口，跳下石级，
用手遮着皂沫的脸，向前跑去。

　　看到这一幕，读者会粲然大笑。普希金把一场闹剧导演得十分成功，而诗人翻译家查良铮则再现了这一场景，取得了令人赞赏的艺术效果。

　　查良铮翻译普希金叙事诗，非常注意锤炼词句，特别是那些涉及历史文化的词语，总是反复斟酌，下笔谨慎，力求传达文字的深层内涵，从不满足于词典给出的解释。

　　长诗《波尔塔瓦》以历史上著名的波尔塔瓦战役为背景，歌颂了彼得大帝维护国家统一的功勋，刻画了乌克兰督军马赛蒲老奸巨滑的形象。马赛蒲阴谋投靠瑞典国王，使乌克兰脱离俄罗斯然后独立。诗中穿插着凄婉的爱情故事。诗人把抒情、戏剧、史诗三种因素巧妙地糅合在一起，把人物置于尖锐的矛盾冲突中。乌克兰司法总监高楚贝的女儿玛丽亚违背父命，偷偷私奔，跟老督军马赛蒲结合。高楚贝一气之下向沙皇密告马赛蒲谋反，不料反落到督军手中，被他处死。行刑前夕，马赛蒲对玛丽亚说道：

> 听着：假如，我和你父亲
> 两个人必须有一个牺牲，
> 假如你就是我们的法官：
> 你将要把谁判处死刑，
> 你将要袒护谁的性命？

　　此时，玛丽亚还不知道，她父亲已经被关押在古堡的监牢里。

> 从白拉雅教堂的高空
> 月亮悄悄地洒下幽光，
> 照着督军的富丽的花园
> 和城堡的古老的围墙，
> 四野都异常寂寥，安憩；
> 但古堡里却在低语和动荡。
> 高楚贝，身上戴着枷锁，
> 独自坐在碉楼的窗前，

他沉郁不言，满怀心事，

黯然地望着窗外的天。

　　母亲跑来，向玛丽亚求援，对女儿说的话有这样几行：

……难道你竟

不知道你父亲的脾气

不能够忍受女儿的私奔；

他一心一意想要报复，

于是向沙皇密告了督军……

　　查良铮的译文生动、流畅，更为难得的是用词准确。比如，"督军"在原作中是"гетман"，刘泽荣编《俄汉大词典》的解释是：黑特曼（乌克兰 1654—1764 年间的执政；查坡罗什哥萨克公选的首领；波兰 16 及 17 世纪的统帅）。国内其他译本有的采用音译"黑特曼"，有的译为"将军"。查良铮既不取音译"黑特曼"，也不用"执政""首领""统帅"或"将军"，而是采用了"督军"，使人想到统辖一方、独揽军政大权的人物，其地位一人之下，万人之上，称雄一方。马赛蒲正是这样的人物。面对俄罗斯，他向沙皇称臣，而在乌克兰，他却是最高行政长官。这里译成"将军"显然不妥。"将军"属于军职，一般不会有行政权力；其次，军队里的"将军"不止一个，这些都与马赛蒲的地位不相符合。透过这种比较，不难看出查良铮译笔之细致，考虑之周密。

　　还有一个词组值得注意：白拉雅教堂，原文是"Белая Церковь"，直译为"白教堂"，查良铮用音义结合的方法，把"Белая"（白）译成"白拉雅"，兼顾到视觉与听觉两个方面的效果，十分巧妙，颇具创意。除了词的内涵，还顾及到诗句的节奏，如把这一行译为"从白教堂的高空"，七个字两顿，意思虽然准确，但违背了四音步抑扬格的格律，节奏失之急促，破坏了整体的和谐，译为"从白拉雅教堂的高空"，九字四顿，才与原作的韵律合拍。

1985 年四川文艺出版社出版的查译《普希金叙事诗选集》，附有译者写的《关于译文韵脚的说明》。其中有这样的文字："普希金的叙事诗是很严谨的格律诗，要把它译成我国的新诗，对译者立刻发生一个困难的问题。由于我们的新诗还没有建立起格律来，译者没有一定的式样可以遵循，这迫使他不得不杜撰出一些简便可行的、而又类似格式的临时的原则，以便他的译文有适当的规律性。"

普希金原作是严谨的格律诗，音节、音步、韵脚、韵式，都有严格的规律，要想完全再现这些音韵与格律特点，难度相当大。查良铮想出的办法概括起来有几条：坚持以格律诗译格律诗；尊重原作，但不完全拘泥于原诗格律；保持韵脚的连续，但避免韵脚过密；注重音韵美感，力避呆板单调，对不同的格律与韵式采用不同的翻译方法。

长诗《强盗弟兄》当中有这样几行：

> 但以后呢？我们两兄弟
> 游乐不久，便都遭了殃，
> 官府捉住了我们，铁匠
> 给我们连身钉上了镣铐，
> 卫兵又把我们送进监牢。

译诗节奏鲜明、紧凑，与原作四音步抑扬格相吻合，但韵式稍有变化，原作为 abab 交叉韵，译文采用 aabb 相邻韵，但坚持不变的是以格律诗译格律诗。

又如，《波尔塔瓦》描写战场的厮杀场面：

　　　　瑞典人，俄国人，在刺、杀、砍。
　　　　战鼓的声音，切嚓，叫喊，
　　　　大炮的隆隆，马嘶，呻吟，
　　　　地狱和死亡，混作了一团。

　　译诗用词急促，顿挫铿锵，特别是三个单音节词"刺、杀、砍"，把战场上你死我活的惨烈氛围表现得淋漓尽致，惊心动魄。

　　九部长诗当中，就韵律而论，《科隆那的小房子》独具特色。普希金原作借鉴了拜伦的《唐璜》诗体，采用八行体，五音步抑扬格，即每个诗节由八行构成，每行五音步，阴性韵十一个音节，阳性韵十个音节，韵式为 abababcc，头六行押交叉韵，最后两行押对韵。查良铮的译诗稍有变通，每行字数在十一、十二个之间，顶多十三个字，大致分为五顿，头六行偶句押韵，最后两行押对韵。请看长诗描写少女巴娜莎的一节：

　　　　巴娜莎（这是那小妞儿的名字）
　　　　她能织能缝，能洗刷和烫平衣服；
　　　　所有的家务都由她一个人
　　　　管理，并且要算清每天的账目。
　　　　荞麦粥也必须由她亲自煮好
　　　　（这件重要的工作，有个老厨妇
　　　　好心的费克拉帮着她执行，
　　　　虽然她的听觉和嗅觉早已不灵）。

　　普希金驾驭语言音韵炉火纯青，查良铮把握音韵也毫不逊色，达到了驾轻就熟、得心应手的地步。

　　一个卓越的诗人遇到一位杰出的诗人翻译家，这是件幸事；一个杰出的翻译家，遇到一个有眼光的出版社，是又一件幸事。

尽管查良铮翻译普希金叙事诗曾遭遇种种坎坷与磨难，但他的译作能够出版，并多次再版，毕竟是中俄文学与文化交流的一段佳话。

钱锺书先生说过："文学翻译的最高理想可以说是'化'。把作品从一国文字转变成另一国文字，既能不因语文习惯的差异而露出生硬牵强的痕迹，又能完全保存原作的风味，那就算得入于'化境'。"①查良铮先生翻译的普希金诗歌既能保持原作的风格，又没有生硬牵强的痕迹，可以说，有些篇章已接近化境，有些篇章则已达到化境。

钱锺书先生还说，好的译本使读者想读原作，而坏的翻译则起离间作用，摧毁了读者进一步和原作直接联系的可能性，扫尽读者的兴趣，同时也毁坏了原作的名誉。查良铮的译本对很多读者产生了良好的影响，激励他们学俄语，用原文阅读普希金的著作。许多诗人和作家赞赏他的译本，从他的语言文字中汲取了营养和力量。他的译本不愧为诗歌翻译的典范。

著名作家王小波深情地写道："道乾先生和良铮先生都曾是才华横溢的诗人，后来，因为他们杰出的文学素质和自尊，都不能写作，只能当翻译家。就是这样，他们还是留下了黄钟大吕似的文字。文字是用来读，用来听，不是用来看的——要看不如去看小人书。不懂这一点，就只能写出充满噪声的文字垃圾。"②

王小波先生说得好：查良铮发现了现代汉语的韵律，并把这种韵律运用到他的译文当中。他再现了普希金文体的优美，善于控制韵律和节奏，而这一切都源于对美的追求。

（原载《中华读书报》2012 年 4 月 4 日第 18 版）

---

① 引自钱锺书《林纾的翻译》，见钱锺书著、舒展选编《钱锺书论学文选》（第 6 卷），花城出版社，1990 年，第 106 页。
② 引自王小波《沉默的大多数：王小波杂文随笔全编》，中国青年出版社，1997 年，第 300 页。

《叶甫盖尼·奥涅金》的十五个中文译本

普希金的诗体小说《叶甫盖尼·奥涅金》，在我国至今已先后出版了十五个中文译本。其中有四个译本堪称阶段性的标志。

第一个中文全译本——《奥尼金》，1942年9月出桂林丝文出版社出版，译者甦夫（本名冯剑南）。他是依据1931年莫斯科出版的世界语译本转译的，并且参考了米川正夫的日语译本。各章采用了日译本的标题，第一章《奥尼金的烦闷》，第二章《诗人的初会》，第三章《少女之恋》，第四章《绝望》，第五章《恶梦——命名日》，第六章《决斗》，第七章《莫斯科》，第八章《夜会女王》。据吕荧先生说，这个译本"文字枯涩而且粗率，并且很多地方和原诗出入很大"。尽管有缺点，但它毕竟是第一个完整的中文译本，甦夫先生功不可没。

第二个是依据普希金原著，直接译自俄语的译本——《欧根·奥涅金》，1944年2月由重庆希望社出版，译者吕荧。吕荧1935年考入北京大学历史系，1939年在西南联大学习，1941年毕业留校任教。同年冬天他开始翻译《奥涅金》，并且得到了西南联大历史系教授、俄罗斯人葛邦福的指点和帮助。吕荧先生后来在美学和文艺理论研究领域颇有成就，他的译本后来经过修改，1950年由上海海燕书店出版。1954年，人民文学出版社出版该书，并更名为《叶甫盖尼·奥涅金》。吕荧的译本译文朴素、流畅，但在形式处理上与原文距离较大，译诗采用的是无韵自由体，诗句过于散文化，难以传达与再现原作的音乐性。

第三个译本《欧根·奥涅金》，以诗译诗，高度重视形式和音韵，出自查良铮的手笔，1954 年 10 月由上海平明出版社出版。查良铮依据俄文进行翻译，同时参考了英文和德文译本。查译的最大特色是力求保存诗的活泼生命和艺术审美价值，因而该译本富有诗意，语言流畅洗练，节奏和谐，音韵格律接近"奥涅金诗节"。这个译本拥有广泛的读者，受到普遍好评。有的评论家指出了译本中存在的不足，认为百尺竿头尚可更进一步。查良铮的修订译本 1983 年由四川文艺出版社出版。

《叶甫盖尼·奥涅金》的第四个译本，由智量先生完成。他采用"奥涅金诗节"再现原作的音韵形式和音乐性，1985 年由人民文学出版社出版。智量毕业于北京大学，后留校任教，两年后调入中国社科院文学研究所从事俄罗斯文学研究，在何其芳先生的鼓励下开始翻译《奥涅金》。1958 年，他被错划为右派，下放西北甘肃陇西劳动改造，妻离子散，境遇坎坷。1960 年，他到了上海，染布、拉砖、扫马路、当中学代课老师，劳作间隙继续译诗，前后花费了近二十年时光译出了《奥涅金》。智量先生主张"画地为牢"，再现原诗格律，注重形神兼备，先求形式贴近原作，再求辞达而意雅。学术界对他的译本给予了充分的肯定和高度评价。

其他十一个译本依照出版时间顺序排列如下：

郑清文的散文体译本，书名改译为《永恒的恋人》，台北志文出版社，1977 年；

王士燮的译本，黑龙江人民出版社，1981 年；

冯春的译本，上海译文出版社，1982 年；

未余、俊邦的译本，湖南文艺出版社，1993 年；

王志耕的译本，花山文艺出版社，1995 年；

丁鲁的译本，译林出版社，1996 年；

顾蕴璞、范红的译本，山东文艺出版社，1997 年；

刘宗次的译本，陕西人民出版社，1998 年；

郑铮的译本，北岳文艺出版社，2000 年；

田国彬的译本，北京燕山出版社，2003 年；

剑平的译本，河南人民出版社，2004 年。

这十五个译本，20 世纪 40 年代出版的有两部，50 年代出版的有一部，70 年代出版的有一部，80 年代出版的有三部，90 年代出版的有五部，进入 21 世纪以后出版的有三部。查良铮的初译本和修订本影响广泛，流传年代久远，起到了承前启后的作用。

各位翻译家都力图以自己的理解、体会来翻译《奥涅金》，为读者提供新的选择。制造冰箱的澳柯玛公司有句广告词很有意思："没有最好，只有更好。"借用这句话来评论名著复译的译本倒也合适，诸多译本不能说哪个最好，只能说哪个译本在哪一方面更好一些，因为最好的是普希金的原著。所有译本都在努力接近原作的风貌，力图译出风格，译出水平。或许诸位翻译家各有所长，彼此之间互为补充，综合各家之长才能体现出原著的神韵与风采。

但是，各译本之间的质量还是有差别的。未余、俊邦的译本是其中较差的一种。虽然前面已有好几个译本可供借鉴，但他们"误译率反而超过前人，文句不顺，粗制滥造，反映出译者的草率态度"①。下面抽取该译本第二章第 25 节写达吉雅娜的一段译文，和查良铮先生的译文做一比较。

> 总之，她是叫达吉雅娜。
>
> 她没有妹妹那样美丽，
>
> 没有妹妹红润的面颊，

---

① 引自杨怀玉《〈叶甫盖尼·奥涅金〉在中国》，见张铁木主编《普希金与中国》，岳麓书社，2000 年，第 263 页。

她毫不引人注意。

多愁善感、默默无言、个性孤僻，

象林中的小鹿，胆怯兮兮；

她在自己的亲人家里，

仿佛领来的养女，

她既不亲妈，

也不会亲爹；

本身是个孩子，

却不愿蹦蹦跳跳，跟孩子们玩在一起。

她常常孤身一人，

终日默尘（坐）在窗前。[①]

　　钱锺书《论学文选》中有一段妙论："莎士比亚《仲夏梦之夜》第三幕第一景写一个角色遭魔术禁咒，变为驴首人身，他的伙伴惊叫道：'天呀！你是经过了翻译了！'"普希金最心爱的人物达吉雅娜，俄罗斯妇女的典范，遭遇了翻译，变成了一个近乎驴首人身的怪物。看来两位译者完全不懂原诗的格律，译出的诗行七长八短，最长的十五个字，最短的五个字，相差三倍，"她既不亲妈，也不会亲爹""胆怯兮兮"，这种语言简直是文辞不通。

　　现在，让我们看看查良铮先生这一节的译文：

好吧，就管她叫达吉雅娜。

她既没有妹妹的美丽，

也没有她那鲜艳的面颊，

可以吸引他人的注意。

---

　　① 引自戈宝权、王守仁主编《普希金抒情诗全集》第四卷，湖南文艺出版社，1993年，第242页。

她忧郁、沉默，像林野的鹿，

那样怯生，又那样不驯；

尽管她在自己的家里住，

也落落寡合，像是外人；

她从不和爸爸妈妈亲昵，

或倒在他们的怀里撒娇；

就在儿提时，她也不愿意

和别的孩子一起跳闹；

她宁愿独自坐在窗前，

默默无言地，坐一整天。

（韵式为：ababcdcdefefjj）

经过这样的比较，孰优孰劣就十分明显了。

众多的译本当中，围绕查良铮的译本写的评论文章最多。戈宝权先生写过《〈叶甫盖尼·奥涅金〉在中国——谈普希金的名著的六种中文译本》，评论了苏夫（即甦夫）、吕荧、查良铮、冯春、王士燮、智量等六位译者的译本，他肯定了"查良铮是翻译普希金诗歌作品最得力的人"，肯定了智量用"奥涅金诗节"进行翻译的贡献。

杨怀玉的文章《〈叶甫盖尼·奥涅金〉在中国》，以诗体小说第一章第50节为具体案例进行对比分析，评说了吕荧、查良铮、冯春、王士燮、智量、丁鲁等六位译者的译作。

杨怀玉对吕荧译本的总体评价是：许多地方不尽如人意，但作为第一个译自原文的译本，基本上传达了小说的情节和人物个性。

他认为王士燮的译本"语言整体上讲比较典雅、洒脱，显示出译者深厚的中文功底"，但过多采用四字成语和熟语使得译诗具有了过于浓重的汉文化色彩。

冯春的译本理解比较准确，语言朴素、平实、通顺、流畅，较好地表达了原著的思想情感。

智量是"尝试再现'奥涅金诗节'的第一人"，这也是他的译本的最大贡献——使中国读者初次领略"奥涅金诗节"的韵味。智量先生对原著理解有一定深度，不足之处是偶尔拘泥于原文，个别语言失之晦涩。

丁鲁译本的特色在于他对"奥涅金诗节"的处理，丁先生翻译《奥涅金》，主要目的是为创建中国现代格律诗的节奏、韵律进行一次实验。

杨怀玉用了较多的篇幅评论查良铮的译本，指出其"在诗表达方面他开创了以诗译诗的新阶段，无论在节律、形象和语言上都散发出诗的味道"。

香港《大公报》编辑马文通先生曾撰文评论查良铮的译诗，称赞他：比较准确地把握了原诗的风格、气氛、色彩，因而较圆满地还原了原诗；用韵不拘泥于原作，韵脚疏落，但仍有规律可循；不过多运用欧式句法，尽可能以中国读者所能接受的语言习惯表现原作；讲究炼字铸句，或吸收前人之长，或自出机杼，都能做到工稳妥帖，饶有诗意。他引证查译《欧根·奥涅金》中达吉雅娜给奥涅金的信：

> 另一个人！……呵，绝不，我的心
> 再没有别人能够拿走！
> 这是上天的旨意，命中注定
> 我将永远是为你所有。
> 我过去的一切，整个生命
> 都保证了必然和你相见。

他接着点评说："如此简单朴素，全无斧凿痕迹的语言，却如此生动地描写了热恋中少女的情怀，缺乏了翻译家再创作的深厚功力，曷克臻此？"①

著名歌曲翻译家薛范曾请教担任过《世界文学》主编的高莽："在众多的普希金诗译者中间，您最推崇哪一位？"高莽回答说："查良铮，虽然他的译文也有错误。"②虽然也有错误，但却被认为译得最好，原因是查良铮译出了普希金的诗魂。

除去上面戈宝权与杨怀玉评论过的七位译家以外，顾蕴璞、范红的译本在讲究音韵的同时，非常注重诗句的节奏感。田国彬的译本语言流畅，每节偶行押韵，一韵到底，更接近中国读者的欣赏习惯和审美趣味。剑平的译本，采用了"奥涅金诗节"，翻译过程中，多方请教，得到了前辈翻译家魏荒弩先生的指点和帮助，并借鉴了前人的经验，是个质量上乘的译本。

《叶甫盖尼·奥涅金》是俄罗斯民族诗人普希金的代表作，从1942年到2004年，在六十多年的时间里，居然出现了十五个中文译本，充分说明了普希金作品的艺术魅力以及在中国的深远影响。

（原载《中华读书报》2013年2月6日第19版）

---

① 引自杜运燮、袁可嘉、周与良编《一个民族已经起来——怀念诗人、翻译家穆旦》，江苏人民出版社，1987年，第84页。

② 参见薛范《歌曲翻译探索与实践》，湖北教育出版社，2002年，第222页。

查良铮翻译《丘特切夫诗选》

  在俄罗斯诗歌史上，费奥多尔·伊凡诺维奇·丘特切夫（1803—1873）占有重要地位，是俄罗斯哲理诗派的代表性人物，又被视为俄罗斯现代派的先驱。他一生创作的作品并不多，只有四百多首抒情诗，但却影响深远。1883 年，诗人去世十周年，纯艺术派诗人费特（1820—1892）写了《题〈丘特切夫诗选〉》抒发怀念之情：

> 诗人把它留给了我们，
> 这是追求高尚的凭证；
> 这里生存着强大的灵魂，
> 这里凝聚着生命的结晶。
>
> 荒原上难寻赫利孔山，
> 冰川上没有月桂葱茏，
> 丘特切夫不与土著为伴，
> 蛮荒地不生阿纳克利翁。
>
> 而诗神缪斯维护真理，
> 明察秋毫摆好了天平：
> 这只是一本薄薄的诗集，

却比长篇巨著更加厚重！

时间过去了将近一个世纪，时至 1963 年 12 月，身处逆境的诗人翻译家查良铮，背着家人翻译完了《丘特切夫诗选》，并且悄悄地寄给了人民文学出版社，而译诗集的出版竟然是在二十二年之后的 1985 年秋天！此时，查良铮离开人世已有八年之久。当出版社写信通知家属领取稿酬时，查先生的夫人周与良教授竟感到迷惑不解，还以为出版社出了差错。这件事说起来不免让人感到悲哀。

查良铮为什么选择翻译诗人丘特切夫的作品呢？这和他当时的处境与心态有密切关系。自 1953 年底回国以后，查良铮虽然在文学翻译方面取得了骄人的成就，译著一本接一本地出版，但是在政治上却屡受挫折，连遭打击：1954 年在南开大学"外文系事件"中被打成"小集团"成员；1957 年因发表《葬歌》和《九十九家争鸣记》，在报纸上被点名批判；1958 年 12 月，在"反右倾运动"中，被定为"历史反革命分子"，因此被逐出课堂，"接受机关监督"，劳动改造三年。经过这一系列的坎坷磨难，查良铮由 20 世纪 50 年代初刚回国时的兴奋喜悦转向了痛苦的沉思。他在夜深人静时阅读丘特切夫的诗作，必然别有一番滋味在心头。丘特切夫有一首诗《Silentium》，查良铮译为《沉默吧！》：

> 沉默吧，把你的一切情感
> 和梦想，都藏在自己心间，
> 就让它们在你的深心，
> 好似夜空中明亮的星星，
> 无言地升起，无言地降落，
> 你可以欣赏它们而沉默。

你的心怎能够诉说一切？
你又怎能使别人理解？
他怎能知道你心灵的秘密？
说出的思想已经被歪曲。
不如挖掘你内在的源泉，
你可以啜饮它，默默无言。

要学会只在内心里生活——
在你的心里，另有一整个
深奥而美妙的情思世界；
外界的喧嚣只能把它湮灭，
白日的光只能把它冲散，——
听它的歌吧，——不必多言！……

　　说出的话被人歪曲，发表的诗受到批判，一个人屡受迫害却无处申辩，他所能做的，只有思考与沉默。他默默地阅读，默默地翻译，这是他唯一的精神寄托，避开所有的人，包括妻子和儿女，免得让他们担惊受怕，也免得受到拦阻或听到抱怨。

　　20 世纪 50 年代初期查良铮翻译普希金的诗歌，他的心情应当说是喜悦的，兴奋的；到 60 年代初，他翻译丘特切夫的诗，心态显然不同，他是在痛苦的思考中从事劳作。翻译普希金的作品，当初速度很快，他自己后来说过，译得"比较草率"；再译丘特切夫，已经有了经验，在把握诗歌的音乐性和形式方面，要求更加严格，译得更加精细。另外，作为现代主义诗人，查良铮对丘特切夫写诗所采用的象征、暗示、意象叠加等艺术手法也心领神会，翻译起来颇为顺手。请看丘特切夫一首诗的原文和查良铮的译文：

　　　　Слезы людские, о слезы людские,

Льетесь вы ранней и поздней порой …
Льетесь безвестные, льетесь незримые,
Неистощимые, неисчислимые, —
Льетесь, как льются струи дождевые
В осень глухую, порою ночной.

世人的眼泪，啊，世人的眼泪！
你不论早晚，总在不断地流……
你流得没人注意，没人理会，
你流个不尽，数也数不到头——
你啊，流洒得像秋雨的淅沥，
在幽深的夜里，一滴又一滴。

　　丘特切夫的原作采用了四音步扬抑抑格，每行十个或十一个音节。十一个音节的诗行，最后一个重音落在倒数第二个音节上，构成阴性韵，十个音节的诗行，最后一个重音落在最后一个音节，构成阳性韵。图示为：

$$-\cup\cup/-\cup\cup/-\cup\cup/-\cup$$
$$-\cup\cup/-\cup\cup/-\cup\cup/-$$

　　查良铮的译诗每行十一个字，大致可分为四顿，韵式与原作稍有不同，头四行押交叉韵，最后两行押相邻韵，韵式为 ababcc，音韵和谐，语言流畅，坚持了以格律诗译格律诗的原则。虽说男儿有泪不轻弹，但身处苦难中的诗人翻译家心在流泪，他知道与他处境相似的很多人也在流泪。因此，翻译丘特切夫这首诗，融入了译者自己的切身感受，翻译出来的诗也就格外真挚动人。
　　再看查良铮译的丘特切夫所作《诗》：

当我们陷在雷与火之中，
当天然的、激烈的斗争
使热情沸腾得难以忍耐，
她就从天庭朝我们飞来，——
对着尘世之子，她的眼睛
闪着一种天蓝的明净，
就好像对暴乱的海洋
洒下香膏，使它安详。

原作采用四音步抑扬格，每行八个或九个音节，韵式较为别致，头两行和四五行押相邻韵，三、六、七行押韵，最后一行与开头两行押韵，环环相扣，首尾呼应。查良铮的译文仍是以格律诗译格律诗，只是押韵方式不同，采用双行押韵，韵式为 aabbccdd，读起来朗朗上口，诗味浓郁。

查良铮原来是诗人，笔名穆旦。是普希金改变了他的命运，使诗人穆旦变成了翻译家查良铮。有意思的是，查良铮翻译的《丘特切夫诗选》，也改变了一个人的命运。这个人的名字叫曾思艺。

曾思艺 1962 年出生于湖南邵阳，后来学习俄语，在湘潭大学攻读俄罗斯文学硕士学位。在他选择硕士论文题目期间，不期然碰到了查译《丘特切夫诗选》。请看他自己的记述：

"1985 年 9 月 22 日，一个偶然的机会，喜欢写诗更喜欢读诗的我，在一家小书店，发现了查良铮翻译的《丘特切夫诗选》，翻阅之后，喜出望外，赶忙掏钱买下。回到家里，一口气读完，竟有一种恍若新生的感觉。当时立即决定：硕士论文就写丘特切夫。"

恍若新生！究竟是什么样的感觉？这是具有诗人气质的年轻学者突发的灵感！从此以后，曾思艺集中精力研究丘特切夫，尽管他的导师张铁夫教授鉴于缺乏资料，曾建议他改换题目，但他毫不动摇，想方设法收集资料，终于写完了硕士论文，并且顺利通过答辩。此后他又考入上海大学中文系，在博士生导师朱宪生教授指导下攻读博士学位。他不仅如期完成了学业，而且出版了四十万字的专著《丘特切夫诗歌研究》（湖南文艺出版社，2000），填补了我国学术界的一项空白，成为俄罗斯文学研究界有影响的年轻学者。十年磨一剑，功夫非寻常。现在他是天津师范大学中文系的教授，边讲课，边研究，不断发表学术论文，并出版了新的论著《文化土壤里的情感之花——中西诗歌研究》（东方出版社，2002）、《俄国白银时代现代主义诗歌研究》（湖南人民出版社，2004）。

按照曾思艺的见解，丘特切夫被俄国象征派奉为鼻祖，但俄国象征派在苏联长时期被视为资产阶级颓废派，受到批判，丘特切夫诗歌在 20 世纪 30 至 40 年代的苏联未受到应有的重视。20世纪 50 年代中期至 60 年代初，苏联重又掀起丘特切夫热潮，丘特切夫的各种诗选、书信选及诗歌全集纷纷出版，一系列丘氏研究专著接连问世。

由于政治方面的原因，我国俄苏文学翻译界、学术界未注意到这一热潮。但九叶派诗人、著名翻译家查良铮先生却独具慧眼发现了丘特切夫，并翻译了一本《丘特切夫诗选》，该书时隔二十多年才由外国文学出版社出版。查良铮的译介工作似乎处于地下状态，仿佛是"秘密"进行的一样。

作为一个重感性更重知性的现代诗人，查良铮此时创作与翻译俱臻炉火纯青之境，因而他的《丘特切夫诗选》，不仅是他本身翻译作品中的精品，也是至今为止丘特切夫诗歌翻译中的精品。这部译诗集具有以下特点。

一、眼光独到，选择精良

丘特切夫一生写诗四百来首，除去五十余首译诗及部分政治诗、应酬诗，真正精良的作品不到二百首。查良铮从其中精选出一百二十八首译成中文，丘特切夫那些风格独特、思想深邃、精美动人的诗歌大都已被网罗其中，每一首都堪称精品。

二、译笔传神，韵律生动

丘特切夫的诗十分难译。这是因为：第一，它把哲学、诗歌、绘画、音乐完美地融为一体，类似于我国唐代诗人王维的诗，稍不小心，即损失其神韵；第二，形式、手法、语言既古典又现代，即精美又自然，既雅致又深邃，达到了费特所称的"空前的高度"，如只注意或突出一面，必然伤及另一面。查良铮却奇迹般地把以上问题处理得几乎天衣无缝，足见其功力深厚，才华出众。

丘特切夫的语言尤其难译，屠格涅夫称其创造了"不朽的语言"。他把简洁古朴与现代技巧熔为一炉，既具很强的音乐性（至今已有 150 多位音乐家为其诗谱曲），又有即兴诗的平易、口语化以及类似谢灵运"池塘生春草，园柳变鸣禽"（《登池上楼》）的神韵，还运用了现代的通感手法（如阳光"以洪亮的、绯红的叫喊 / 张开了你睫毛的丝绒"，"她们以雪白的肘支起了 / 多少亲切的、美好的幻梦)，此外还有几乎"增一字则太长，减一字则太短"的凝练精致。这种诗好看、耐读，也好谱曲，但十分难译，更难译好。

查良铮不仅译得韵律动人，而且能传其神韵。他所翻译的丘特切夫诗歌，或"复制"原诗的韵脚，或稍有变通，另作安排，但从不因韵害意；同时，他注意诗歌内在节奏的变化，并把自己多年知性与感性结合的写诗方法用于译诗，传神地表现了丘诗的现代技巧与凝练精致。

值得指出的是，查良铮还综合俄文资料，为《丘特切夫诗选》写了一篇《译后记》，洋洋洒洒一万七千七百字，全面系统地介绍丘特切夫的生平履历、创作思想，分析他的创作特点乃至音韵特征。这是我国第一篇详尽而珍贵的丘特切夫诗歌创作的评论文章。他把诗歌翻译与研究结合在一起的做法，也值得后来者参考与借鉴。

查良铮翻译的《丘特切夫诗选》，不愧是我国诗歌翻译的典范，是文学艺术园地的奇葩，优美而忠实的译笔使译作获得了持久的艺术生命力。它将长久地散发清幽的芳香，引发睿智的沉思，会心的读者必定能从中获得美的愉悦。

一个民族的杰出诗人，遇到另一个民族的优秀译者，这是一种幸运。我愿用自己写的一首诗《沉默》来结束这篇评论：

> 你曾经歌唱
> 却被迫沉默
> 沉默了二十年
> 直到最后一刻

> 丘特切夫说过
> 心绪难以诉说
> 说出来就是谎
> 莫如欣赏内在星展的起落

> 如今你站在这里
> 依然保持沉默
> 你在沉默中思考
> 沉默地审视世界

> 但愿你在这里

不是风景的点缀

面对你，应当沉默

在沉默中思索

（原载《中华读书报》2013 年 4 月 24 日第 19 版）

谈俄诗汉译的音乐性及其他

教学工作余暇我喜欢读诗、译诗。在学习译诗的过程中曾向一些前辈请教，得到了有益的指点。经过十几年的不断实践，积累了感性认识，归纳起来可以概括为三点：译诗应当是诗，像诗；译诗应当追求神形兼备；译诗应当选择自己理解并且喜爱的作品，只有自己"情动于中"，才能通过译作感动读者。

下面，我想就俄语诗译成汉语诗的音乐性及其他问题谈几点粗浅的体会。

一、注重格律，再现原诗的音乐性

诗歌是精湛的文学艺术。语言凝练，注重节奏和韵律，讲究音乐性，便于吟唱或朗诵。因此，我认为，对于原诗的理解与把握不仅要侧重内容、形象、意境，同时也应包括诗的外在形式。对于诗的格律、句式、韵脚，即诗的音乐性应给予充分的研究和重视。

俄罗斯诗歌创作至今仍以格律诗为主流，许多俄语诗歌作品都是格律诗。俄罗斯诗歌中的诗节、诗行、音步、韵脚、韵式多姿多彩，极富变化，不同的诗人，有不同的风格。不同的作品在形式上多有差别，或轻灵，或奔放，或细腻委婉，或深沉凝重。这些形式上的特征，在翻译过程中应尽力加以把握，予以传达再现，以便使译诗更接近原作的风韵。

俄语和汉语分属不同的语系，无论是语言结构，还是诗体格律都存在重大的差异。比如，俄语词汇有重音，汉语词汇讲四声；俄语诗律以轻重、重轻，即抑扬、扬抑的规则变化为基础，而汉语诗律则注重平仄的调配。这种种差异为俄诗汉译增加了难度。因此可以说，音韵格律是不能照直翻译的。但是在诗歌的节奏、韵律方面有意识地参照原作，再现原诗的格律和风采，尽力去传达原诗的音乐性，这又是可以做到的，而且是应当刻意追求的。

如果原作是严谨的格律诗，我以为译成格律诗最好。原作是阶梯式，译作最好也是阶梯式；原作是自由诗，译作自然也应是自由诗。假如原作诗行工整，字句匀齐，而译作诗句却七长八短，甚至上一行七八个字，下一行却有十四五个字，那么不仅视觉上看来不美，从听觉上更背离了原诗的音乐性，这未尝不是一种损失。同时，这种译法会给不懂外文、不能阅读原作的读者造成一种错觉，使人以为这位外国诗人的作品本来就信笔由之，了无拘束。假如注重音乐性的读者据此而指责外国诗人的话，那这个诗人可实在冤枉。

《苏联当代诗选》（外国文学出版社，1984）收入了我译的马尔夏克、斯麦利亚科夫、卡扎科娃等诗人的作品。这几位诗人的作品都是格律诗，我在译诗的形式上力求工整和严谨。

斯麦利亚科夫的《皮埃罗》是一首叙事诗，讲的是一位流亡歌手回归祖国的故事。全诗共十七节，每节四行，每行四音步，韵式为 abab，形式上极为严谨。经过反复修改，我把这首六十八行的诗歌译成了格律诗：每节四行，每行九个字，分为四顿，基本上以两字为一顿，一行中有一顿为三个字。这个三字顿可前可后，比较灵活，我自己称它为一种"内部曲折"，它能起一定的调节作用。这样译出来的诗句，较为流畅，易于上口。比如诗中开头描写歌手出逃的一节：

俄罗斯大地隆隆轰鸣，　　3222
车站倒塌喷射着火焰，　　2232
皮埃罗匆匆逃避革命。　　3222
身穿一套洁白的衣衫。　　2232

最后写他的回归：

漂泊的歌手双膝跪倒，　　3222
边境的国土动人心弦。　　3222
他不是跪在土地之上，　　3222
而是匍匐在她的面前。　　2322

　　再以卡扎科娃的《我向光又向影子学习》为例。原作五个诗节，每节四行，奇数行八个音节，偶数行九个音节，每行四音步，抑扬格，韵式为 abab，阳性韵与阴性韵交替，形式凝重，适用于哲理性的抒情。原诗第一节译文是：

我向光又向影子学习，　　3222
如今领悟了一个道理：　　2322
发现失去的那些东西，　　2322
比其他发现更有意义。　　3222

　　仿照原诗做到了每行四顿，韵式为 abab，较为工整。
　　这首诗的第三节原文中的三、四两行译起来颇费斟酌，句子总是超过九个字。全诗工整，两行超出规范，总显得刺目，读起来也不谐调，经反复琢磨，最后才定稿为：

恰似置身古老的童话，	2232
答案的真诚令人忧虑：	3222
向右，坐骑遭遇不测，	2222
向左，人无葬身之地……	2222

后两行每行八个字、四顿，上下句形成对仗，诗句精警有力，功夫没有白费。

卡扎科娃的另一首诗《秋天的歌》(见《苏联女诗人抒情诗选》，漓江出版社，1985 年)抒写失去伴侣的女性心理，笔调深挚哀婉，形式工整而有变化，长短句穿插，运用排比，很有特色。诗的第一节原文如下：

> У речки женщина стояла,
>
> белье в речке полоскала.
>
> Полоскала,
>
> полоскала,
>
>   полоскала —
>
>   как ласкала.

诗中的"полоскала"一词重复四次，并且分行排列，表现了女主人公孤寂无奈的隐痛，再现了沉思凝想中动作的机械单调，笔法生动传神，使我们仿佛听到了那持续不断的洗涮衣衫的声音。我的译文是：

> 一个女人蹲在小河边，
>
> 在河水里洗涮衬衫，
>
> 洗涮，
>
> 洗涮，

> 　　　洗洗涮涮——
> 　　　　　爱抚的情意无限。

　　"洗涮，洗涮，洗洗涮涮"这重叠排列的句法衬托出女主人公的一片深情。她的丈夫在战争中阵亡了，留给她的只有一件血染的衬衫。她反复洗涮这件衬衫，幻想重新得到爱抚，让"巴掌上粘满爱情，像河面上粘满浮萍"。然而这只是徒劳的空想，正如冬天的树木不能长出绿叶一样。她那缠绵不尽的悲哀令读者不能不为之慨叹。

　　罗日杰斯特文斯基是苏联著名诗人，属于大声疾呼派，诗风雄浑奔放。他的诗呈阶梯式排列，字句间饱含力度，读起来顿挫铿锵。这种诗与音节重音诗又不同，属于重音诗律，所以在翻译中尤其要注意字句的节奏以及韵脚的安排。我译过他近百首诗。其中有一首题为《瞬间》，开头一段原文是：

> Не думай о секундах свысока.
> Наступит время,
> 　　　　сам поймешь, наверное —
> 　　　　　　свистят они,
> Как пуля у виска,
> 　　　мгновение,
> 　　　　　мгновение,
> 　　　　　　мгновение ...

　　译成中文是：

> 　且莫高傲地看待

分分秒秒。

时候一到，

你自己——

就会明白：

它们呼啸着，

似掠过鬓角的子弹，

瞬间、

瞬间、

瞬间……

译文的诗行排列接近原文，只是将个别诗行做了调整。这样的排列形式具有鲜明的节奏感，特别是最后几行，真使人生发出时光飞逝、疾如流弹的感触，似一颗颗子弹嗖嗖地飞过耳鬓，擦过肩头。"瞬间、／瞬间、／瞬间……"，读这样的诗，必然觉得触目惊心，从而使你更珍惜时光，珍惜生命。

二、特殊音韵，须下功夫把握

俄罗斯诗歌中有些作品的诗节、韵式很别致，那是许多诗人在艺术上进行探索的结晶。比如有的诗节每节五行，韵式为 aabab 或 abbab；有的每节六行，韵式为 aabbcc 或 aabccb；有的每节七行、八行、十行，多到十四行的，就是我们比较熟悉的商籁体了。有的诗节长短又交互穿插，而行与行之间音步多少又有变化，成为节奏鲜明的长短句。我觉得这些丰富多彩的格律形式都有翻译介绍的必要。

诗歌翻译界许多有造诣、有成就的前辈正是这样做的。长期以来，经过一代又一代翻译家的努力，我国读者逐渐认识了莎士比亚的十四行诗体、但丁的三韵体、《奥涅金》中的奥涅金诗节，以及欧美诗歌中诸多的韵律。这种注重形神兼备的译法为我国的新诗创作提供了有益的借鉴，进而丰富了我国诗歌的格律，因而是一项十分有益的创造性劳动。试想，如果墨守成规，以不变应万变，把无比丰富的外国格律，一律以"一、三、五不论，二、四、六分明"的框架处置，岂不失之单调和贫乏？我在译诗过程中，起初比较重视诗句顺畅，认为应顾及中国读者的欣赏习惯和审美情趣，注重偶句押韵，一韵到底；但后来看法有所转变，转变的原因是认识到外国诗必需有点儿洋味儿，这洋味儿不仅体现在诗的意象情境方面，也体现在韵律方面。

有鉴于此，我在参与翻译《普希金抒情诗选》（人民文学出版社，1989）时，对于韵律的运用就多了一点儿自觉意识，力避习以为常的"偶句押韵，一韵到底"，更多地考虑了原诗的韵式及其转换。

普希金 1832 年写的一首诗《我们又向前走……》，仿效但丁《神曲》的三韵体，每节三行，每行六音步，韵式为 aba，bcb，cdc……，韵脚环环相扣，前后呼应，颇具匠心，这种连环韵与诗句的戏谑嘲讽语气十分谐调。头四节的汉语译文是：

> 我们又向前走——我不禁毛骨悚然。
> 一个魔鬼，蜷缩着他的魔爪，
> 凑近地狱烈火把高利贷者颠倒翻转。
>
> 热辣辣的脂油滴进烟熏火燎的铁槽。
> 火烤得高利贷者皮开肉绽。
> 我问："这刑罚用意何在？请予指教。"
>
> 维吉尔说："孩子，此刑用意深远：

这阔佬向来贪财，生性凶恶，
他总是狠毒地吮吸债户们的血汗，

在你们阳间，他把债户任意宰割。"
火上的罪犯发出持续的叫声：
"啊，我不如跌进阴凉的勒忒河！"

译文采用连环三韵式，诗句未能译成六顿一行，但注意了诗行的大致整齐，每节一、三两行较长，第二行稍短，排列起来也呈现出某种节奏。这译文虽然还有欠缺，但有心的读者透过这些诗行，或许约略能窥见普希金用韵的才气。

19 世纪后半期俄罗斯诗人康·托尔斯泰有一首短诗非常有名，许多俄文诗选集都收录了这首具有民歌风的作品。原诗采用了头韵，韵脚格式为 aabb，ccdd。修辞手法运用了排比句。这些都明显地借鉴于民间诗歌。译成汉语是这样的：

要恋爱，就不顾一切地爱，
要阻止，就手疾眼快，
要咒骂，就骂个热血喷头，
要劈砍，就砍掉脑袋！

要争执，就大胆泼辣地争，
要惩罚，就罚个明白，
要饶恕，就饶个心意真诚，
要欢宴，就红火气派！

译文也押头韵，采用了排比句式，诗行节奏与韵式与原作稍有出入，韵式 aaba，caca；句式长短穿插，自呈规律；语言上尽量采用口语入诗，以再现原诗风采。

类似风格的诗我还译过一首。这是一位年轻诗人的作品，原诗刊载于 1987 年 9 月 2 日的苏联《文学报》，作者是叶甫盖尼·布尼莫维奇。译成汉语是：

> 俄罗斯没有一片天空没有云，
> 俄罗斯没有一块面包没有汗，
> 俄罗斯没有一处湖泊不泥泞，
> 俄罗斯没有一个词汇不新鲜……
>
> 俄罗斯没有无妖无怪的森林，
> 俄罗斯没有不敬家神的宅院，
> 俄罗斯没有不来生客的节日，
> 俄罗斯没有幸福可信手白拣。

诗中扑面而来的生活气息，以及面包浸透汗水，幸福靠艰辛创造的哲理，都深深打动了我的心。我相信喜欢这首诗的人绝不会只有我一个。

三、斟词酌句，传达原诗的语言特色

俄罗斯诗歌中有些作品，不仅句式、韵式新颖，在语言运用上也别具一格。纯艺术派的代表诗人费特潜心艺术探索，写出了一些不同凡响的诗歌。他的抒情诗，有的通篇不用一个动词，只用名词和形容词，想来，这和诗人追求和谐宁静的审美情趣直接相关。

费特有一首著名的无题情诗就是以这种笔法写成的：

Шепот, робкое дыханье.

Трели соловья,

Серебро и колыханье

Сонного ручья.

Свет ночной, ночные тени,

Тени без конца,

Ряд волшебных изменений

Милого лица,

В дымных тучках пурпур розы,

Отблеск янтаря,

И лобзания, и слёзы,

И заря, заря!..

　　原诗为扬抑格，四音步与三音步交叉，韵式为 abab。我的译文最初刊载于《世界情诗选》（山东文艺出版社，1985）：

絮语声声，呼吸轻轻，

　　夜莺呖呖鸣啭，

潺潺溪水，沉入幻梦，

　　摇荡银色光斑，

夜晚的光。夜间的影，

　　暗影茫茫无边，

面庞可爱。眉目多情，

　　令人心意飘然，

> 云霄似烟，玫瑰色红，
> > 光如琥珀晕染，
> 久久亲吻，珠泪盈盈，
> > 朝霞明艳璀璨！……

译文注意了格律，句式四顿与三顿交织；韵式也有特点，偶句押寒字韵，奇句押东字韵，不仅合乎原诗 abab 的格式，而且一韵到底，当时自己比较满意。后来为学生开了"俄苏诗歌赏析"课，备课时重新对照原文阅读译文，发现存在不少缺点。七、八两行用词太滥，加词太多，最后一行也欠妥当，而最重要的是忽略了原诗用词的特点，使用了"沉入""摇荡"等动词。这期间我仔细阅读了其他译者的译稿，感到有些地方处理得很好。最后参考朱宪生老师的译文对自己的译作再度加工，形成了修改稿：

> 耳语，怯生生的呼吸，
> > 夜莺的鸣啼，
> 轻轻摇曳的银色涟漪，
> > 梦中的小溪，

> 夜的清光，夜的幽暗，
> > 幽暗无边际，
> 可爱面容的表情变幻，
> > 神奇的魅力，

> 云霞中，玫瑰的紫红，
> > 琥珀的明丽，
> 久久亲吻，珠泪盈盈，
> > 晨曦啊晨曦！……

　　修改稿仍保留了长短句式，押 abab 韵，并且尽量不使用动词，我自认为向原作又接近了一步。

　　费特的这种艺术手法类似电影中的蒙太奇，通过镜头的转换，展现一幅幅画面，最后给读者以综合印象。这种手法在我国古典诗词中也有类似的例子。我读费特的爱情诗，常常联想起花间派小词和温庭筠的作品。而不使用动词这一点又使我想起马致远的《天净沙·秋思》：

> 枯藤老树昏鸦，
> 小桥流水人家，
> 古道西风瘦马，
> 夕阳西下，
> 断肠人在天涯。

　　通篇是形容词和名词，只有末句用了两个动词，一个"下"字，一个"在"字。从用词角度着眼，费特的诗与此颇有相通之处。

　　费特另一首类似的名诗题为《春天》，译成汉语是：

> 这清晨，这欣喜，
> 这昼与光的威力，
> 这长空的澄碧，
> 这叫声，这雁阵，
> 这鸟群，这鸣禽，
> 这流水的笑语，
>
> 这柳丛，这桦林，
> 这露珠，这泪痕，

这茸毛与花絮，

这峡谷，这山峰，

这蜜蜂，这昆虫，

这哨音的尖利，

这晚霞的超脱明丽，

这乡村日暮的叹息，

这无眠的夜晚，

这卧榻的闷热幽暗，

这夜莺断续的鸣啭，

这一切——是春天。

　　诗中通篇运用排比，罗列出种种自然现象，声色光影，刻画入微，整个环境，生机勃勃，而奇妙的是原诗不用一个动词，你不能不由衷地佩服诗人的才华。

四、关键词语，尤须译出神韵

　　诗歌翻译中，"诗眼"——即关键词语的翻译至关重要。关键词处理得当，则满篇生辉；关键词处置欠妥，则诗味不足，甚至会使一首好诗变得平淡无奇，使芳醇的美酒化为一杯白开水。

　　罗日杰斯特文斯基有一首诗《你好，妈妈!》，在苏联可说是家喻户晓。其中第一节的"заполонен"是个关键词。我在翻译中先后尝试过"充满""充溢""笼罩""覆盖"等词汇，总觉得不够贴切，最后在苦苦求索中偶然想到了"涵盖"一词，分外欣喜，用在句中恰当自然：

　　　你好，妈妈!

你的歌

　　　　又在我梦中萦绕。

你好，妈妈！

你的爱，

　　　　像记忆那样澄澈辉耀。

世界呈现金色并非由于太阳——

你的善良

　　　　涵盖了天涯海角。

　　罗日杰斯特文基的爱情诗也很有特色。他有一首情诗是赠给妻子的，题为《给阿廖娜》。诗中"совпали"一词至关重要。从词典中查看，词义为：相符，相合，相同，不谋而合，意见一致等，但这些词义中的任何一项都与诗中的情境不符。经过推敲筛选，最后我决定使用"钟情"一词：

我和你一见钟情，

　　　　　　一见钟情，

那一天，

　　　　永远铭记心中。

像语言

　　　钟情于双唇。

像水

　　钟情于焦渴的喉咙。

我们一见钟情，

　　　　　　像鸟儿钟情天空。

像大地

　　　与久盼的瑞雪

一见钟情

> 在初冬。
>
> 　我和你
>
> 　　就这样一见钟情

新颖的比喻，奇特的想象，鲜明的节奏与韵律为诗歌插上了双翼，这样的诗广为流传是情理中的事。

译诗中最棘手的莫过于翻译成语、谚语、双关语、歇后语和谐音词汇，因为这些语言材料凝聚着民间的智慧，具有强烈的民族特色和地域特色。别林斯基说过，克雷洛夫寓言具有不可译性，我理解他也是从这一角度论断的。因为克氏寓言中大量的成语和谚语，译起来颇为不易，遇到这种难点，往往要变通处理，生译、硬译、直译、死译，全都无济于事。即便译出来，也往往令读者费解，而如果变通处理得法，有时或能收到较好的效果。当然这种地方得花费脑筋，冥思苦想，事倍功半的时候居多，事半功倍的机会极少。可以谈谈的一个例子是米哈尔科夫的一首寓言诗。

这首寓言诗题为《丰富的印象》，作品讽刺了苏联某些出国人员不务正业，不学无术，连外国的名胜古迹都一无所知，更不用说学什么先进的技术和知识了。寓言用对话体写成，其中一段巧妙地运用了谐音词。

> "Ты видел Нотр-дам？Понравилась ли Сена？"
> "Я сена не искал. А что до нотр дам,
> 　Скажу по совести, что их премного там,
> 　И всех мастей！Но только нет, шалишь！
> 　Не дам смотреть я послан был в Париж！"

问句中的"Нотр-дам"指法国的巴黎圣母院，"Сена"指塞纳河。不学无术、孤陋寡闻的先生听也没有听懂。他把"Сена"

听成了"сено"（干草），所以回答说："我没有寻找干草"。他不明白"Нотр-дам"的意思，误以为这个词是妓女接客的地方，因此他说那种地方很多，各等各色。不过，他马上意识到自己言多语失，立刻又改口说不是为看女人才被派往巴黎。

这一段如果据词直译，把"干草"一词放入句中，则不仅中国读者难以理解，而且原文的诙谐俏皮的格调也损失殆尽。经变通处理，翻译如下：

> "你可游过**圣母院**？你可喜欢**塞纳河**？"
> "**在那儿**我挺欢喜。至于说到**什么院**，
> 说句良心话，那种地方挺多挺多，
> 各等各色！但是且住，你真会逗乐！
> 我可不是为看女人才被派往法国。

译文中"塞纳"与"在那儿"谐音，"圣母院"与"什么院"谐音，且"什么院"隐含"妓院""红灯区"之意，与原诗意思吻合，上下语气联贯，虽然个别词做了调换，但整体风格接近原作，保留了幽默的双关语气。我自己认为这是变通处理较为成功的一次尝试。或许读者读这首寓言时，对这些微妙之处只是一掠而过，并不留意，而译者花费的时间和心血则只有自己知道。当然，这样的读者也体会不到译者苦苦探寻偶有所得的快乐。这就叫作：译诗费斟酌，甘苦寸心知。

（原载《中外诗歌交流与研究》1993 年第 2 期）

音韵，是诗歌的翅膀

吴家恒先生在台北远流出版社任职，由于他担任《齐瓦哥医生》一书的责任编辑，来大陆看望蓝英年先生，顺便也来看望我，这样我们就成了朋友。前不久收到他的来信，谈到诗歌时他说：诗歌是口传的艺术，读出来，诗就有了翅膀，特别感人。

这封来信使我意识到：诗歌，诗歌，诗是需要朗诵或吟唱的。古代诗词都能配乐。由此可见，诗歌不仅是视觉艺术，更是听觉艺术。诗在吟诵时才会释放出它的全部艺术魅力。

阅读古今中外的诗歌，常常有意想不到的发现，带给你无比奇妙的审美享受。诗歌是最精美的语言艺术，往往把最重要的词放在韵脚的位置，回环往复，朗朗上口，便于传唱；响亮和谐，便于记忆。

"我住长江头，君住长江尾，日日思君不见君，共饮长江水……"这几句诗是北宋词人李之仪（1048—1117）《卜算子》的上半阕，质朴清新，流传千载。分析它的节奏，可用数字表示：221、221、2221、221。偶行押韵，"尾"和"水"都属仄声字，柔和绵长，与主人公忧伤缠绵的情怀非常谐调。

到了 20 世纪上半叶，曾担任外交部部长的陈毅元帅，借鉴了这首词的形式，写出了《赠缅甸友人》，其中开头是这样四句：

我住江之头，君住江之尾。

彼此情无限，共饮一江水……

如果说李之仪的词抒发的是男女相悦相思之情，那么陈毅元帅的诗，则是赞美中缅两国人民的"胞波"情谊。诗句更工整，意境更开阔，堪称推陈出新。

当代哈尔滨女诗人宋煜姝，笔名凤舞，既写古体诗词，也写格律体新诗，还创作自由诗。她有一首诗题为《知足》，音韵节奏与上述诗词有相近之处，因而带给读者阅读的喜悦。

那天是风和日丽——天，
那夜是花好月圆——夜。
人是浅吟低唱的——你，
还有含羞带笑的——我。

手啊不松不紧地——握，
话呀没完没了地——说。
脚在一寸一寸地——量，
那条古色古香的——街。

让脚步踏出莲花——朵，
让我们变成风中——蝶。
让快乐如瀑尽情——泻，
飞花绽开了不停——歇。

前尘与后事都不——问，
只要曾拥有那一——刻。

方红辉先生在《把苦茶的灵魂，以芳香的形式宣讲——读凤舞诗歌兼及其他》一文中分析了这首诗，他说：这首诗脉络清晰，语言朴素，虽没有特别的场景，没有幽微的心绪和浓烈的情感表达，但绘声绘色的讲述，简略的几笔勾勒，足以带领我们回到我们曾经有过的那么一刻，让我们更加懂得珍惜、知足。

这首诗在音步安排上，前两节每句都使用了一个一字步，但并没有生硬的感觉。这固然跟一字步集中使用及用在句尾和对称有关，更主要的还是因为情绪的自然流动——自然读起来格外流畅。

方先生赞赏的前两节，节奏和韵脚确实新颖独特，用数字标示，就是3221、3221、2231、2231。诗人把最响亮、最和谐的几个字放在韵脚的位置，行云流水一样和谐。

我跟诗人宋煜姝联系，她把这首诗的后六行又做了修改，使整首诗的节奏音韵更趋完美（本文所引即修改后的诗作）。

《知足》这首诗，让我联想起俄罗斯诗人茨维塔耶娃的抒情诗。茨维塔耶娃备受诺贝尔奖得主布罗茨基的推崇，其作品诗情奔放，节奏鲜明，意象奇特，音韵铿锵，极具特色。请看她写的组诗《失眠》（1916）当中的第三首，原作如下：

В огромном городе моем — ночь.
Из дома сонного иду — прочь.
И люди думают: жена, дочь, —
А я запомнила одно: ночь.

Июльский ветер мне метет — путь,
И где-то музыка в окне — чуть.
Ах, нынче ветру до зари — дуть
Сквозь стенки тонкие груди — в грудь.

Есть черный тополь, и в окне — свет,

И звон на башне, и в руке — цвет,

И шаг вот этот — никому — вслед,

И тень вот эта, а меня — нет.

Огни — как нити золотых бус,

Ночного листика во рту — вкус.

Освободите от дневных уз,

Друзья, поймите, что я вам — снюсь.

经过反复推敲修改，我把这首诗译成了汉语：

庞大的都市笼罩着——夜，

离开惺忪的家走上——街。

人们心里想着妻和女，——

可我只记得一个词：夜。

七月的风替我清扫——路，

有处窗口飘浮音乐——轻。

啊，黎明之前刮着——风，

透过薄薄壁膜吹进——胸。

杨树昏黑窗内亮着——灯，

钟声轰鸣花在手中——握，

信步前行不想跟随——谁，

那个人影其实不是——我。

灯光点点金色珍珠——串，

含片夜晚树叶气味——浓，
撒手吧，松开白昼——绳，
我进入朋友们梦境——中。

庞大的城市，孤独的女人，丈夫离家不归，夜晚难以成眠，离开家门，流浪街头，抒情女主人公挣脱了白天的绳索，想入非非，居然想走进朋友们的梦境，构思反常又巧妙。诗人驾驭韵律的能力更是高超新颖，令人叫绝。

这首俄语诗原作每行九音节五音步，采用抑扬格变体，最奇特的是每行最后都采用单音节词，形成元音重复，韵式为 aaaa、bbbb、cccc、dddd。这种押韵法在俄罗斯诗歌中前所未见，十分新颖，属于诗人独创。

看俄语原作，感觉并不工整，但若听朗诵，则节奏鲜明。由于汉字是表意方块字，看上去很整齐，听起来也很流畅。不过，如果用汉语拼音写出来，形式上也并非那么整齐。这从另一个角度说明了诗歌朗诵的重要性，看和听，感觉是完全不一样的。

诗歌翻译必须兼顾词语与音韵，因此译者往往处于两难的境地，有时候传达词义与再现音韵有矛盾，有时候考虑音韵，处置词句则很棘手，因而往往顾此失彼。这首诗翻译时若不传达原作的音韵特色，实在有愧诗人的苦心追求，因而反复斟酌，推敲修改，最后勉强做到了这样的地步：节奏保持每行九个字，基本属于四顿或五顿；末尾突出一个词，四个字统统押韵难以再现，退而求其次，三个字押韵，或者偶行尾字押韵，尽力接近原作的音韵特点。

宋煜姝的《知足》与茨维塔耶娃的《失眠》，两首诗抒发的情感截然相反，一喜悦，一忧伤，一美满，一失落。有意思的是，两首诗的音韵却存在相近之处。两位诗人都不愧是驾驭诗歌音韵的高手。

《知足》和《失眠》都是真挚优美的抒情诗。两位诗人，分属不同的国家、不同的民族、不同的时代，使用的是不同的语言，而音韵竟然有暗合之处，且韵脚都使用了"夜""握""街""我"四个词，你说，这该有多么巧！

诗歌欣赏，需要朗诵。只有朗诵的时候，诗歌才会生出翅膀，飞得更高，传得更远。爱诗的朋友们，你们不想试试吗？

（原载《中华读书报》2015 年 4 月 8 日第 18 版）

诗人古米廖夫笔下的中国主题

俄罗斯诗人尼古拉·斯捷潘诺维奇·古米廖夫（1886—1921），是阿克梅诗歌流派的创始人。1886年4月3日，他出生于喀琅施塔得，童年时在皇村和圣彼得堡度过，少年时曾居住梯弗里斯，青年时代又回到皇村。他在圣彼得堡郊区就读的那所中学，正是诗人普希金当年读书的学校，当时担任校长的是著名诗人因纳肯季·安年斯基。不过，古米廖夫念书不太用功，课外热衷于阅读惊险小说。毕业考试成绩勉强及格，拖了一段时间才获得毕业证书。随后他出国去了巴黎，在那里过了两年，跟法国诗人、画家们交往，曾试图创办文学艺术杂志《天狼星》。1908年古米廖夫返回俄罗斯时已经成了诗人和批评家。

1910年古米廖夫和阿赫玛托娃结婚。1912年成立了阿克梅派的小团体，参加的成员除了古米廖夫和安娜·阿赫玛托娃，还有戈罗杰茨基、曼德尔施塔姆、库兹明、戈奥尔吉·伊万诺夫等诗人。古米廖夫被公认为阿克梅派的领袖。

第一次世界大战爆发时，古米廖夫以志愿兵身份奔赴前线。尽管处于战争时间，他还是出版了诗集《箭袋》（1916）、《篝火》（1918）。古米廖夫堪称一流的翻译家，由他翻译出版的法国诗人泰奥菲尔·戈蒂耶诗集《珐琅与玉雕》（1914），被称为"绝妙传神的译作"。

古米廖夫的散文创作也独具风格，其短篇小说集《棕榈树荫》

1922 年出版，那时他已不在人世。古米廖夫为君主政体效忠，因而不能接受 1917 年的十月革命。不过，他并没有流亡国外，他不愿意当四处漂泊的侨民。古米廖夫相信，以他的诗人身份和名望，不会受到"触动"。最后几年他依旧狂热地工作，在苏维埃政权统治下，他出版了诗集《琉璃亭——中国诗歌》《帐篷》等。最后一本诗集《火柱》，后来被公认为是诗人的代表作，出版仅仅几周，诗人就被逮捕。1921 年尼古拉·古米廖夫被指控参与反对苏维埃政权的阴谋集团，同年 8 月 25 日被处决。枪毙他的几个肃反委员会工作人员说，他的自制力让他们感到震惊。

　　尼古拉·古米廖夫转向创作中国主题的诗歌，究其缘由，一方面基于其自身的经历，另一方面则借鉴了有关这个东方神秘国度的传说与神话。我们知道，皇村中学坐落于皇家夏宫的翼楼，学生经常到夏宫的各个宫殿游玩，其中的蓝厅，又称中国厅，布置有中国刺绣、中国式家具、景泰蓝大瓷瓶；而附属于夏宫的皇家园林里，则有中国风格的凉亭、拱桥，湖泊里还有一座石舫，跟北京颐和园昆明湖上的石舫非常相像，只不过稍微小一点儿罢了。所有这些跟中国有关的陈设与景物肯定给敏感的古米廖夫留下了印象，激发了他对中国的向往与想象。

　　1909 年，二十三岁的古米廖夫创作了诗歌《到中国旅行》。这首诗是献给著名舞台美术设计师苏杰伊金的，与拉伯雷著名长篇小说《巨人传》的文学联想有关。熟悉拉伯雷这部小说的读者肯定不会忘记，庞大固埃和他的朋友们决意到东方旅行，目的是要问一问神瓶，庞大固埃该不该结婚。而最后得到的答案很圆满，只有简短的一句话："歌唱吧！"

　　下面是《到中国旅行》这首诗的译文：

　　　　　　我们的头顶空气清新响亮，

　　　　　　犍牛把粮食拉进了粮仓，

送来的羔羊落入厨师之手，
美酒琼浆在铜罐里贮藏。

我们渴望什么样的生活？
为什么忧愁咬啮我们的心？
美丽的姑娘已尽情款待，
再不能把什么奉献给我们。

撇下了朝思暮想的天堂，
千辛万苦，历尽凶险风波，
航海的同伴们全都相信，
我们能够驶向遥远的中国。

千万别空想！以为幸福
就是那只爱叫唤的白鹦鹉，
以为茶园里黝黑的孩子
热烈欢迎就会让我们满足。

我们眺望远方绯红的浪花，
铜狮子让我们感到恐惧。
在棕榈树下过夜有何梦想？
椰子树汁何以带来醉意？

在轮船上面度过的几周，
将会变成难以忘怀的节日……
拉伯雷永远面色红彤彤，
长醉不醒可是我们的先师？

用披风遮掩智慧的前额，
笨重如托考伊甜葡萄酒桶，
中国姑娘将视你为怪物，
你腰间还系着绿色常春藤。

你来当船长吧！请啊！请！
给你一根木棍权做船桨……
抵达中国我们才抛锚停船，
哪怕行驶途中遭遇死亡！

　　为描述中国这个神奇的、谜一般的国家，古米廖夫采用了下面一系列形象："遥远的中国""茶园""白鹦鹉""铜狮子""在棕榈树下过夜""椰子树汁""中国姑娘"，等等，诗人把中国想象成天堂的一隅，只有在那里，旅行者的心灵才能得到安宁、平静与温馨。为了去那个神秘的国家寻求幸福，他们踏上旅程，甚至不怕冒死亡的凶险："以为幸福　/　就是那只爱叫唤的白鹦鹉，/　以为茶园里黝黑的孩子　/　热烈欢迎就会让我们满足"。

　　1911 年古米廖夫写了另一首与中国有关的诗，他注明献给画家马可夫斯基的儿子谢尔盖。作曲家维尔金斯基把这首诗的最后八行稍做修改，变成了别有寓意的浪漫曲，登台演唱时使用了一个十分别致的标题《中国画》，请看这首诗的译文：

有一天我做了个梦，
我的心不再疼痛。
在黄皮肤的中国——
心化为瓷做的响铃。

悬在七彩的高塔上，

> 丁零零响个不停，
> 在珐琅般的云霄，
> 把飞行的雁群戏弄。
>
> 而那位温柔的姑娘，
> 身穿的绸衣鲜红，
> 上面金丝线绣出
> 蜜蜂、花朵还有龙，
>
> 缠过的秀足小巧，
> 她似乎正在倾听，
> 面无表情陷入沉思，
> 眺望远方默默无声。

　　这首诗中的抒情主人公"在黄皮肤的中国"找到了长久期待的平静，他的心不再疼痛，心——居然变成了丁当作响的中国瓷铃，这瓷铃象征着幸福，象征着某种善良、光明、美好的品质。中国，再一次被想象成神奇的国度，主人公的心渴望到那里寻求平静与和解。诗中描写的中国姑娘具有以下特色：温和（温柔的姑娘，/ 身穿的绸衣鲜红）；朴素（缠过的秀足小巧）；对人间事务漠不关心（面无表情陷入沉思，/ 眺望远方默默无声）。当然，这种想象难免有误，诗人不晓得"龙"的图形不可能出现在女性服饰图案当中。

　　古米廖夫关注异域题材，渴望冒险，他的缪斯喜爱到远方游历。他曾经到过欧洲许多国家，还曾去过非洲，可是从来没有到过东方，也没有到过中国，然而在他富有异域风情的诗歌当中，"中国主题"占有特殊重要的位置。这种对于东方的兴趣是从何而来的呢？原来尼古拉·古米廖夫在巴黎期间，结识了杰出的俄罗斯画家冈恰罗娃和拉里昂诺夫，并且成了他们的好朋友。这两位画家热衷于东方艺术与文化，给予诗人以深刻的影响。古米廖夫采用罕见的"庞杜姆诗体"①写了一首非常优美的诗篇献给这对画家伉俪。这首诗既是他们友好情谊的见证，同时也凸显了诗人对东方文化和中国文化的向往与热爱：

冈恰罗娃和拉里昂诺夫

温柔的东方，闪光的东方，
在冈恰罗娃身上展现，
当代的生活壮丽辉煌，
拉里昂诺夫仪表肃穆威严。

在冈恰罗娃身上展现
美如孔雀的梦幻之歌，
拉里昂诺夫仪表肃穆威严，
他的四周跃动着钢铁之火。

美如孔雀的梦幻之歌
从印度回响至拜占庭，
四周跃动着钢铁之火——
是征服自然力的吼声。

从印度回响至拜占庭，
只有俄罗斯在梦中沉睡！
那征服自然力的吼声——

---

① 庞杜姆，一种往复回环的诗体，头一节的二、四行在第二诗节出现，第二节的二、四行在第三诗节出现，以此类推。此诗体又译为班顿体，产生于马来亚，后流传到欧洲。

可是自然力的重生复归？

只有俄罗斯在梦中沉睡，

谁在做基督与佛陀之梦？

难道不是重生的自然力——

那阳光照耀的山峦群峰？

谁在做基督与佛陀之梦，

他会踏上神奇的大道。

那阳光照耀的山峦群峰——

噢，像矿工们哈哈大笑！

踏上神奇大道的人们，

将穿上波斯精美的衣裳。

噢，矿工们哈哈大笑，

田野矿井、到处传扬。

穿上波斯精美的衣裳，

当代的生活壮丽辉煌。

田野矿井、到处传扬，

温柔的东方，闪光的东方。

（1917，巴黎）

　　在这首形式奇妙的诗篇当中，诗人触及了一个有名的问题，那就是俄罗斯的国家定位问题——它处于东方与西方之间、印度与拜占庭之间、基督与佛陀之间。在往复回环的诗行中，一再重复这些象征性词语绝非偶然，作者似乎想要证实，俄罗斯不可能单独成为欧洲国家，也不可能单独成为亚洲国家，俄罗斯地跨欧亚，处于两种文化的交汇处，这是俄罗斯的特点与不可重复性。"谁在做基督与佛陀之梦，/他会踏上神奇的大道。"尼古拉·古米廖夫这首诗开头与结尾的诗行都是"温柔的东方，闪光的东方"，这就意味着，诗人以这种方式承认，俄罗斯毫无疑问受到了东方文化的影响，这种独特的文化交融与结合显然得到了诗人的肯定与赏识。

　　浏览过上述几首诗歌，我们不难发现，诗人古米廖夫不止一次描绘过中国形象，涉及中国文化和中国哲学。诗人之所以一再涉足这些东方与中国题材，主要基于他对这个神秘国度的兴趣和想象。极为敏感的诗人勃洛克对于古米廖夫的想象力感到惊奇，他的日记当中有一段话写得很有意思："跟古米廖夫的谈话，还有他那出色的诗句'心变成了中国瓷铃'，都令人印象深刻。"诗歌评论家艾里宗恩曾经写道，要想就古米廖夫东方题材的诗歌来确定作者权的归属，问题相当复杂；有些诗可能属于诗人的原作，有些诗可能是翻译，有些诗可能借鉴了其他诗人的作品情节，可要想确定借鉴文本又十分困难。

　　我们知道，古米廖夫的妻子——诗人阿赫玛托娃跟汉学家合作，翻译过屈原的《离骚》、李白的诗歌，古米廖夫本人又写了几首跟中国和中国文化有关的诗歌。虽然这些作品已经尘封了近一个世纪，可是，一旦拂去岁月的灰尘，这些诗歌依然闪烁出诗意的光彩，为中俄文化交流增添了一段值得品味的佳话。

（原载《中华读书报》2011 年 6 月 22 日第 19 版）

俄罗斯诗人与中国长城

　　最近阅读俄罗斯当代诗歌，遇到一首诗，题为《中国长城》，不由得联想到过去翻译普希金的诗，翻译俄罗斯侨民诗人的作品，也有诗作出现过长城形象。把这些与长城有关的诗歌放在一起阅读，很有意思。三个俄罗斯诗人所处时代不同，境遇不同，却都对中国长城怀有向往之情。显然，他们把长城看作了中国的象征和中国古老文化的象征。渴望游览长城或者亲自攀登长城，表现了这些诗人渴望了解中国文化的心情，他们的诗歌表达了对中国人民的友好情谊。

　　第一首与长城有关的俄罗斯诗歌写于 19 世纪上半叶，出自俄罗斯民族诗人普希金（1799—1837）的手笔。原作是一首无题诗，具体写作时间为 1829 年 10 月。开头几行翻译如下：

> 走吧，朋友，无论到哪里去，
> 我随时准备跟你们一道同行，
> 为了远远离开那傲慢的少女，
> 哪怕千里迢迢去中国的长城！……
> 去沸腾的巴黎，去那座城市——
> 夜晚船夫不再唱塔索的诗句，
> 古城的繁华沉睡在灰烬之中，
> 片片柏树林散发出清香气息……

　　冒昧地说，这可能是中国长城第一次出现在俄罗斯诗歌当中。普希金笔下这几行诗句隐含着不少问题，比如，诗人渴望出国远行，他所说的朋友们指的究竟是什么人？傲慢的少女是谁？为什么诗人想要访问中国，他从哪里了解到中国以及长城的情况呢？

　　1829 年，普希金已经三十岁。诗人名义上恢复了自由，不再遭受监禁，实际上却仍然受到沙皇第三厅暗探的监视，不得随意行动。这一年 10 月，由于他私自去高加索军队看望朋友，回到莫斯科以后，就受到了宪兵司令卞肯多尔夫的严厉训斥。还有更让诗人心烦的事，那就是他向号称莫斯科第一美女的冈察洛娃求婚，又一次碰了钉子，冈察洛娃和她母亲对他态度冷淡。诗人心情沮丧，觉得有损声誉，因此巴不得马上离开莫斯科，离开俄罗斯，于是写了这首无题诗排解心头的郁闷。

　　写完这首诗不久，普希金于 1830 年 1 月 7 日果真给宪兵司令卞肯多尔夫写了一封信，请求允许他出国，信中有这样的词句："我现在尚无家室，也无公职在身，很想去法国或意大利旅行。倘若这一要求得不到许可，我请求批准我跟随即将出发的外交使团前往中国访问。"几天以后，诗人收到了宪兵司令的回复，卞肯多尔夫告诉他："陛下无法满足你出国的请求，认为这样做既耗费资财，又贻误正事。至于你想随使团去中国的想法，同样难以实现，因为使团中所有职位均已确定人选，如由他人顶替，则须先照会北京宫廷。"

　　了解了这一创作背景，诗中的问题就容易解释了。"傲慢的少女"指的是娜塔丽娅·冈察洛娃。诗人的朋友，则是指那一年将出使中国的东方学家希林格男爵（1786—1837）和汉学家比丘林（1777—1853）。原来，1828 年在圣彼得堡，普希金经朋友介绍认识了比丘林。诗人敬重这位汉学家的渊博学识，汉学家欣赏诗人的才华，两个人虽然年龄相差二十二岁，却成了推心置腹的忘年之交。比丘林把他刚刚翻译出版的《西藏志》和《三字经》题写赠词送给普希金，普希金不但回赠自己的诗集，还在他主编的《文学报》上发表评论，介绍比丘林的译作。正是通过跟比丘林的交往，诗人增加了不少中国的人文地理方面的知识，对古老的东方文明心生憧憬，萌发出访问中国的愿望。

可惜的是，普希金的中国之行因受沙皇阻挠难以实现，只能遗憾地停留在梦想阶段，而中国长城出现在普希金的诗作当中，则说明了诗人与中国的一段情缘。

第二首与长城有关的俄罗斯诗歌写于 1943 年，题为《游山海关》，比普希金的诗晚了一个多世纪。开头几行是这样写的：

> 登上长城的"天下第一关"，
> 看雾气蒙蒙的雄伟群山，
> 看山脚下沉寂的城市与荒村，
> 视野开阔，直望到天边。
>
> 历次战火毁坏了无数城垛，
> 沉重的塔楼已快要塌陷……

这位确实登上了中国长城的俄罗斯诗人名叫瓦列里·弗朗采维奇·别列列申（1913—1992）。他是个在中国生活了二十多年的侨民诗人，还是一位杰出的翻译家。别列列申出生在俄罗斯的伊尔库茨克，父亲是工程师，在中东铁路工作，长期居住中国，因此，他在七岁那一年跟随母亲到了哈尔滨，先后就学于商业学校、基督教青年会中学，1935 年毕业于政法学院，大学期间开始写诗，学习汉语，钻研中国法律。1938 年他成为东正教修道士，1939年到北京东正教传教士团任职，1943 年转到上海。别列列申在中国游历过很多地方，因此能写出登长城的诗篇。从诗中荒凉萧瑟的意象不难看出诗人对苦难的中国人民饱受战乱之苦所寄予的同情。

　　1952 年，别列列申离开上海，漂泊到南美洲的巴西，居住在里约热内卢。诗人把中国视为第二故乡，他对中国文化怀有难以割舍的深情。在巴西，他开始用俄语翻译屈原的《离骚》、老子的《道德经》，明明知道出版这样的译作非常困难，却连续几年挤时间从事翻译，显然他是把翻译中国名著视为精神寄托！后来在朋友的帮助下，他翻译的《离骚》于 1971 年在德国慕尼黑出版，而《道德经》译本直到 1991 年才在俄罗斯《远东问题》杂志上发表。别列列申还曾翻译唐宋诗歌集，书名为《团扇歌》，其中有李白、王维、杜甫、苏轼等诗人的作品。他所选译的作品，多半抒发离愁别恨，正所谓"借他人之诗笔，浇个人之块垒"。

　　从 20 世纪 80 年代开始，俄罗斯报刊陆续刊载别列列申的诗歌和译作，文化界逐渐认识到他是"俄罗斯侨民诗人第一浪潮的杰出代表"，是"南美洲最卓越的诗人之一"。他所翻译的《离骚》，尤其是《道德经》，赢得了越来越多的关注和推崇。我相信，随着国内介绍别列列申逐渐深入，读者定会记住这位曾经攀登过中国长城的俄罗斯诗人、翻译家和民间文化使者的名字。

　　第三首诗是当代作品，标题就是《中国长城》。写这首诗的是俄罗斯诗人谢尔盖·谢尔盖耶维奇·索宁。诗人 1952 年出生于阿穆尔州，毕业于布拉戈维申斯克国立师范学院物理数学系，曾在工厂担任工程师，2005 年加入俄罗斯联邦作家协会。先后出版的著作有九本诗集和长诗。诗人曾到中国旅游，亲自登上了长城。站在古老的长城上，心潮起伏，默默吟诵出心中的诗句：

> 我站在中国的长城上，
> 这是世界唯一的长城。
> 像宾客参加节日盛宴，
> 历史浓缩在我的心中。

从头到脚深深地陶醉，
我的身体似变得很轻。
世纪与世纪不可分割，
争执纷扰，喧嚣不停。

天空清新，安详平静，
生活总愿意迎接喜庆，
种种争端靠对话解决，
古老的土地祈盼和平。

烽火台上已不见烽火，
没有刀兵，只有儿童，
他们说话都彬彬有礼，
让大地传播温暖友情。

我站在中国的长城上，
一股力量在心中升腾，
我相信就在这个国家，
我能发现另一种永恒。

诗人索宁的诗才与名气难以跟普希金相提并论，恐怕也比不上别列列申。不过，他却比普希金，比别列列申更幸运，原因是他生活的时代不同。他所看到的长城今非昔比，他所见到的中国发生了根本性的变化，中国人再不是任人宰割的奴隶，站起来的中国人愿与世界人民友好相处，古老而又年轻的长城就是中国人民意志的象征。索宁——这位当代的俄罗斯诗人理解中国的深刻变革，他写的《中国长城》不仅富有哲理，也是充满了友情的诗篇。

别列列申和索宁，都曾登上长城，讴歌长城，只有普希金渴望一睹长城的壮观，却未能如愿。不过，有一位中国的艺术家帮助普希金实现了他的梦想。

这位中国当代的艺术家，既是翻译家，又是画家。1926年他出生在哈尔滨，从小在学校里跟俄罗斯的孩子一道学习俄语，从那时候就热爱普希金的诗歌。他从小爱画画儿，他画的第一幅外国诗人的肖像就是普希金的头像。以后他开始一边翻译诗歌，一边画油画。画出自己心目中的普希金，成为他多年的心愿。20世纪80年代，他为浙江文艺出版社主编《普希金抒情诗全集》，研读了普希金的每一首诗，对诗人的作品加深了理解，因而对诗人愈发敬仰。1989年普希金诞辰一百九十周年，他完成了一幅水墨画《普希金在高加索》，还在画上题了一首诗，其中有一句是"为寻梦——你冥想远走神州不怕路迢迢"。1999年为纪念诗人诞辰二百周年，他运用水墨画形式创作了包括十二幅画在内的普希金组画，其中一幅题为《普希金在长城上》，借助丰富的想象力帮助普希金实现了访问中国、攀登长城的梦想。这位艺术家就是高莽先生，画画儿时他署名高莽，翻译诗歌则采用另一个笔名：乌兰汗。

1999年6月4日，高莽先生作为中国作家代表团成员去莫斯科参加诗人诞辰二百周年的庆祝活动，他把题为《普希金在长城上》的国画赠送给莫斯科国立普希金纪念馆，画面上方还有我国著名诗人李瑛的亲笔题词：

> 未了的心愿
> 已成历史的隐痛
> 至今不朽的诗句
> 仍在叩敲长城
> 有的如长风浩荡

有的似山草青青

　　莫斯科国立普希金纪念馆格外珍惜这幅来自中国的绘画，馆长写信给高莽先生表达由衷的感谢：

　　尊敬的高莽先生：
　　国立普希金纪念馆感谢您惠赠的中国画《普希金在长城上》。大作艺术水平高超，对普希金形象理解深刻，画法技巧非同寻常，这幅作品在我馆的艺术藏品中将占有特别重要的地位。
　　我们拟定不久的将来在本馆组织的展览会上展出这幅作品。
　　您惠赠如此珍贵的礼品，再次表示由衷的谢忱！对今后合作寄予厚望。
　　此致
敬礼！

国立普希金纪念馆馆长
博加特廖夫
1999 年 6 月 28 日

　　俄罗斯诗人与中国长城居然有这么多有趣的故事，这些故事或许能为 2007 俄罗斯的"中国年"平添几段佳话。看来万里长城不仅凝聚着许多古代的传说，同时还是中国与世界、中国与俄罗斯文化交流、世代友好的见证。

（原载《中华读书报》2007 年 12 月 7 日第 18 版）

空中一颗默默闪光的星

——赫姆尼采尔和他的寓言

伟大的诗人写出的传世名作可以和日月争辉, 具有持久的艺术生命力。"李杜文章在, 光焰万丈长。"韩愈的诗句道出了千古常新的真理。然而能经得起时间筛选的作品毕竟为数很少, 古今中外的文学史上有大量的作品随着时光的流逝而渐渐泯灭无闻。钱锺书先生对这一类缺乏艺术生命力的作品有个形象而幽默的比喻: "就仿佛走了电的电池, 读者的心灵电线也似的跟它们接触, 却不能使它们发出旧日的光焰来。"[①]在我们的现实生活中, 乏电池一样的作品比比皆是, 它们像盛快餐的塑料盒似的被人信手抛弃。

有些作品虽然说不能与日月同辉, 但也不是乏电池, 它们像无言的星斗点缀在文学的星空。一旦你的目光和这星光相遇, 仔细凝视, 它就会引起你心灵的共鸣, 为你带来心灵相通的喜悦。纵然你与这个诗人或作家相隔几个世纪, 分属于不同的民族与国家, 时间与地域的间隔都不会成为审美享受的障碍。这就是真正的文学作品所具有的艺术魅力。

在俄罗斯文学史上就有这样一位诗人, 宛如一颗默默闪光的

---

① 引自钱锺书《宋诗选注》序, 人民文学出版社, 1958年。

星,他的名字叫伊凡·伊凡诺维奇·赫姆尼采尔(1745—1784)。这位诗人的身世、经历和他的作品都有些不同凡响:他用俄语写作,属于俄罗斯诗人之列,但本人却是日尔曼人,这是第一点令人称奇之处;他从事文学创作起步很晚,三十多岁才写诗,生前出版过两本寓言诗集,未署作者的真实姓名,也没有引起什么反响,可以说是默默无闻。在他去世之后,人们才渐渐认识了他的作品所具有的艺术价值,从而认识了这位诗人,并公认他是有才华的寓言作家,为俄罗斯寓言创作与发展做出了杰出的贡献。生前无人知晓,死后名声大震,这种现象在文坛并不多见。

一个有日尔曼血统的人怎么成了俄罗斯的诗人呢?原来赫姆尼采尔的父亲在彼得大帝进行改革的时期从德国到了俄国,在军队里担任军医,以后取得了俄国国籍。赫姆尼采尔的童年是在俄国阿斯特拉罕城一带度过的。父亲希望儿子将来进医科学校,当一名医生,继承他的事业。一向腼腆听话的小伊凡却违背了父命,自作主张当了兵,十三岁开始在军队里服役,前后长达十一年,其间参加过战斗和远征,在严酷的环境里磨炼了意志,增加了阅历。

1769年,赫姆尼采尔二十四岁被提升为中尉,同年退役,到矿业学校任职,利用德文从事矿物学著作的翻译以及矿物学辞典的编纂工作。矿业学校校长萨伊莫诺夫对办事认真、勤奋可靠的赫姆尼采尔很赏识,常请他到自己家里做客,并把他介绍给自己的亲戚和朋友,其中有一位诗人,叫利沃夫。赫姆尼采尔和他交往,读他写的诗,渐渐对文学产生了兴趣。

1776年,矿业学校校长到欧洲访问游览,让赫姆尼采尔与利沃夫陪同前往,他们先后到过法国、德国、荷兰。游览期间,赫姆尼采尔坚持天天写日记,记述异域他乡的风土人情、逸闻趣事,记录有关文学、绘画、戏剧以及科学技术方面的见闻。利沃夫对他的勤奋颇为赏识,他们的关系也更加密切。

回到俄罗斯以后,赫姆尼采尔深感自己文化素养的不足,抓紧时间阅读了大量书籍，其中有法国启蒙主义作家伏尔泰与卢梭的著作，有德国学者的哲学著作，也有俄国学者与诗人罗蒙诺索夫的作品。他在阅读德国寓言作家盖勒特(1715—1769)的作品时，尝试翻译了几首寓言诗，受到了利沃夫的肯定和鼓励，由此开始自己创作寓言。

1778年，三十三岁的赫姆尼采尔，匿名出版了《诗体寓言故事集》，他不敢堂而皇之地标上自己的名字，一方面与他腼腆内向的性格有关，另一方面说明他对自己的创作还缺乏自信心，不知道这本小书能不能得到社会的承认。

1779年，赫姆尼采尔谋得一个新的职位，在俄罗斯驻土耳其的领事馆负责商业贸易，工作虽然繁忙，但是他仍然抽时间读书和写作。

1782年，他的寓言诗集再版，补充了一些新写的作品。有些作品涉及社会政治生活，对宫廷权贵进行了尖锐的嘲讽，因未能通过书报审查机关的审查而不得面世。这本再版书仍然未署作者的名字。

不幸的是，1784年，赫姆尼采尔因病死于住所，年仅三十九岁。诗人默默地走了，一生平凡而短暂，除了他的亲戚和朋友，谁也不知道他是诗人，是寓言作家。

1799年，诗人去世十五年之后，他的朋友利沃夫收集整理出版了他的寓言故事三卷集，第一次正式署上了"赫姆尼采尔著"的字样，从此，俄罗斯人才记住了这个带有外国味儿的姓氏。而且越来越多的人喜爱他的作品，他的寓言诗得到了评论家的好评，他的名字在18世纪俄罗斯文学史上也占有了一席之地。

寓言作品自古以来就注重劝诫讽喻。赫姆尼采尔也利用这种文学形式针砭时弊，抨击权贵。例如他写的《创立议会的狮子》和《特权》就鞭挞了女皇叶卡捷琳娜二世及其宠臣，指出正是这位独断专横的君主以及享有特权的贵族造成了社会的流血与贫困。这两首寓言诗在诗人生前一直未能发表和出版，因为书报审查官厌恶这些作品的锋芒。

然而讽刺在赫姆尼采尔的寓言诗中并不居于主导地位。他对寓言创作最为重要的贡献是展示人性的弱点，把愚昧、贪婪、妒忌、盲从、迷信等一系列司空见惯的人的劣根性统统钉在了耻辱柱上，引人嘲笑，发人深省。他想借助笑声唤醒人们心中的良知，让人们铲除身上的恶习与弊病，改邪归正，弃恶向善。

《绿色的驴》是颇为精彩的一首寓言诗，赫姆尼采尔运用铺陈夸张的艺术手法描绘了一头绿色的驴子在一座小城引起的风波。其中，对于小市民的轻信、盲目、赶浪头、随风倒的心理与做派刻画得活灵活现，呼之欲出。

《古代有个小小国家》讽刺了抱残守缺、愚昧无知、浑浑噩噩、是非颠倒的社会现象。假作真时真亦假！在愚昧风行的社会环境里，说真话讲真理不是一件容易的事，受到诅咒谩骂，该自认侥幸；皮肉受苦，甚至丢了性命的也大有人在。

读一读《蠢人与雕像》，你会记住毁在蠢人手里的价值连城的古代雕像，也会记住贪得无厌、妄想在雕像里面找出金币的蠢人。单纯的愚昧或者贫穷的愚昧是一种悲哀；而贪心的愚昧，受金钱驱使的愚昧，则是让人感到可怕的破坏力量。

由此可见，真实地刻画人性与社会风习是赫姆尼采尔的特长。就哲学倾向而言，赫姆尼采尔推崇卢梭启蒙主义的思想，崇尚自然人，认为社会的腐败风气造成了人的堕落。启蒙主义思想的理性光芒与18世纪俄国农奴制的黑暗现实之间，存在着巨大的反差。诗人向往理性的光明世界，却又无力改变黑暗的社会，从而导致了他的悲观与怀疑。他怀着忧虑对这个不合理、不完善的世界进行观察与思考。社会上恶势力横行无忌，风气败坏，令他深为痛心，却无力抗拒，无力扭转乾坤，因而陷入一种孤独无奈的心境。他的唯一希望只能寄托于岁月，让历史做出仲裁。

　　赫姆尼采尔的另一类寓言是对人生境遇进行冷静的思考。比如《树》，原来生在峡谷，却一心向往山巅，到了山巅，不意被狂风吹断。诗人的哲理概括是："我以为寓言的含义不难分辨，身居高位有时候相当危险。"又比如《狗与绳索》，狗想咬断绳索获得自由，主人却把绳子接起来再把狗拴住，狗因绳索短了而活动范围更小。诗人提醒读者，做事应当谨慎，思考应当周密，不要把小的烦恼酿成大的痛苦，不要因不切实际的空想而害了自己。

　　赫姆尼采尔对俄罗斯寓言诗的创作与发展还有一个重大的贡献，那就是在诗歌形式上进行了有益的探索。有个批评家说，是这个日尔曼人为俄罗斯寓言找到了合体的衣衫——自由体，不拘音步的抑扬格。

　　在赫姆尼采尔之前，俄罗斯文学史上像罗蒙诺索夫、特列齐亚科夫斯基、苏马罗科夫所创作的寓言大多是音步固定的严谨的格律诗。到了赫姆尼采尔，才突破陈规戒律，采用了自由体。这种体式，诗行可长可短，适于写人写事，写对话，灵活多变，接近日常口语。他的作品语言简明、自然。按著名诗人茹科夫斯基的评价，赫姆尼采尔的诗句"非常质朴，而且有散文化的倾向"。

　　此后，克雷洛夫继承并发展了这种自由体格律和以日常口语入诗的特色，进一步扩展了寓言题材反映社会生活的容量，终于把俄罗斯寓言推上了一个新的高峰。俄罗斯寓言在世界上产生了广泛影响，成为与古希腊伊索寓言、17世纪法国拉封丹寓言鼎足而立的经典。这功劳固然该记在克雷洛夫名下，但是赫姆尼采尔同样是功不可没。可以说，没有赫姆尼采尔的探索，也就不可能有克雷洛夫的成功。

　　赫姆尼采尔寓言故事三卷集的扉页上有作者的题词："活得正直，一辈子从事劳动，赤条条归去，如赤条条降生。"诗人一生正直、诚实、勤恳、高尚。尽管个人生活说不上幸福，婚恋不称心，没有子女，生前也没有名望，但他毕竟以自己的智慧、心血与汗水谱写了一首首寓言诗, 给俄罗斯留下了三卷寓言故事集。这些作品至今仍保持着生命力。只要你认真阅读, 细心体会, 就不难发现作品中跃动的心灵与生机。在你受到感动的那一刻, 我相信你会记住赫姆尼采尔这个名字, 承认他是俄罗斯文学星空中的一颗星, 虽然它并不耀眼, 而且默默无声。

（原载《俄罗斯文艺》1996 年第 2 期）

借鉴与创新

——克雷洛夫与西欧古代寓言

　　寓言是一种历史悠久的文学体裁，通过一个短小的故事进行劝喻、讽刺或说理。我国早在春秋战国时代就有了许多寓言作品。印度的古代佛经、古希腊文学作品中也有许多寓言。古希腊的伊索、法国的拉封丹、德国的莱辛和俄国的克雷洛夫，是世界上最有影响的四位寓言大师。

　　公元前 6 世纪下半叶的伊索，是奴隶制时代杰出的寓言作家。伊索原本是个奴隶，由于聪明善辩，才智过人，受到主人赏识而获得了自由。他曾经漫游希腊，并协助一位国王处理政务。对于古希腊的社会情况，伊索有广泛而深刻的了解，他常常借助寓言对统治者进行讽谏，谴责社会弊端与不公，对受压迫的奴隶给予同情。

　　应当指出，《伊索寓言》并非都是伊索本人的作品，这部寓言集编辑成书经历了一个漫长的过程，正式出版约在 14 世纪，可以说它是包括伊索本人作品在内的古希腊人的集体创作。《伊索寓言》对世界文学，尤其是对欧洲文学产生了深远的影响。很多寓言作家都借用或参照《伊索寓言》写作。

　　17 世纪的法国诗人拉封丹（1621—1695）一生写了十二卷寓言诗，前六卷初版标题叫作《由拉封丹先生用韵文写成的伊索寓言》。从中不难看出他对伊索寓言的推崇与借鉴。拉封丹出生在乡村，对乡下农民的生活有所了解。他的寓言表现了法国人的幽默和智慧。寓言创作给拉封丹带来了巨大声誉，也改变了他的社会地位。他的后六卷寓言内容失之空泛，篇幅越来越长，追求词句华丽，甚至直接为贵族、显赫人物和贵夫人歌功颂德。这些作品反映了拉封丹的历史局限，成了他的败笔。

18 世纪德国启蒙主义剧作家莱辛（1729—1781）也写作寓言。他推崇伊索，主张朴素与简练。莱辛以准确、生动的文字针砭时弊，不仅嘲讽贵族的专横，揭露市侩的卑鄙，也鞭挞社会上的愚昧和庸俗。就篇幅短小、语言精练而言，莱辛和伊索是一脉相承的。

19 世纪俄国的寓言作家克雷洛夫（1769—1844）继承和借鉴了伊索、拉封丹以及莱辛的文学遗产。克雷洛夫寓言的含蓄、简练很像伊索和莱辛的作品，而其幽默生动又近似拉封丹的风格。然而他并不满足于借鉴，而是在借鉴之中创新。克雷洛夫寓言具有鲜明的俄罗斯风格，是带有戏剧性的现实主义讽刺寓言。这和作家本人的经历以及俄国的社会状况密切相关。

克雷洛夫，照俄罗斯民族诗人普希金的说法，是"最富有人民性的诗人"。克雷洛夫来自民间，出身贫寒，经历坎坷。依靠顽强的自学，获得了丰富的知识，年轻时创办讽刺杂志，写讽刺喜剧，揭露俄国专制制度的社会弊端，嘲讽奴隶主贵族的昏庸愚昧，因而受到沙皇政府的迫害，过了十几年流浪漂泊的生活。克雷洛夫一生经历了俄国的四代王朝，对封建专制和农奴制社会的黑暗与腐败有切身感受。俄国的经济比西欧国家远为落后，政治上的统治极其专横，任何不满情绪都受到镇压，许多进步作家都受到了沙皇政府的迫害。克雷洛夫痛恨专制制度，始终同情劳苦大众，他写讽刺小说和讽刺喜剧受到打击，但依然忠于自己的信念。基于这种情况，他选择了以寓言这种含蓄委婉的文学体裁从事创作，曲折地表现他的思想感情。克雷洛夫有深厚的生活基础，对社会有异常敏锐的观察力，有创作诗歌和戏剧的丰富经验，加上他精通外语，熟悉外国文学作品，所以寓言这种形式一到了他的手里，就显示出空前的活力和巨大的容量，一旦和社会现实发生密切的联系，创作出内涵丰富、形式完美的作品，便是水到渠成、合乎情理的事情了。

《克雷洛夫寓言九卷集》共有203首寓言诗，其中根据伊索、拉封丹、莱辛等人的作品编译的有四十余首，约占总数的五分之一。研究这些依据外国作品编写的寓言，比较它们和原作的异同，分析克雷洛夫的增删改动，我们可以更好地了解这位俄国作家的艺术构思、创作倾向和审美情趣。下面我们就依据文本，具体地分析克雷洛夫如何进行借鉴，考察他保留了什么，扬弃了什么，借鉴了什么，又创造了什么。根据初步的分析归纳，依据这些作品与相关作品的异同，我们粗略地分成了以下五种类型。

一、扩展原作，加强细节描写

在《伊索寓言》中，《狐狸和葡萄》一篇写得非常简明：

> 狐狸饥饿，看见架上挂着一串串的葡萄，想摘，又摘不到。临走时，自言自语地说："还是酸的。"
> 同样，有些人能力小，办不成事，就推托时机未成熟。①

到了拉封丹的笔下，这则散文寓言故事改写成了寓言诗。他不是逐词逐句地进行翻译，而是通过联想进行二度创作，尽力让作品生动、丰满，并且有意识地增加法国地域特色和民族色彩：

---

① 引自罗念生译《伊索寓言》，人民文学出版社，1981年。后面引用的伊索寓言均选自此书。

> 　　一只加斯科涅的狐狸，
> 　　有的说是只诺曼底的狐狸
> 　　几乎快饿死了，
> 　　他看见在一个葡萄架上
> 　　葡萄好像已经熟了，
> 　　它的皮红得十分鲜艳，
> 　　这刁滑的家伙很想饱尝一顿。
> 　　可是那葡萄架高不可攀，
> 　　于是他就说："葡萄太青，
> 　　只有下贱的人才去吃它。"①

　　法国人有一种说法：加斯科涅人好吹牛，诺曼底人大多狡猾。说"狐狸"来自这两个地方，就增加了一种幽默情调，法国读者看了会产生滑稽可笑的联想。拉封丹借用了伊索寓言的情节，但是在细节描写、人物心理刻画以及人物语言表达等方面，都有进一步的发挥。

　　参照伊索和拉封丹的作品，克雷洛夫写出了自己的《狐狸和葡萄》：

> 　　饥肠辘辘的狐狸钻进果园，
> 　　果园里串串葡萄又亮又鲜。
> 　　　　狐狸眼睛冒火，
> 　　　　牙齿发酸。
> 　　多汁的葡萄
> 　　红宝石一样光彩闪耀，

---

　　① 引自远方译《拉封丹寓言诗》，人民文学出版社，1982年。后面引用的拉封丹寓言均选自此书。

不幸的是一串一串全都悬得高高。

狐狸东转西绕又向上跳，

　　眼巴巴瞅着，

　　牙齿却够不到。

整整一个小时白受煎熬，

狐狸要走了，悻悻地说道：

　　"去它的吧！

　　乍一看葡萄不错，

　　其实青青的——

　　成熟的没有一颗；

咬一口，马上会舌头发涩。"

　　情节基本上没有多少变动，但是克雷洛夫写得异常具体、生动。葡萄，不仅是红的、多汁的，而且用红宝石加以形象的比喻。急于吃到葡萄的狐狸，眼睛冒火，牙齿发酸，东转西绕又向上跳，这种形体动作和细腻感觉的描述，活灵活现地写出了狐狸的饥饿和贪馋，绘声绘色，令人印象深刻。

　　再以家喻户晓的《狼和小羊》为例。

　　《伊索寓言》是这样写的：

　　狼看见小羊在河边喝水，想找个合适的借口吃掉他。他站在上游，责备小羊把水搅混了，使他喝不上清水。小羊回答说他是站在岸上喝水的，而且处在下游，不可能把上游的水搅混。狼撇开这个借口又说："但是你去年骂过我的爸爸。"小羊回答说那时候他还没有出生。狼于是对小羊说："即使你善于辩解，难道我就不吃你了吗？"

　　这故事说明，对于那些存心作恶的人，任何正当的辩解都不起作用。

拉封丹的《狼和小羊》，则以这样的道德箴言作为开篇：

> 强者的论据总是最好的论据，
> 我们马上可以把这一点说清楚。

他用诗句转述了伊索讲过的故事，只是把狼的借口增加了一条："你们的牧人和你们的狗，全都不肯轻易放过我。"

现在我们来看看克雷洛夫笔下的《狼和小羊》是怎么写的。

> 在强者面前有罪的总是弱者，
> 历史上此类先例不胜其多，
> 但现在我们不是在书写历史，
> 且请听一则寓言如何诉说。
> 小羊羔热天去溪边喝水，
> 也是命中注定有飞来之灾，
> 有只饿狼在附近徘徊。
> 发现小羊，它猛扑过来。
> 但为了寻找借口装装样子，
> 　　狼厉声喝道：
> 　　"好大的胆子！
> 你的臭嘴敢弄浑我的饮水，
> 搅和得满是沙子满是污泥！
> 　　就冲你这么放肆无礼，
> 　　我就该马上宰了你！"
> "尊贵的狼大人请您恕罪，
> 斗胆奉告我走在下游喝水，
> 我离大人您有百步之远

无论如何弄不脏您的饮水，
我可不敢冒犯大人的声威。"
　　"那么说是我在撒谎？
　　你个孬种，实在猖狂！
记得吗？还是前年夏天
你在这个地方对我大肆诽谤。
伙计，这件事我可一直没忘！"
"我还不满周岁呢！"小羊说。
狼叫道："那骂我的是你大哥！
小羊分辩说："我没有兄长。"
狼吼道："那准是你的爹娘！
一句话，你们的牧人、猎犬
加上你们大大小小全体绵羊
一个个巴不得我倒霉遭殃，
瞅空子不揍死我也要打伤，
这种种罪责，得跟你算账！"
　　"哎呀，我可有什么罪？"
　　"小崽子，住嘴！说也白费！
我哪有工夫数说你的罪！
　　你的罪状明摆着一条：
　　因为你适合我的口胃！"

刚落话音，狼把小羊拖进了丛林。

　　与《伊索寓言》相比，克雷洛夫除了加强角色的形体动作以外，特别注意角色的对话和语气。狼的凶残、野蛮、霸道，小羊的单纯、驯良，通过戏剧性的对白、个性化的语言得到了生动传神的体现。如果说伊索和拉封丹鞭挞了社会上以强凌弱的丑恶现象，那么克雷洛夫写的道德箴言则深化了一步，把社会上弱肉强食的现象提到了历史的高度。克雷洛夫和伊索一样揭露了当权者的专横残暴，对弱小者表示了深厚的同情。伊索写得犀利简练，克雷洛夫则表现得形象生动，对于主题进行了更深刻的概括。两篇寓言各有特色，都是寓言的名篇佳作。

二、人物相似，情节相反

《农夫和蛇》是《伊索寓言》中非常有名的一篇：

> 一个农夫冬天见了一条冻僵的蛇，很可怜它，便拿来把它揣在怀里。蛇受了暖气，苏醒过来，等到回复了它的本性，就把它的恩人咬一口，使他受了致命的伤。农夫临死的时候说："我怜惜恶人，该受这个恶报。"
>
> 这故事是说，对恶人即使仁至义尽，他们的本性也是不会改变的。

另一篇伊索寓言也写到了农夫和蛇。蛇把农夫的儿子咬死了，农夫很痛苦，拿了一把斧子走到蛇出入的洞口想把蛇砍死，蛇一露头，农夫一斧子砍下去，却砍在一块石头上。农夫担心后患，就向蛇恳求，要同蛇和解，蛇却不答应。

在这篇故事中，蛇依然是那样恶毒。农夫已经敢反抗恶人，但行动不够坚决，游移动摇的态度说明他对自己的力量还缺乏信心。对照这两篇故事的内容和人物，我们再来看克雷洛夫的寓言《农夫和蛇》：

> 爬近农夫身边，蛇说：
> "咱们和睦相处吧，邻居！"

你再不必对我防范猜疑，

　　你瞧瞧，我

　　完全变了样子，

今年春天换了一层新皮。"

农夫不相信蛇的花言巧语，

说话间把斧子顺手抄起：

　　"你的心还是那么狠毒，

　　尽管你换了一层新皮！"

蛇一下子被砸成了肉泥。

你已经声名狼藉，

　　却只想换换面具，

假面具救不了你，

　　蛇的下场

将是你的遭遇。

　　克雷洛夫采用了伊索寓言中的人物，但故事情节和人物性格却迥然不同。狠毒的蛇性格狡诈，农夫却聪明而又勇敢。他嫉恶如仇、除恶务尽的心理和行动令人敬佩。作品表明了作家的信念：正义必将战胜邪恶。作品也表现了作家对丑恶势力的痛恨与蔑视。

　　拉封丹写过一首寓言诗，题为《狮子和老鼠》，说明了强者也需要弱者的帮助：

一只老鼠出了洞，冒冒失失

一下落在狮子的爪中。

这一次兽中之王饶了他的命，

表现了自己的宽容。

这恩惠后来也并未落空，
谁会相信一只狮子
竟会需要老鼠的帮助？
有一次狮子走出森林
不意被猎网网住，
他的吼叫也无法使他脱逃，
这时老鼠跑来，用牙齿拼命撕咬，
一个网眼咬断了，网被撑破了。

　　克雷洛夫的《狮子和老鼠》，借鉴了这则寓言的内容和人物，却从相反的方向去开掘。狮子拒绝帮助老鼠，在身陷罗网时才感到后悔，从而讽刺了强者的傲慢和愚蠢。

为了在近处树洞里安家，
老鼠恭顺地请求狮子说道；
　　"在这儿，在森林里，
　　虽然说你威严而且荣耀，
论力量，狮子无与伦比，
一声吼，吓得野兽心惊肉跳；
可说到将来，谁能预料？
谁没有求人帮忙的时候？
　　别看我身体小，
也许日后能够为你效劳。"
　　狮子听了厉声大叫：
　　"你个渺小的东西！
就凭这狂妄的胡说八道，
该把你的脑袋拧掉！
滚开！滚开！趁早滚开！

不然你连尸首也找不到！"
可怜的老鼠吓得晕头转向，
　　　拔腿就跑，逃之夭夭。
然而狮子的高傲留下了后患：
有一次外出寻找食物，
　　　狮子中了圈套，
　　　浑身力气不能施展，
吼叫、呻吟也是徒劳，
怎么挣扎，也无法脱逃。
　　　猎人把它锁入囚笼，
　　　运到外地供人观瞧。
狮子再回想小老鼠已为时过晚，
假使老鼠能帮忙该有多好！
　　　因为绳网最怕耗子咬。
狮子明白了，毁灭它的是骄傲。

读者，我稍加解释这则寓言，
我爱真理，这话也并非杜撰，
民间谚语说得好：切莫往井里吐痰，
因为你也有喝井水的一天。

三、改换或增添角色，加强戏剧性

《伊索寓言》有一篇《狮子、驴和狐狸》，说狮子、驴和狐狸合伙打猎，捕获了很多野兽。狮子让驴分配猎物，驴分成三份，请狮子挑选，狮子大怒，扑上去把驴吃了，然后命狐狸来分。狐狸把猎物堆到一块儿，都给了狮子，自己只留一小点儿。狮子问它谁教给它这么分的，狐狸回答："驴的灾难。"最后的道德箴言说：应从邻人的不幸中吸取教训。这篇寓言揭露了权势者的残暴，但道德训诫部分却比较消极。

拉封丹改写了这则寓言，角色有所更换，题目是《母牛、母山羊、母绵羊和狮子合伙》。它们一起打猎，捕到一只鹿，虽然分成了四份，但全由狮子独占了，理由是：它是狮子！它有权力这样做。拉封丹尖锐地嘲讽了贵族和领主们的霸道。

克雷洛夫采用了拉封丹的故事情节，但把角色又做了变换，题为《狮子打猎》。狗、狮子、狼和狐狸合伙打猎，狐狸抓住了一只鹿，它们一起来聚餐。狮子把鹿分成了四份，环视伙伴说道：

> "现在开始分配猎物。
> 注意啦，列位兄弟：
> 第一份归我是根据咱们的协议，
> 身为狮王，
> 我要第二份无须争议，
> 第三份属于我，因为我最有力气，
> 你们哪个敢用爪子伸向第四份，
> 它就休想活着离开此地！"

应当说，克雷洛夫所做的角色变动更趋合理。狼、狐狸、狗，跟狮子一起打猎，合乎逻辑。而母牛、母羊跟随狮子打猎，显得牵强。克雷洛夫这则寓言除了揭露强者的专横，还写出了强者及其爪牙之间的钩心斗角。作家让狮子说话，用个性化的语言展示人物的心理与性格，从而使人物形象更鲜明。

拉封丹有一则寓言《园子的主人和他的爵爷》，说是有一位园艺爱好者，发现野兔祸害花草菜蔬，就去禀告了他的爵爷。爵爷骑着马带着仆人和猎狗来到乡下，不但在园艺师的家里大吃大喝，调戏他的女儿，还把园子践踏得不成样子。"猎狗和这些人在一小

时里造成的祸害，远远超过全省所有的野兔在一百年里造成的
损害。"

拉封丹讲这则寓言的本意是告诉诸侯要自己解决自己的争
端，谁求助于国王，谁就是笨蛋，引狼入室，自取其祸。故事写
得很生动，阐述的道理有一定的意义。

克雷洛夫参照拉封丹寓言的情节，改变人物，写成了一首含
义新颖的寓言《驴子和农夫》。农夫让驴子在夏天看守菜园。这头
驴子倒也尽职尽责。它在园子里横跳竖窜，驱赶乌鸦和麻雀，把
全部蔬菜践踏得七零八落。农夫见自己的劳动成果损失殆尽，抢
起木棍狠抽驴子。人们都齐声呐喊："活该！这畜牲罪有应得，一
头蠢驴哪配看守菜园！"

写到这里，克雷洛夫笔锋一转，表达了自己的看法：

> 我说话绝非替驴子辩护，
> 驴子有过失，它已受到惩处：
> 然而派驴子看守菜园的农夫
> 似乎也有他自己的错误。

在农奴制封建社会，普通百姓往往受到贪官污吏的祸害，沙
皇有时惩办一些官员，但难以根除腐败。只要农夫糊涂，就难免
做出派驴子守菜园的蠢事。同样，只要当权者昏庸、佞臣当道、
恶人横行的现象就不可避免。应当说，克雷洛夫这则寓言的含义
更具普遍性。

莱辛有一则寓言《橡树和猪》，讽刺了忘恩负义和庸人的粗俗
愚昧：

> 一头贪吃的猪在一棵高大的橡树下，用落下的橡实把自
> 己养得肥头大耳。它嚼着一颗橡实，眼睛已经在搜寻另一

颗了。

"你这个忘恩负义的畜生!"橡树终于朝下喊了起来,"你靠我的果实养活自己,可你一次也没有抬起头来用感激的目光望我一眼。"

猪停了停,然后讷讷地回答说:"要是我知道,你是为了我才让橡实落下来,那我是不会缺少感激的目光的。"[①]

克雷洛夫依据莱辛的作品写成了寓言《橡树下的猪》:

> 百年老橡树下
> 有一头猪,
> 嚼够了橡实肚子圆鼓鼓,
> 躺在树荫凉里打呼噜。
> 挣开眼睛刚站起身,
> 一撅猪嘴就拱树根。
> 树上的乌鸦提醒那头猪:
> "你这样乱拱可有害处,
> 露出了树根树会干枯。"
> 猪说:
> "干就让它干! 跟我不相干。
> 我看这树没啥好,
> 一辈子没有它,我也不烦恼。
> 只有橡实才是宝。
> 吃了橡实我长膘。"
> 橡树骂道:"你个蠢猪昧良心!
> 把你的猪脸朝上伸,

---

① 引自高中甫译《莱辛寓言》,人民文学出版社,1980 年。

> 睁开猪眼看个真。
> 橡实长在我的身！"

克雷洛夫由此笔锋一转，嘲笑了轻视科学文化的蠢人：

> 世上有些愚蠢家伙，
> 骂科学知识，骂学者著作。
> 他们似乎察觉不到，
> 自己正咀嚼着科学的成果。

克雷洛夫增添了一位角色：乌鸦。乌鸦本来是蠢笨的，连乌鸦都懂得的道理，猪却不懂，这就衬托出猪不仅更愚蠢，而且粗野可恶，有相当大的的破坏性。乌鸦的愚蠢充其量是被狐狸骗走过奶酪，只不过自己的利益受到了损失，而猪的愚昧则给周围环境造成了破坏。

四、依据一点，引申开去

拉封丹的寓言《鹞鹰和夜莺》，写鹞鹰抓到了一只夜莺，夜莺自愿用动听的歌声赎它的命。鹞鹰却说："饿着肚子是听不进去音乐的。"

克雷洛夫的寓言《猫与夜莺》有类似之处，但却包含着不同的寓意。故事的情节是这样的：有一只猫抓住了一只夜莺。猫让夜莺唱支歌。因为它听说夜莺是出名的歌手，它自己也爱好音乐，经常哼着曲子入梦。夜莺在猫的爪子里不能歌唱，只能吱吱哀鸣。猫听了很不高兴，它认为夜莺对声乐一窍不通，因此吃掉了这个可怜的歌手，嚼得一点骨头渣儿都不剩。

克雷洛夫最后指出：

> 猫爪子下面的夜莺，
> 唱不出动听的歌声。

　　他以简明的警句揭露了沙皇政府对进步作家的迫害，揭露了专制的沙皇俄国书报审查制度对自由创作的钳制与扼杀。

　　伊索曾写过一篇寓言，题为《渔夫》：

> 渔夫带着箫和网来到海边。他吹起箫来，以为鱼听见美妙的音乐会自动跳上海岸。他吹了好久没有结果。于是放下箫，向海中撒下鱼网。他把捕到的鱼扔到地上，看见鱼欢蹦乱跳就说："坏东西，我吹箫的时候，你不肯跳舞，现在我不吹了，你们倒跳起来了。"

　　这则寓言讽刺了那些不识时务、做事不合时宜的人。

　　"鱼跳舞"这个情节，在克雷洛夫寓言中也可以找到，而且做了寓言的题目——《鱼的舞蹈》。

> 狮子大王接到许多状纸——
> 控告法官、贵族和富豪的罪状；
> 狮子大王忍无可忍发了脾气
> 　　决意亲临领地进行巡访。
> 狮子走着，一个农夫点燃了篝火，
> 钓了鱼，准备煎上一锅亲口尝尝。
> 锅热油烫，可怜的鱼拼命挣扎，
> 面临死亡，每一条都乱蹦乱撞。
> 狮子张大嘴巴生气地质问农夫：
> "你是什么人？搞的什么名堂？"

"启禀威力无比的大王！"
　　农夫回话，神情慌张，
"小人是这一带水族的总管，
这些是水族头领，全都居住水乡。
　　为恭候大王您大驾光临，
　　我们才聚集在这个地方。"
"这一带富裕吗？他们生活怎样？"
"伟大的君主，他们住在这里，
过得不是普通日子，而是住在天堂！
我们只为一件事向众神祈祷，
就是祝福君王您万寿无疆！"
这时候锅上的鱼仍在乱跳乱撞。
狮子问农夫："请你给我讲一讲，
为什么他们尾巴摆动脑袋摇晃？"
　　农夫说："啊！圣明的君王！
　　它们正在跳舞呐！见到您，
　　子民的心情无比欢畅。"
狮子亲切地吻吻农夫的胸脯，
对鱼的舞蹈再次望了一望，
然后启程，继续巡访。

　　克雷洛夫这则寓言，成功地借鉴了"鱼跳舞"这个情节，揭露了地方官吏草菅人命的罪恶以及他们瞒上欺下、擅长逢迎的无耻嘴脸，同时也讽刺了沙皇的昏庸，是一篇具有深刻社会内容的现实主义寓言。由于锋芒犀利，寓意鲜明，当年未能通过书报审查机关的审查，作品初稿压了几年，经过修改才得以发表。

五、改写故事，深化主题

《激流与河》是拉封丹的寓言，故事讲一条激流水声很大，非常吓人。一个被强盗追赶的人，冒险渡河，竟然成功，只是受了一场虚惊。后来这个人看到一条平静的大河，以为泅水过去轻而易举，结果却丢掉了性命。

拉封丹指出，不声不响的人是危险的，其他的人倒不见得这样。这则寓言故事总结了作家的处世经验和对人们的观察认识，属于一般性的道德训诫作品。

克雷洛夫也写湍急的溪流与平静的大河，但却包含了丰富的社会内容。这首寓言就是《农民与河流》：

<blockquote>

小河与溪流泛滥成灾，

造成了破产农民千家万户，

农民忍无可忍，

去向大河申诉。

大河容纳了小河与溪水，

要让它知道溪流的害处，

淹没了庄稼，

冲毁了磨房，

糟践了牲畜不计其数！

那条大河水流平缓雍容大度

两岸屹立着座座城市和高大建筑，

从来没听说它像小河那样可恶。

农民们私下议论，

大河或许会把小河约束。

可是走近大河一看，

</blockquote>

> 他们如梦方醒恍然大悟：
> 河面上飘流的大半是他们的财物。
> 再不必白费时间白忙碌，
> 农民们面向河水频频注目，
> 然后相互望望，把头摇摇
> 一个个踏上了回家的路。
> 　　他们边走边说，
> 　　"何苦白搭功夫！
> 怎么能指望大河去把小河惩处，
> 既然大河与小河总是瓜分赃物！"

在专制农奴制的俄国，农民受到地主、官吏以及沙皇政府的层层盘剥。地主、官吏受到沙皇政府的保护，他们有恃无恐，肆无忌惮，敲骨吸髓，使许多农民破产，挣扎在死亡线上。农民指望有个好沙皇解救他们，这种幻想总是落空。《农民与河流》形象地反映了俄国农民的苦难，揭露了大小统治者互相勾结的内幕，是一篇尖锐犀利的现实主义讽刺寓言，反映了克雷洛夫的民主主义精神和对广大劳动人民的深切同情。

《富人和哭丧女》是《伊索寓言》中的一篇作品。

> 某富人有两个女儿，一个女儿死了，他雇了一些哭丧女来为女儿哭丧。另一个女儿对母亲说："我们真不幸！有了丧事，不会尽哀，而这些非亲非故的人却这样使劲地捶胸痛哭。"母亲回答说："孩子，别为她们这样痛哭而感到惊奇，她们是为钱而哭的。"
> 有些人也是如此，他们爱钱，不惜借别人的灾难来牟利。

哭丧女是为生活所迫不得不从事这种营生，以她们为例讽刺乘人之危、借机牟利的社会观象未必恰当。这首寓言写得并不成功，在某种程度上反映了富人们的偏见。

克雷洛夫也曾写到过哭丧女，情形却完全相反。这篇寓言就是《出殡》。故事写得既幽默，又风趣，就像一出小小的闹剧。有个富人死了，出殡时雇了些哭丧妇随灵车啼哭。路上遇到一位修道士。修道士见这些人哭得伤心，以为死者是她们的亲属。于是告诉她们说，他会法术，可以叫死者复活。哭丧妇们听了齐声叫道：

> "让我们开开眼吧，教父！
> 　我们只有一条要求，
> 叫这个人只活五、六天工夫，
> 　然后再叫他断气入土。
> 　他活着没干一件好事，
> 还阳长寿也不会为人造福。
> 　要是他第二回死去，
> 必定会出钱又雇我们来哭。"

克雷洛夫最后指出：

> 世界上确确实实有许多财主，
> 他们只有一死才对人略有好处。

克雷洛夫对哭丧妇的态度是明确的，他同情这些贫苦的妇人。通过哭丧妇的话，表达了劳动人民对于为富不仁者的痛恨，他们认为那些财主活着不如死了好，他们活着只干坏事，只有死了，才会为哭丧妇们提供一次挣钱的机会。哭丧妇哭灵时，不仅为能挣到几个小钱而自慰，也为世界上少了一个害人虫而暗自庆幸。

克雷洛夫的这则寓言，无论就思想内容还是就艺术技巧而论，显然都超过了伊索寓言《富人与哭丧女》。

　　从上面的粗略对比和分析中，我们可以看出，克雷洛夫在借鉴伊索、拉封丹、莱辛等人的作品时，确实下了一番去粗取精、去芜存真的功夫，他有继承，有扬弃，有借用，也有创新。他结合了自己那个时代的特点，把寓言写得更有生活气息；他结合自己的戏剧创作经验，使作品情节更趋生动、紧凑，矛盾冲突更加集中；他还注意了作品中形象的塑造、细节的逼真，人物语言更加个性化。他的寓言采用诗的形式，但不用严谨的格律，而使用自由体，每行音步数目不定，适宜叙事和刻画人物。他的语言质朴、凝练、朗朗上口，富有浓郁的生活气息，因而使得寓言这种古老的形式更富有艺术魅力和时代精神。别林斯基说克雷洛夫创造了俄罗斯现实主义的讽刺寓言，这种评价非常正确，精辟深刻。

　　当然，还必须指出，克雷洛夫借鉴外国作品写的寓言，仅占他全部作品的一小部分，他更多的作品直接取材于俄罗斯的现实生活。他不仅创作了大量的有关社会政治题材、道德题材的寓言作品，而且还创造性地写出过几篇反映卫国战争的历史题材的寓言，如《狼落犬舍》《梭鱼和猫》《乌鸦和母鸡》等。这些作品也都鲜明地体现着他的创作特色。

　　通过上述不同文本的比较与分析，不难得出结论：克雷洛夫是一位集大成的寓言作家，他成功地借鉴了伊索、拉封丹的经验，又结合自身的特点和他的时代生活，有所创新，他对俄罗斯民族文学的发展做出了重大贡献。人们把他的名字和伊索、拉封丹、莱辛联系在一起，称他们为享有世界声誉的四大寓言作家，克雷洛夫对此当之无愧。

1985 年 8 月 8 日

米哈尔科夫寓言的现实性和艺术性

　　寓言，是一种源远流长而历久不衰的文学体裁。在世界文学史中，中国、印度、古希腊是寓言创作的三大发祥地。俄罗斯寓言起步较晚，但发展迅速，17、18 世纪涌现了一批优秀的寓言作家，形成了俄罗斯寓言创作的民族传统。康捷米尔（1708—1744）、苏马罗科夫（1717—1777）、赫姆尼采尔（1745—1784）都以寓言诗闻名，大学者罗蒙诺索夫（1711—1765）也创作寓言。19 世纪初叶，克雷洛夫（1769—1844）借鉴了前人和西方寓言创作的经验，紧密结合俄罗斯社会现实生活，增强了寓言作品的人民性和现实主义讽刺性，从而把这一体裁推向了一个高峰。克雷洛夫和伊索、拉封丹齐名，成了举世公认的三位寓言大师。19 世纪后半叶，萨尔蒂科夫－谢德林（1826—1889）独辟蹊径，把童话的幻想和讽刺小说的怪诞与夸张糅进了寓言，创作了别具一格的寓言作品。十月革命前后，无产阶级大诗人马雅可夫斯基和杰米扬·别德内也重视寓言。他们的作品富有鲜明的政治倾向性和强烈的战斗性，成为那个时期鞭挞和嘲讽敌人的有力武器。

　　在苏联文坛上，寓言仍是许多作家所喜爱的体裁。他们运用寓言针砭时弊，讽刺社会不良习气，揭露阻碍社会进步的腐败势力。在这些寓言作家中，有一位最有影响，最有声望，他就是谢尔盖·弗拉基米罗维奇·米哈尔科夫。米哈尔科夫的寓言不仅在苏联国内家喻户晓，广为流传，而且被译成多种外文版本，在国际上享有盛誉。

米哈尔科夫 1913 年出生于莫斯科。父亲是位养禽专家。他从中学时代开始就爱好文学，十五岁发表了处女作。中学毕业后，当过工人、地质勘探队队员，后来参加过卫国战争，一直未间断过文学创作。起初，他以儿童诗崭露头角；后来又尝试运用各种文学体裁写作，终于成了一位艺术多面手。他不仅是诗人，而且是剧作家、电影剧本编剧和儿童文学作家。他的儿童诗、儿童剧剧本和电影剧本曾在 20 世纪 40 年代和 50 年代三次获得斯大林奖金。他和列吉斯坦因合作创作了苏联国歌歌词而名闻遐迩。1970年，他的儿童诗又荣获列宁奖金。1978 年，作为《灯芯》文学杂志主编，他又荣获苏联国家奖金。这种种荣誉都标志着文学界与广大读者对于米哈尔科夫的才华给予了充分的肯定与推崇。

米哈尔科夫创作寓言始于 20 世纪 40 年代。据他在一篇文章中回忆，他走上寓言创作道路主要是受了著名作家阿·托尔斯泰的启发和克雷洛夫寓言作品的影响。在一次文学晚会上，阿·托尔斯泰对米哈尔科夫说道："你学习民间文学、民间幽默写出来的诗最成功。故事、笑话是属于你的体裁。你不妨试试写作寓言。"米哈尔科夫听从了他的劝告，又潜心钻研了克雷洛夫的寓言诗，从而深深地爱上了这种文学样式。此后他创作寓言诗，年复一年，从不间断，在半个世纪的漫长岁月中，创作了数以百计的寓言作品，出版了几本寓言集，积累了丰富的经验，形成了自己的风格。

米哈尔科夫寓言具有鲜明的时代感和浓郁的生活气息。这位敏感的讽刺诗人，善于从现实生活中提炼素材，总是把人民大众普遍关注的社会矛盾、冲突与纠葛作为作品的主题加以表现和探讨。在他的寓言作品中，社会政治题材历来占有突出的位置。诗人爱憎分明，勇敢地干预生活，对人民群众深恶痛绝的官僚主义、贪污受贿、谗言告密等丑恶现象和腐败风气总是痛加针砭，毫不留情。

《官僚与死神》（1954）指出：官僚的冷酷胜过死神。死神来见官僚，在接待室里等了半天，坐了半天，看人们排队请求接见看了半天，排队的人越来越多，有增无减，死神等得心烦意乱，直等到昏死过去，却始终未受到接见。显然，官僚主义比死神还要可怕。

《猫与鼠》（1954）形象地嘲讽了监守自盗和贪污现象。一只猫过生日，另一只猫送来老鼠做贺礼。过生日的猫却说，它早已经不靠吃老鼠过日子。另一只猫听了大为惊奇。等到菜肴端上宴席，客人才发现，桌面上尽是各类香肠、熏鱼和烧鸡，有些还是国营商店里难得一见的好东西。寓言诗最后点明了寓意：

> 这只花猫瓦西里，
> 大啃大嚼的正是它应当看守的东西！
> 这类不抓耗子的猫儿，
> 早就应该从库房里统统给轰出去！

到了 20 世纪七八十年代，苏联社会的贪污受贿现象依然存在。猫儿还在库房，而且胃口越来越大。官僚索取贿赂已不再满足于香肠、烧鸡之类的食品，而代之以钻石手表、彩色电视、高级地毯和大笔现金（《对答如流》，1982）。米哈尔科夫对此深恶痛绝，但又感到个人无力扭转这种腐败风气，因而在《坦克与臭虫》（1978）这首寓言诗中发出了由衷的感慨：

> 消灭不完的长命臭虫依然存在，
> 即便是在我们当今的时代！

对于政治生活中的主观主义、文牍主义和教条主义，米哈尔科夫也给予了辛辣的嘲讽。其中，《狮子和标签》（1959）是最有名的一篇杰作。狮子一觉醒来，发现尾巴上挂了个标签，上写"公驴"，还注明了日期、编号，加盖了圆圆的公章。狮子气得暴跳如雷，但不敢擅自撕去标签。它去找鬣狗、袋鼠、狼和驴，想证实自己的身份。不料这些野兽也都把标签视若神明，谁也不敢肯定它就是狮子而不是公驴。最后，可悲的狮子竟像驴子一样发出了"呃啊"的叫声。米哈尔科夫把苏联的政府机关官员中那些只相信标签和公文、无视事实与真理的教条主义者描绘得淋漓尽致，嘲讽得入木三分。"有些标签比狮子更有力"，这篇寓言中的警句迅速流传，成了一句谚语。

1965 年米哈尔科夫创作了《毛驴问题》，触及了一个更为重大的政治题材，即主观主义的空想、冒进、瞎指挥给广大人民造成的祸害。作品中的故事情节单纯而又风趣：家住山上的农民马默德·古辛，常用毛驴运水驮柴，他把毛驴看成是自己不可缺少的朋友和助手；而当权的阿里·马卡尔住在城市，生活舒适，自来水、电灯、暖气应有尽有。阿里草拟了一道指令："既然我们要走向共产主义，从现在起在农村里必须彻底、干净地消灭毛驴！"毛驴消灭了，山民马默德再想运水运柴，不得不靠自己来肩扛背驮。他边走边想，百思不得其解："小毛驴怎么会妨碍建设新生活？！"20 世纪 60 年代初，苏联某些领导人一度热衷于浮夸冒进，赫鲁晓夫提倡开垦草原，大种玉米。对于这种愚蠢做法，广大人民记忆犹新。他们读了《毛驴问题》，自然会产生许多联想，发出会心而无奈的苦笑。这样的寓言作品贴近时代，密切地联系着生活实际，在读者中引起了强烈反响，自然会被广为传诵。

官僚主义、主观主义的一个特点是脱离群众，偏听偏信，这必然助长谗言告密、诽谤诬陷等恶劣风气滋生蔓延。米哈尔科夫对于生活中这种不良现象也予以揭露和抨击。《爱吹耳边风的喜鹊》（1959）写一只喜鹊常去鹰王家里做客，因为她是雌鹰的妹妹小时候的同学，靠着这一层关系，她在鹰王耳边就絮絮叨叨，信口雌黄，一会儿说椋鸟喜欢挪窝，一会儿说夜莺跟青蛙在一块儿乱唱歌。刚愎自用的鹰王听了这些议论，就形成了对各种鸟的印象。作者最后指出：

> 什么人自视为有职有权的鹰，
> 往往爱豢养告密者作为侍从。

在《告密者》（1966）这首寓言诗中，米哈尔科夫为谗言告密的小人画了一幅漫画像。告密者是变色龙，是狼，又会扮作无罪的羔羊。造谣和诽谤是他们的特长。告密者写黑信，写密信和匿名信，鬼鬼祟祟，给周围的人抹黑。他们善于巧妙地给谎言化装，让人难以识破马脚，弄不清他们的本来面目。告密者播种嫌疑，传播病毒，是健康肌体上的赘瘤和脓疮。然而，只要善良的人们保持警惕，告密者的丑恶嘴脸就会很快暴露。

社会上存在腐败现象和歪风邪气，米哈尔科夫勇于揭发与抨击；与此同时，对普通人的陈规陋习和种种缺点，他也给予善意的批评和讥讽。在这一方面，这位寓言诗人处理题材很有分寸感。他的调色板上有色调不同的各种颜色。揭露危害国家和人民利益的现象，他的语气是严峻无情的，画面多用冷色调；而涉及普通人的思想意识，规劝人们弃旧图新的时候，他的作品往往带有一种轻松幽默的调侃色彩，让人们在笑声中与自己的昨天、与过失和弱点告别。这一类作品大多涉及道德题材。例如，讽刺自我吹嘘的《吹牛的公鸡》（1945），讥笑缺乏主见的《画家大象》（1945），挪揄胆小怕事的《小心谨慎的鸟医生》（1948），揭露损公肥私的《私人用桶》（1980），等等，都属于这一类作品。这些寓言诗虽然不像他的社会政治题材的寓言诗那样尖锐犀利，引人注目，但却以诙谐风趣见长，大都洋溢着新鲜的生活气息，融入了俄罗斯民族乐观而幽默的天性，因而也充满了生气和活力。

此外，米哈尔科夫还关注国际局势，创作反映国际题材的寓言；透过生活现象深入思考，创作哲理寓言。可以说他的寓言内容丰富，题材多样，从各个角度、各个侧面，表现纷繁复杂的现实生活。现实生活是他寓言创作的源泉，而作品的现实性则赋予他的寓言以顽强而持久的艺术生命力。

米哈尔科夫寓言的艺术性亦堪称上乘，这是诗人几十年对于艺术技巧孜孜以求的结果。在继承和借鉴前人艺术手法的基础上，米哈尔科夫不懈地进行探索，逐步形成了自己的艺术风格。他的寓言归纳起来有下列特色：

1. 构思别致，善出新意。无论是现实题材，还是传统的古老素材，在米哈尔科夫手中都会放射出奇异的艺术光彩。从《伊索寓言》开始，兔子和乌龟就成了寓言中的角色。兔子机灵而骄傲，乌龟行动迟缓却有坚持不懈的精神。动物的自然属性和寓言角色的社会属性和谐地统一在一起。现代的寓言作家依据《龟兔赛跑》写出了《龟兔第二次赛跑》，表现兔子知过必改，乌龟犯了经验主义。这里采用了反向思维布局谋篇，构思可谓新颖。但由于处处参照原作，终究摆脱不了模仿的痕迹，因而难以取得与原作等同的艺术价值。米哈尔科夫写的《兔子与乌龟》却别具一格，思路不俗。他并不回避或改变兔子与乌龟为人所公认的属性，而是依据这种属性向纵深挖掘，并且增强作品的生活气息，从而写成了一篇崭新的寓言：兔子得了寒热病，躺在树下呻吟。一只乌龟爬到了附近。兔子求乌龟去池塘弄点儿水来。乌龟满口答应。可是过了好几个时辰，直等到天黑，仍不见乌龟的踪影，兔子口渴难耐，不禁大骂乌龟。草丛微微一动，传来乌龟的声音。兔子叹了口气说："你到底算是回来了！"乌龟说："不，亲家，我这就出发……"用这个故事讽刺机关工作中的推诿拖拉现象，既生动，又深刻。作家不是单单从人物形象的字面上打主意，而是联系生活实际，有针对性地进行艺术构思，驰骋想象力，所以他的作品显得既扎实，又有深度。

2. 在矛盾中刻画人物，注重故事情节的戏剧性，是米哈尔科夫寓言的另一特色。米哈尔科夫像一位高明的戏剧导演，善于调配角色，安排场面，突出戏剧效果。《画家大象》（1945）中的大象画了一幅风景画，在展出之前先邀请朋友观赏并征求意见。鳄鱼说，画得很不错，可惜没有尼罗河；海豹说，应当画上冰雪；田鼠认为该画上菜园；猪提出意见，应当画些橡果。大象听了朋友的意见，重新画了一幅。他不仅画了尼罗河，画了冰，画了雪，画了橡树、菜园，还画上了一罐蜂蜜，为的是让狗熊看了也满意。他满以为朋友们会为他叫好，不料来看画的动物都说："乱七八糟！"这篇寓言就是一部独幕剧，把各持己见的朋友与毫无主见的大象形象鲜明地搬上了舞台。性格的对比，前后情节的变化，个性化台词的运用，都类似戏剧。这种写法自然比平铺直叙讲故事要生动精彩得多，因而寓言的警句更容易打动人心：

> 意见要听，
> 但要分析！
> 单纯迎合朋友心意，
> 结果只会害了自己。

《迫切的要求》（1969）也类似于一出戏剧小品。《圣经》中的上帝耶和华成了戏中的主角。他在人间找到了一个信徒，于是对他说道："朋友，我可以满足你的心愿，比如，可以赐给你学衔，让你当上博士，有什么要求你尽管提。"信徒听了立刻说："学衔、官衔我不要，我有一辆小汽车，请您给我一间车库，离家近些，别在远处！让执委会颁发使用证，让我今天就拿到这份证书！"上帝发了愁，说是爱莫能助。上帝从夸下海口，到陷入无能为力的尴尬境地，前后矛盾，成了一个引人发笑的喜剧角色。而这幕喜剧所要表现的却是一个具有现实性的主题：隐喻某些基层机关的领导干部权力超过上帝。

3. 善于运用个性化的语言塑造人物，表现主题，是米哈尔科夫向克雷洛夫学习来的艺术技巧。米哈尔科夫的有些寓言，通篇由对话构成，没有叙述语言，因而显得精粹洗练。《日常维修》（1945）即为一例。工作人员为粉刷办公室墙壁申请领一点儿白粉子，负责人这样回答他：

> "这不是随随便便能够决定的问题。
> 斯杰潘·库兹米奇的意见很重要！
> 克里木·福米奇也许会亲自了解情况去。
> 还必须请示马特维·萨维奇，
> 由他签字写上批语，
> 再提交会议列入议题，
> 最后由大会议决，
> 看你们粉刷墙壁是不是当务之急……"

几句话把一个爱摆架子，爱说空话、废话的小官僚活生生地突显了出来，从而收到了讥讽嘲笑文牍主义者的戏剧效果。

《大象、兔子和驴》（1954），写三个动物围绕建桥问题的争论，与上一篇寓言有异曲同工之妙。固执的大象一再强调，必须造桥，修石头桥墩，用混凝土浇铸最好！兔子却主张，桥要修得轻便，因为轻便才美观。而驴子开口说道：

> 怎么修桥？
> 咱们首先该取得一致意见：
> 是横跨河面，还是顺着堤岸？

米哈尔科夫笔锋一转，提到不学无术而争论不休的某些学术委员会的委员，言语之奇妙，令人拍案叫绝！

4. 米哈尔科夫还善于使用双关语、谐音字，文笔俏皮而灵活，充分显示了他驾驭语言的高超技艺。这些精彩的文字意味深长，耐人咀嚼，只是翻译起来相当困难，有时候不读原文很难领会其中的奥妙。

苏联社会有一种现象，某些人利用权势之便出国旅游，他们打着出国学习的幌子，到国外为个人捞取好处，这些人脑子里留下的是在国外吃喝玩乐的丰富印象，至于应当学习什么知识，对不起，他们一窍不通。《丰富的印象》（1958）所嘲笑的正是这种人。寓言的主要人物是刚从法国归来的一位官员，他的朋友请他谈谈旅游印象，其中有这样一段对话，成功地运用了双关语和谐音词：

> "你可游过圣母院？你可喜欢塞纳河？"
> "在那儿我挺喜欢。至于说到什么院，
> 说句良心话，那种地方非常多，各等各色！
> 但是且住，你老兄可真会逗乐，
> 我可不是为了看女人才被派遣出国！"

原文中的圣母院，指巴黎圣母院，俄文写为"HOTP-TAM"，与女士聚会场所"HOTPTAM"同音；而塞纳河的"Сена"与干草"сено"同音。如照原文直译，应为："你可游过圣母院？你可喜欢塞纳河？""我没有寻找干草。至于说到女人聚会的地方……"这样将索然无味，不足以传达原文的俏皮诙谐。因此这里只能变通处理，以"什么院"与"圣母院"谐音，以"在那儿"与"塞纳"对应，这样才能表现原文的机智与风趣。这种更改与变通是迫不得已的情况下采取的一种手法，绝不可随意乱用，而这种双关词语的处理往往是翻译过程中的难点，耗费许多时间和精力，从多种方案中挑选接近原作的词语，却难以尽如人意。

　　5. 米哈尔科夫寓言的艺术特色，有继承也有创新，引进小说的意识流手法便是突出的一例。《倒霉的贾布利科夫》（1970），讽刺了官僚和溜须拍马之徒，通篇以主要人物贾布利科夫的心理活动作为主线。职员贾布利科夫上楼去请上司签署一份文件，一边上楼梯，一边想心事：

> "从小察颜观色，
> 对上级毕恭毕敬——
> 该笑才笑，该捧就捧，
> 该让座时快让座，
> 该回避时闭眼睛……
> 假如你通晓这条规矩，
> 你会在人生道路上，
> 沿着供职的阶梯步步高升，
> 不费吹灰之力……"

　　上楼梯引起联想，想到了职务上的步步晋升，人物的心理活动与外在环境密切联系，协调而自然。贾布利科夫想那锦绣前程想得入了迷，走进办公室，居然忘了给上司鞠躬行礼，这引起了同事们的惊异和猜疑："是妹夫当了部长？还是宇航员娶了他的女儿？"贾布利科夫退出办公室，才如梦初醒，意识到自己闯了大祸。想起首长那铁青的脸色，他懊丧不已，六神无主，跑到厕所里大骂自己，是神经错乱断送了美好前程。

　　由于一次失礼就要受到惩罚，由于一次失礼而丧失了晋升的机遇。这种心理主宰着一个人的举动，成了他为人处世恪守的信条。这种通过写人的心理变化、意识活动表现人物的手法，在寓言创作中是很少见的，它远远胜过漫画式的揭露和嘲讽。新的艺术手法产生新的艺术效果。米哈尔科夫寓言受人推崇，大概这也是原因之一。

寓言历来以针砭与讥讽为己任，米哈尔科夫近来却写了一些寓言作品力图塑造正面人物形象，歌颂和赞美高尚的道德情操。《郁金香》（1980）这篇寓言以郁金香隐喻为国捐躯的烈士，从中我们可以发现作家在进行新的探索。

20 世纪 50 年代末期，我国就出版过米哈尔科夫寓言的中文译本，著名翻译家任溶溶选译了四十多篇，结为一集。近几年，我国的书报杂志对米哈尔科夫寓言又陆陆续续有所介绍。1985 年秋，米哈尔科夫率领苏联作家代表团来我国访问。笔者有幸听了他的报告，并开始翻译他的作品。现在，我国越来越多的读者阅读了他的作品，爱上了他的寓言。他山之石，可以攻玉，米哈尔科夫寓言的现实性和艺术性，一定会给我国的寓言作家和寓言爱好者以有益的启迪。

（原载《枣庄师专学报》1989 年第 1 期）

汉诗俄译初探

阿翰林三译《静夜思》

俄罗斯科学院院士瓦·米·阿列克谢耶夫（1881—1951）是享誉世界的汉学家，也是卓越的翻译家。他翻译的《聊斋志异》和唐诗，在俄罗斯被公认为翻译经典。他还教育和培养了许多杰出的汉学家，像翻译《易经》的休茨基、翻译《诗经》的施图金、翻译《红楼梦》诗词和《西厢记》的孟列夫、研究与翻译陶渊明、白居易诗歌的艾德林以及研究《三国演义》和中国民间文学的李福清，都是他的弟子。阿列克谢耶夫知识渊博，著作等身，他为自己起的汉语名字叫"阿理克"，当时的中国科学院院长郭沫若尊称他为"阿翰林"，这一称呼得到了俄罗斯汉学界的公认。

阿翰林曾经三次翻译李白的名诗《静夜思》，体现了他翻译汉语古诗不断探索、精益求精的品格。回顾这段鲜为人知的往事，或许能引发我们的思考，使我们受到某种启迪。

李白的《静夜思》只有短短的二十个汉字：

> 床前明月光，疑是地上霜。
> 举头望明月，低头思故乡。

这二十个汉字却打动了一代又一代中国人的心弦，从唐朝一直流传到现在，经历了一千三百多年岁月的淘洗，依然充满了生命力。这首诗不仅会继续被中国人世代诵读，而且会拥有越来越多的外文译本，受到各国读者的青睐。

　　阿列克谢耶夫的学生、著名汉学家孟列夫在一篇文章中回忆说，先生讲课时告诉他们，李白的《静夜思》是五言古诗，翻译成俄语虽然很难，但是可以选择单音节俄语词进行翻译。下面就是先生的第一篇译稿：

Думы тихой ночью[①]

	音节	词
Ночь… Сплю… Там есть свет…	5	5
Что там?　Снег иль что?	5	5
Взгляд вверх：свет средь гор.	5	5
Взгляд вниз：где мой дом?	5	5

　　回译成汉语，意思是："夜寐那有光，是雪还是霜？仰望山中月，低头家何方？"我们不能不佩服先生理解汉语原作和驾驭俄语的高超能力。先生这篇译稿，其诗意接近原作，但句式和语气稍有变化。原诗都是陈述句，译诗中出现了三个疑问句。由于俄语单音节词，尤其是单音节的名词、形容词、动词数量极少，这种译法偶尔尝试尚可，但在实践中难以反复使用。

　　这里需要说明的是，阿翰林依据的原作是明朝李攀龙的选本，和现在流传的《静夜思》有所不同，至今在日本流传的依然是明朝的版本：二十个字当中有两处不同，第一个"明"字处是"看"字，第二个"明"字处是"山"字。

床前看月光，疑是地上霜。

举头望山月，低头思故乡。

---

　　① 引自休茨基《悠远的回声——7 至 9 世纪中国抒情诗选集》，圣彼得堡出版社，2000年，第 16 页。

阿翰林先生第二次翻译《静夜思》采用每行五个词（一般虚词不计算在内）对应汉语五个字的办法，这样一来，可供选择的俄语词汇增多了，翻译有了回旋余地，诗意表达更趋准确与丰满：

Тихой ночью думы

	音节	词
Перед постелью светлой луны сиянь:	11	4
Кажется — это на полу иней.	10	4
Поднял голову, взираю на горную луну;	14	5
Опускаю голову: думаю о родной стороне.	16	5

回译成汉语，意思是："床前明月光，恍惚地有霜。举头望山月，低头想家乡。"与第一稿相比，这首译诗从语言运用到语气推敲，都更加贴近原作。先生解读诗作非常细致，汉语古诗往往不用代词，译文当中也不使用代词，抒情主体由动词的变化形式来体现，这些地方都表现了先生对原作的尊重，以及翻译过程中认真求索、不断推敲的严谨。从传达原作诗意的角度着眼，译诗已经相当成功，为什么先生自己不满意，还要再次修改呢？这一次问题出在俄语的韵律方面。俄语诗格律的主要因素有音节、音步、诗行和韵式。音步包括双音节音步和三音节音步，双音节音步分为"抑扬格"和"扬抑格"，三音节音步分为"扬抑抑格""抑扬抑格""抑抑扬格"。严谨的格律诗一般都会选定一种格律，比如四音步抑扬格，三音步扬抑格，或者四音步扬抑抑格，通常不会双音节音步与三音节音步混合使用。格律图示，一般用符号"—"表示扬，即重读音节，用符号"∪"表示抑，即非重读音节，用"/"表示音步分隔，用"//"表示诗行中的停顿。阿翰林先生发现，汉语五言诗在第二个字、七言诗在第四个字之后都有小小的停顿，

因而一行诗可以分为前后两个部分。第二篇译稿格律图示如下：

	音节	音步
—∪∪/∪—∪//—∪∪/—∪/—	12	5
—∪∪/—∪∪//∪—/—∪/	10	4
—∪/—∪∪//∪—∪/∪—∪/∪∪—	14	5
∪∪—/∪—∪//∪—∪/∪∪∪/—∪∪/—	16	6

从图示看不难发现，这里既有三音节音步，又有双音节音步，而且行与行的音步也不一致，第一行和第三行是五音步，第二行是四音步，第四行是六音步，这些都与俄罗斯诗的格律节奏相违背，因此不得不进一步修改。于是就有了阿翰林的第三篇译稿：

Думы в тихую ночь

	音节	词
Возле постели вижу сиянье луны.	12	5
Кажется — это иней лежит на полу.	12	5
Голову поднял — взираю на горный месяц;	13	5
Голову вниз — в думе о крае родном.	11	5

与第二篇译稿相比，这一次用词、节奏都有变化：第一行把形容词"светлой"（明亮的）换成了动词"вижу"（看），使句子变得更简练、生动，也更符合原意；第二行增加了动词"лежит"（有，躺着），使得音节数增加到十二个，这一行的实词也变成了五个，更接近原作字数；第三行调整了词序，"Поднял голову"（抬头）变成了"Голову поднял"（头抬），意思没有变化，格律却已经完全不同，"на горную луну"（望山月）换成"на горный месяц"，意思相同，却减少了一个音节，节奏也相应发生了变化；

第四行变化最大，删去了两个动词"Опускаю"（低垂）和"думаю"（想），使得音节数从十六个减少到十一个，实词由六个减少到五个，这样一来，就形成了五音步扬抑抑格的格律。用五个三音节音步对应汉语诗原作每行五个字，既体现了原诗风貌，同时译诗的节奏又完全符合俄罗斯诗歌的格律规范。阿翰林几经推敲，反复修改，终于找到了汉语古诗翻译成俄语的最佳契合点。请看下列格律图示：

	音节	音步
−∪∪/−∪　　//−∪∪/−∪∪/−	12	5
−∪∪/−∪　　//−∪∪/−∪∪/−	12	5
−∪∪/−∪∪/−∪∪/−∪/−∪	13	5
−∪∪/−　　　//−∪∪/−∪∪/−	11	5

阿列克谢耶夫发现，汉语文言以单音节词为主，而俄语词汇大多数是多音节词，两种语言词汇音节数量之比，大致为一比三。因此翻译汉语古诗，不宜采用双音节音步，最佳选择是用三音节音步对应一个汉字。由于第二个汉字后面有停顿，因而可以把一个诗行分为前后两部分，前面两个音步，后面三个音步，第一、三、四这三个音步保持完整的三音节，第二、五两个音步则不必完整。音步的完整与不完整相互交叉，形成又一重节奏与内在的起伏顿挫，同时为选择词语提供了伸缩回旋的空间。阿翰林第三篇《静夜思》译文从内容到形式都接近完美，唯一的遗憾是不押韵。对此，翻译家自己也感到苦恼，他觉得押韵有时会因词害义，所以把节奏与形象传达放在了首位。

1942 年 4 月，阿列克谢耶夫在给朋友的一封信中写道："一天到晚坐着翻译诗歌，译出来的都是笨拙的诗行，这些诗行虽然'有几分拗口，但绝不是醉汉说的胡话'，换句话说，是逐词逐句凭良心翻译的。格律如橡木雕刻一样清晰：七个汉语音节乘以三，得到二十或二十一个俄语音节，组成扬抑抑格或者抑扬抑格，有意避开抑抑扬格，因为它过于顽皮不易把握。"[1]

这封信为我们理解阿翰林的译作提供了一把揭开谜团的钥匙。这位汉学家为什么不惜花费多年心血，苦苦寻觅理想的翻译形式呢？归根结底在于他尊重原作。他明确表示："我所追求的一切归纳到一点，就是以灵活的方法使俄语接近汉语，尽心尽力再现原作的风貌，这种尽心尽力基于对原作的尊重。"[2]阿翰林"真诚并且坚定地相信其他民族、其他文化同样存在美，如同相信本民族文化、本民族语言存在着美一样"[3]。

另外一位俄罗斯诗人吉托维奇（А. Гитович）也翻译过李白的《静夜思》，译法跟阿翰林有明显区别：

Думы тихой ночью

	音节	词	韵
У самой моей постели			
Легла от луны дорожка.	16	6	а
А может быть, это иней? —			
Я сам хорошо не знаю.	16	9	в
Я голову поднимаю —			
Гляжу на луну в окошко,	16	6	а
Я голову опускаю —			
И родину вспоминаю.	16	5	в

回译成汉语是：

---

[1] 引自阿列克谢耶夫《常道集——唐诗选》，圣彼得堡东方研究所出版社，2003 年，第 251 页。

[2] 同上，第 251 页。

[3] 同上，第 254 页。

静夜思

在我的床头前面
横着一道月光。
或许，这是霜？——
我自己颇费猜详。
我把头向上仰起——
望着窗中月亮，
我把头颀低下来——
开始怀念家乡。

　　吉托维奇的翻译也很流畅、自然，并且具有口语特点。他把四行诗译成了八行，自己补充的词语较多，比如像三个代词"я"（我），以及"самой моей"（我自己的）、"дорожка"（小路，光带）、"сам"（自己）、"хорошо"（好）、"окошко"（窗）等。尽管这些词语并不损害原作的意象，但从用词角度分析，已经与原作用词简洁凝练的风格有了距离。俄罗斯科学院院士、文学理论家米·列·加斯帕洛夫在一篇论文当中提出了诗歌翻译"准确性指数"与"随意性指数"的概念，我们不妨借鉴他的方法，来对比阿列克谢耶夫和吉托维奇对同一首诗《静夜思》的翻译。对比的参照依据就是李白的原作。阿翰林的译文，对照明朝版本《静夜思》，准确性指数为100%；对照清朝以后流行的版本，只出现了一个原作没有的词"山"，少用了两个形容词"明"，与译文使用的二十个实词相比，是二十分之三，翻译的随意性指数为15%，准确性指数为85%。反观吉托维奇的译文，共使用了二十七个实词，其中增加了三个代词、六个实词，九比二十六，随意性指数约为38%，准确性指数约为62%。从这一词汇使用的量化分析角度衡量，再次说明了阿列克谢耶夫诗歌翻译的艺术价值。

　　当然，这可能只是理论家的一家之言，或许普通俄罗斯读者更容易接受吉托维奇翻译的《静夜思》，理由很简单，因为他的译文更接近俄罗斯诗歌，更接近日常口语，而且他的译诗押韵，阿翰林的《静夜思》却不押韵。客观地讲，阿翰林更重视保留和传达原作的风貌，而吉托维奇更注重接受者的感受与审美习惯，这两个译本都有存在的价值。吉托维奇的《静夜思》可能有利于这首诗的流传与普及，而从文学史和翻译理论角度进行研究，则阿翰林翻译的《静夜思》更具学术价值上的真实性。

　　阿翰林的弟子，著名汉学家孟列夫也翻译了李白的《静夜思》。他的译文引用如下：

Думы осенней ночью

Возле постели пол，озаренный луной：
Кажется — это иней лежит предо мной.
Взор поднимаю — ясную вижу луну；
Взор опускаю — край вспоминаю родной.

　　他和老师阿翰林一样，采用三音步扬抑抑格进行翻译，每行五个实词，用词准确，节奏鲜明。其最大的特点是押韵，并且和原作的韵式相同，一、二、四行相押，韵式为 aaba，读起来朗朗上口，弥补了老师译作不押韵的遗憾，可谓青出于蓝而胜于蓝。

　　阿翰林的另一个学生，著名汉学家列·扎·艾德林对老师阿翰林的汉诗翻译有过评论："我敢说，并非每个读者都能毫无保留地接受阿列克谢耶夫的译作，因为这些译作有时候让人觉得或多或少背离了习以为常的说法。但是，它们充满了力量，这些译作借助俄语的表达手段传达了原作的思想、精神、节奏和韵味。它们是富有诗意的，是忠实可信的。"

　　阿翰林翻译诗歌的经验可以概括为：充分尊重原作，以格律诗译格律诗，尽力保留原作的形象、节奏和语言特色，尽力接近原作的风格，同时又力求译诗节奏符合译入语的格律规范。阿翰林三译《静夜思》，堪称中俄诗歌交流史上的一段佳话，值得我们认真思考与借鉴。

（原载《中国俄语教学》2008 年第 2 期）

阿翰林精心译诗词

——《聊斋志异》俄译本诗词对联翻译剖析

俄罗斯汉学家阿列克谢耶夫（1881—1951）院士，学养深厚，知识渊博，著作等身，被俄罗斯汉学界尊称为"阿翰林"。他所翻译的蒲松龄小说《聊斋志异》（以下简称为"《聊斋》"），在中俄文化交流史上占有重要地位。阿翰林为翻译《聊斋》倾注了几十年的心血，按照题材选译，先后出版了《狐媚集》（1922）、《僧道神仙集》（1923）、《逸闻趣事集》（1928）、《奇人故事集》（1937），以后又多次再版，1988年出版了《蒲松龄小说集》，2000年出版蒲松龄《聊斋志异》合集。八十年间先后再版近二十次，总印数接近百万册，这在中国古典文学俄译本当中是很少见的，可以说，《聊斋》在俄罗斯读者中产生了深远的影响。

围绕阿列克谢耶夫的《聊斋》小说译本，曾经出现过一系列评论文章，批评家对这位学界泰斗翻译与研究并重的治学态度，对他高度尊重原作、尽力传达原作风貌的翻译原则，对他采用扩展性手法，以俄罗斯文学语言翻译中国文言作品的尝试，都给予了充分肯定和高度评价。批评文章涉及许多具体的翻译问题，比如句式的处理、语言风格的把握、直接引语的转换、文化空位的弥补、译文注释的掌控、不同语言译本的比较，等等，都有不同程度的分析与论断。但是对于《聊斋》中诗、词、曲、赋、对联的翻译，却很少有人进行评述与剖析。笔者不揣冒昧，愿从这一角度对《聊斋》俄译本的得失成败进行初步探讨。个人意见，抛砖引玉，期望能得到专家与读者的指教。

一

阿列克谢耶夫在研究中国文学的过程中，一直从事汉语诗歌的翻译与研究，不断探索诗歌翻译的方法与技巧。尤其在卫国战争期间，他被从圣彼得堡疏散到哈萨克斯坦的波罗沃耶，大约有两年时间集中精力翻译唐诗。他最喜欢的诗人当推李白和王维。令人不可思议的是，这些译诗经过六十年漫长的岁月，直到2003年才由圣彼得堡东方研究所出版社结集出版。读一读汉学家伊里亚·斯米尔诺夫写的前言和阿列克谢耶夫的女儿班科夫斯卡娅写的编后记，我们能进一步认识这位汉学泰斗翻译汉诗的艰辛，了解他锲而不舍、孜孜以求的严谨作风，佩服他在汉诗俄译方面不断开拓、勇于进取的精神。

阿列克谢耶夫深知译诗，尤其是翻译汉语诗歌的艰难。他从世界文学的宏观角度，充分肯定汉语诗歌的艺术价值，推崇它的典雅优美，并且致力于再现这种诗歌的风貌和特色。他反对有些翻译家所持的"欧洲文化中心论"观点，反对以猎奇的态度对待中国文学与诗歌，反对以居高临下的姿态把翻译变成转述或随意改编。因此他明确提出："我所追求的一切归纳到一点，就是以灵活的方法使俄语接近汉语，尽心尽力再现原作的风貌，这种尽心尽力基于对原作的尊重。"①阿列克谢耶夫与某些西方翻译家最大的区别在于他尊重汉语原作，把原作视为主体，而不像有些西方学者以居高临下的态度看待汉语原作，随意篡改或删削。

---

① 引自阿列克谢耶夫《常道集——唐诗选》，圣彼得堡东方研究所出版社，2003年，第250页。

　　阿列克谢耶夫还说："读我的译本，读者可以确信，为了充分地、逐词逐句地传达原作内容，我总是舍弃俄语流行的、习惯的表达方法，因为汉语原作不是由流行语言写成的。……倘若我这一本译著（包括散文和诗歌）得到批评界的肯定，被文学史家认为是可信的，那我会感到欣慰，我的使命就完成了。"[1]翻译家的这一段论述使我们明白了，为了接近原作的语言风格，他不想把汉语诗翻译得像纯粹的俄罗斯诗歌一样，他要努力寻求一种语言，既能反映原作的特点，又符合俄罗斯诗歌语言的节奏，但同时又能让读者意识到这是不同于俄罗斯诗歌的外国诗歌。他追求在两种语言之间找到最佳的契合点，换言之，他要在归化与异化之间寻求一个最佳的结合点。

　　读者群历来有不同的层次，阿列克谢耶夫对此有清醒的认识。他说："中国诗歌也许不会在那些读书只求消遣的读者中间广泛流传，但是对于那些研究文学史和文学理论的人说来，首先应当翻译的就是中国诗歌。文化地图上的空白点必须消除。"[2]他认为存在这种文化上的空白点是耻辱的。作为学者，他认为有责任帮助读者提高鉴赏能力，因此他提出了一个公式："除了我们的世界，还有另外的世界，不能仅凭第一印象就对那个世界进行判断。"[3]有些读者拒绝欣赏听不习惯的语言，阿列克谢耶夫并不想迎合他们。但与此同时，为了那些赞赏他的公式的读者，他愿意付出全部精力，尽管头顶悬着准确性这把达摩克利斯之剑，但他的志向是不懈地寻觅、探索、创造，用译文传达出无愧于原作之美的形象、意境和富有诗意的语言。他不想使自己受到标准俄罗斯文学语言的拘束。

　　对此，他的学生，著名汉学家列·扎·艾德林评价道："我敢

---

　　① 引自阿列克谢耶夫《常道集——唐诗选》，圣彼得堡东方研究所出版社，2003年，第251页。
　　② 同上，第251页。
　　③ 同上，第254页。

说，并非每个读者都能毫无保留地接受阿列克谢耶夫的译作，因为这些译作有时候让人觉得或多或少背离了习以为常的说法。但是，它们充满了力量，这些译作借助于俄语的表达手段传达了原作的思想、精神、节奏和韵味。它们是富有诗意的，是忠实可信的。"[①]

二

阿列克谢耶夫认为，诗歌翻译有两种途径：一种是用外语对原诗做散文式的转述，另一种是把原诗翻译成诗。

第一种方法尽管存在显而易见的优点，比如有利于词语翻译的准确性，在尊重原作语言的基础上，更容易发挥译入语的优势，而这种方法的弱点恰恰是第二种方法致力消除的弊端。未必有什么人会否认，诗歌中存在形象，退一步讲，形象和形式融合在一起，把形象与形式完全割裂开来简直是不可思议的。既然这样，诗歌翻译不应是诗歌的散文，那不是翻译，而是毁坏了原作。用散文式的方法翻译诗歌，翻译的只是意思，而不是形象。只有以诗译诗才属于诗，才能传达原作的诗意。原作是诗，只能以诗回应，所谓的"散文式的诗"以及诸如此类的奇谈怪论，都不属于诗歌范畴。

诗歌翻译具有天然的弱点与悲哀，其根源在于，到哪里去寻找才华与原作诗人相当的翻译家呢？除此之外，我们知道，即便译作是卓越诗人的手笔，像原作一样流传，可毕竟使用了辅助性语言，而非母语的创作。如此看来，诗歌翻译这个任务类似化圆为方一样，是个永远无法解决的难题。尽管存在种种艰难，但完成这一任务依然是许多诗歌翻译家的梦想。过去、现在、将来都

①引自阿列克谢耶夫《常道集——唐诗选》，圣彼得堡东方研究所出版社，2003年，第251页。

有一批痴迷者不会停止这种奋斗与追求。

西方国家翻译中国抒情诗所经历的恰恰是一条充满艰辛的道路。阿列克谢耶夫指出，一部分汉学家（如理雅各、德理文、卫礼贤）把诗译成散文，另一部分汉学家（福柯、施特劳斯）则坚持以诗译诗。他还指出，柏林大学已故教授格鲁贝在他的《中国文学史》当中时常引用以诗体翻译成德语的中国古诗，作为语文学家，他当然知道这种翻译方法的局限。

1919 至 1920 年期间，世界文学出版社出版了几本探讨艺术性翻译原则的书籍，已故的尼·谢·古米廖夫对此说过这样的话："用第一种方法翻译诗歌，译者使用的都是他头脑里偶然想到的节奏以及韵律，他自己习惯使用的词汇，实际上常常违背了作者的原意，他会依据个人的爱好对原作随意增删；显然，这样的译法只能叫作随心所欲式的翻译。"随后诗人又说："在确定有多少诗行与诗节方面，译者必须无条件地追随作者。"

把一种欧洲语言的作品翻译成另一种欧洲语言，上述原则完全是可行的，也是合理的。但是，如果把汉语的诗歌作品翻译成欧洲语言，尤其是译成俄语，那么，肯定会背离已故诗人所提倡的以诗译诗的翻译原则。

阿列克谢耶夫的学生尤里安·休茨基 1923 年在老师指导下，翻译出版了《7 至 9 世纪中国抒情诗选》（«Антология китайской лирики VII–IX вв.»）。他反复尝试如何接近汉语诗的格律，最终想到了利用多音节语言的音步。也就是说，用一个包含重音的音步（双音节或三音节音步）对应一个单音节的汉字。这是一次大胆而带有创新性的尝试。休茨基把一行译成两行，让诗行增加一倍，把汉语诗的绝句翻译成八行俄语诗，其他体裁的诗歌也这样处理。诗歌翻译家和审阅译诗稿件的编辑采取的各种措施都为了一个目的，即，尽力传达包含在诗行中的诗意，尽力搜寻接近原作语意的材料，尽力避免使用不符合原意的同义词，避免拔高或者歪曲原作的形象。

翻译家拥有行动自由，大量的、各式各样的格律和作诗法可供参考。有的欧洲翻译家在汉字旁边加上注音，从而获得一种特殊的诗歌排列方式，这说明了他们想要接近中国诗作的愿望，方块字的复杂繁难是他们极力想要克服的障碍。

在使用韵脚的同时，也可以采用元音重复的手法，在不背离原作诗意的前提下，翻译家还要维护运用俄语独立思考的权利。阿列克谢耶夫认为，翻译中国古诗，节奏感很重要，为了避免因词害义，可以不必押韵。他说过："希望押韵方式接近原作的主张，只不过是一种令人生疑的古怪念头而已。"

还有一个问题涉及汉语古诗的词汇。阿列克谢耶夫认为，它们很难移植，也不宜在俄罗斯土壤上存活。他觉得古代汉语是只能看、不能说的语言。古诗当中有些词语连中国人自己都弄不明白，那些带有方言色彩的词汇就更不用说了。在阿列克谢耶夫看来，汉语诗很多情况下像哑巴一样，发不出声音，因为一连串的表意文字排列成了一幅特殊的表意图画。显然，把这种听不见的词语翻译成缺乏类似词语的外语，简直是不可思议的难题。从这一角度审视，与汉语诗歌等值的外文译本过去没有，将来也不会有。

三

通过上面的分析，我们对阿列克谢耶夫翻译汉语诗歌的理念、原则、方法和局限已经有了初步认识，尤其是他采用扬抑抑格对应汉语音节的做法，可以说是翻译方法的关键。这也是我们研究分析《聊斋》诗、词、对联翻译，解决诸多难题的一把钥匙。下面我们从五言诗、七言诗、词曲、韵文、字谜和对联等六个方面，具体剖析探讨阿列克谢耶夫的翻译文本，以便在研究分析的基础上得出符合实际的结论。

1．五言诗的翻译

《聊斋》小说《辛十四娘》①当中，冯生向辛翁的小女儿求婚，曾写诗一首：

千金觅玉杵，殷勤手自将。
云英如有意，亲为捣元霜。

阿列克谢耶夫的译文如下：

	音节	词
В тысячу золотом яшмовый пест разыщу,	13	5
С пылким усердьем сам я его представлю.	12	6
Если Юнь-ин будет на это согласна,	12	5
Ей Первоиней сам тем пестом истолку.	12	6

翻译家采用五音步扬抑抑格翻译原作五言诗，译笔准确、流畅。格律图示如下：

　　－UU/－UU//－UU/－UU/－　　　　　　м
　　－UU/－U //－UU/UU－/U　　　　　　ж
　　－UU/ //－UU/－UU/－U　　　　　　ж
　　－UU/－U //－UU/－UU/－　　　　　　м

---

① 引自蒲松龄《聊斋志异》，人民文学出版社，1989 年，卷四，第 542 页；阿列克谢耶夫译《Подвиги Синь Четырнадцатой》（俄文版），圣彼得堡东方研究所出版社，2000 年，第 443 页。以下随文注篇名、页码。

图示后面的符号"м"表示阳性韵，即重音落在倒数第一个音节上；ж 表示阴性韵，重音落在倒数第二个音节上。这首诗虽然没有押韵的韵脚，但节奏鲜明，而且阳性韵与阴性韵交替出现，这一点也符合俄罗斯诗歌的韵律要求。原作诗中运用了典故，比如玉杵、云英、元霜，俄罗斯读者难以理解，翻译家通过注释简明扼要地介绍了唐代文人裴铏的《传奇》，其中男主人公裴航向少女云英的祖母求婚，老祖母提出要求，让裴航找到玉杵和臼，为她捣碎神仙赐予的元霜，即长生不老的灵丹。裴航克服困难，最后找到了玉杵，终于和云英结为夫妻。

再看《聊斋》中另一首五言诗，出自小说《绿衣女》（卷五，673；《Девушка в зеленом》，699）：

> 树上乌臼鸟，赚奴中夜散。
> 不怨绣鞋湿，只恐郎无伴。

阿列克谢耶夫的译文是：

	音节	词
На дереве этом птица сидит с уцзю,	12	5
Жадная челядь ночью вся разблелась…	11	5
Мне ведь не жаль, что мокры нарядные туфли:	13	5
Оставить боюсь я без подруги вас…	11	5

仍然是采用五音步扬抑抑格翻译原作的五言诗，格律图示如下：

```
－∪∪/－∪∪//－∪∪/－∪∪/－            м
－∪∪/－∪ //－∪∪/∪∪－/∪            ж
－∪∪/－ //－∪－∪∪/－∪∪/－∪          ж
－∪∪/∪－ //－∪∪/－∪∪/－            м
```

其他五言诗，如小说《凤仙》(卷九，1174；《зеркало Фэн-сянь》，617) 当中的三首诗，八仙祝曰："新时如花开，旧时如花谢；珍重不曾着，姮娥来相借。"水仙亦代祝曰："曾经笼玉笋，着出万人称；若使姮娥见，应怜太瘦生。"凤仙拨火曰："夜夜上青天，一朝去所欢；留得纤纤影，遍与世人看。"阿列克谢耶夫也都采用五音步扬抑抑格进行翻译。三首译诗如下：

	音节	词
Пока были новые, — словно цветы распускались;	15	6
Когда стали старые, — словно цветы, отцвели.	14	6
Дорожила ими, как жемчугом, никогда не надевая:	18	7
Хэн-э пришла, их у меня заняла!	11	6
Когда-то они вмещали яшму-росточек;	13	5
Надеть, показать, от тысяч людей хвала!	12	6
И если бы даже увидела их Хэн-э,	13	7
Должна б пожалеть, что ей слишком они узки.	13	7
Ночь за ночью они подымались к синему небу,	15	6
Утром однажды ушли от ближенного счастья.	14	5
Оставили только тонкую слабую тень,	13	5
Всем и повсюду в свете людям напоказ.	12	5

　　译诗既准确地表达了原意，又符合俄罗斯诗歌的节奏，应当说翻译得相当成功。

　　小说《白秋练》(卷十一，1460；《Бай Цю-лянь любила стихи》，216) 写书生慕蟾宫与白秋练邂逅相逢，彼此相爱。有一段文字是：女一夜早起挑灯，忽开卷凄然泪莹，生急起问之。女曰："阿翁行且至。我两人事，妾适以卷卜，展之得李益江南曲，词意非祥。"
生慰解之，曰："首句'嫁得瞿塘贾'，即已大吉，何不祥之与有！"
阿列克谢耶夫在译文中加注，介绍了唐朝诗人李益（748—827），
并将《江南曲》（"嫁得瞿塘贾，朝朝误妾期。早知潮有信，嫁于
弄潮儿！"）全文翻译如下：

	音节	词
Замуж я вышла — муж мой цюйтанский торговец,	13	7
День за другим — держит в обман, найдет !	10	5
Знала б я раньше, как можно верить приливу,	13	6
Замуж пошла б, в юношу моря влюбясь !	11	5

格律图示为：

$$-\cup\cup/-\cup//-\cup\cup/-\cup\cup/-\cup$$
$$-\cup\cup/-\ //-\cup\cup/-\cup/-$$
$$-\cup\cup/-\cup//-\cup\cup/-\cup\cup/-\cup$$
$$-\cup\cup/-\ //-\cup\cup/-\cup\cup/-$$

　　同一篇小说中，女主人公白秋练临终之前对慕蟾宫提出要求
说："如妾死，勿瘗，当于卯、午、酉三时，一吟杜甫梦李白诗，
死当不朽。"阿列克谢耶夫为此加了注释，介绍了诗人杜甫
（712—770）写的两首题为《梦李白》的诗。其中第一首开头两句
是："死别已吞声，生别常恻恻。"译诗依然采用五音步扬抑抑格，
以五音步对应汉语诗每行五个字。

	音节	词
С мертвым простишься — словно проглочено навек,	13	5

Если с живым — будешь грустить без конца!   11   5

格律图示为：

$$-\cup\cup/-\cup//-\cup\cup/-\cup\cup/-\cup$$
$$-\cup\cup/-\ //-\cup\cup/-\cup\cup/-$$

通过上述几首五言诗的译文分析，我们可以得出结论：阿列克谢耶夫的确高度尊重原作，坚持以诗译诗的原则，译出的诗既传达了原作的内容、形象，又体现了原作的节奏和语言特色，同时译诗的节奏又符合俄罗斯诗歌的韵律规范。我们不能不佩服翻译家的艺术技巧达到了炉火纯青、臻于完美的境界。

2. 七言诗的翻译

小说《娇娜》（卷一，60；《Целительница Цзяо-но》，382）写书生孔雪笠，经娇娜治病痊愈之后，对少女念念不忘，曾经吟诵两句七言古诗：

曾经沧海难为水，除却巫山不是云。

阿列克谢耶夫采用七音步扬抑抑格将这两行汉语诗翻译成俄语诗句，他把七音步分为前四后三两个部分，第四个音步后面稍做停顿，第一、第二、第三、第五、第六音步为完整的三音节音步扬抑抑格，第四、第七为不完整的音步，这两种音步的交织或反差为他选择用词提供了回旋余地：

	音节	词
По морю плыл я когда-то волнистому — речь о воде не трудно ль мне?	20	9
Кроме, как там, на Ушаньских утесах — все, что на небе, не тучи!	19	8

格律图示如下：

－∪∪/－∪∪/－∪∪/－∪∪//－∪∪/－∪－/∪－
－∪∪/－∪∪/－∪∪/－∪//－∪∪/－∪∪/－∪

阿列克谢耶夫还在注释当中引用《孟子》来解释"曾经沧海难为水"："孔子登东山而小鲁，登泰山而小天下，故观于沧海者难为水，游于圣人之门者难为言。"对后一句"除却巫山不是云"的注释则引用了巫山神女与楚怀王相会于阳台的神话传说，并且指出这两行诗出自唐朝诗人元稹悼念亡妻的诗作。翻译家对中国文学的典故、神话传说相当熟悉，这些注释有助于读者理解诗句的内涵。

小说《巩仙》（卷七，890；《Волшебник Гун》，197）描写巩仙帮助尚秀才与他相爱的女子惠哥相会于袍袖之中，他们两个人联句吟诵成了一首七言诗：

> 侯门似海久无踪，谁识萧郎今又逢。
> 袖里乾坤真个大，离人思妇尽包容。

阿列克谢耶夫翻译如下：

	音节	音步	词

Морю подобны дворцовые входы;

долго следы незаметны.　　19　7　7

Кто бы мог знать, что мой юноша

здесь встретит сегодня меня.　　17　7　9

Здесь, в рукаве, есть земля, есть и небо:

ну и рукав же огромный!　　19　7　9

Мужа в разлуке и в грусти жену —

разом в себя он вместил.　　18　7　8

格律图示为：

— U U / — U U / — U U / — U // — U U / — U U / — U

— U U / — U U / — U U / — // — U U / — U U / —

— U U / — U U / — U U / — // — U U / — U U / — U

— U U / — U U / — U U / — // — U U / — U U / —

诗句翻译得自然、流畅，与原文一样接近口语；翻译家把"萧郎"直接译成了"мой юноша"，侧重在"郎"字，免去了直接译"萧郎"做注释的麻烦，而且并不影响原意的表达；把"乾坤"译为"天地"，理解准确。诗行结尾阴性韵与阳性韵交叉，这些都是值得称道的。唯一的遗憾就是偶句不押韵。

　　小说《白秋练》（卷十一，1460；«Бай Цю-лянь любила стихи»，216）的女主人公酷爱诗歌，她与书生慕蟾宫交往，喜欢吟诵诗句，比如，她让慕生为她吟咏"为郎憔悴却羞郎"。阿列克谢耶夫就在注释中补充说明，这首诗出自唐代诗人元稹所写的《莺莺传》，是崔莺莺写给张生的一首爱情诗：

自从消瘦减容光，万转千回懒下床。
不为旁人羞不起，为郎憔悴却羞郎。

阿列克谢耶夫的译文如下：

	音节	音步	词
Стала бледнеть я и чахнуть， худея， — свет красоты угасает.	19	7	8
Тысячи раз повернуть， обвернуть — лень мне с постели вставать！	17	7	8
Непосторонних стыжусь я， больная， с ложа весь день не вставая，	19	7	8
Ради тебя я страдаю， мой друг， стыдно мне все же тебя！	17	7	8

译文采用三音节扬抑抑格，以七音步对应原作每行的七个字，节奏鲜明，用词生动。唯一值得商榷的地方是第四行的两个词"мой друг"（我的朋友），这两个词是呼语，插入在诗行当中，现代口语色彩过于浓重，与整首诗典雅古朴的修辞色彩不太谐调。

白秋练还曾向慕蟾宫提出请求，希望他吟诵"杨柳千条尽向西"。阿列克谢耶夫在注释中指出，诗句出自唐代诗人刘方平的《代春怨》，原文是：

朝日残莺伴妾啼，开帘只见草萋萋。
庭前时有东风入，杨柳千条尽向西。

翻译家完整地翻译了这首七言诗：

	音节	音步	词
Бедная иволга в утренний час плачет，как будто со мной.	17	7	7
Двери открою — только и вижу：травы роскошно густеют.	18	7	7
Время от времени в сад и во двор ветер с востока влетит;	17	7	7
Тысячи — тысячи ивовых веток — к западу все протянулись.	19	7	7

这首译诗不仅译成了每行七个音步，而且每行的实词数目也是七个，音节数和用词都与汉语原作相呼应，完美地传达了原诗的形象、韵味。译诗能译到这种地步，真可以说已经达到了钱锺书先生所说的"化境"。

3. 词曲的翻译

在中国诗歌史上，唐诗宋词堪称古典诗歌的高峰。词又称长短句，形式和诗有明显区别。曲的句式也不工整，语言更接近口语。《聊斋》中有一篇小说题为《彭海秋》(卷五，697；«Химеры Пэн Хай-цю»，319)，写莱州书生彭好古与丘生中秋饮酒，突然来一客人，自称彭海秋，施展法术从千里之外的杭州西湖招来歌女唱歌。歌女唱的曲子是《薄幸郎》：

> 薄幸郎，牵马洗春沼。
> 人声远，马声杳；
> 江天高，山月小。
> 掉头去不归，庭中空白晓。
> 不怨别离多，但愁欢会少。

眠何处？勿作随风絮。

便是不封侯，莫向临邛去！

请看阿列克谢耶夫的译文：

	音节	词
Человек без страсти, чувства и любви,	11	5
Ты повел уж коня мыть на весенний прудок…	13	7
Вот уж голос твой томительно далек…	11	5
А над Цзяном свод небес так чист, высок	11	7
И в горах так слабо светит лунный рог!	12	6
Ты тряхнул головой — нет, не вернешься ко мне,	13	6
На дворе ж поутру белым-белеет восток.	13	4
Не ропщу, не виню долгой разлуки года,	13	5
Горько лишь знать: счастья короток часок.	11	5
Где ты будешь ночевать, скажи, дружок?	11	5
Даже если не быть знатным вельможей тебе,	13	6
Никогда не ходи в дом, где линьцюский цветок!	13	5

把俄语译文回译为汉语白话诗，大体意思如下：

没有感情、不懂爱恋的人啊，

你牵马去春水池边为它洗澡……

你的声音已经遥远令人惆怅……

江上的天空如此纯净、崇高，

山上一钩弯月隐隐洒下光毫！

你摇摇头走了，再也不归来，

庭院里只剩下惨白的清晓。

我并不抱怨离别岁月久长，
只可惜幸福时刻实在太少。
心上人，你将在哪里过夜？
即便你做不成显赫的高官，
切莫去临邛青楼寻求逍遥！

　　阿列克谢耶夫对原作的理解与把握都相当准确，译文也流畅
自然，尽力保留与传达了原作的形象。值得注意的是，他译词跟
翻译五言诗和七言诗采用的格律不同，没有继续使用三音节的扬
抑抑格，而是运用双音节的扬抑格进行翻译，并且采用五音步与
六音步交叉的形式，以再现原作句子长短不一的特点。下面是头
两行的格律图示：

	音节	音步
∪∪/－∪/－∪/－∪/－∪/－	11	5
－∪/－∪/－∪/－∪/∪－/∪∪/－	13	6

　　可惜，这首曲子的译文漏译了两句，就是第四句"马声杳"
和第十二句"勿作随风絮"，结果原作十四句译成了十二行，漏译
了两行，令人惋惜，这也是"智者千虑，必有一失"吧。
　　另外一首词，词牌为《惜余春》，出现在小说《宦娘》（卷七，
982；《Хуань-нян у лютни》，254）当中。《聊斋》原作整首词引
用如下：

因恨成痴，转思作想，日日为情颠倒。
海棠带醉，杨柳伤春，同是一般怀抱。
甚得新愁旧愁，划尽还生，便如春草。
自别离，只在奈何天里，度将昏晓。

今日个蹇损春山，望穿秋水，道弃已拚弃了！

芳衾妒梦，玉漏惊魂，要睡何能睡好？

漫说长宵似年，侬视一年，比更犹少：

过三更已是三年，更有何人不老？

我们来看阿列克谢耶夫的译文：

Жалость к последним остаткам весны

Из-за этой досады становлюсь полоумной,

Дума моя превращается в воспоминание.

С каждым и каждым я днем чувством своим опрокинута.

Цветок хайтан несет мне опьянение,

Тополь и ива ранят весенней тоской.

Вместе с ними одною и той же тоской объята душа моя.

Ужасней всего — это то, что есть новая тоска,

есть тоска старая;

Проходит одна — вновь вырастает другая,

И выходит похоже на зеленую травку!

С тех пор, как расстались мы,

Лишь под этим небом вздыхания, недоумения

Буду проводить я и вечер, и утро.

Сегодняшний день — день весенней ущербной

для гор торопливости.

Я до дна просмотрела осенние воды,

Как на дорогу пробросаны цветы!

Ревнует мой сон ароматное одеяло,

Пугают мне душу яшмовые часы.

Спать я хочу, но как я могу уснуть?

Говорят ведь, что долгая ночь словно год:

На мой же взгляд, одного года

Для сравнения с ночной стражей еще мало!

Пройдет три стражи — вот уже три года,

А какой, скажите, человек за них не постареет?

阿列克谢耶夫翻译的这首词，注意到了原作长短句穿插的特点，但是就俄语译文的节奏而言，不如五言诗和七言诗译得韵律完整，他基本上采用了抑抑扬格和扬抑抑格混合格律。以开头三行为例，格律图示如下：

	音节	音步
∪∪−/∪∪−/∪ //∪∪−/∪∪−/∪	14	6
−∪∪/−∪∪/−∪∪//∪∪∪/−∪∪	15	5
−∪∪/−∪∪/− //−∪∪/−∪∪/−∪∪	16	6

但是第四行却使用了双音节六音步抑扬格，格律图示为：

∪−/∪−/∪−//−∪/∪−/∪∪

从音韵形式角度考虑，这首词的翻译似乎仍有推敲、修改、加工的余地。

4. 韵文的翻译

2000 年蒲松龄《聊斋》合译本在圣彼得堡出版，阿列克谢耶夫的女儿班科夫斯卡娅在后记中写道："《聊斋自志》是用骚动不安的韵律写成的，如何翻译《聊斋自志》是个棘手的问题，为此，阿列克谢耶夫把主要精力放在了韵律节奏的传达上，翻译家全身心地、倾其所能地投入了翻译工作。"

蒲松龄《聊斋自志》原文开头一段文字是："披萝带荔，三闾氏感而为骚；牛鬼蛇神，长爪郎吟而成癖。自鸣天籁，不择好音，有由然矣。松落落秋萤之火，魑魅争光；逐逐野马之尘，魍魉见笑。才非干宝，雅爱搜神；情类黄州，喜人谈鬼。闻则命笔，遂以成编。"这段文字，风格接近屈原的《离骚》，语言具有鲜明的节奏感，大量采用对偶句，短句以四字为主，长句或七字，或六字，长短穿插，读起来朗朗上口，颇有气势。

阿列克谢耶夫充分注意到了原文的节奏，他对译文几番推敲修改，定稿的译文同样具有节奏和韵律：

"В лианы одетый, плющем опоясен", "Владетель трех родов", раз вдохновившись им, творил свою«Тоску». "Бык-демон бог-змея"—их"с длинными ногтями суминистр" воспел в стихах: он страстно их любил! Они "свирель небес" в себе воспели, не выбирая сплошь приятных слов — и в этом правда их! Я, скромный Сун, —заброшен, одинок; мерцаю, как светляк осенний... И с бесом Ли, и с бесом Мэй за свет придется спорить мне... Пылинка только я: галопный бег коня ее взметнул... Бес Ван, бес Лян смеются надо мной... Талантом я не схож с былым Гань Бао; но страсть люблю, как он, искать бесплотных духов. И нравом я похож на старца из Хуанчжоу; как он, я рад всегда, коль люди говорят о бесах... Однако, слыша подобные рассказы, я беру в руки кисть, повелеваю ей писать: получается целая книга...

阿列克谢耶夫的译文除了采用交替出现的长短句式，还精心选择词汇，使译文具有严谨的节奏和韵律。

比如，开头四个字"披萝带荔"，采用的是三音节音步抑扬抑格：

> "В лианы одетый, плющем опоясен",

格律图式标注为：

$$U - U/U - U//U - U/U - U//$$

此后改变节奏，"三闾氏感而为骚"，译文使用了双音节音步抑扬格：

> "Владетель трех родов", раз вдохновившись им, творил свою«Тоску».

用格律图式标注为：

$$U -/U -/U -//U U/U -/U -/U -/U -/U -//$$

又比如："才非干宝，雅爱搜神；情类黄州，喜人谈鬼。"译文是：

> Талантом я не схож с былым Гань Бао; но страсть люблю, как он, искать бесплотных духов. И нравом я похож на старца из Хуанчжоу; как он, я рад всегда, коль люди говорят о бесах…

这里采用的依然是双音节音步抑扬格，译文自然、流畅、准确。

不过在这一段译文当中，也有一处疏忽，"魑魅"的"魑"，译者译成了"бес Ли"，显然是依据偏旁的误读，正确的读音是"chimei"，俄语应译为"мес Чи"。

小说《白于玉》（卷三，337；«Чары и феи Бо Юй-юя»，234），写吴青庵求道出家，后其子梦仙途中遇险，得一道人救助，道人托梦仙带一信给王琳，至家方知，母亲小字名琳。信中写道：

> 三年鸾凤，分析各天；葬母教子，端赖卿贤，
>
> 无以报德，奉药一九；剖而食之，可以成仙。

阿列克谢耶夫把这段韵文翻译如下：

> Феникс с подругою жили три года,
>
> Врозь разлетелись, каждый в свой край…
>
> Мать схоронить мою, сына воспитывать
>
> Это лишь ты, дорогая, могла.
>
> Нечего дать мне тебе в благодарность:
>
> Вот разве шарик волшебный возьми,
>
> Надвое взрежь, проглоти, как лекарство;
>
> Сможешь бессмертною феей ты стать!

格律图示为：

$$-\cup\cup/-\cup\cup/-\cup\cup/-\cup$$

$$-\cup\cup/-\cup/-\cup\cup/-$$

```
— ∪ ∪ / — ∪ ∪ / — ∪ ∪ / — ∪ ∪
— ∪ ∪ / — ∪ ∪ / — ∪ ∪ / —
— ∪ ∪ / — ∪ ∪ / — ∪ ∪ /
— ∪ ∪ / — ∪ ∪ / — ∪ ∪ / — ∪
— ∪ ∪ / — ∪ ∪ / — ∪ ∪ /
```

以有节奏的词语翻译原作的韵文，准确、流畅，充分反映了翻译家驾驭语言的高超能力。

5. 字谜的翻译

字谜和谜语凝结着民间智慧，其中的文字往往具有双重含义，既有字面的意思，又有潜在的含义，因此，翻译难度极大，无疑是翻译家所面临的挑战。另外，汉语是表意文字，而俄语是拼音文字，两种语言之间存在巨大的差异。如何跨越这鸿沟似的障碍，显然也是对翻译家的考验。对于平庸的译者，谜语，可能像一座难以翻越的大山；然而对于真正有才华的翻译家说来，克服难点，迎接考验，恰恰是他的用武之地。

蒲松龄的一枝妙笔，能把狐妖花仙写得活灵活现，《狐谐》（卷四，508；《Лиса острит》，326）中与万福相好的狐狸，善戏谑，曾讲一故事，内涵一个字谜。一使臣出使红毛国，着狐腋冠，见国王。王见而异之，问："何皮毛，温厚乃尔？"大臣以狐对。王言："此物平生未曾得闻，狐字字画何等？"使臣书空而对曰："右边是一大瓜，左边是一小犬。"主客又复哄堂。

以下是阿列克谢耶夫的译文片段：

Сказал царь: "Мне во всю жизнь не приходилось

ничего слышать! Этот знак Ху — в каком роде будет его начертание?" Посланник стал писать в воздухе и докладывает царю: "Справа — большая тыква, слева — маленький пес." Гости и хозяин опять захохотали на весь дом.

阿列克谢耶夫的译文简练生动，为了俄语读者能感受原文的戏谑氛围，翻译家在注释中以有趣的文字解释故事发生的情境，出色地传达了原作的诙谐风格：

> Знак Ху (лисица) действительно состоит из знака "тыква" и знака "собака". Шараду надо читать так: "Справа от меня, лисы, сидит большая тыква (дурак), а слева — собака!" Комплименты для гостей неважные, но сказанные с якобы невинным остроумием.

把阿列克谢耶夫的注释回译成汉语是：狐字的确是由瓜字和犬字两部分构成。这个字谜应当这样解读："在我狐狸的右边坐着一个大瓜（傻瓜），左边蹲着一条狗！"对于客人来说，这可不是恭维，这些话语透露出无可挑剔的智慧。

阿列克谢耶夫似乎很轻松地克服了障碍，不仅再现了原作的形象，而且传达了原作的幽默、诙谐与俏皮，假如蒲松龄依然活在世上，他肯定会把阿列克谢耶夫引为知音，定会伸出拇指，对这位俄罗斯翻译家大加赞扬。

如实翻译原文，用注释揭示文字的潜在含义，体现了阿列克谢耶夫翻译字谜的创造性。

小说《仙人岛》（卷七，941；《Остров Блаженных людей》，150），讽刺调侃了自诩才子的王生，赞美了芳云和绿云姊妹的聪慧机智。主人桓文若见王勉受到芳云和绿云的嘲弄，十分狼狈，就给他出了一个上联："王子身边，无有一点不似玉。"王勉想不出下联，绿云应声答道："黾翁头上，再着半夕即成龟。"这副对联实际上是两个字谜，隐含着王勉（字黾斋）的名字，绝顶聪明的少女绿云又跟王勉开了一个恶作剧式的玩笑。

这段很难翻译的文字，同样难不倒高明的翻译家阿列克谢耶夫。请看他的译文：

> У почтеннейшего Вана на теле повсюду нет ни одной крапинки, которая не напоминала бы яшму-драгоценность.
>
> У досточтимого Миня на голове — еще проведи он полвечера, — сейчас же образуется черепаха.

把俄语回译成汉语白话，上联是"尊贵的王身上没有一点不使人联想到贵重的玉"。表面上是对王勉的恭维，仿佛说他身上处处显得尊贵，有身份，气质如玉一样高洁。绿云对出的下联是"威严的黾在头顶再加半个夕字立刻就变成乌龟"，这与上联形成巨大的反讽，让自视甚高的王勉当众出丑。从纯语言角度分析，上联用了9个实词，下联也是9个实词（连接词和前置词不计算在内），基本上反映了汉语对联的原貌，用多音节的拼音文字做到这一点非常不易。如果以音节计算，上联38个音节，下联34个音节，也大体相当。为了帮助俄罗斯读者了解对联的含义，阿列克谢耶夫在注释中进行了解释：

> Если возле знака Ван нет одной точки, то он не похож на знак юй (яшма, нефрит).
>
> Если сверху знака Минь поставить половину знака си (вечер), то получается знак гуй (черепаха).

回译成汉语是：

> 如果王字没有一点，那么它就不像玉字。
> 黾字的头上再加半个夕字，就变成龟字。

这样一来，不仅传达了原文的内容，而且把文字所包含的诙谐戏谑意味也如实地表现出来了。没有高超的驾驭语言的能力，翻译很难达到如此精妙的地步。

6. 对联的翻译

对联，俗话又称对子，对对子是中国古代文人的基本功之一。考试有时对对联，过春节贴对联，婚丧嫁娶写对联，名胜古迹挂对联，写诗讲究对仗、对偶。对联是中国文化的一大奇观，几乎渗透到生活的各个层面。因此很多孩子从小就学习对对子。清朝人编写的《幼学琼林》一开头就有对对子的范例："天对地，雨对风，大陆对长空……。"蒲松龄的聊斋小说里也有许多奇妙的对联，这让翻译聊斋小说的外国翻译家再次面临严峻的挑战。

小说《狐谐》（卷四，508；«Лиса острит»，326）当中，孙得言出了个上联，拿狐仙的情人万福开玩笑，同时调侃狐仙是妓女。狐仙立刻反唇相讥对出下联，机智地嘲骂了孙得言，把他说成是乌龟。这副对联巧妙地使用了人名，其中的"万福"，是个双关语，既是狐仙情人的名字，又指当时妇女行礼的姿势，"得言"也是双关语，既是人物的名字，又有"畅所欲言"的意思。上联与下联，对仗工整，幽默诙谐，引人发笑。请看这副对联：

> 妓者出门访情人，来时"万福"，去时"万福"。
> 龙王下诏求直谏，鳖也"得言"，龟也"得言"。

阿列克谢耶夫的译文是：

> Публичная дева выходит из ворот, спрашивает о возлюбленном человеке. Когда приходит: миллион счастья! Когда уходит: миллион счастья!
>
> Драконов князь издает указ, ища прямого советника. Черепаха-бе — тоже может сказать! Черепаха-гуй — тоже может сказать!

译文准确、流畅、生动，几乎无可挑剔，堪称完美。上联 13 个实词，下联也是 13 个实词，按音节数计算，45 对 40，大体相当。需要说明的是，"万福"的"万"，阿翰林没有直译为俄语的"десять тысяч"（万），而是译为"миллион"（百万），估计主要是从用词简洁、注重节奏考虑的。因为若译为"десять тысяч"，多出一个音节，就破坏了语言的节奏感。

小说《细柳》（卷七，1016；《Си-лю это знала》，391）当中，也有一副对联，是姓高的书生吟诵上联赞美他的妻子细柳，妻子对出下联表达自己的心愿。请看这副对联：

> 细柳何细哉：眉细，腰细，凌波细，且喜心思更细。
> 高郎诚高矣：品高，志高，文字高，但愿寿数尤高。

这副对联的奇妙之处在于文字的重叠，六次使用"细"字，六次出现高字。阿列克谢耶夫的译文不仅忠实地传达了原文的形象、内容，而且再现了原文的语言特色：

> Моя Тоненькая Ивушка, почему, скажи, ты тонкая? ...
> А потому, что и брови у тебя тонкие, и талия тонкая, и

волны очей тонкие, а еще приятно мне, что и ум у тебя особенно тонкий!

Мой Гао, высокий, действительно высок! И нравственности ты высокой, и дух твой высок, и литературный стиль твой высок ... Все, чего я бы желала, — это то, чтобы и гадами жизни ты был еще выше всего этого.''

不过，这副对联的译文当中，有一处值得商榷，"凌波细"，指女子的秀足。"凌波，原指女子步态轻盈。曹植《洛神赋》：'凌波微步，罗袜生尘。'"①阿列克谢耶夫译成了"волны очей тонкие"（眼波细），看来理解有误，译为"походки тонкие"可能更接近原作的意思。估计当时工具书不多，也可能是翻译家工作疲劳，偶尔疏忽所致。但是，瑕不掩瑜，总体来说，对联的译文非常出色。

小说《乩仙》（卷十二，1559；《Божество спиритов》，550），故事情节的中心就是一副对联：

羊脂白玉天，
猪血红泥地。

阿列克谢耶夫的译文，上联 5 个实词，11 个音节，下联 5 个实词，10 个音节，形式与原作吻合，对仗工整，而且阴性韵与阳性韵形成对偶。译笔堪称绝妙。

Баранье сало — в белой яшме небо.

---

① 引自蒲松龄《聊斋志异》，人民文学出版社，1995 年，第 1020 页注释。

Свиная кровь — в красной грязи земля.

格律图示如下：

$$U -/U -/U -/U -/U -/U$$
$$U -/U -/ - U/ - U/U -/$$

包含对联最多的，当推小说《仙人岛》（卷七，941；«Остров Блаженных людей»，150）。书生王勉，字黾斋，恃才傲物，自命不凡，但是在仙人岛两个聪慧美丽的少女面前，却一再出丑。这篇小说嘲讽了书生的酸腐气，赞美了芳云和绿云两姊妹的聪明才智。小说中王勉吟诵两句诗："一身剩有须眉在，小饮能令块垒消。"芳云听了嘲笑说：

> 上句是孙行者离火云洞，
> 下句是猪八戒过子母河。

这就是一副奇妙的对联。阿列克谢耶夫翻译如下：

Первая строка — это путник Сунь, уходящий от пещеры Огненных туч.

Вторая же — это Чжу Ба-цзе, переходящий реку Сына и Матери.

后来王勉背诵水鸟诗，忽然忘了下一句，绿云对上了下句，成为一副戏谑的对联：

潴头鸣格磔

狗腚响弸巴

　　这里的"潴头"是谐音词，隐含"猪头"二字，"猪头"对"狗腚"极其滑稽，"狗腚响弸巴"，讽刺王勉徒有其名，吟诵诗句"狗屁"一样，臭不可闻。翻译家译出了字面的意思，译文如下：

> В затонах кричат ге-ге…
> Собачий зад гремит плын-бба…

　　"В затонах"意思是在"河湾"，译出了词的含义，却丢失了谐音含义，没有隐含的"猪头"之意，"河湾"对"狗腚"丧失了原有的戏谑色彩。另外拟声词"格磔"音译应为"ге-де"，不是"ге-ге"。这副对联的翻译尚有修改加工的余地。

　　综上所述，阿列克谢耶夫翻译《聊斋》诗词、韵文、字谜、对联，付出了巨大的努力，取得了非凡的成功，堪称翻译的典范。当然，个别地方仍有误读误解之处，偶尔也有漏译的词句，希望以后再版时能够进行修正。分析阿列克谢耶夫的翻译，我们可以得出以下几点结论：

　　（1）翻译一部作品，必须经过慎重选择，不仅要了解原作者，了解原作在文学史上的地位，还要了解作品的内涵、艺术价值及语言特色；必须尊重原作，尽力传达原作蕴含的美，不可随意删削篡改。阿列克谢耶夫在这方面为我们做出了典范。

　　（2）翻译作品应该与研究作品相结合。阿列克谢耶夫不仅翻译《聊斋》，而且深入了解作家生平、作品创作的时代背景、作品的寓意、孔子的儒家学说、儒生的思想特点、小说的语言特色，以及汉语诗词对联的特点，除了译本的几篇序言，他还撰写了内容深刻、有独到见解的论文，这为当代的翻译工作者提供了可资借鉴的经验。

（3）翻译诗词一方面要尽力反映原作的形式特点，另一方面又要符合译入语的格律规范，这是诗歌翻译家面临的一大挑战。阿列克谢耶夫找到了汉语诗跟俄语诗格律的契合点，采用三音节音步扬抑抑格对应一个汉字，找到了归化和异化的最佳结合部，这对诗歌译者具有开创性的启示。

（4）阿列克谢耶夫翻译《聊斋》，翻译诗、词、对联，并非一蹴而就，而是不断听取意见，不断推敲润色，反复修改，精益求精，从而使译文质量不断提高，日臻完善。这种精神和经验也值得当代翻译工作者认真学习。

（5）作为翻译家，阿列克谢耶夫深知读者是分层次的：有些读者具有专业知识，读书是为了研究；有些读者读书是为追求知识；而有些读者读书只为寻求消遣。因此，翻译家不应当迎合一般读者。翻译家和作家一样，肩负着培养读者、提高读者审美情趣的责任。翻译家应当帮助读者了解其他国家和民族的文化。这种对待读者的态度也值得我们深思。

中国的俗语说，"长江后浪推前浪，一代更比一代强"，还有诗句说，"雏凤清于老凤声"。这些话是有道理的，但是未必适用于翻译。年轻一代的翻译，未必能超过老一代的翻译，阿列克谢耶夫译《聊斋》，就是突出的例证。自从他出版了几个《聊斋》的选译本之后，几十年来再也没有俄罗斯翻译家涉足《聊斋》翻译。人们觉得阿翰林的译本是一座难以逾越的高山。这个事实，同样值得我们认真思考，思考其中包含的道理。

（原载《中俄文化对话》，黑龙江人民出版社，2008 年）

阿翰林：高瞻远瞩的翻译提纲

　　人的头脑，好像是个储藏室，有些经历储存在一个角落里，似乎已经被淡忘；可是多年之后，由于机缘巧合，那留存在幽暗里的印象，会忽然闪光，于是多年前的情景又生动地浮现在眼前。

　　1989 年 10 月，我在莫斯科访问了俄罗斯诗歌翻译家切尔卡斯基，他的汉语名字叫车连义。记得一见面他就说："Всю жизнь меня мучит то, что плохо говорю по-китайски."（这辈子让我最苦恼的是说不好汉语。）这句话给我印象深刻，因为我的苦恼是说不好俄语。牢记这句话，以后可为自己遮羞使用了。

　　我们混杂着使用俄语和汉语交谈。我告诉他自己翻译了哪些俄罗斯诗人的作品，也询问他翻译汉语诗歌的情况。当时他说："我们翻译中国诗是有计划、有系统的。"这句话给我留下了印象，却似懂非懂。直到多年以后，看了阿列克谢耶夫院士的著作，才恍然大悟。

　　车连义当时送给我两本书，一本是艾青诗选《太阳的话》，另一本是《蜀道难——50 至 80 年代中国诗选》。他在两本书的扉页上都写了赠言，还加盖了用中文篆刻的图章，三个篆体汉字：车连义。不知为什么，我觉得这图章大概是高莽老师为他刻的，可惜当时没有问他。后来我问过高莽老师，他说有可能，因为 1965 年车连义在北京大学进修的时候跟他认识，两人时有来往。

　　阿列克谢耶夫院士（Василий Алексеев，1881—1951），汉语

名字叫阿理克，又被尊称为"阿翰林"。2006 年我看到了他的著作《论中国文学》两卷集（莫斯科东方文学出版社，2002）。其中第一卷有篇很长的论文，题为《中国文学》。这篇论文的附录，是他撰写的《中国典籍翻译提纲》（«Программа переводов с китайского, составленная В.М.Алексеевым»）。这时候我忽然想起了车连义说过的那句话，明白了这就是俄罗斯汉学家有计划、有系统翻译中国典籍的起点与依据。我把这份提纲翻译如下：

1. 古代经典诗歌（《诗经》）
2. 上古之书（《书经》）
3. 孔子写的编年史及其续作（《春秋》和《左传》）
4. 孔子及其弟子的箴言录（《论语》）
5. 古代儒家学说的经典（《大学》和《中庸》）
6. 论民与君之作（《孟子》）
7. 中国古代的礼仪（《礼记》《周礼》）
8. 有关子辈敬老的著作（《孝经》）
9. 儒学复兴之著述者（《朱子大全》《性理大全书》）
10. 皇帝的儒学著作（康熙《圣谕广训》）
11. 论人性的著作（孟轲、荀况、杨朱、墨翟）
12. 论玄虚的道以及由道所主宰的人（老子《道德经》）
13. 关于道的寓言（《庄子》）
14. 神秘的篇章（《淮南子》）
15. 葛洪的炼丹术（《抱朴子》）
16. 道教典籍（《神仙传》）
17. 佛教典籍（《高僧传》）
18. 取经的高僧（法显、玄奘）
19. 中国宗教的符录和咒语
20. 楚国的诗人（《楚辞》）

21. 古代诗的主题与音调（《乐府》）

22. 古代诗文选集（《文选》）

23. 嗜酒的隐逸诗人（陶潜）

24. 谢氏家族的诗人（谢朓、谢灵运、谢惠连）

25. 谪仙人，诗人李白

26. 诗圣杜甫的诗

27. 韩愈的创作（《韩文公文集》）

28. 诗人白居易

29. 诗中有画，王维的诗

30. 唐朝诗选

31. 苏轼（苏东坡）的著作

32. 宋代诗选

33. 佛教诗

34. 女诗人

35. 抒情戏剧《寺庙里的艳遇》（《西厢记》）

36. 历代散文杰作（《古文观止》）

37. 蒲松龄小说的奇异世界（《聊斋志异》）

38. 关于人生奇遇的小说（《今古奇观》）

39. 三国（历史长篇小说《三国演义》）

40. 红楼上的梦（长篇小说《红楼梦》）

41. 涉及文学史的专论与评论

42. 刘勰的诗学论著（《文心雕龙》）

43. 以抒情文字描述艺术灵感（《诗品》《画品》《书品》）

44. 碑文石刻

45. 民间文学

　　阿列克谢耶夫开列的这份翻译提纲，表明他不愧为苏联汉学的奠基人，不愧"阿翰林"的称号。他学识渊博，视野开阔，不仅能从宏观角度把握中国古代文献的发展脉络，还能高屋建瓴，分清主次，抓住最重要的典籍。这份翻译提纲，并非一纸空文。阿列克谢耶夫身体力行，带领他的诸位弟子，一步一个脚印从事研究与翻译，逐步把提纲上列出的经典作品翻译成俄语，形成了中国典籍俄译本的完整系列。

在这份翻译提纲的 45 项当中，阿翰林自己完成的有 5 项：《中国论诗人的长诗：司空图〈诗品〉翻译与研究》，蒲松龄小说《聊斋志异》（分成《狐魅集》《僧道集》《奇人集》《异事集》出版，并多次再版），《中国散文精粹》两卷集，《常道集——唐诗选》（完成于 20 世纪 40 年代，2003 年出版），此外他还翻译了《论语》以及李白的诗赋和散文等。

阿列克谢耶夫最为器重的弟子尤里安·休茨基（1897—1938）翻译了《7 至 9 世纪中国抒情诗选》（世界文学出版社，1923）。阿列克谢耶夫不仅为这本译著写序言，还为按题材编排的每一辑撰写引言。可以说这是休茨基和老师共同完成的一本唐诗选集。没有列入翻译提纲的《易经》，俄译本也是休茨基的手笔。

阿列克谢耶夫另一个学生阿列克谢·施图金（1904—1963），在老师指导下翻译和研究《诗经》，经过二十多年的努力，数易其稿，最终译完了《诗经》的三百多首诗，1957 年由苏联国家文学艺术出版社出版，科学院院士康拉德为这部译著写了序言。施图金完成了《中国典籍翻译提纲》列于首位的巨著。

柳苞芙·波兹德涅娃（1908—1974），也是阿列克谢耶夫的学生，她翻译出版了《中国智者》一书，其中包括庄子、列子和杨朱的著述。

列夫·艾德林（1909—1985）是阿列克谢耶夫的高足，他从《中国典籍翻译提纲》当中选择了两个诗人：陶渊明和白居易。1942 年以论文《白居易的绝句》获副博士学位，1949 年他翻译的诗集《白居易绝句》出版。他的著作还有《陶渊明及其诗歌》

《中国文学简史》以及译作《陶渊明诗集》。

尼古拉·费德连科（1912—2000），汉语名叫费德林，也是阿列克谢耶夫的学生。他的博士论文题目是《屈原生平与创作》，1943年通过论文答辩。《离骚》逐词逐句的初译稿由他完成，然后请诗人阿赫玛托娃加工润色，完成了诗化译本，1954年由苏联国家文学艺术出版社出版，从而完成了《中国典籍翻译提纲》列于第20项《楚辞》当中的扛鼎之作。

戈奥尔吉·蒙泽勒（1900—1959），毕业于列宁格勒大学东方系，与诗人吉托维奇（1909—1966）合作，翻译出版了《李白诗选》（1957）、《王维诗选》（1959）和《杜甫诗选》（1962）。这三个诗人的诗集都属于翻译提纲当中的项目。

阿翰林的学生齐佩罗维奇（1918—2000），汉语名字叫齐一得，她与韦利占斯（1922—1980）合作翻译了话本小说《今占奇观》。这是翻译提纲中的第38项。

另一个学生奥尔嘉·菲什曼（1919—1986），完成了副博士论文《欧洲学术视野中的李白》（1946），撰写了《李白生平与创作》，后来还出版了专著《17—18世纪中国三位短篇小说家：蒲松龄、纪昀、袁枚》。

切尔卡斯基（1925—2003），就是我在前面提到过的翻译家车连义，1962年以论文《曹植的诗》获得语文学副博士学位，他的导师是艾德林。后来他出版了《曹植诗选——七哀集》。他在翻译中国新诗方面取得了令人瞩目的成就。

列夫·缅什科夫（1926—2005），汉语名叫孟列夫，也是阿翰林的学生。他翻译了《西厢记》，翻译了《红楼梦》诗词，配合帕纳秀克（1924—1990）完成了长篇小说《红楼梦》的俄译本。他还翻译出版了《孟子》。唐诗选《清流集》也是他花费多年心血的译著。

列昂尼德·谢列布里亚科夫（1928—2013），在阿列克谢耶夫指导下完成了副博士论文《中国 8 世纪伟大诗人杜甫的爱国主义和人民性》，在此基础上撰写了《杜甫评传》，博士学位论文是《陆游生平与创作》。他还出版了研究宋词的专著《中国 10—11 世纪的诗词》，此外还参与了宋词的翻译。

瓦西里·苏霍鲁科夫，1929 年出生，1955 年毕业于列宁格勒大学东方系，研究唐朝诗人王维的创作，翻译了《王维诗选》。这是翻译提纲中的第 29 项。

鲍里斯·瓦赫金（1930—1981），1954 年毕业于列宁格勒大学东方系，他翻译出版了《乐府：中国古代民歌选集》。这是翻译提纲中的第 21 项。

鲍里斯·里弗京（1932—2012），汉语名李福清，他在列宁格勒大学东方系读书时听过阿列克谢耶夫的课。大学毕业后在高尔基世界文学研究所工作，研究方向是中国民间文学。这是翻译提纲的最后一项。李福清以《万里长城的传说与中国民间文学的题材问题》和《中国的讲史演义与民间文学传统（三国故事的口头与书面异体）》两篇论文先后获得副博士和博士学位，并且成为继阿列克谢耶夫之后的又一位专攻汉学的科学院院士。

莫斯科远东研究所研究员谢尔盖·托罗普采夫，1940 年出生，汉语名谢公，近十年来陆续出版了有关中国诗人李白的六本书：《书说太白》《李白古风》《李白的山水诗》《楚狂人李白》《李白传》和《李白诗五百首》，成为俄罗斯汉学界一个引人关注的现象。

叶尔马科夫（1947—2005），毕业于列宁格勒大学东方系，以论文《〈高僧传〉是一部文学典籍》获副博士学位，翻译了《高僧传》第一卷"译经"，第二卷"义解"，他的研究与翻译跟中国典籍翻译提纲第 17、18 两项相关。

达格丹诺夫（1948—2002），毕业于列宁格勒大学东方系，著有《王维创作中的禅学思想》，与翻译提纲的第 29 项有关。

托尔奇诺夫（1956—2003），汉语名陶奇夫，是阿翰林的再传弟子，他翻译了《道德经》和葛洪的《抱朴子》，完成了翻译提纲中的两项课题。

1948 年出生的伊里亚·斯米尔诺夫，虽然毕业于莫斯科大学东方语言学院，也被视为阿列克谢耶夫的再传弟子。圣彼得堡东方研究所出版社出版的"中国诗歌珍品"丛书由他主持，1999 年以来，陆续出版了艾德林翻译的陶渊明诗选《秋菊集》和《枯荑集——7 至 10 世纪唐诗选》、休茨基翻译的《悠远的回声——7 至 9 世纪中国抒情诗选》（2000）、孟列夫翻译的《清流集——7 至 10 世纪唐诗选》（2001），阿列克谢耶夫在 20 世纪 40 年代初卫国战争期间翻译的唐诗选《常道集——唐诗选》（2003），尘封半个多世纪后终于得以面世。宋代诗选《云居集》由多位汉学家和诗人合译，谢列布里亚科夫撰写了序言。此外，丛书还包括斯米尔诺夫自己翻译的《清影集——14 至 17 世纪明代诗歌选》和高启诗选《天桥集》。斯米尔诺夫为中国古代诗歌俄译本成系列出版做出了贡献。这些中国古代诗歌译本大多与阿翰林的翻译提纲有关。

2013 年 12 月 29 日，翻译《千家诗》的汉学家鲍里斯·梅谢里雅科夫给我来信，说一家出版社约请他翻译《圣谕广训》，希望我能帮助他找到这部清朝著作的电子文本。我向社科院的李俊升博士求助，他很快寄来了需要的文本。相信不久之后，梅谢里雅科夫的译本又能填补一项空白，因为这是阿翰林列入翻译提纲的第 10 项：皇帝的儒学著作（康熙《圣谕广训》）。

从 1920 年阿列克谢耶夫撰写《中国典籍翻译提纲》，至今已有九十三年，接近一个世纪。我们看到，这位具有国际影响的汉学大师及其弟子和再传弟子，逐步把提纲中的项目变为现实，以严谨的科学精神，从事研究与翻译，把中国最重要的典籍翻译成俄语，为中俄文化交流默默地做出了巨大贡献。

阿列克谢耶夫开列的翻译提纲，可谓高瞻远瞩。这份提纲为系统地翻译中国典籍奠定了基础。他不仅自己围绕这份提纲从事翻译，还把重要的典籍作为课题分配给自己的学生，指导他们攻克难关。俄罗斯汉学家翻译中国文史哲经典著作，真正做到了有计划，成体系，有重点，有传承。这份宝贵的翻译提纲给我们深刻的启迪，值得学术界、翻译界、教育界的学者认真思考与借鉴。

（原载《中国俄语教学》2014 年第 2 期）

施图金：历经劫难译《诗经》

阿列克谢·亚历山大罗维奇·施图金（1904—1963），出生于圣彼得堡一个印刷工人家庭。施图金上中学期间，听过汉学家阿列克谢耶夫的讲座，对中国文学和文化产生了兴趣，立志学习汉语。1921 年他考入列宁格勒大学，如愿以偿成了阿列克谢耶夫的学生。1925 年入学毕业后，施图金曾在莫斯科一所大学任教，三年后返回列宁格勒，在列大文史系任教，跟老师阿列克谢耶夫经常见面，切磋学问。在老师指点下，他决心把翻译和研究《诗经》作为长期的科研课题。20 世纪 30 年代初，施图金开始翻译这部经典巨著。1935 年他转入列宁格勒东方研究所，专门从事汉学研究，翻译《诗经》加快了进度。然而，就在他翻译《诗经》初稿的日子里，意想不到的灾难突然降临到他的头上。

1937 年苏联大清洗运动中，阿列克谢耶夫最器重的三个学生惨遭杀害，他们是年轻的汉学家休茨基、瓦西里耶夫和涅夫斯基。学生遭遇不幸让阿列克谢耶夫心疼欲碎，要知道，这几个学生全都才华出众，前途无量：休茨基已经翻译了《易经》，瓦西里耶夫翻译了《长恨歌》，而涅夫斯基破解了神秘的西夏文字。

1938 年春天，《真理报》发表署名文章《挂院士头衔的伪学者》，点名批判阿列克谢耶夫，指责他翻译《聊斋志异》是宣扬"神秘主义"，宣扬"色情"。同年 7 月 31 日，施图金突然被捕入狱，被捕的原因之一是他为老师做了辩解。

　　施图金突然失踪之后，阿列克谢耶夫为他担心，怕他也会遭遇不测。不过还算幸运，施图金被判处五年监禁，一直关押到1946年才被释放，但当局仍然禁止他在大城市居住。施图金只好在距离列宁格勒一百多公里的一所乡村学校教书，同时继续翻译《诗经》。1948年夏天，他不幸得了轻度中风，不再适合任教。在老师阿列克谢耶夫奔走帮助之下，列宁格勒东方研究所同意为他安排工作，由他来完成《诗经》的翻译。不料，1949年6月17日，施图金再次被捕，未经审判就被流放到偏远的诺里尔斯克。他的妻子随后赶到那里陪伴他熬过了五年，到1954年他才重新获得自由。

　　此后施图金夫妇返回列宁格勒，施图金在大学任教。不幸的是，由于多年监禁生活的煎熬，他体弱多病，同年秋天第二次中风，患半身不遂，既不能走路，右手瘫痪也不能写字。顽强的施图金练习左手写字，继续坚持翻译，从20世纪30年代初到50年代，断断续续，经过二十多年的努力，数易其稿，反复推敲，最后终于译完了《诗经》的三百多首诗。1957年施图金的《诗经》译本由苏联国家文学艺术出版社出版，科学院院士康拉德为这部译著写了序言。

　　阿列克谢耶夫对施图金翻译《诗经》一直给予关注和支持。1948年，他在一篇文章中对施图金翻译《诗经》所做出的贡献给予了充分的肯定。他说："正是这位汉学家施图金为我们提供了真正富有诗意的俄语译本，既注重节奏，也重视音韵，避免了逐词逐句的死译以及对外国风情的猎奇。"在施图金之前，只有汉学家瓦西里耶夫（汉语名字王西里，1818—1900）翻译了《诗经》的大约120首诗，1882年石印出版，而施图金则是把全部《诗经》翻译成俄语。跟他的老师一样，他不仅注重原作"说什么"，还注重"怎样说"，换言之，他追求形神兼备，尽力再现原作的风貌。阿列克谢耶夫指出："这样的翻译忠实于原作，不怕跟原作进行核对，而其他依据转述进行的翻译，似是而非，全都害怕跟原作进行对比。"

我们不妨通过两首译诗的片段与原作进行对比，借以窥视这位汉学家翻译诗歌作品的基本原则和艺术追求。第一首诗是《桃夭》的前四句。原作是：

> 桃之夭夭，灼灼其华。
> 之子于归，宜其室家。

施图金的俄语译文如下：

> Персик прекрасен и нежен весной —
> Ярко сверкают, сверкают цветы.
> Девушка, в дом ты ступаешь женой —
> Дом убираешь игорницу ты.

回译成汉语，大致意思如下：

> 春天的桃树柔和美丽，
> 开满了桃花艳丽芬芳。
> 姑娘出嫁快成为人妻，
> 你将为夫家打扫厅堂。

原文四字一句，节奏鲜明，隔行押韵，流畅和谐。译文采用了扬抑抑格即三音节组成的音步，以三个音节对应一个汉字，每行四音步对应原作的四个字；采用了交叉韵，韵式为 abab，再现了原作的音韵特色。译作翻译得自然流畅，保留了原作的形象、节奏，传达了原作的诗意和音乐性，应该说相当出色。

另一首诗《芣苢》的前四句是：

> 采采芣苢，薄言采之。
> 采采芣苢，薄言有之。

施图金的俄语译文如下：

> Рву да рву подорожник —
> Всё срываю его.
> Рву да рву подорожник —
> Собираю его.

回译成汉语，大致意思如下：

> 采啊采车前子，
> 我忙摘采它。
> 采啊采车前子，
> 我在采集它。

施图金翻译这首诗采用了三音节抑抑扬格，不仅注意传达原作的节奏、韵律，而且用"Рву да рву"这种形式再现原文叠字的修辞手法，可谓匠心独运，译笔严谨。

施图金的《诗经》译本，从 1957 年初版，至今在俄罗斯已经再版三次，相信在俄罗斯的"中国年"，会有更多的俄罗斯读者阅读《诗经》中的诗歌作品，从中国文学的历史源头，增进对中国悠久文明的认识与理解。

施图金跟他的老师阿列克谢耶夫一样，充分尊重汉语原作，尽一切可能传达原作的风貌，从不望文生义，随意增删。他们把翻译视为严肃的、科学性很强的学术事业，并且总是把翻译与研究结合在一起，一面研究，一面翻译。因此，一部经典名著的翻译，往往耗费多年的时光，修改推敲，精益求精。阿列克谢耶夫翻译《聊斋志异》是这样，施图金翻译《诗经》也是这样。他们不愧是真正的汉学家，他们对待文学翻译的严谨态度和敬业精神，值得我们深思与借鉴。

（原载《中华读书报》2007 年 9 月 12 日第 18 版）

《离骚》的四个俄译本

2000 年 8 月，俄罗斯圣彼得堡晶体出版社出版了格利欣科夫主编的《屈原》一书（印数一万册），其中有吉托维奇翻译的《九歌》和《九章》，阿列克谢耶夫译的《卜居》和《渔夫》，艾德林译的《国殇》和《哀郢》，巴林译的《悲回风》《惜往日》《招魂》，阿达利斯译的《天问》，阿赫玛托娃译的《招魂》，德涅波罗娃译的《山鬼》。《离骚》的三个俄译本同时出现在这本译作中，译者分别是阿赫玛托娃、吉托维奇和巴林。诗歌的注释工作是由费德林和帕纳秀克完成的。

编者格利欣科夫回顾了中国大诗人屈原的代表作《离骚》在俄罗斯翻译出版的过程，不少珍贵史料读起来令人印象深刻。

《离骚》的第一个俄文译本出版于 1954 年。第一个逐词逐句翻译《离骚》的是语文学博士尼·特·费德连科（汉语名字为费德林）。他是苏联科学院院士、著名汉学家阿列克谢耶夫指导的博士生。他的博士论文题目是《屈原的生平与创作》，1943 年通过论文答辩。由这位博士来翻译《离骚》，在一般人看来是不二人选，但是当年准备出版屈原诗集的苏联国家文学艺术出版社却有严格的要求，费德林虽然是语文学博士，却不是诗人，因此他只能做逐词逐句翻译的基础工作，必须约请诗人翻译家进行加工润色才能出版。

三十多年后，费德林在题为《屈原，创作源泉及创作中的若干问题》（1986）的论文中回忆了这段经历，他写道："我很幸运，依据我逐词逐句的翻译初稿，最终完成译作的是安娜·阿赫玛托娃。恕我大胆说一句，这个译本不愧为经典译作，虽然阿赫玛托娃对我的初稿并没有实质性的改动。她只是增添某些自认为合适的词，也只有安娜·阿赫玛托娃能够这样调整润色，经过她的修改确实增加了诗意，使译稿臻于完善，更接近于原作……"

有意思的是，当时费德林翻译的《离骚》初稿不仅寄给了诗人阿赫玛托娃，同时还寄给了诗人翻译家吉托维奇。当出版社决定让阿赫玛托娃最终完成译稿时，不得不由出版社负责人玛·尼·维塔舍夫斯卡娅亲自给吉托维奇写信，委婉地表示希望他让阿赫玛托娃来做最后的定稿工作。

诗人阿赫玛托娃与作家左琴科1946年8月受到日丹诺夫的点名批判，被苏联作协开除。此后她的处境一直很艰难，诗歌作品无处发表，唯一可做的就是翻译诗歌，借此挣点稿酬维持生活。许多正直的诗人、作家和学者都对她暗怀同情，出版社让她来最终完成《离骚》的定稿工作，实际上是对诗人的救助，是雪中送炭的关切。当然，他们也很看重诗人感受诗歌的敏感气质和驾驭文字的高超才能。

吉托维奇收到了出版社的信，很痛快地答应了维塔舍夫斯卡娅的请求，表示他自己只翻译《九歌》和《九章》，由阿赫玛托娃完成《离骚》的翻译工作。20世纪60年代初，吉托维奇在寄给费德林的一封信中承认："……出版社写信问我，可否把《离骚》的定稿工作让给阿赫玛托娃。您非常清楚，为了阿赫玛托娃，赴汤蹈火我都在所不辞，把《离骚》的定稿工作让给她，自然不在话下。不过，您的《离骚》翻译初稿留在我这里，因此我多次重读这部长诗，反复思考，意识到它的确是一部震撼人心的天才诗作……"

吉托维奇一再重读《离骚》，反复思考之后，忍不住还是决定自己动笔翻译，这样就产生了《离骚》的又一个俄译本。他在同一封信中告诉费德林："……我用了四天四夜译完了这部长诗，决不说谎，我统计过，四天当中睡觉时间不超过十小时，我觉得难以遏制自己，不译完决不罢休……"信中还写道："……破釜沉舟、一鼓作气，我就这样译完了《离骚》，当然，如果得不到您和阿赫玛托娃的认可，我是不敢轻易拿出去发表的，因为你们是第一个译本的译者。我把我的译稿寄给了安娜·阿赫玛托娃。很快收到了回复的电报：'为伟大的《离骚》向您致谢。译文很完美，任何赞扬都不过分。'现在我可以心情坦然地把《离骚》译稿寄给您了……"

费德林看过吉托维奇译的《离骚》，但是直到1986年他都不知道这个译本是否已经出版。在上面提到的那篇文章末尾，费德林写道："附带说一句，非常遗憾，据我所知，吉托维奇的《离骚》译文至今还没有出版。"

实际情况是：1962年列宁格勒出版社出版了《中国古典抒情诗选集》，其中收入了翻译家吉托维奇翻译的中国杰出诗人的诗作，包括曹植、陶潜、元稹、苏轼、陆游等人的作品，屈原的长诗《离骚》作为附录也在诗集中刊出。令人遗憾的是，这本诗集印数少得可怜，只有区区两千册！作为罕见的珍贵图书，不久就脱销了。而当时费德林正担任苏联驻日本特命全权大使，以后又到联合国工作，长期在国外，所以很难了解一本书的具体出版情况。

不过，吉托维奇翻译的《离骚》只能算作第三个俄译本。原来，1959年苏联教育出版社出版了由科学院院士尼·伊·康拉德主编的《中国文学选读》，其中也收入了《离骚》的俄译本，照出版时间顺序该是《离骚》的第二个俄译本，译者是翻译家阿里夫列德·伊万诺维奇·巴林。

时隔四十年后，2000年圣彼得堡晶体出版社出版的《屈原》，把上述三个《离骚》译本在同一本译著里展示给读者，真是件可喜可贺的事情，它为比较研究《离骚》的翻译提供了方便条件。只可惜编者并未提到《离骚》的第四个俄译本。这个译本是 1976 年在德国慕尼黑出版的，译者是俄罗斯侨民诗人别列列申。

1920 年，刚刚七岁的别列列申随母亲从伊尔库茨克来到哈尔滨，以后在那里上小学、中学，大学攻读法律，学习汉语，同时进行诗歌创作。后来他离开哈尔滨，先后在北京、上海居住，在中国生活长达三十二年，1952 年移居南美洲的巴西。这位诗人把中国看成第二祖国，对中国文学和文化充满了感情。他在巴西翻译屈原的《离骚》，翻译老子的《道德经》，翻译李白、杜甫的诗歌，翻译成了他的精神安慰与寄托。1976 年，他翻译的《离骚》在欧洲出版。当他得知这一喜讯时，兴奋异常，特意上街买了冰激凌庆祝一番。

现在我看到了《离骚》的三个俄文译本，觉得三个译本各有特色，巴林的译本译笔忠实，文字稍嫌笨重；阿赫玛托娃的译本语言凝练而富有诗意；吉托维奇的译本形式最有特色，他把原作的 373 句分为 92 个诗节，每节用八行翻译原作的四句，句式短小活泼，隔行押韵，体现了译者特有的激情以及对音乐性的追求。

别列列申所翻译的第四个《离骚》俄译本该是什么样子呢？我译过他的抒情诗，也读过他所翻译的《道德经》和唐诗，很喜欢他那种糅进了中国情调的诗风和文笔。依他的汉语水平和对中国古典诗歌的领悟能力，我觉得他的译本不会在其他三个译本之下。真盼望有朝一日能看到《离骚》的这一俄文译本。

（原载《中华读书报》2007 年 1 月 24 日第 18 版）

别列列申：流落天涯译《离骚》

2007年1月24日我在《中华读书报》发表了《〈离骚〉的四个俄译本》。文章的最后一段说："别列列申所翻译的第四个《离骚》俄译本该是什么样子呢？我译过他的抒情诗，也读过他所翻译的《道德经》和唐诗，很喜欢他那种糅进了中国情调的诗风和文笔。依他的汉语水平和对中国古典诗歌的领悟能力，我觉得他的译本不会在其他三个译本之下。真盼望有朝一日能看到《离骚》的这一俄文译本。"

幸运的是，不久之后，我就看到了这个译本。我很感激俄罗斯著名汉学家李福清先生。他是南开大学的特聘教授。当他知道我有意研究《离骚》俄译本时，便答应帮助我。这个译本是在德国出版的，俄罗斯国内的图书馆也很难找到。有一次李先生去欧洲进行学术考察，到了德国的法兰克福，他在图书馆找到了这个译本，便复印了一份寄给我，让我如获至宝，由衷感谢这位汉学家的雪中送炭。

俄罗斯侨民诗人别列列申，1913年出生于西伯利亚的伊尔库茨克，七岁随母亲迁居哈尔滨，以后又辗转到过北京、上海、天津，在中国侨居三十二年。1952年移居巴西时，他已经四十岁。诗人虽浪迹天涯，生活艰难，却深深地怀念中国，把中国视为第二故乡，比喻中国为"善良的继母"。诗人认同中国文化，不仅写诗抒发依恋中国的拳拳之情，还把老子的《道德经》、屈原的《离骚》以及唐诗宋词翻译成俄语，为中俄文化交流做出了很大的贡献。

别列列申在巴西里约热内卢花费了几年心血翻译《离骚》。他认为这首长诗是"涉及政治与爱情的悲歌"，其中充满了联想和象征，同时又具有无可比拟的美感。诗人翻译家断定，《离骚》并非"由民歌汇集而成"，而是一个人的手笔。"离骚"的含义大致为"克制哀痛"。

别列列申在俄译本《前言》中有这样的介绍："《离骚》的作者——屈原，是中国古代先王的后裔，他道德高尚，才华非凡，出身贵族世家，自信可以成为君主最亲近的大臣，甚至成为王者之师。屈原生在楚国，曾是楚怀王的重臣，担任左徒之职。他尽力劝说怀王，让他意识到日益强大的秦国是楚国最大的威胁，楚国君主应联合其他国家共同抵御秦国，可怀王犹豫不决，受到身边佞臣和后妃的蒙蔽，沉迷于享乐。楚怀王逐渐疏远屈原，后来就把他解职、流放。

"屈原以幻想的方式表现他跟国王之间的关系（这种方式深深地植根于中国诗歌传统之中）。被遗弃的'情人'起程上路周游世界（即走遍中国），到处寻找'未婚妻'，也就是寻找另一位能够听从他劝说的国王。

"哪里也寻觅不到'未婚妻'，诗人仿效古代投江的彭咸，纵身跳进汨罗江结束了自己的生命。此后不久，楚怀王应邀出访秦国，被囚禁而死。又过了十五年，楚国终于被秦国吞并。

"每年农历五月初五，中国各地组织龙舟比赛，这一天还要包粽子投进江河——以此祭奠和纪念屈原。"

别列列申翻译《离骚》，把整首诗共分为93节，前92节，每节包括四行，偶行押韵；最后一节多出两行，共有六行。下面摘引译文的几个片段，可与原作进行比较：

Мой покойный отец, Бай-юн благородный,
Был потомком наших древних царей.
В день Гэн-ин, весной, когда я родился,
Шэ-ти в небе сияла в славе лучей.

帝高阳之苗裔兮，朕皇考曰伯庸。
摄提贞于孟陬兮，惟庚寅吾以降。

Посмотрев гороскоп моего рожденья,
Имена младенцу выбрал он, —
Имена Чжэн-цзэ и Лин-цзюнь, и смыслом
Я гожусь благовещих этих имен.

皇览揆余于初度兮，肇锡余以嘉名。
名余曰正则兮，字余曰灵均。

Пусть опальный, не расстаюсь с орхидеей
И ношу при себе пучок душистых цветов.
Но за то, что сердце мое считает благом,
Все возможные пытки и смерть я принять готов.

既替余以蕙纕兮，又申之以揽茝。
亦余心之所善兮，虽九死其犹未悔。

Задержи, Си Хо, задержи летящее время,
Не спеши на запад уйти, за гору Янь-цы!
Утомительна, однообразно моя дорога:
Я поехал искать, и объезду я все концы.

吾令羲和弭节兮，望崦嵫而勿迫。

路漫漫其修远兮，吾将上下而求索。

对照原文看译作，我们不难发现，别列列申不仅注重节奏与格律的传达，而且采用偶行押韵，形式接近原作。翻译家认为，原作奇数行末尾多用一个"兮"字，他觉得译文中没有必要搬用。许多花草植物名称翻译时也进行了适度的省略或简化。为了便于俄罗斯读者接受，别列列申还为俄译本做了九十条注释，主要解释人名、地名、植物名称。别列列申精通汉语，对原文理解透彻准确，表达和谐流畅，译本达到了很高的水平。

如果说偶有疏忽的话，那就是把伯"庸"译成了"Бай-юн"。译成"Бо-юн"才与汉语吻合。

别列列申在简短的《后记》中写道："屈原的名字在中国受到高度尊崇。……每个中国人，大概从上学读书开始，就知道屈原这部伟大的长诗，知道诗人的悲惨遭遇。"翻译家还指出，历代有许多诗人写诗怀念屈原，他引用唐朝诗人戴叔伦写的《三闾庙》作为例证。下面是戴叔伦的原作与别列列申的译文：

沅湘流不尽，屈子怨何深。

日暮秋风起，萧萧枫树林。

У ХРАМА ЦЮЙ ЮАНЯ

Неистощимы реки Юань и Сян,
Тоска Цюй Юаня так же глубока.
Сейчас о нем по кленам зашуршит
Вечерние порывы ветерка.

　　别列列申采用五音步抑扬格翻译这首诗，用一个双音节音步对应一个汉字，偶行押韵，语言和谐流畅。戴叔伦的这首诗有三个俄文译本，我进行了初步的对比。一个译本出自汉学泰斗阿列克谢耶夫之手。他的理解与传达都很准确，但是由于采用三音节的扬抑抑格，因而诗行较长；另外他强调再现原作的节奏，认为追求押韵有时因词害义，因而不押韵，在艺术感染力方面，似乎略逊一筹。另外一个译本，则有明显的失误，第一行的"沅湘流不尽"，就难住了译者，他把两条河变成了一条江，只留下了湘江，其忠实性由此可见一斑。

　　值得注意的还有别列列申在译本中注明的几个日期：《离骚》翻译完毕的日期是 1968 年 11 月 3 日；翻译后记中的《三闾庙》时间是 1972 年 11 月 13 日；而《离骚》正式出版的时间则是 1975 年。前后经历了七年之久，由此我们不难想象，诗人为翻译《离骚》付出了多少心血与汗水。

　　1975 年《离骚》俄译本在德国法兰克福播种出版社出版，别列列申呕心沥血的结晶终于问世。得知这一喜讯后，诗人特意带他的老妈妈一道上街，在里约热内卢一家冷饮店买了冰激凌，母子二人相视而笑，默默庆贺。当我从诗人给朋友的书信中读到这段文字时，不由得心生敬意，对这位诗人翻译家更加佩服。

（原载《世界文化》2011 年第 6 期）

别列列申的汉诗俄译本《团扇歌》

2010年3月17日《中华读书报》刊载了一篇题为《祝中俄文字之交》的访谈，讨论中国的"俄罗斯学"和俄罗斯的"中国学"。两位嘉宾是北京外国语大学教授、中国俄罗斯文学研究会副会长张建华，俄罗斯自然科学院院士、俄罗斯联邦功勋学者阿格诺索夫。

阿格诺索夫先生的一段话引起了我的兴趣。他说，在中俄文化交流方面，中国的俄侨也做出了很多贡献。他特别指出了别列列申，说这位著名诗人翻译了老子的《道德经》，同时将一些唐诗翻译成一本集子，名为《扇子诗》。

这本汉诗俄译本的书名是«Стихи на веере»，说成《扇子诗》意思没有错。也有人译为《写在扇子上的诗》，我在没有见到原作复印件之前，也曾译为《扇面题诗》。其实最准确的译法应当是《团扇歌》。李萌博士在她的著作《缺失的一环》当中这样翻译颇有道理，因为别列列申把汉代班婕妤的诗《团扇歌》拿来做了书名。这本集子虽然大部分译作是唐诗，但也包含了汉朝、南北朝、北宋和南宋的作品，时间跨度相当长。

感谢社科院的李俊升博士赴俄访学期间为我拍摄了这本诗集。当我看到图片，真可谓如获至宝。诗集很薄，仅有44页，翻译的诗只有30首，1970年于德国法兰克福出版，估计在俄罗斯也很少见。我个人认为这本书非常重要。别列列申译过《离骚》

和《道德经》，但那两部译作的序言都没有涉及诗人对中国诗歌的见解，也没有谈到他翻译汉诗的原则与追求，而这些在《团扇歌》序言中则有清晰的表述。

别列列申在中国生活了三十二年，精通汉语，对中国文化满怀景仰。他的序言字里行间饱含深情：

"一个民族，绵延五千年，生生不息，可以说，它把自己的全部心灵都融入了文字，谱写了浩如烟海的诗歌。古典诗人数不胜数，每个人都与众不同，独具个性，因此，对这样的诗歌要想予以概括简直是难乎其难。"

别列列申以世界文化为背景来观察中国诗，指出中西诗歌传统不同。"西方诗人不喜欢引用前辈诗人的词语，因为在他们看来，抒情诗属于个人体验，最能体现个性。而在中国却并非如此：经典诗人的作品当中充满了历史的回忆、对某些事件和文本的暗示……他们往往借用经典文本和前辈诗人的某些诗行或词句来表达自己的感受。""中国古典诗歌的一系列特点都跟中国文化这种陈陈相因的性质有关。""所有诗人的作品不仅具有文学价值和历史意义，而且也关涉到诗人的仕途升迁，须知国家考试制度所要求的与其说是创作才能，毋宁说是对古圣先贤教诲的熟练掌握：'子曰''孟子曰''诗经曰'，等等，对四书五经的注释要烂熟于心。熟记和引用经典的能力，考验着'秀才''举人''进士''翰林'们的才具高低。因此诗人们高度重视并传承着前辈的杰作。"

除了陈陈相因，注重传承，重隐喻，重典故，别列列申认为中国古诗的特点还在于格律严谨。别列列申还发现：中国古诗当中，主题大多涉及乡愁、朋友离别，关注人生；而古希腊罗马和欧洲的抒情诗则更注重赞美爱情。如果说西方诗歌以情感和欲念见长，那么中国古诗则更富有精神探索与哲理思考的意味。诗人认为，东西方诗歌主题的差异涉及心理结构和世界观等问题，需要深入探讨。

对于东西方抒情诗的风格，别列列申也有细腻的分析，他认为：中国古诗类似绘画中的素描，又像是笔触精微、色彩清淡的图画；而西方的抒情诗近似油画。因此有些西方人翻译中国古诗，往往不恰当地采用"浓笔重彩"的译法。他们以欧洲人的眼光看待其他民族的作品，觉得中国诗歌过于"苍白"。基于这样的理念，他们就大胆落笔，毫无拘束地任意想象，其结果是背离了原作，给读者造成错觉。

对于汉语诗跟俄语诗语言的差异，别列列申的见解精辟独到。他说："中国诗极为精练，比如四句五言古诗，二十个字可能包含着二十个概念。而俄语单词，平均由两至三个音节构成（超过三个音节的词大量存在），因此，四句译文充其量最多只能容纳十个单词。我们不想让诗行加倍，不愿意把四行翻译成八行，要知道，凝练的短诗——体裁特殊，具有难以形容的艺术魅力；假如把四句短诗增加词语翻译成八行，原作的艺术魅力将丧失殆尽。四行诗还是八行诗，显然具有很大差别。"

俄罗斯的汉学家，从阿列克谢耶夫，到休茨基、艾德林、孟列夫，都采用抑扬抑格或扬抑抑格三音节音步对应汉语的一个音节，往往把一行诗翻译成两行，四行译成八行。别列列申的译法显然与他们不同。

正是基于这样的认识，他主张翻译中国古诗需要压缩，有些名词，有些重复的词语，某些过于繁复的细节，统统要给予压缩。译文中不仅要尽量少用前置词、关联词，甚至常常舍弃代词。他特别反对增加诗行，他说："不受任何节制地增加诗行，或把诗行变成转述的分行散文，不仅不利于'等值地传达原作诗意'，甚至会损害原作底蕴，完全毁坏了读者的印象。"

作为诗人翻译家，别列列申熟知中国古诗的形式特点与音乐性，他提出了翻译汉诗的几项原则：

1. 采用五音步抑扬格翻译五言诗，用六音步抑扬格翻译七言诗，所有译作大体都遵循这样的格律。

2. 鉴于汉语不具备词尾形态变化，押韵都属于阳性韵，译文韵式安排有所变化。

3. 中国古诗押韵严格，多采用元音重复，对这种押韵方式有意回避。

4. 鉴于原作多采用偶数行押韵（第二行与第四行押韵）、奇数行不押韵，译诗则让所有诗行都押韵，韵式较为灵活，或采用相邻韵，或采用交叉韵。

5. 翻译长诗和词，可采用多种格律（扬抑抑格、四音节格律、缺抑音律），视不同的作者而有所变化。

6. 所有广为流传的中国古诗选本几乎每篇原作都附有大量注释。因此在译本末尾应对相关作者、作品给予简明扼要的介绍，对某些词语给予解释。

《团扇歌》当中选译了李白的《将进酒》等六首诗，王维的《鹿柴》等四首诗，此外还有贺知章、王之涣、孟浩然、张籍、崔颢、欧阳修、辛弃疾等诗人的作品。篇幅较长的两首诗是北朝民歌《木兰辞》和白居易的《琵琶行》。阿列克谢耶夫的得意门生、翻译《易经》的休茨基，当年也译过《琵琶行》，他把原作一行译成两行，因而篇幅比别列列申的译本刚好长出一倍。这两个译本值得好好对比研究。

当然，别列列申翻译中国古诗并非完美无瑕。比如，许多标题他都自铸新词，《将进酒》译成《酒席歌》，《行路难》译成《路》，《月下独酌》译成《三人》，《竹里馆》译成《孤独》。如果不看内容，仅凭标题很难找到原作。另外，他对欧阳修的词《生查子·元夕》存在着明显的误读与误译。比如，"不见去年人，泪湿春衫袖"，他把"人"字译为复数，属于明显的理解错误。这里的"人"，是去年相会之人，是意中人，怎么可能是复数呢？单从这一点着眼，阿列克谢耶夫师生注重科学性、艺术性，尊重原作，治学态度更严谨些。

尽管存在某些瑕疵，但瑕不掩瑜。别列列申几十年翻译中国古诗，不仅为俄罗斯读者奉献了屈原的《离骚》、诗体译本《道德经》，还有独具一格的《团扇歌》。他痴迷中国古诗的艺术魅力，抓住了古典诗歌凝练含蓄的特点，以双音节音步对应一个汉字，以四行诗译绝句，以八行诗译律诗，以相等的诗行、变化的韵律翻译民歌和长诗，在汉诗俄译方面独辟蹊径，成就斐然。这些都值得关心中俄文化交流的学者与翻译家高度重视，深入研究，以资借鉴。

（原载《中华读书报》2011 年 8 月 17 日第 19 版）

李白《渌水曲》在国外的流传

最近看到一篇文章，是美国著名汉学家宇文所安先生写的，其中涉及诗歌翻译，很有意思："李白的《渌水曲》云：'渌水明秋月，南湖采白蘋。荷花娇欲语，愁杀荡舟人。'此诗中'白蘋'指水生蕨类植物，可食。'采蘋'是江南水乡常见场景，月下荡舟采蘋的女子，看见月下荷花，不由感慨秀色难及。整首诗清丽柔美，极富江南情韵。这里'荡舟人'原本是用动宾结构修饰人，英国汉学家弗莱彻则将'荡'理解为轻佻之意，于是原本温柔贞静的水乡女子被翻译成嬉闹佻挞的'wanton'（荡妇），与原意相去甚远。"

这段文字之所以引发我的兴趣，是因为不久前我读过俄罗斯汉学家阿列克谢耶夫（1881—1951）的一篇论文，题为《中国文学的读者》（1926），其中论及诗歌翻译，也提到了李白的《渌水曲》，并且谈到了他对这首诗法文译本的看法。

法国诗人泰奥菲尔·戈蒂耶（1811—1872），是 19 世纪唯美主义诗派的代表性人物，他的女儿朱迪特·戈蒂耶（1845—1917）也是诗人，还是懂汉语的诗歌翻译家。她十八岁开始在汉语老师丁敦龄帮助下选译中国古诗，1867 年出版了《白玉诗书》（通常译为《玉书》）。她翻译了李白 13 首诗，其中就有《渌水曲》。

感谢阿列克谢耶夫把朱迪特·戈蒂耶的这首译诗逐词逐句译成了俄语，使得我们有机会了解法译本的风貌。现在转译成汉语如下：

> 秋天明亮的夜晚波动的湖水摇荡着我的船，
> 孤独的我在南湖漂流摘采白色的莲花。
> 哦！多么美丽啊，白色的莲花！……
> 看它多么细腻，具有多么迷人的魅力！
> 我忍受着热烈欲望的煎熬默认莲花对我暗示的爱情……
> 哎呀！……新的忧愁充满了我的心……
> 船在波浪起伏的水流上滑行，玩具似的受到流水戏弄。

原诗主要意象月、水、船、荷花，都保留在译诗当中，可惜淹没在大量附加的华丽词藻之中。说实话，译完这段文字，我的第一感觉是惊讶：天哪！这还是李白的诗吗？这还是《渌水曲》吗？这也算诗歌翻译吗？李白的诗凝练、简洁、清新、飘逸；戈蒂耶的文字如此拖沓冗长，不知节制，原作仿佛是清水池塘的数枝荷花，现在变成了密密匝匝的一大片丛林！两者之间相距何止千里！

如果说弗莱彻的《渌水曲》英译本存在明显的误读和误译，那么朱迪特·戈蒂耶的法译本则失之放纵随意，把翻译变成了随心所欲的改写。

"取一勺饮，浇胸中块垒，或取一意象，加以渲染，表达新的诗情，创造新的形象。"这是《法国作家与中国文化》一书作者钱林森教授对戈蒂耶《白玉诗书》的评价，借以品评戈蒂耶的《渌水曲》译文也很恰当。无论如何，这不是翻译，说它是改编或再创作反倒更合适。

俄罗斯汉学家阿列克谢耶夫看了朱迪特·戈蒂耶翻译的《渌水曲》，一定也感到诧异，他写道："不难发现这个译本里充斥着想象。首先，原作诗中描述的湖水，并非水流激荡、波浪起伏，而是波平浪静；诗人也没有什么热烈的欲望，附带说，在中国，荷花不会对人有任何诱惑。再者说，最后一行对于船的夸张描写，也没有任何依据，完全是译者个人的杜撰与空想。"

阿列克谢耶夫本人也是诗歌翻译家，尤其喜爱李白的作品。他在分析了朱迪特·戈蒂耶翻译的《渌水曲》之后，以《清水曲》为题也翻译了这首诗，回译成汉语是：

> 清澈的水映照明亮的秋月，
> 我在南湖摘采白色睡莲，
> 莲花……撒娇，想要说话！
> 忧愁折磨着划船的人。

阿列克谢耶夫的译文比较准确，精练。原文四行，译文也保持四行。唯一的缺憾是不押韵。这涉及到他的译诗理念，他认为诗歌的节奏更重要。押韵有时候会因词害义，因而宁可不押韵。

阿列克谢耶夫认为诗歌翻译有两种方法，一种是散文化的、带解释性的翻译，另一种是以诗歌翻译诗歌，译诗既要顾及原作的结构、节奏，又要符合译入语诗歌的音韵特点。概括而言，他主张科学的艺术的翻译。所谓科学，就是注重语言的准确；所谓艺术，就是注重风格和音乐性，注重审美价值。他认为朱迪特·戈蒂耶的翻译，属于散文化的翻译，不可取，因而直截了当地给予批评。

休茨基（1897—1938）是阿列克谢耶夫的得意门生，《易经》的俄文本就是他的手笔。1923 年，他出版了自己翻译的唐诗选集，其序言是老师阿列克谢耶夫的手笔。2000 年，圣彼得堡东方研究所出版社再版了这本诗集，书名改为《悠远的回声——7 至 9 世纪中国抒情诗选》，其中也收入了李白的《渌水曲》，题为《清水》（«Чистые воды»），现把休茨基的译文回译成汉语如下：

> 湖水清澈透明，
> 秋天的月亮闪光，
> 我在南湖摘采
> 颜色雪白的花朵。
> 荷花似有话说，——
> 我这温柔的宠儿，
> 船儿顺流飘荡，
> 忧愁快窒息了我。

休茨基遵循了老师提倡的"以诗译诗"的原则，原作四行，他译成了八行，语言流畅，音韵和谐。尤其最后两行，传达原意相当精彩。

谢尔盖·托罗普采夫是俄罗斯当代著名学者和诗歌翻译家，汉语名字叫谢公。从 2002 年起至今，他已经出版了六本跟诗人李白有关的著述和译作，是研究与翻译李白诗的专家。我个人认为他翻译的《渌水曲》最简练，形式上最接近原作。俄译本很简短，引用如下：

Мелодия прозрачной воды

> Чиста струя, и день осенний ясен,
> Срывает дева белые цветки.
> А лотос что-то молвит ... Он прекрасен
> И тем лишь прибавляет ей тоски.

托罗普采夫采用五音步抑扬格，奇数行十一音节，偶数行十音节，用五音步对应原作每行五个汉字，押交叉韵，阴性韵（重音落在倒数第二个音节上）与阳性韵（重音落在最后一个音节上）

交替出现，既反映了原作五言诗的节奏和音韵特点，又符合俄罗斯诗歌的韵律。托罗普采夫的俄译本回译成汉语如下：

清水曲

湖水清澈，秋天日子晴朗，
姑娘在摘采白色的花朵。
荷花想说什么，它很漂亮，
可这让姑娘心里更难过。

这里有两点需要说明。李白的《渌水曲》在流传过程中有不同的版本。第一句"渌水明秋月"，有的版本是"渌水明秋日"，托罗普采夫翻译时所依据的显然是后一种版本。另外对于诗中人物的理解，他跟阿列克谢耶夫、休茨基有所不同：前面两位翻译家采用了第一人称，以"我"的口吻说话，抒情主人公和诗人的口吻是一致的；而托罗普采夫翻译时则采用了第三人称，在诗中出现的是一位"姑娘"。如果要挑剔不足的话，托罗普采夫最后两行的处理，力度不够，不如休茨基的译文到位。另外一点，三位俄罗斯翻译家对于"白蘋"的理解，也尚有欠缺，无论译成"睡莲"，还是译成"花朵"，都有失准确，值得进一步推敲斟酌。

把李白的《渌水曲》英、法、俄几个外文译本放在一起横向比较，高下优劣，读者心里自然明白。但是，出乎我们意料的是，译文准确优美的未必受人重视，而存在误解误译甚至扭曲变形的译本反倒广为流传，影响深远。朱迪特·戈蒂耶翻译的《白玉诗书》，当年在法国颇受读者欢迎，以后多次再版，其影响越出国界，先后被转译成德、意、葡、英、俄等多种文字，在中外文学交流史上占据了一个不可替代的位置。

反观俄罗斯汉学家阿列克谢耶夫院士，他在 20 世纪 40 年代苏联卫国战争期间翻译的唐诗长期难以出版。2003年他的《常道集——唐诗选》问世，距离他去世的时间已经有半个世纪。而托罗普采夫耗费了十年心血翻译的《李白诗五百首》居然找不到一家出版社愿接受。最后翻译家不得不自费印刷发行，而且只印了区区500册。这种令人尴尬与疑惑的局面，值得我们认真思考，这究竟是为什么？

严肃认真的诗歌译作难以问世，而存在误解或扭曲的译本容易出版，这里除了出版社、编辑的水平、眼光以及受制于经济效益等因素之外，还有一个不可忽视的因素，那就是读者的选择。诗歌读者跟学者专家不同，他们并不关注严谨的考据、注释以及诗歌形式和音乐性，可能更喜欢猎奇，欣赏外国情调和华丽的辞藻。正所谓：阳春白雪，曲高和寡；下里巴人，应者众多。

从朱迪特·戈蒂耶翻译《白玉诗书》到现在已经过去了一个半世纪。随着中外文化交流日深，随着精通汉语的外国汉学家逐渐增加，翻译李白诗歌的中外译者也会越来越多，诗歌翻译质量也会逐渐提高。我不知道美国汉学家宇文所安先生是否翻译过李白的《渌水曲》。可是我知道他的夫人田晓菲（宇文秋水）家在天津，很早写诗，少年成名，十三岁出版诗集，十四岁上北京大学英语系，后留学美国，取得哈佛大学比较文学博士学位。倘若宇文所安与田晓菲夫妇一道翻译李白的《渌水曲》，语言优势互补，珠联璧合，肯定能译出精品佳作，广为传诵，使得李白诗歌的外国粉丝大幅增加。当时机成熟，召开一个李白诗歌国际朗诵会，用汉、英、法、俄、德、意等不同语种朗诵《渌水曲》，必定精彩纷呈，可传为一时佳话。

（原载《中华读书报》2012年12月5日第19版）

就《杜甫》俄译本与阿扎罗娃商榷

中国唐朝大诗人杜甫（712—770），1962 年被世界和平理事会推选为世界文化名人。他的诗歌有多种外语译本。仅在俄罗斯，先后就有巴尔蒙特、古米廖夫、休茨基、阿列克谢耶夫、康拉德、吉托维奇、孟列夫、贝仁、别列列申、梅谢里雅科夫等多位诗人与汉学家翻译过杜甫的作品。2012 年俄罗斯出版了娜塔莉娅·阿扎罗娃翻译的诗集《杜甫》，纪念诗人诞辰一千三百周年。这是中俄文化交流中又一件大事，可喜可贺。

2012 年 11 月 22 日《成都商报》发表了记者曾灵、江然的相关报道，标题为《俄罗斯汉学家"神译"杜甫诗作 字字对应意思准确》，文中指出，俄罗斯媒体评价这本译作"开创了中国诗歌遗产翻译方法新纪元"，翻译家"最大程度地尊重了字数"。不过，记者也提到，四川大学俄罗斯语言研究中心的专家和研究生却认为"翻译并不等值"，对阿扎罗娃的译诗提出了质疑。

应我的请求，翻译《千家诗》的俄罗斯朋友鲍里斯·梅谢里雅科夫给我寄来了阿扎罗娃《杜甫》俄译本。通读了这本译作，我发现阿扎罗娃采用了重音诗法进行翻译，即，使用含有重音的一个俄语单词对应一个汉字，五言诗用五个实词对应，七言诗用七个实词对应；采用阶梯式排列诗行，一行汉语诗，通常分为两行，偶尔分为三行；此外，不使用大写字母，也不用标点符号，展现出某种现代派诗歌的形式特色。阿扎罗娃总共翻译了杜甫诗

58 首，采用汉俄对照形式编排，左面一页是汉语原作，右面一页是俄文译作，方便懂双语的读者对照阅读。附录部分，除了词语注释，还有杜甫生平年表、诗人行旅地图，另附有若干首同时由多位俄罗斯当代诗人翻译的杜甫的诗，其中《野望》《望岳》《春宿左省》三首，各有九位俄罗斯当代诗人同时翻译成了俄文。这些诗人先后出生于 20 世纪 40 至 80 年代。这从一个侧面展现了杜甫诗歌强大的艺术生命力，经历了一千多年的风雨，仍然能让那么多俄罗斯诗人产生心理共鸣，以至于抑制不住激动的心情，拿起笔来尝试翻译。

阿扎罗娃是俄罗斯科学院语言学研究所研究员，"世界诗歌语言学研究中心"负责人。据她自己说，她从 2003 年起学习汉语，后来开始翻译杜甫诗歌。总体来看，阿扎罗娃的诗歌翻译严肃认真，多数诗译得忠实可信，但是仍存在一些问题，并非像两位记者所说的"神译"，也达不到开创中国古诗翻译"新纪元"的高度。对其译诗，我想用十二个字概括，就是"有新意，非神译，有问题，可改进"。

下面想就音韵、诗行、人名、地名、官职的翻译以及某些词语的理解问题，谈一点儿个人看法，与阿扎罗娃商榷。

苏联汉学的奠基人阿列克谢耶夫院士在为俄罗斯第一本唐诗译本所写的序言中指出，诗歌翻译有两种途径，一种是解释性的散文化翻译，一种是把原作的诗用另一种语言翻译成诗，就是以诗译诗。阿列克谢耶夫明确反对欧洲文化中心论，他充分尊重中国诗人与原作，他以三音节音步对应一个汉字，采用音节重音诗法翻译中国古诗。他翻译的中国古诗尽力贴近原作的形式，既符合俄罗斯诗歌的格律，同时又体现了原作的节奏感，在两种不同的民族语言之间找到了最佳的契合点。他认为俄罗斯诗歌与汉语古诗的音节比率为三比一。阿列克谢耶夫和他的弟子艾德林译诗注重节奏，但不主张押韵，他们认为，追求韵脚有时候′

义。

另外一些汉学家，比如施图金、孟列夫、车连义、瓦赫金、休茨基、别列列申、贝仁、托罗普采夫、梅谢里雅科夫等，则认为押韵是汉语古诗的本质性特征，在关注节奏的同时，特别注重押韵。

阿扎罗娃翻译的杜甫诗都不押韵，客观地说，这是一种遗憾，也是一种损失。毕竟杜甫格外注重诗律，"笔落惊风雨，诗成泣鬼神"，造成动人心魄的效果不仅凭借词语、意象，还要借助音韵的魅力。

其次，再说翻译诗行的设置。俄罗斯汉学家深知，汉语诗词语密度甚大，五个字或七个字包含的内容，译者用相同数目的词语难以传达原作的内涵，何况俄语词大多由双音节或多音节构成，而汉语古诗使用的大多是单音节词，这让翻译家面临巨大的挑战。因此，他们往往利用汉语诗内在的停顿，把一行译成两行。阿扎罗娃基本上采用了这种译法。可是有些诗人翻译家和汉学家，比如别列列申和托罗普采夫认为，简洁凝练是汉语古诗的特征，因而一行诗就译成一行，而且采用双音节音步对应一个汉字，这在形式上更加接近原作。阿扎罗娃翻译杜甫诗，无论在用韵还是诗行处理方面，都难以超越这些前辈翻译家，怎么能说开创了中国古诗翻译的"新纪元"呢？是否超越，不是自诩的，要在文本对比当中做出结论。

下面笔者就《杜甫》俄译本（以下简称"译本"）当中五首诗的理解与翻译提出一些疑问，以就教于阿扎罗娃。

《春日忆李白》（译本第 24 至 25 页），原作中有两行：

清新庾开府，俊逸鲍参军。

阿扎罗娃译为：

южная свежесть

подобна дворцовой ю синя

строй изящренно-изящен

будто у генерала бао

不知阿扎罗娃为什么把"庾开府（庾信）"译为"尤信"，说"宫廷的尤信"有何依据？庾信（513—581）在北周官至骠骑大将军，世称"庾开府"，开府仪同三司（司马、司徒、司空），是王朝重臣。若译为"южная свежесть / подобна генералу юй синю"（清新气息 / 类似庾信将军）倒不违背史实。

诗人鲍照（约 414—466）南朝宋时任荆州前军参军，世称"鲍参军"。参军之职属于幕僚，相当于参谋，可译为"совстник"或"штабный офицер"。阿扎罗娃译为"鲍将军"说明翻译家对诗人鲍照尚缺乏了解，历史背景知识积累不够。

阿扎罗娃采用重音诗法翻译杜甫诗作，以重音对应汉语诗的字数，一行分成两行，取阶梯式排列。绝大多数诗行都遵循了这种译法，可是这首诗第四行"俊逸鲍参军"的译文却违背了译者自己规定的前二后三的法则，俄译诗行"строй изящренно-изящен / будто у генерала бао"按重音数目统计为三、三，乱了节奏，破坏了整首诗的音调和谐。

《月夜》（译本第 26 至 27 页）原作开头四句是：

今夜鄜州月，闺中只独看。

遥怜小儿女，未解忆长安。

阿扎罗娃译为：

этой ночью

наверно в фучжоу луна
вижу тебя
　　　одиноко глядишь на нее
милых детей
　　　вдали уложишь их спать
они и во сне
　　　не вспомнят отца в сиане

　　杜甫原作为五言律诗，语言质朴流畅，偶句押韵；阿扎罗娃用五个俄语单词对应原作每行五个汉字，可惜不押韵，使原作的音韵和谐打了折扣。汉语古诗简洁凝练，一个重要原因是抒情主体不出现在诗文当中，对于这一特点，汉学大师阿列克谢耶夫院士早有发现，他翻译唐诗有意识地避免使用人称代词；反观阿扎罗娃的译本，就显得累赘啰唆，一个重要原因是多次使用人称代词"你""它""他们"。

　　最不应该的是地名翻译出现错误。"长安"是唐朝京城，几百年后，到了明朝才被称为"西安"，唐朝人怎么能说明朝时代的话呢？！不知阿扎罗娃为什么要这样翻译，"长安"与"西安"音节一样，是不是她认为译成"西安"更有"现代性"呢？杜甫生在唐朝，使用地名有固定说法，翻译地名一定要符合历史实情，不能随意更改。这个地名翻译的失误，说明了译者缺乏历史知识和严谨求实的精神。

　　"遥怜小儿女，未解忆长安。"是从抒情主人公诗人杜甫的角度说话，意思是诗人在远方思念儿女，觉得孩子们年龄太小，还不懂得想念身在长安的父亲。阿扎罗娃的译文则改变为：几个可爱的孩子在睡梦中不会想到身在"西安"的父亲。这里显然加入了译者个人想象的成分。

　　杜甫名篇《春望》（译本第 32 至 33 页）：

　　　　国破山河在，城春草木深。

感时花溅泪，恨别鸟惊心。
烽火连三月，家书抵万金。
白头搔更短，浑欲不胜簪。

阿扎罗娃译为：

> в стране раскромсанной
> 　　　　гор и рек посреди
> весенний город
> 　　　　в траве и деревьях потерян
> в тоске совпадая
> 　　　　цветы распыляют слёзы
> муторно наперекор
> 　　　　птицы тревожат сердце
> языками огня
> 　　　　месяца три едины
> тысячу диней
> 　　　　за письма отда́л бы из дома
> головы́ седина
> 　　　　здесь ещё поредела
> смутные мысли
> 　　　　в волосах не удержат шпильку

阿扎罗娃译文头四行没有翻译出原作的内在含义。"国破山河在"，其含义是："государство разрушено / горы и реки существуют"。在这里"破"与"在"两个动词非常重要，其中蕴含着诗人杜甫复杂痛苦的心情。国都陷落了，他万分痛心，但山河依旧还在，表明他对平定叛乱、收复国都的信心。像阿扎罗娃这样翻译："в破碎的国家里 / 在山峦与河流之间"，未能传达诗人坚韧的精神，是很大的损失。"城春草木深"，翻译成汉语白话意思是，城市（指京城）又是春天了，杂草树木茂盛，却显得格外荒凉。"城春"，阿扎罗娃理解为："весенний город"（春天的城市），实际上应该是"в городе опять весна"（城市里的春天），暗含京城陷落已经一年。诗歌翻译不能仅仅停留在字面的传达，一定要体现诗句内在的深刻含义。如"草木深"的"深"字，并非"потерян"（失迷）的意思。这些都值得译者认真思考，挖掘潜在含义，并推敲如何传达再现的手法。

"家书抵万金"一句，阿扎罗娃使用书信的复数"письма"是没有道理的。一封家书就"抵万金"，在这里只能使用单数"письмо"。"浑欲不胜簪"一句的"浑"字，并非"смутные мысли"（思绪混乱），这里的意思是"简直就"，相当于俄语的"просто не"或"просто не может"。阿扎罗娃的译文说明她对原文的理解尚欠深入，而译文又缺乏认真推敲。

杜甫的《天末怀李白》（译本第 58 至 59 页），原作是：

> 凉风起天末，君子意如何？
>
> 鸿雁几时到，江湖秋水多。
>
> 文章憎命达，魑魅喜人过。
>
> 应共冤魂语，投诗赠汨罗。

阿扎罗娃的理解与传达也存在问题：

> на краю неба думаю о ли бо

> край неба
> 　　　　　пуст и приподнят ветром
> холодным днём
> 　　　　　думаю я о чём?
> весть о тебе
> 　　　　　гусь-дикий когда прокричит?
> ведь осенью
> 　　　　　реки полны́ водой
> видных поэтов
> 　　　　　не всегда достигает судьба
> чудища любят

что люди проходят мимо
        чтобы невинных
                близкие души общались
        брось стихи
                в воды реки ми-луо

阿扎罗娃把第一句"凉风起天末"译为"край неба пуст и приподнят ветром",回译成汉语为:"天边 / 空旷刮起了风"。"空旷"是译者增加的词,同时遗漏了"凉风"的"凉"字。这一句可修改为"край неба / приподнят холодным ветром"或者"холодный ветер / поднялся на краю неба"。这样的词序更接近原作。

"君子意如何?"译文是:"холодным днём / думаю я о чём?"回译成汉语是"寒冷日子 / 我想什么呢?"显然,译者把"凉风"的"凉"字移到了这一行,可是这里的"君子"并非指自己,而是指李白,应该译为"благородный человек / о чем же там думает?"这一句是对诗中所指的主体理解有误。

"魑魅喜人过"的"过"字,有两种解释,一是"经过"的"过",一是"过错"的"过",我个人倾向于后者。阿扎罗娃译为"чудища любят / что люди проходят мимо"(妖怪喜欢 / 人们从旁边经过),我觉得不如翻译成"черти любят/людей допустивших ошибки"(鬼魅喜欢犯错误的人)。

杜甫的《狂夫》(译本第72至73页),原作为:

万里桥西一草堂,百花潭水即沧浪。
风含翠筱娟娟净,雨裛红蕖冉冉香。
厚禄故人书断绝,恒饥稚子色凄凉。
欲填沟壑唯疏放,自笑狂夫老更狂。

阿扎罗娃的译文是:

от моста бесконечной длины на запад

соломенной крыши хижина

пруд ста цветов рядом

с иссиня синей цаньлань

юный бамбук тонкий тончайший

насквозь на ветру прозрачен

от лотоса красного мокрого под дождём

лёгкой лёгкости аромат

от прежних друзей в чинах богачей

письма уже иссякли

только детей ненакормленных лица

голодных в который раз

в пропасть эту бросился бы сумасшедшим

отпустил бы себя развязался

так смешно что безумец к старости

ещё безумнее стал

　　这首诗的标题"狂夫"，阿扎罗娃译为"сумасшедший"，意为"疯子""疯狂的人"，依据整首诗的内容，建议修改为"безумный старик"，意思是"疯狂的老翁""不明智的老头儿"，可能更接近原意。

　　此外有几点值得商榷：首联"万里桥西一草堂，百花潭水即沧浪"，"万里桥"对"百花潭"，对仗工整。阿扎罗娃的译文是："от моста бесконечной длинны на запад / соломенной крыши хижина // пруд ста цветов рядом / с иссиня синей цаньлань"（无限长桥西边 / 一所茅草房 // 旁边有百花潭 / 很像蓝蓝的沧浪水）。为什么阿扎罗娃不把"万里桥"翻译为"мост десяти тысяч ли"，而译为"мост бесконечкой длинны"呢？这里自有译者的难言之隐。因为俄语词"万"（десять тысяч）是个复合词：十个千，有两个重音，再加上"里"，是四个重音，译者不得已翻译成三个重音的"无限长桥"，可是这样就难以体现原作的对仗。我建议使用千的复数二格，把"万里桥"译为"мост тысяч ли"，这样跟"百花潭"（пруд ста цветов）数字对数字，名词对名词，就形成对仗了。

"恒饥稚子色凄凉"一句的"稚子"，阿扎罗娃理解为"孩子们"，因而采用了复数："только детей ненакормленных лица / голодных в который раз"，回译成汉语是"只是吃不饱的孩子们的脸 / 多少次忍饥挨饿"。我认为这个俄文句子并不完整，"色凄凉"没有翻译出来。"稚子"是最小的儿子，应该是单数，并非指很多孩子。这一句可以译为"печальный цвет написан на лице / всегдаголодного младшего сына"。

仅从我们这里引用的五首诗的译文，就可以判断，阿扎罗娃的译本并非"神译"，也不是"字字对应意思准确"。曾灵和江然两位记者的语言过分夸张，我不知道两位记者是否懂俄语，如果没有通读过原作，仅凭道听途说就下惊人的论断，这种做法并不可取。

回顾一个世纪之前，1913 年，以赫列勃尼科夫与马雅可夫斯基为首的未来派发表宣言《给社会趣味一记耳光》，狂妄地宣告："要把普希金、陀思妥耶夫斯基、托尔斯泰等从现代轮船上抛进大海里去！"时间证明了，一个新的流派出现，只能与经典共存，唯我独尊的排他性只不过反映了言说者的心胸狭隘。阿扎罗娃翻译的《杜甫》是否开创了汉诗俄译的"新纪元"，是否意味着阿列克谢耶夫、康德拉、孟列夫等汉学家已经被超越，已经落伍，已经被取代，不是某个翻译家或评论家说了就算数的，而是要经由学者和读者的文本细读，对照原作研读，才能做出判断；还要经过时间的筛选与检验。现在就宣告开创了诗歌翻译的"新纪元"，似乎为时太早，太过匆忙。

　　阿扎罗娃译杜甫诗歌，花费了不少心血和精力，为中俄文化交流做出了一定的贡献，值得肯定。但是，我个人觉得，她过于追求现代派的诗歌手法，因此，她翻译的杜甫，不像是8世纪古朴沉郁的杜甫，而是21世纪"非常新潮"的杜甫。人们常说有一千个读者，就有一千个哈姆雷特，同样也可以说，有一千个译者，就有一千个杜甫。因此，这个杜甫，是阿扎罗娃心目中的杜甫，译得如何，原本不必苛求。可是如果就此断言阿扎罗娃"神译"杜甫，开创了中国古诗翻译的"新纪元"，那就不仅是一个翻译家的事情了。两个中国记者的报道，某个俄罗斯评论家的夸奖，这只是一面之词。我愿意说出不同的见解，就教于阿扎罗娃研究员，也就教于俄罗斯的汉学家、翻译家，希望听到更多的分析与评论。

　　（原载《文学自由谈》2015年第5期，2015年7月8日修改）

【作者附记】

　　这篇评论被俄罗斯科学院远东研究所资深研究员和翻译家谢尔盖·托罗普采夫翻译成俄语，在远东所文集《中国社会与国家》（2015年10月出版）上发表。

　　圣彼得堡诗人库什涅尔2015年8月荣获中国青海湖国际诗歌节金藏羚羊奖，2016年2月29日我把这篇文章的俄译本寄给诗人过目。他在2016年3月1日的回信中说："读了您评论阿扎罗娃译杜甫的文章。我不懂汉语，不便就翻译质量说什么，不过，我完全同意您的见解。用现代派手法翻译诗歌，比如拒绝韵脚、不用标点符号、取消大写字母等，任何诗歌都会被葬送。这样的所谓新潮诗歌在我们的报刊上大量存在，难以阅读，原因是它们缺乏诗的韵律，很难让人记住。因为这些诗人常常用奇谈怪论和胡言乱语取代诗意，更何况这里翻译的是李白和杜甫的诗歌呢。"我在这里向翻译家谢尔盖· 托罗普采夫和诗人库什涅尔深表谢意。

2016年4月5日

布罗茨基译唐诗

喜欢外国诗歌的读者，想必知道约瑟夫·布罗茨基（1940—1996）的名字，知道这位俄裔美籍诗人 1987 年荣获诺贝尔文学奖，知道他对中国文化感兴趣，写出过跟中国有关的诗歌作品《明朝书信》；可是未必知道他翻译过中国诗歌——早期跟汉学家合作，翻译中国古诗，后来学习汉语，直接依据原作把唐诗翻译成俄语。

布罗茨基出生在列宁格勒（今圣彼得堡）一个犹太人家庭，父亲是海军军官，曾在中国工作过几年。布罗茨基十五岁时厌倦了学校刻板的教育，自动退学，步入社会，自谋生路，当过医院太平间看守、勘探队的勤杂工，从事过各种体力劳动。十八岁时他开始写诗，二十一岁时结识了著名诗人阿赫玛托娃，成了她的学生。这对他一生的创作产生了深远的影响。布罗茨基对阿赫玛托娃的悲剧意识、哀婉凝重的诗风有深切的理解。他也知道，阿赫玛托娃翻译过中国大诗人屈原的《离骚》，翻译过李白、李商隐的诗歌作品，这是他热爱中国古典诗歌的一个缘由。

1963 年，二十三岁的布罗茨基认识了另一位汉学家鲍里斯·瓦赫金（1930—1981），此人翻译出版过《汉乐府》诗集。他十分赏识布罗茨基的才华，正是他建议布罗茨基尝试翻译中国古诗。他为年轻诗人提供了原作逐词逐句的翻译初稿，让他加工润色，完成诗化译本的最后一道工序。他们俩合作翻译的诗歌当中有孟浩然的《春晓》。布罗茨基请瓦赫金朗读他的初译稿，布罗茨基听了以后，沉默了几分钟，当场写出了诗行很长的译文：

> Весна, я не хочу вставать и, птичьи метры в постели слушая,
> Я долго вспоминал, как прошлой ночью ветер бушевал,
> и лепестки оплакивал, упавшие от ветра.

　　回译成汉语是：

> 春天，我不想起床，聆听鸟儿鸣叫，
> 我长时间回忆，昨天夜晚狂风呼啸，
> 被风吹落的花瓣不知道该有多少。

　　瓦赫金感到非常惊奇，他还从来没有见过这样新颖的译诗。他高兴地说："约瑟夫，从来没有人像你这样翻译中国诗。在你之前所有的译者都想方设法把诗行译得简短，因为中文词句在俄罗斯人的耳朵里听起来出奇地简洁。可与此同时，每个方块字比一个俄语词的内在含义却要多很多。这种汉字与俄语单词内容量的差别，是让翻译家最感头疼和棘手的难题。没想到你会以这种方式来解决。……能够以这种长长的诗行翻译古典诗歌，事情就好办了……"

　　此后，瓦赫金还曾鼓励布罗茨基："你最好能多翻译几首中国古诗。如果你不译，许多读者都还以为中国古诗就像艾德林想象出来的那种样子——没有乐感，没有韵，没有节奏，什么都没有，实际上那只不过是光秃秃的逐词逐句的翻译初稿……"

　　艾德林（1909—1985）是享有盛名的学者和翻译家，他翻译过陶渊明、白居易的诗歌。遵从他的老师汉学家阿列克谢耶夫院士的主张，他翻译中国古诗历来都不押韵，他认为押韵会"以词害义"。而瓦赫金则认为押韵是汉语古诗的本质性特点，这是他跟艾德林的主要分歧，也是他对艾德林翻译文本不满意的原因。不过，客观地讲，他对艾德林译作的评价有失偏颇。因为艾德林的译诗虽不押韵，但节奏感还是相当鲜明和严谨的。

1964 年，二十四岁的布罗茨基遭遇打击，被列宁格勒当局以"不劳而获的社会寄生虫"的罪名判处五年流放。诗人阿赫玛托娃、汉学家瓦赫金、作曲家肖斯塔科维奇等文化界名人纷纷出面为他奔走呼吁，一年半以后，布罗茨基终于返回了列宁格勒。但是他写的诗仍然难以发表，这使他感到精神压抑，又过了几年，他终于在 1972 年离开了苏联，成了流亡诗人。1977 年，布罗茨基加入了美国籍。

在美国生活期间，布罗茨基结识了汉学家塔吉雅娜·阿伊斯特，她成了诗人的汉语教师。有一次阿伊斯特给布罗茨基讲解汉字"道"的结构与含义。她说："这个字由两部分组成，一部分的意思是道路，或者说是行走。另一部分是'首'，像戴帽子的官员的头，两部分合在一起的意思就是走人生该走的道路。"布罗茨基问："为什么普通农民不能走自己的路呢？"阿伊斯特回答说："当然可以。""那为什么不说是农民的头，而说是官员的头呢？"阿伊斯特被问住了，一时不知该如何回答。后来她解释说："或许是因为从很远的地方就能看见官员吧？……"她边说边笑，以这种方式自我解嘲。不过，她坚持说，"道"不能跟"群众性"混淆，也不能跟"民主"的概念混淆。

在塔吉雅娜·阿伊斯特的帮助下，布罗茨基开始直接从汉语原作翻译中国古诗，其中就有李白的《静夜思》。诗人远离祖国，远离他父母所在的城市列宁格勒，远离他的诗友莱茵、奈曼、库什涅尔，心中充满了思乡之情。这首诗蕴含的情绪跟他的心情十分贴近。他把题目译成了《我怀念亲爱的家乡》，诗行翻译得比较随意，加入了自己的感受与想象：

Вспоминаю родную страну

Сиянье лунное мне снегом показалось,
Холодным ветром вдруг дохнуло от окна...
Над домом, где друзья мои остались,
Сейчас такая же, наверное, луна.

在我看来月光像雪一样，
寒冷的风忽然从窗口吹来……
我朋友们居住的房子上空
此刻想必也有这样的月亮。

阿伊斯特肯定了布罗茨基的翻译，认为他译得流畅简练，原
作四行，译作也四行。与此同时，她批评另一位翻译家吉托维奇
的《静夜思》译文"加词太多，水分太多"。原来吉托维奇把四行
绝句译成了八行：

У самой моей постели
Лежит от луны дорожка.
А может быть, это иней —
Я сам хорошо не знаю.
Я голову поднимаю —
Гляжу на луну в окошко.
Я голову опускаю —
И родину вспоминаю.

在我床头前面

横着一道月光。
或许，这是霜？——
自己颇费猜详。
我把头颅仰起——
望着窗中月亮，
我把头颅垂下——
不禁想念家乡。

塔吉雅娜·阿伊斯特认为，李白是天才的诗人，吉托维奇却把他的杰作译成了可笑的"现实主义"小诗。诗人仿佛喝醉了酒，要跟什么人争吵似的，眼睛盯着窗户，却不清楚究竟要看什么。随后在床上做起了体操——抬头，低头，不知道他究竟要干什么。翻译家吉托维奇信守一条原则，总是把汉语诗的一行译成两行。在阿伊斯特看来，这种方法很笨拙，并不可取。

阿伊斯特对吉托维奇译作的评价也欠公允。她跟瓦赫金一样有些偏激，对他们喜欢的人，赞赏有加；而对他们不喜欢的人，则攻其一点，不及其余。这大概是俄罗斯人爱走极端的性格特点使然。其实，吉托维奇是个严肃认真的诗歌翻译家，他翻译过屈原的《离骚》《九章》《九歌》，出版过唐朝三大诗人李白、杜甫、王维的译诗集，他的译著拥有众多的读者，也得到著名汉学家的肯定，比如费德林对他的译诗就很欣赏。他翻译中国古诗付出了近二十年的心血和汗水，其成就不是三言两语就能轻易否定与抹杀的。

话说回来，布罗茨基喜欢李白的作品。他在美国大学讲课，曾向他的学生推荐李白的诗，建议他们阅读《长干行》。他认为李白这首诗以女性的口吻，叙述与丈夫的离别之苦，堪称哀歌当中的杰作。

布罗茨基不仅喜欢李白，也很欣赏诗人王维。说来有趣，因为他觉得，王维的名字汉语发音很像英语的 One way。而 way 就是"道"，是《道德经》的"道"。王维有一首诗《鹿柴》，在中国几乎家喻户晓，妇孺皆知："空山不见人，但闻人语响。返景入深林，复照青苔上。"布罗茨基很欣赏这首诗，把它译成了俄语，译文及回译成汉语的诗如下：

Охота на оленей

Горы безлюдны, бесчеловечны горы.
Только ручья в горах слышатся разговоры.
Луч, пробившись с потерями сквозь частокол деревьев,
Кладет на лиловый мох причудливые узоры.

山上无人，不见人影的山。
只听得见山中溪水流淌的声音。
月光穿过树枝茂密的空隙
在紫色苔藓上留下奇妙的花纹。

除了孟浩然、李白、王维的诗歌，布罗茨基还翻译过杜牧等诗人的作品。他翻译的中国古诗大都是唐朝诗人的绝句。从本质上说，他以诗人的眼光与胸怀进行了独特的体验，并用另一种文字给予再现。他的译诗语言富有诗意，具备自己的特色；他的翻译方法较为自由和灵活，但与原文对照，时有出入，可谓有得有失。

除了唐诗，布罗茨基还喜欢老子的《道德经》。他也渴望访问中国，想踏上产生了李白、王维等大诗人的土地，可惜他在五十六岁时一病不起，走到了生命的尽头。据说他曾受到中国台湾的约请，可惜未能成行，这大概也是他临终前的一点儿遗憾。

　　莫斯科《文学日报》的主编弗拉基米尔·邦达连科是俄罗斯当代作家、评论家，多次来中国访问，喜欢中国文化。不久前我从网上看到他写的一篇文章，题为《布罗茨基受"道"的影响》。他对布罗茨基的中国情结有详细的描述，使我大开眼界，受益良多。我愿意把阅读的喜悦、发现的惊奇与爱诗的朋友们一道分享，正是邦达连科的文章帮助我进一步了解了诗人布罗茨基精神生活的一个侧面，使我明白了这位诺贝尔文学奖得主何以能写出《明朝书信》那样的作品。我这篇短文借用和参考了他提供的新鲜资料，特向他表达由衷的感谢。

（原载《中华读书报》2013 年 1 月 23 日第 19 版）

诗歌翻译的 "准确性指数" 与 "随意性指数"

　　怎样把外国诗译成汉语，历来有不同的主张。有人主张 "直译"，有人主张 "意译"，有人追求 "形神兼备"，有人信守 "以顿代步"，有人提出 "形美、音美、意美" 的 "三美论"，有人倡导 "兼顾诗行、顿数和字数" 的 "三兼顾说"。各种主张似乎都有自己的道理。诗歌翻译是一条坎坷曲折、荆棘丛生的道路，一代又一代的诗歌翻译家不畏艰难困苦，在探索中跋涉前行。他们追求的目标是把优秀的外国诗歌介绍给国人，使中国的诗坛趋向丰富多彩。

　　著名诗人翻译家查良铮先生，针对 "字对字、句对句、结构对结构" 的提法，写过《谈译诗问题——并答丁一英先生》，其中有这样一段话："译诗不仅是精确地传达原诗的形象问题。它比译散文作品（如小说）多一道麻烦，就是还有形式的问题，这包括诗的韵脚、每行的字数或拍数、旋律、节奏和音乐性，等等。老实说，对于译诗者，结合内容与诗的形式一并译出，这其中的困难，远远比传达朴素的形象或孤立的词句的困难大得多。……考察一首译诗，首先要看它把原作的形象或实质是否鲜明地传达了出来；其次要看它被安排在什么形式中。这两部分，说起来是分立的，实则在实践中就是一件事，即怎样结合诗的形式而译出它的内容。"①透过查良铮的论述，我们不难发现，译诗存在两个层面，或者说两个阶段，即从逐词逐句的传达内容，到考虑节拍、韵律等形式因素的诗化过程，前者侧重词语的翻译传达，后者重在节奏与乐感的把握，译者始终处在一种反复斟酌、选择取舍的两难境地。在查先生看来，这两个层面既是分立的，又是统一的，是由诗歌翻译家一个人完成的。

那么，这两个层面、两个步骤，是否存在两者分离的状况呢？在我国可能比较少见，但是在俄罗斯，确实存在两个人分阶段合作译诗的情况，即由懂汉语的学者逐词逐句先译成初稿，再由不懂汉语的诗人加工润色，进行诗化处理。像汉学家费德林与诗人阿赫玛托娃合作翻译屈原的《离骚》，汉学家蒙泽勒与诗人吉托维奇合作翻译《李白诗选》《杜甫诗选》，都是这方面有名的例子。

俄罗斯科学院院士，著名文学理论家、诗歌翻译家米哈伊尔·加斯帕罗夫（Михаил Гаспаров，1935—2005）2001 年在莫斯科出版了他的著作《分析、阐释、鉴赏——俄罗斯诗歌论》（«О русской поэзии. Анализы. Интерпретации. Характеристики»）。其中有篇文章《逐行翻译与准确性指数》（«Подстрочник и мера точности»），借鉴统计学原理，对诗歌翻译两个层面词汇使用量的不同变化进行统计，做对比分析，创造性地提出"准确性指数"（мера точности）与"随意性指数"（мера вольности）两个术语。所谓"准确性指数"，就是诗化译本中原作词汇量保留的数量与逐行翻译文本词汇总量的比率；而"随意性指数"指的是诗化译本中译者增添和丢失的词汇量与逐行翻译文本词汇总量的比率。由于是从词汇层面进行审视，逐行翻译文本非常接近于原作，在加斯帕罗夫看来，衡量诗歌翻译的得失优劣，关键是对照原作。这

---

① 引自穆旦《穆旦诗文集》，人民文学出版社，2007 年，第 113—114 页。

样就把检测诗歌翻译质量的标准客观化了，因而减少了主观臆断，增强了评价尺度的科学性、客观性与可操作性。

加斯帕罗夫在《逐行翻译与准确性指数》一文中，通过大量的数据分析，对比了许多诗歌翻译文本。比如，勃留索夫和勃洛克都翻译过亚美尼亚诗人伊萨克强的诗《我在梦中所见》，他的数量分析结论是：勃留索夫的译诗"准确性指数"为 55%，"随意性指数"为 15%；勃洛克的译诗"准确性指数"为 55%，"随意性指数"为 20%。恰雷克的诗《三十岁的她……》有两个俄语译本，译者分别是勃留索夫和鲍博罗夫，经过词汇量化分析得出的结论是：勃留索夫的译诗"准确性指数"为 40%，"随意性指数"为 20%；鲍博罗夫的译诗"准确性指数"为 55%，"随意性指数"为 5%。这种具体作品的量化分析，具有直观性、科学性和说服力。

我们可以借鉴加斯帕罗夫院士的理论，分析观察俄罗斯汉学家翻译中国古典诗歌的情况。资深诗歌翻译家谢尔盖·托罗普采夫 2004 年出版了《李白古风》（59 首）俄译本，印数只有 500 册，但它具有很高的学术价值。翻译家非常直观地展示了诗歌翻译的两个层面：一部分以汉俄对照的形式逐词逐句进行翻译，并且附有典故与难点的注释；另一部分是诗化译本。下面引用《古风其九》的两个文本：

> 庄周梦蝴蝶，
> Чжуан Чжоу увидел во сне мотылька,
> 蝴蝶为庄周。
> А мотылек превратился в Чжуан Чжоу.
> 一体更变易，
> Раз одно тело смогло так преобразиться,

万事良悠悠。

То десять тысяч предметов — тем более.

乃知蓬莱水，

Как знать, воды вокруг острова Пэнлай

复作清浅流。

Не превратятся ли в мелкий ручей?

青门种瓜人，

Человек, сажающий тыквы у Зеленых ворот,

旧日东陵侯。

В прошлом был Дунлинским князем.

富贵故如此，

Если таковы богатство и знатность,

营营何所求。

К чему тогда вся эта суета?

以上是逐行翻译的文本，注重词语的准确传达，完全不考虑节奏和音韵，因此句子与句子可以长短不等，每行大致五六个词，十一到十三个音节，最长的第七行十五个音节，第十行最短，只有十个音节。

而诗化译本就充分考虑到了节奏、音韵、音乐性等形式因素：

Приснился раз Чжуану мотылек,

Который сам Чжуаном стал при этом.

Коль он один так измениться смог,

Что говорить о тысячах предметов?

Вздымается Пэнлай над зыбью вод,

Окажется потом на мелководье,

А бывший князь у Зеленых ворот

Выращивает тыквы в огороде.

В деньгах, почете — постоянства нет.

К чему тогда вся суета сует?!

翻译家采用五音步抑扬格，实际上是用双音节音步对应单音节的一个汉字，前面八行，奇数行十音节，偶数行十一音节，押交叉韵，最后两行都是五音步十音节，押相邻韵，韵式为ababcdcdee。整首诗翻译得既严谨又工整，做到了以格律诗译格律诗，继承了阿列克谢耶夫院士所提倡的注重科学性和艺术性的译诗传统。托罗普采夫的诗化文本回译成汉语大致是：

> 有一次庄子梦见了蝴蝶，
> 而蝴蝶觉得自己是庄子。
> 既然一个人能如此变化，
> 岂能说清楚万物的变异？
> 在浩淼海水中蓬莱耸立，
> 竟然会变成清浅的溪流，
> 青门旁菜畦里的种瓜人，
> 想当年也曾经身为王侯。
> 金钱与名望不可能永存。
> 何必蝇营狗苟煞费苦心？！

借用加斯帕罗夫的词汇量化分析理论，可以对比原作、俄语逐行翻译初稿和诗化译本：李白《古风其九》五言十行，共用五十个汉字，其中双音节名词有"庄周、蝴蝶、蓬莱、青门、东陵"，单音节名词有"体、事、水、流、瓜、人、日、侯、富、贵"，共计十七个（包括重复出现的）；动词有"梦、为、变、易、知、作、种、营、求"，共计十个；两个数词"一、万"；形容词"悠、清、浅、旧"，副词"更、良、乃、复"，共计八个；其余为连词和疑问代词等。

托罗普采夫的逐行翻译，共使用了五十九个单词，原作的名词、动词、数词、形容词、副词都得到了忠实准确的移译，其中有的词做了扩展性的处理，比如，动词"梦"，译为"在梦中看见"，"蓬莱水"译为"蓬莱岛四周的水"，增加了"岛"和"四周"。汉语的"万事"只有两个字，但是俄语里没有"万"这个单位，只能翻译成"十千"。由于俄语使用前置词、连接词的时候较多，逐行翻译文本里前置词就出现了七次，所以实词数量和汉语原作大致是相当的。

诗化译本由于有节奏和韵律的要求，因而用词更须慎重，需要斟酌和筛选。整首诗用词五十一个，比初译稿减少八个，更趋精练。第一行初译稿当中的词组"在梦中看见"简化为动词"梦见"，"庄周"只用了姓氏"庄"，舍弃了名字"周"，但为了节奏，增加了"有一次"。与初稿相比，诗化译本第二行变化最大，逐行译稿是六个单词，十三个音节，按节奏和韵律要求，必须译为五音步十一个音节，除了把"庄周"简化为"庄"，"蝴蝶"换成了代词，还增译了"此刻"。第五行，初译稿的"岛"字不见了，只用"蓬莱"，增加了动词"耸立"。第七行增加了词组"菜畦里"，似乎想让"种瓜"地点有个着落。第八行的"旧日东陵侯"，压缩了"东陵"。如果我们把逐行翻译的初译稿五十九个单词减去前置词、连接词，实词的数量按五十计算，诗化译本保留使用的名词、动词、数词等实词是二十八个，"准确性指数"为 56%；译者为了音韵和节奏需要，自己增加的词有十个，有意压缩或丢失的词有"周""东陵"，两者相加是十二，十二比五十，"随意性指数"为 24%。

下面借鉴加斯帕罗夫的理论，分析不同的俄罗斯译者翻译的同一首中国古诗。唐朝诗人王维的《杂诗三首·其二》（君自故乡来）世代流传，只有四行二十个字：

> 君自故乡来，应知故乡事。
> 来日绮窗前，寒梅着花未？

我看过的俄文译本有五个，现在挑选出施坦因贝格、孟列夫和别列列申的三个译本进行对比分析。先看施坦因贝格的译文：

ИЗ «СТИХОВ О РАЗНОМ»

> Вы побывали
>
> В моем селенье родном,
>
> Знаете, верно,
>
> Все события в нем.
>
> Очень прошу,
>
> Поведайте мне об одном:
>
> Слива тогда
>
> Цвела под узорным окном?

回译成汉语是：

> 译自《杂诗》
>
> 您曾到过
> 我心爱的家乡，
> 想必知道
> 那里的各种情况，
> 很想请求

告诉我一件事情，
雕花窗前
梅花是否已开放？

　　施坦因贝格采用重音诗法，把四行译成八行，奇数行两个重音，偶数行三个重音，偶行押韵。与原作保持一致的词共十一个，十一比二十，"准确性指数"为 55%；译者增加了九个词，漏译一个形容词"寒"，十比二十，"随意性指数"为 50%。

　　再看孟列夫的译本：

Смешанные стихотворения (2)

Вы приехали, друг,
Из далекой родной стороны,
И, должно быть, про все
Вы бы узнали в родной стороне.
Расскажите же мне,
Скоро время придет или нет
Зимней сливы цветам
Распускаться в узорном окне?

回译成汉语是：

杂诗·其二

朋友，您来自
路途遥远的故乡，
想必您都知道

故乡的各种情况。
请您快告诉我，
是不是季节临近，
冬天的梅花
正在雕花窗前开放？

孟列夫采用五音步抑抑扬格翻译这首诗，同样把四行译成八行，奇数行两音步六音节，偶数行三音步九音节，偶行押韵。选用实词二十六个，与原作保持一致的词十三个，十三比二十六，"准确性指数"为 50%；译者增加的词是九个，九比二十六，"随意性指数"为 34%。

别列列申把王维这首诗的题目译成《遇同乡》，请看他的译文：

Встреча с земляком

Вы возвратились из родной страны.
Что происходит там, вы знать должны.
В тот день, как вы мой миновали дом,
Не расцвела ли слива под окном?

回译成汉语是：

遇同乡

您从亲爱的家乡归来，
想必知道那里的情况。
当您经过我们的家园，
窗前梅花是否已开放？

别列列申采用五音步抑扬格翻译这首诗，原作四行，译作保持四行，每行五音步十音节，押相邻韵，韵式为 aabb。选用实词二十个，与原作保持一致的词十一个，十一比二十，"准确性指数"为 55%；译者增加的词是五个，遗漏一个形容词"绮"，六比二十，"随意性指数"为 30%。三个翻译文本，别列列申翻译的"准确性指数"为 55%，与施坦因贝格的"准确性指数"持平，由于他的"随意性指数"更低，所以他的译文更接近原作。

加斯帕罗夫提出的"准确性指数"和"随意性指数"是分析诗歌翻译质量值得借鉴的两个衡量尺度，对文本进行量化分析，具有一定的科学性、客观性和可操作性。具体作品具体分析，能够减少主观臆断。相比之下，"神形兼备""富有诗味""忠实可信""出神入化"等诗评断语就显得抽象、笼统、难以把握。当然，"准确性指数"和"随意性指数"只是诗歌评论的一种方法，不可能替代其他的评论方法和尺度。它的优点是从词汇使用层面对翻译诗歌进行量化分析，但是对于音韵、节奏等形式因素的分析则无能为力，可见这两个术语也有它的局限性。不过，在这个众声喧哗的多元化时代，多一种尺度，多一种声音，毕竟多了一种值得包容与借鉴的学术见解。

（原载《中华读书报》2014 年 1 月 22 日第 18 版）

诗的不可译因素与不可译的诗

诗究竟可译还是不可译，这是诗歌翻译界长期争论、至今悬而未决的难题。争论归争论，诗，却一直在翻译。汉语诗译成各种各样的外语，各种各样的外语诗译成汉语。有趣的是，热衷争论的大多是关注翻译理论的学者，他们重视理论研究，却很少参与诗歌翻译；而注重诗歌翻译实践、大量翻译诗歌的译者，却往往对这种争论不感兴趣，保持沉默。

如果说"诗不可译"是一极，"凡诗皆能译"是另一极，那么两极之间存在着诸多译诗理念和方法。这是个多元共存、众声喧哗的空间。

美国诗人罗伯特·弗罗斯特（Robert Frost, 1874—1963）说过："诗就是翻译中丢失的东西。"（Poetry is what gets lost in translation.）这句话成了诗不可译论者最常引用的名言。

不可否认，诗在翻译过程中存在诗意丢失的现象。这里既涉及诗歌原作的难易程度、音韵形式，也跟译者自身的艺术素养有关。同样一首诗，出自不同译者的手笔，有的诗意丢失严重，有的却很少丢失，不同的译本之间差别很大。

这里不妨引用几组诗句做个对比。

"举头望明月，低头思故乡。"有经验的翻译家译成外语，大概不会有任何丢失。

"今夜鄜州月，闺中只独看。""月"字前加了个修饰语"鄜州",即便地名加注,外国读者还是不明就里,感到困惑。

"但愿人长久,千里共婵娟。""婵娟"形容女子姿态娇好,有学者认为就是指嫦娥,进而指代明月。译者即便了解"嫦娥奔月"的神话故事,但最终大概也只能译成"相隔两地共赏明月"。这种文化空位现象,让译者处于尴尬的两难境地。遇到这样的诗句,诗意的丢失往往就难以避免。

我认为,弗罗斯特的话包含着局部真理。诗在翻译过程中,会有丢失,首先丢失的是本真的节奏和音韵;但是,不能因为有"丢失"就把"丢失"扩大化,从而得出"诗不可译"的结论。诗有不可译因素,有的诗是不可译的,我认同这样的见解。

俄罗斯著名汉学家列夫·缅什科夫(Лев Меньшиков,1926—2005),汉语名孟列夫,是经验丰富的诗歌翻译家。《中国诗歌集》俄译本和《红楼梦》诗词俄译本都出自他的手笔。他在《中国诗歌集》的长篇序言中谈到了诗的不可译因素,这里引用他的一段论述:

"不要指望中国诗原作当中所有的艺术表现方式都可以找到相当的对应词语,能够找到近似的表达方式就很不容易了。能不能做到这一点,多数情况下取决于翻译家的艺术修养(往往也有赖于译者的愿望与良心)。但是,汉语诗的有些特点根本没有办法进行对等的俄语翻译。这首先指它的特殊音韵形式(如平仄交替),再有就是上面提到过的汉语单音节词。所有译者都用俄罗斯诗歌的节奏和韵式取代中国诗歌的节奏和韵式,增加诗行当中的音节数(通常采用的方法是用俄语的一个音步对应汉语诗的一个音节),依据停顿把一行诗译成两行(并非总能达到严谨的程度)。

"还有一点需要提及,几乎每一首由八行组成的律诗都会遇到相邻的对仗语句。举例说,诗人想描写溪水在山间流淌,仿佛把目光从山转向水,那么在前面一行里可能出现'山坡''山峰''悬崖'等字眼儿,所有的词都跟'山'有关,在下面一行就会出现对应的词：'溪流''急流''浅滩'等，所有的词都与'水'相连，这样就形成了对仗。令人遗憾的是，尽管瓦西里·阿列克谢耶夫提倡翻译韵文时应该传达汉字笔画隐含的特点，可是他翻译的有些诗却放弃了对仗的翻译，由此我们发现，把中国古诗译成俄语，对仗也是不可译的难题。"①

在孟列夫看来，特殊的音韵形式是不可译的。汉语的诗句凝练，或者说诗句的密度，对俄罗斯诗歌翻译家来说是一种挑战，让他们感到处理起来十分棘手。另外，诗歌的对仗，还有成语和典故，都是不可译的因素。

这里我还想稍做补充，有些修辞手法比如谐音词、双关语，也是不可译的因素。翻译者的变通处理，不可避免地会造成诗意或多或少的损失。下面举两个例子。

唐朝诗人刘禹锡的《竹枝词》：

> 杨柳青青江水平，闻郎江上唱歌声。
>
> 东边日出西边雨，道是无晴却有晴。

俄罗斯翻译家嘉丽娜·斯特卢恰里娜（Галина Стручалина）翻译如下：

> Цы (песня) «Побеги бамбука»
>
> Зелены ивы, спокойна вода.
>
> Слышу, любимый поет на реке.
>
> Солнце — с востока, на западе — дождь,
>
> Чувства не в слове, так было всегда ...

---

① 引自谷羽译孟列夫《中国诗歌集》序言，见《国际汉学》2015 年第 1 期。

回译成汉语为：

> 绿色的柳树，水面平静，
> 我听见心上人在江上的歌声。
> 东边出太阳，西边下雨，
> 从来都是语言难以传达感情。

原作的"道是无晴却有晴"巧妙地使用了谐音字和双关语，晴天的"晴"和感情的"情"谐音，而且，语义双关，这些在俄语当中是很难传达的，译者只能意译为"从来都是语言难以传达感情"。应当说这首译诗整体上达到了较高的水平，属于保持了艺术品位的译作。虽有损失，却情有可原。

再如诗人柳宗元的《种柳戏题》。开头一句是：

> 柳州柳刺史，种柳柳江边。

诗歌翻译家谢尔盖·托罗普采夫（Сергей Торопцев）的译文是：

> Ваш Ивовый начальник самолично
> Украсил ивами сей город Ив.

回译成汉语为：

> 你们的柳长官亲自动手
> 栽种柳树美化柳州。

　　原作两行十个字有四个柳字，包括了地名、姓氏、树名和江河名，译者反复推敲使用了柳树（ива）的形容词和复数形式，译出了三个"柳"字，即姓氏、树名和地名，已经相当精彩，十分难得。遗憾的是丢失了"柳江"。这里还有一点不易觉察的误译，汉语的"柳"，既指"姓氏"，也指"柳树"，俄语的"ива"只能指树，而不能指"姓氏"，俄语词"ива"如实回译，就是"伊瓦长官"。这一点大概是翻译家所始料不及的。

　　诗有不可译因素，有些诗则是不可译的，比如汉语的拆字诗、藏头诗、回文诗，俄语的贯顶诗，这一类诗歌作品具有双重结构，换句话说，就是有表层结构和潜在结构，或者说有显性结构和隐性结构，也有人形容为存在隐藏的文化密码。遇到这样的作品，翻译家往往会顾此失彼，陷入困境。

　　以下几个例子选自汉语名著。先看《水浒传》第六十回"吴用智赚玉麒麟"，有四行诗是这样的：

> 卢花滩上有扁舟，
> 俊杰黄昏独自游。
> 义到尽头原是命，
> 反躬逃难必无忧。

　　俄罗斯翻译家罗高寿（А. П. Рогачев, 1900—1981）的译本是这样翻译的：

> Кто-то плывет по реке одиноко.
> Меж камышей проплывает ладья.
> Если б ты был справедлив, — то без горя

Ты проводил бы все дни бытия.

回译成汉语为：

> 有人孤独地沿河流行驶，
> 芦苇丛中划过一条船。
> 你若公正，将消除灾祸，
> 平安地度过岁月流年。

原作隐藏的密码——每行开头的字从上往下读为"卢俊义反"，译者没有办法译出来，也未加注释说明，这是个不应有的缺憾和损失。

再看《红楼梦》第五回十二钗判词有如下四行诗句：

> 凡鸟偏从末世来，
> 都知爱慕此生才。
> 一从二令三人木，
> 哭向金陵事更哀。

《红楼梦》俄译本的诗词译者是孟列夫，小说的叙述文字则由帕纳秀克（В. А. Панасюк, 1924—1990）翻译。孟列夫采用的办法是逐词逐句地翻译并且加注释说明诗中隐含的内容。

О скромная птица! Ты в мир прилетела
в годину, принесшую зло.
Всем ведомо: баловня страстно любила,
но в жизни, увы, не везло:
Один своеволен, другая послушна,

и — с «деревом» вдруг «человек»!

И, плача, в слезах устремилась к Цзиньлину,

и стало совсем тяжело!

　　这是一首拆字诗，繁体字"鳳"拆分开是"凡鸟"两个字，"二令"是"冷"字，"人木"是"休"字。这支判词暗示了王熙凤未来的命运，贾琏对她的态度先顺从后冷淡，最终写休书抛弃了她。聪明反被聪明误的凤辣子，只能哭泣流泪回金陵娘家，落得个下场凄惨。诗歌翻译家孟列夫把不可能变成了可能，就这一点而论，比罗高寿《水浒传》的诗词翻译更胜一筹。

　　跟中国的藏头诗相类似，俄罗斯有贯顶诗。请看阿赫玛托娃一首题为《短歌》的原作：

　　　　　　Песенка

　　　　　Бывало, я с утра молчу,

　　　　　О том, что сон мне пел.

　　　　　Румяной розе и лучу,

　　　　　И мне — один удел.

　　　　　С покатых гор ползут снега,

　　　　　А я белей, чем снег,

　　　　　Но сладко снятся берега

　　　　　Разливных мутных рек,

　　　　　Еловой рощи свежий шум

　　　　　Покойнее рассветных дум.

　　翻译成汉语为：

短歌

我常常从早晨就沉默，
不说，为我唱歌的是梦。
唱给红玫瑰，唱给阳光，
唱给我——命运相同。
雪从山坡缓缓向下爬，
我的脸苍白，白过雪，
可是，河水泛滥浑浊，
岸在梦乡，香甜的梦境，
枞树林里的响声清新，
比凌晨的思维还要恬静。

　　表面看来这首诗在描写梦境，梦中有人为抒情女主人公唱歌，歌声是那样美好，梦境是那样甜美，可是醒来后发现，距离歌手非常遥远，因此她的脸色变得跟雪一样白。这样翻译只译出了字面的意思，而这首诗携带的核心机密却难以呈现。只能用注释说明。

　　我们把原作各行开头的十个大写字母从上往下读，就是БОРИС АНРЕП（鲍里斯·安列坡），他是阿赫玛托娃当年热恋的画家情人，诗人曾送给他一枚黑戒指作为定情的信物。这首诗是诗人一生当中写的唯一一首贯顶诗，足见其珍贵。遗憾的是我们却没有办法再现原作的奇妙，只能加注释说明自叹能力不足。

　　不可译的诗歌，最典型的当数汉语回文诗。苏联汉学奠基人瓦西里·阿列克谢耶夫（Василий Алексеев）院士在他的《中国文学论集》第二卷里有篇文章专门介绍汉语回文诗，题为《中国回文诗及其学术与教学利用价值》。他从清朝诗人李旸（1760 年生）的八十一首七言律诗《春吟回文》中挑选了一首《春月》进行解读。请看这首诗和它的回文。

春月

1　身闲最爱夜眠迟，
2　结绮窗开暗转移。
3　人映玉奁双镜对，
4　苑妆银槛一帘垂。
5　匀筛竹影花凝露，
6　碎漾蘋痕水飑飔。
7　轮满散辉寒望远，
8　巡檐共笑索成诗。

回文诗：

1（8）诗成索笑共檐巡，
2（7）远望寒辉散满轮。
3（6）飔飑水痕蘋漾碎，
4（5）露凝花影竹筛匀。
5（4）垂帘一槛银妆月，
6（3）对镜双奁玉映人。
7（2）移转暗开窗绮结，
8（1）迟眠夜爱最闲身。

阿列克谢耶夫院士用俄语字母标出了每行诗的读音，分析了诗行的节奏，第四个字后稍有停顿，按正常顺序读，句末偶行押"一七"韵，倒读偶行押"人辰"韵。他发现倒读的时候，有些词会发生词类转化，比如形容词转为名词，名词转化为动词等。

他对诗中的每个汉字，都从语义和修辞角度进行了详细的解读和剖析。他的结论是："只有在使用中国文字和汉语语言的条件下，才能写出充满诗意、各方面都很奇妙的回文诗，它不是用莫名其妙的字眼儿偶然拼凑出来的词句。"①所谓莫名其妙的语言，原文是"заумь"。它是 20 世纪初俄罗斯未来主义诗派创造出来的一个词，意思是"玄妙深奥的语言"，一般读者看不懂，据说只有未来派诗人才理解。

　　阿列克谢耶夫的文章让我们明白，汉语回文诗可以解读、分析、研究，但不能翻译，即便按照顺序和倒序翻译出来，译文也不能倒读，谁要想领略汉语回文诗的奇妙，一定要读汉语原作。

2017 年 5 月 31 日完稿

2017 年 6 月 2 日修改

（原载《中华读书报》2017 年 9 月 6 日第 19 版）

---

①引自阿列克谢耶夫《中国文学论集》俄文版第二卷，莫斯科科学院东方文学出版社，2003 年，第 302 页。

梅谢里雅科夫翻译《千家诗》

　　一个音乐学院的大学生，毕业后当了音乐老师，后来改行进入外贸公司当翻译。由于喜欢诗歌，他自学多种外语，翻译英语、法语诗歌，而后把目光转向东方，自学汉语，用二十多年翻译了中国诗集《千家诗》（《分门纂类唐宋时贤千家诗选》的简称，收录了 368 人的作品，其中绝大部分为唐、宋诗人所作），译后出版多次遭遇挫折，但他百折不挠，最终在网络天地实现了自己的梦想。这个有几分传奇色彩的人物就是俄罗斯当代诗歌翻译家鲍利斯·梅谢里雅科夫。

　　梅谢里雅科夫 1960 年出生于莫斯科，上中学期间喜欢音乐和外语，后来考入格涅辛音乐学院，一边学习音乐，一边继续学习外语。除了英语，他自学法语和波兰语，接着学习德语。20 世纪 80 年代中期，他痴迷于诗歌翻译，从英语翻译了莎士比亚、彭斯、布莱克的诗歌，从德语翻译了海涅抒情诗和巴赫的清唱剧，从法语翻译了波德莱尔的作品，积累了翻译诗歌的经验。后来他忽然对东方诗歌产生了兴趣。据他自己说，主要是方块字引起了他的强烈好奇心，原本打算自学日语，可是遇到了障碍，找不到合适的文学原著，而教科书的文字过于枯燥。这时一件意想不到的事对他产生了重大影响，使他为翻译中国诗歌付出多年辛劳也无怨无悔。

　　莫斯科高尔基大街有家"友谊书店"，主要出售来自社会主义国家的图书。1984年底至1985年初，随着中苏关系的改善，这家书店开辟了中国图书专卖部，推出了一批书籍，介绍中国国情与文化，意在引发读者的兴趣。那批图书翻译成俄语的很少，绝大部分是汉语或译成英语、法语的书籍。那时候梅谢里雅科夫几乎天天去"友谊书店"，翻阅那些精美的图书画册，浏览图画一样的方块字，觉得十分奇妙。书架上摆放着汉语语法参考书、字典、词典和简易读物，每本书后面都有用铅笔翻译的书名和作者。梅谢里雅科夫虽然不认识汉字，但依据译出的书名挑选了几本中国古诗集，有英汉对照的，有英语注释的。他下决心自学汉语。中国图书特别便宜，这一点很有吸引力。梅谢里雅科夫是音乐学院的年轻教师，工资虽不高，但买喜欢的书倒不觉得是什么负担。

　　有一次梅谢里雅科夫借助词典和英语注释，看一本中文简易读物，读到一篇古代故事，讲寺庙里一个和尚跟一位来访的官员交谈，官员临走时，念了两句唐诗。这诗行竟在他潜意识里留下了印象。1986年盛夏的一天，梅谢里雅科夫在别墅休息，翻阅一本汉语诗集，有两行诗忽然像电光一样映入眼帘，词句熟悉，仿佛在哪里见过，原来四行诗当中的两句，就是那官员离开寺庙时吟诵的诗。转瞬之间，他领悟了诗句的意思，头脑中紧接着闪现出相应的两行俄语诗。奇妙与惊喜使他产生了一种心愿——尝试翻译汉语诗。他找出了一本英汉对照的诗集，名字叫《千家诗》，从中挑选了词句简单的四行，借助查词典，逐词逐句翻译了初稿，然后在心里反复琢磨，终于让方块字组成的诗行变成了符合俄语韵律的诗歌。

　　翻译谜语般的汉语诗，虽说有痛苦，受煎熬，梅谢里雅科夫却感到痴迷，几乎每天都抽时间译诗，一天不译，似乎就缺少了什么。有一天他想，既然翻译，索性把整本《千家诗》都译成俄语，岂不更好？何况，这本诗集里有大量注释，借助这些文字不仅能更好地理解汉语诗的特点，还可以弄清楚许多历史典故，了解汉语诗的遣词造句和音韵特征，翻译的过程，就是学习的过程，一举两得，何乐而不为呢？

　　经过一段时间的摸索，梅谢里雅科夫逐渐弄清了汉语诗的章法与结构。《千家诗》里的作品基本上分为两种类型：五言诗和七言诗。五言诗每行五个字，用公式表示为"2+3"；七言诗每行七个字，句式为"4+3"，中间稍有停顿，而这个停顿总是出现在倒数第三个字前面，这是一条规律。梅谢里雅科夫用双音节抑扬格或扬抑格对应汉语一个音节（即一个汉字），一行诗分为前后两部分，中间停顿空出五个字母的位置。绝句译成四行，律诗译成八行。韵式多采用偶行押韵，偶尔也采用 aabb 式的相邻韵。

　　作为音乐教师，梅谢里雅科夫有敏锐的乐感，非常重视诗歌的音乐性，令他遗憾的是难以再现汉语诗的音调。他知道汉字有四声：阴平、阳平、上声、去声（古代汉语四声为平、上、去、入），汉语古诗讲究平仄，而俄语只有重音与非重音的交替。为了弥补这一缺憾，他想了个办法，就是尽力使用辅音同音和元音同音这样的手法，借以增加俄语译文的音乐性，力求诗句流畅动听，读起来朗朗上口，让读者听得入耳，容易记在心里。

　　他一首接一首地翻译，逐渐形成了自己的习惯，在家里先逐字逐句译出几行初稿，默默记在心里，走路或乘车上班的时候，反复推敲琢磨，找出符合俄语韵律的词语或相应的诗句。因此，无论是在别墅区花园里散步，还是坐公共汽车，乘地铁，总之，处在运动状态的时间，反倒成了他翻译诗歌最容易取得良好效果的时机。

　　经过了两年七百多天坚持不懈的努力，梅谢里雅科夫居然把《千家诗》（节选本）的诗作都译成了俄语。接下来该怎么办呢？他把自己的译诗拿给家里的亲人或知心朋友看，他们都很喜欢。不过，翻译家渴望听到权威人士的指点与评价，于是他想到了科学院东方研究所的汉学家。十分幸运的是，经人介绍他认识了著名诗歌翻译家切尔卡斯基，他的汉语名字叫车连义，翻译过《曹植诗选》《艾青诗选》和《蜀道难——中国 50 年代至 80 年代诗选》。虽然这位汉学家工作繁忙，还是答应看看这位音乐教师的译稿。梅谢里雅科夫用打字机打出了一份清样，恭恭敬敬送到了汉学家面前。过了一段日子，他应约跟汉学家见面。切尔卡斯基对大部分译诗给予肯定和好评，指出了一些问题，提出了中肯的修改意见。这让梅谢里雅科夫喜出望外，深受鼓舞。拿回稿子以后，他又再次加工，有些诗篇干脆重新翻译。

有一次，切尔卡斯基告诉他，东方研究所编译了一套"中国经典文学丛书"，计划组织稿件出版一本《宋代诗选》。汉学家征求他的意见，愿不愿意把他的一部分译诗编进这部诗集当中。意外的惊喜，真是求之不得，哪能不答应呢？梅谢里雅科夫幸运地参加了《宋代诗选》的翻译，承担了部分任务，更让他高兴的是又认识了两位诗歌翻译家——雅罗斯拉夫采夫和戈鲁别夫。前者翻译过唐诗、宋词，还参与翻译了曾朴的长篇小说《孽海花》；后者则译过欧阳修、苏轼、陆游的作品。《宋代诗选》预定由国家文学艺术出版社出版，负责编辑和撰写序言的是著名汉学家、列宁格勒大学东方系的谢列布里雅科夫教授。遗憾的是，当时的苏联进入经济改革阶段，财政陷入危机，卢布急剧贬值，导致书籍出版陷入困境，出版选题大量削减压缩。雅罗斯拉夫采夫就在国家文学艺术出版社担任编辑，看到《宋代诗选》出版无望，他建议梅谢里雅科夫从《千家诗》当中选择部分译作寄给《外国文学》杂志，因为此前该杂志刊载过中国古代诗选的部分作品。这家杂志的编辑跟梅谢里雅科夫联系，拿走了俄译本《千家诗》打印稿，还借走了英汉对照的《千家诗》用来核对原作。让人始料未及的是，不久之后，杂志停刊，编辑失业，不知去向，打印稿丢失，最遗憾的是英汉对照的《千家诗》那本书再也找不回来了。

1990 年，梅谢里雅科夫学会了使用计算机，于是他打定主意，把过去翻译的《千家诗》全部输入电脑。他给每首诗都增加了注释，对作者、涉及的文化历史典故，尽力给予解释，然后打印了两册留用。从1986年算起，经过了几年努力，遭遇多次挫折，《千家诗》俄译本终于以这种方式诞生了！

1995年，梅谢里雅科夫创建了自己的网站，利用互联网让更多读者了解《千家诗》。网站吸引了不少人的关注。他对译作反复修改，把中文原作也放在网上，加上汉语拼音，汉俄对照，为喜爱汉语和中国诗歌的俄罗斯读者提供了方便。多年来出版译诗集的梦想，终于在网络上得以实现。

1998年初，梅谢里雅科夫在一个专门介绍汉语和中国文化、名为"美妙中国"（China the Beautiful）的网站上，竟然发现了完整的中文版《千家诗》，这让他万分惊喜，格外激动。几年前丢失英汉对照《千家诗》的遗憾不仅得到了弥补，而且发现了新的作品，这时他才知道《千家诗》共收录了368位诗人的1281首诗。梅谢里雅科夫继续翻译《千家诗》又有了新的依据、新的动力，至今他还不断把新的译作展示在他的网页上。

如果你懂俄语，打开 Яндекс 网，点击《千家诗》（Стихи тысячи поэтов），就能找到梅谢里雅科夫花费了多年心血的译作。他为中国与俄罗斯文化交流默默奉献，而他得到的是审美的愉悦、兴趣的满足，还有心灵的快慰和精神的升华。

（原载《中华读书报》2011年12月28日第18版）

俄罗斯人翻译中国古诗的历史衍变

  俄罗斯诗人、俄罗斯汉学家翻译中国古代诗歌的历史可以追溯到 19 世纪中叶，至今已有一百六十多年的历史。这一个半世纪大致可分为五个时期：19 世纪 50 年代中期到 20 世纪 20 年代初为肇始期，20 世纪 20 年代初到 20 世纪 40 年代末为开拓期，1949 年至 1961 年为鼎盛期，1962 至 1991 年为沉潜期，1992 年至今为复苏期。每个阶段都有代表性的汉学家、翻译家并出版了重要的中国古诗的译著。

一

  从 19 世纪中叶起，一些俄罗斯诗人和学者开始关注中国诗人的作品。俄罗斯诗人大多是通过德语、法语阅读中国诗歌的译作，从中选择他们喜欢的作品翻译成俄语，其中比较有名的是纯艺术派诗人费特（1820—1892）和象征派诗人巴尔蒙特（1867—1942）。直接从汉语原作翻译中国古诗的是汉学家，其代表性人物是瓦西里耶夫（1818—1900）和阿列克谢耶夫（1881—1951）。

  1856 年俄罗斯《祖国纪事》杂志在"译自中国诗"栏目里刊登了一首标题为《影》（《Тень»）的译诗：

Башня лежит,

Все уступы сочтешь.

Только ту башню

Ничем не сметешь.

Солнце ее

Не успеет услать, —

Смотришь, луна

Положила опять.

回译成汉语，意思是：

> 塔的影子
>
> 落在层层台阶，
>
> 无论怎么扫
>
> 也扫不干净，
>
> 太阳来不及
>
> 收起这影子，
>
> 月亮又照出了
>
> 塔的阴影。

原来这是中国宋代大诗人苏轼的七言绝句《花影》："重重叠叠上瑶台，几度呼童扫不开。刚被太阳收拾去，却教明月送将来。"这首诗的译者是俄罗斯纯艺术派诗人阿方纳西·阿方纳西耶维奇·费特。诗人的母亲是德国人，父亲是俄国人。他从小说德语，像说俄语一样流利，天然拥有两种母语。他曾经把歌德的《浮士德》译为俄语。诗人不懂汉语，为他提供诗歌翻译初稿的是著名汉学家王西里。王西里把"花影"译成了"影"，导致了诗人费特的误解。重要的是，俄罗斯许多学者都认为这是俄国刊物上正式发表的第一首汉语古诗的译作。

俄罗斯著名汉学家艾德林指出，诗人费特的译文与汉语原作相去较远。他不晓得汉语诗的特殊含义及语言特点，更像是根据直觉写出来的一首诗。尽管如此，费特的翻译还是反映出了原作分行、中间停顿的特色，偶行押韵，节奏感鲜明，保留了原作结构和艺术形象发展的逻辑，因而达到了一定的艺术水平。中国大诗人苏轼的一首诗成了第一首正式发表的汉诗译作，值得称道。

1861 年诗人米·拉·米哈伊洛夫（1826—1865）发表了他的《译自诗经》（Из«Ши-Кинг»），当时颇受读者好评，后来被编入了外国诗选读本。他译的是《诗经》中的《唐风·羔裘》："羔裘豹袪，自我人居居。岂无他人？维子之故。羔裘豹褎，自我人究究。岂无他人？维子之好。"诗人是从德语转译的，虽然跨越了两种语言的阻隔，但基本上传达了原作的内容与风格。俄语译文自然流畅，节奏鲜明，且富有口语色彩，受到读者喜爱，自有其道理。

1896 年圣彼得堡出版了一本只有 67 页的薄薄的诗集《诗歌里的中国和日本》（«Китай и Япония в их поэзии»），译者是伊·舍甫琴科，其中依据法语翻译了杜甫的《羌村》等诗歌作品。

20 世纪初，俄罗斯诗人对中国古典诗歌的兴趣显著增加。1908 年，象征派诗人巴尔蒙特在圣彼得堡出版了一本翻译诗集《远古的呼唤》（«Зовы древности»），其中有五首中国古诗：一首《诗经》中的《出其东门》，其余四首都是唐诗，即李白的《乌夜啼》，王昌龄的《采莲曲二首》和杜甫的《羌村》三首之一。他是依据法国女诗人朱迪特·戈蒂耶翻译出版的中国诗集《白玉诗书》（1867）转译的。

李白诗《乌夜啼》原作是：

> 黄云城边乌欲栖，归飞哑哑枝上啼。
>
> 机中织锦秦川女，碧纱如烟隔窗语。

停梭怅然忆远人，独宿空房泪如雨。

　　朱迪特·戈蒂耶的法语译文跟原作就有距离，巴尔蒙特翻译过程中又加入了自己的想象，因此跟汉语原作对照，颇有出入。比如译诗中出现了"鞑靼人嘶鸣的战马""暴雨中传出阵阵闷雷"，都属于添加的词句。尽管内容不够忠实，也欠准确，但诗人对诗歌形式与音乐性的追求，却值得高度关注。他把六行翻译成十二行，采用三音节音步扬抑抑格，每行七音步，十九个音节，形式严谨工整，押相邻韵，韵式为 aabbccddeeff，表现了巴尔蒙特诗歌翻译娴熟的艺术技巧。现引用译文如下：

В облаке пыли Татарские лошади с ржаньем промчалися
　　прочь.
В пыльной той дымности носятся вороны, —
где б скоротать эту ночь.
Близятся к городу, скрытому в сумраке,
ищут на черных стволах.
Криком скликаются, ворон с подругою
парно сидят на ветвях.
Бранный герой распростился с супругою,
бранный герой — на войне.
Вороны каркают в пурпуре солнечном,
красная гарь на окне.
К шелковой ткани она наклоняется,
только что прыгал челнок.
Карканье воронов слыша, замедлила,
вот замирает станок.
Смотрит в раскрытые окна,

где зорями дразнят пурпурности штор.

Вечер разорванный в ночь превращается,

черным становится взор.

Молча идет на постель одинокую,

вот, уронила слезу.

Слезы срываются, ливнем срываются, —

дождь в громовую грозу.

回译成汉语是:

> 鞑靼人的嘶鸣的战马在烟尘中奔驰而过,
> 乌鸦飞在滚滚烟尘中寻找何处能够过夜。
> 飞近夜幕降临的城市,找到幽暗的树十,
> 落在树枝上,雄鸦雌鸦相互鸣叫着呼唤。
> 战斗的勇士辞别妻子,战斗英雄在疆场,
> 窗上一抹余辉,乌鸦嘎嘎鸣叫面对残阳。
> 俯下身子守着织机,只有梭子飞来飞去,
> 听见乌鸦的叫声她停下手来,一片沉寂。
> 望望窗外,天边的晚霞浮动如帐篷一般,
> 黄昏转为夜晚,她的目光变得渐趋惨淡。
> 默默地走向床铺,孤独,流下伤心泪水,
> 泪水流,雨水流,暴雨中传出阵阵闷雷。

　　1914 年,诗人叶戈里耶夫和画家马尔可夫合作翻译出版的中国古典诗歌集《中国之笛》也是依据朱迪特·戈蒂耶的《白玉诗书》转译的。

　　这里值得一提的还有阿克梅派诗人古米廖夫(1886—1921)。他曾留学法国,借助法语阅读过诗人李白、杜甫的诗,并进行自

由改写。他将 16 首诗结为一集，冠以《琉璃亭：中国诗歌》的书名于 1918 年正式出版。其中第一首诗《琉璃亭》充满了对中国文化的想象：琉璃亭、拱形石桥、带龙形花纹的酒杯、加热的酒、月下饮酒诵诗，采用这些具有鲜明民族特色的意象，表明诗人对中国文化有所了解，对异域风情有浓厚的兴趣。

俄罗斯诗人借助外语转译中国古诗，关注诗歌形式和音乐性，与此形成对照的是，俄罗斯汉学家直接根据汉语翻译中国古诗，更加注重内容的忠实、准确。

丹尼尔·彼得罗维奇·西维洛夫（1709—1871），俄国第十届东正教驻北京教士团修士，从 1820 年至 1831 年在中国生活长达十年之久，回到俄罗斯以后，曾担任喀山大学第一位汉语教授。1855 年他翻译了《诗经》当中的诗歌，手稿多达 386 页，可惜未能出版。

1880 年，俄国汉学家瓦西里·帕夫洛维奇·瓦西里耶夫院士（1818—1900）编写出版了世界上第一部《中国文学史纲要》，书中对《诗经》《西厢记》等中国古典文学作品有精辟分析。他特别重视长篇小说《金瓶梅》《红楼梦》，认为只有长篇小说能使读者深入了解中国人当时的生活，诗歌和戏曲则难以做到这一点。在俄罗斯汉学研究中，中国古诗研究与翻译起步较晚，成果也不如小说和戏曲。除了中国古诗语言凝练、意境含蓄、格律严谨这些因素之外，大概跟瓦西里耶夫院士这种重小说、轻诗歌的观念也有连带关系。瓦西里耶夫不仅研究《诗经》，还把《国风》当中的 120 首诗译成俄语，并加以注解，收入了 1882 年石印出版的《中国文选》第三辑。不过这些诗不是用诗体翻译的，而是逐字逐句散文化的直译。

瓦西里·米哈伊洛维奇·阿列克谢耶夫（1881—1951），1911年开始从汉语翻译李白的诗歌。一首《静夜思》，他前后就翻译了三次。头一次每行用五个单音节俄语词，对应原作的五个汉字；

第二次用每行五个词；第三次采用了三音步扬抑抑格，终于找到了既能反映原作格律，又符合俄语诗歌音律的形式。值得指出的是，阿列克谢耶夫翻译《静夜思》依据的是明朝李攀龙编的《唐诗选》，跟现在流行的版本不同："床前看月光，疑是地上霜。举头望山月，低头思故乡。"

　　1916 年，阿列克谢耶夫通过了硕士学位论文答辩。他的论文题目是《中国论诗人的长诗：司空图〈诗品〉翻译与研究》。虽然唐朝诗人司空图的《诗品》只有二十四品，一千多字，阿列克谢耶夫的论文却写成了 780 页的宏篇巨制。[①]他不仅研究了《诗品》的内容、结构、学术价值、历史地位，以及司空图的生平、创作、所受影响，而且探讨了《诗品》的版本、注家、仿作、英语译本，还由《诗品》联系到《画品》《书品》和《续诗品》，对诗歌、绘画、书法进行综合对比研究。对于《诗品》的翻译，阿列克谢耶夫对每个词都精心钻研，通过查阅《佩文韵府》和其他中国古籍厘清词语的来历，搜集词语从古代直至 17 世纪的用法、例句，做到旁征博引，融会贯通。中国传统上历来认为司空图的《诗品》是"重在体貌诗歌的不同风格和意境，兼及某些艺术功用"[②]。阿列克谢耶夫"力图深入把握中国诗人对于中国诗歌本质性的理解，从而指出中国诗学独具的特色，同时阐明中国诗歌在整个人类文化中所具有的价值"[③]。通过自己的深入研究，阿列克谢耶夫认为《诗品》不仅关注诗的风格、意境，而且论述诗人的创作灵感和气质、修养，即侧重诗人创作过程的心理状态。这篇学位论文的写作使得阿列克谢耶夫对中国诗歌及诗歌理论具备了深刻

----

　　① 该书 1916 年作为专著在彼得格勒出版。这是俄国第一部研究诗论的巨著，全面系统地分析了《诗品》的内容和成就，尤其赞赏《诗品》的诗歌风格论和意境说，并以李白、杜甫、白居易、韩愈等唐代诗人的创作为例证，加以阐释和论述。

　　② 引自郭绍虞、王文生《中国历代文论选》，上海古籍出版社，1979 年，第 215—216 页。

　　③ 引自班科夫斯卡娅《苏联汉学家阿列克谢耶夫院士论东西方问题》，见《多种视角——文化及文学比较研究论文集》，南开大学出版社，1995 年，第 83 页。

的理解、独到的认知和丰富的知识，从而为他翻译汉语诗词奠定了坚实的基础。

阿列克谢耶夫从宏观角度充分肯定了文学翻译的价值，并且指出了衡量翻译作品的尺度关键在于忠实性，即接近原作。他说："由全世界各民族文学所形成的世界文学史只有通过翻译才能实现，这些翻译作品越是接近原作，它们才越值得信赖。"[①]他重视文学的多元性，认为读者应当开阔眼界，突破故步自封和保守自闭，因此他指出："对于我的读者来说，需要这样一个公式：'除了我的世界，还有另外的世界，不能仅凭第一印象就对那个世界进行判断'。"[②]

从 19 世纪中叶到 20 世纪 20 年代初，是俄罗斯诗人和汉学家翻译中国古诗的起始阶段。一些诗人借助欧洲语言转译中国古诗，汉学家则直接从汉语翻译，进入他们视野的首先是《诗经》，还有李白、杜甫、苏轼等诗人的作品。诗人们不懂汉语，他们的译作追求诗歌的节奏、音韵，而汉学家则更重视语言的忠实以及内容的准确传达。这是翻译中国诗歌的两种不同风格，以后还会延续发展。

二

1920 年，阿列克谢耶夫撰写了题为《中国文学》的长篇论文，文章后面附录了一份《中国典籍翻译提纲》，共开列了 45 种典籍，与诗歌有关的共 16 种（引用时保留原来的序号）：（1）古代经典诗歌（《诗经》）；（20）楚国的诗人（《楚辞》）；（21）古代诗的主题音调（《乐府》）；（23）嗜酒的隐逸诗人（陶潜）；（24）谢氏家

---

① 引自阿列克谢耶夫《常道集——唐诗选》，圣彼得堡东方研究所出版社，2003 年，第 250 页。

② 引自阿列克谢耶夫《常道集——唐诗选》，圣彼得堡东方研究所出版社，2003 年，第 251 页。

族的诗人（谢朓、谢灵运、谢惠连）；（25）谪仙人，诗人李白；（26）诗圣杜甫的诗；（28）诗人白居易；（29）诗中有画，王维的诗；（30）唐朝诗选；（31）苏轼（苏东坡）的著作；（32）宋代诗选；（33）佛教诗；（34）女诗人；（35）抒情戏剧《寺庙里的艳遇》（《西厢记》）；（43）以抒情文字描述艺术灵感（《诗品》《画品》《书品》）。这份提纲说明了这位俄罗斯汉学家学术视野的开阔，他不仅从宏观角度把握中国文学的发展脉络，还身体力行，带领自己的学生，以坚韧的毅力，把这份翻译提纲变成翻译著作。《中国论诗人的长诗：司空图〈诗品〉翻译与研究》就是开山之作。1923年他翻译的《李白古风》由高尔基主持的世界文学出版社出版，1925年同一家出版社出版的《李白绝句》也是他的手笔。

1923年阿列克谢耶夫的得意弟子尤里安·康斯坦丁诺维奇·休茨基（1897—1938）翻译的《7至9世纪中国抒情诗选》同样由世界文学出版社出版（2000年此书由圣彼得堡东方研究所出版社再版，改名为《悠远的回声——7至9世纪中国抒情诗选》），这是俄罗斯第一部唐诗选集译本，其出版发行具有划时代的价值和意义。书中选译了唐代54名诗人的140首诗。按题材分为11辑："自然和我""出世""我的朋友""异乡""失宠""妻子""庙堂""怀古""晚年""杂诗"和白居易的《琵琶行》。阿列克谢耶夫不仅写了序言，还为每一辑写了简明扼要的引言。可以说这是休茨基和他的老师阿列克谢耶夫共同完成的一本诗歌翻译杰作。

翻译中国诗该遵循什么样的原则，采用什么样的方法，这是阿列克谢耶夫一直关心、反复思考的问题。他在序言中，把休茨基的翻译方法跟法国女诗人朱迪特·戈蒂耶翻译中国诗集《白玉诗书》的方法进行了比较，进而明确指出："诗歌翻译存在两条途径。一条是对原作进行形象性的解释，另一条就是把原作诗歌翻译成外语诗歌。"①他

---

① 尤·康·休茨基《悠远的回声——7至9世纪中国抒情诗选》，圣彼得堡东方研究所出版社，2000年，第32页。

充分肯定了休茨基以诗译诗的做法。对那种似是而非、借助想象随意增添内容的翻译提出了批评。阿列克谢耶夫认为诗歌翻译应当遵循的原则是注重科学性和艺术性的翻译：所谓科学性，就是尊重原作，力求忠实准确；所谓艺术性，就是尊重诗歌的音韵形式，传达诗歌的审美价值。翻译诗一方面要尽力反映原作的形式特点，另一方面又要符合译入语的格律规范，这是诗歌翻译家面临的挑战。阿列克谢耶夫找到了俄语诗跟汉语诗格律的契合点，采用三音节扬抑抑格对应一个单音节汉字，找到了归化和异化的最佳契合点，这对诗歌翻译者具有创造性的启示意义。另外他注意到汉语诗行中的停顿，五言诗和七言诗在倒数第三个字前面都稍有停顿。由于俄语词通常比汉语词长，有时候可以把一行诗依据其停顿分成两行，这样不至于诗行过于冗长。正是在老师的教导下，只有二十多岁的休茨基出色地翻译了李白、杜甫、白居易等天才诗人的作品。他的译作既体现了原作的风貌，又符合俄语诗歌的韵律，因而受到学者专家和诗歌爱好者的好评。

著名汉学家康拉德院士特意为休茨基的译著《7至9世纪中国抒情诗选》写了书评，给予了充分肯定和高度评价。

阿列克谢耶夫的另一个学生阿列克谢·亚历山大罗维奇·施图金（1904—1963），在老师指点下翻译和研究《诗经》。1928年他开始译这部经典巨著，中间经历了诸多劫难。1937年"大清洗"中被判刑、流放，后来又受到疾病折磨，半身不遂，右手不能写字，改用左手书写。经过二十多年努力，数易其稿，最后终于译完了《诗经》的三百多首诗，完成了阿列克谢耶夫《中国典籍翻译提纲》列于首位的巨著的翻译。1957年施图金的《诗经》译本由苏联国家文学艺术出版社出版，科学院院士康拉德为这部译著写了序言。施图金遵循老师阿列克谢耶夫的教诲，尊重汉语原作，尽一切可能传达原作的风貌，从不望文生义，随意增删。他把翻译视为严肃的、科学性很强的学术事业，并且总是把翻译与研究结合在一起，一面研究，一面翻译，修改推敲，精益求精。在内容忠实于原作的基础上，尽力传达原作的优美音韵，他大多采用三音节扬抑抑格或者抑抑扬格再现原作的节奏。这里不妨引用《诗经》中的一首诗《桃夭》，原作是："桃之夭夭，灼灼其华。之子于归，宜其室家。"

施图金的俄语译文如下：

> Персик прекрасен и нежен весной?
>
> Ярко сверкают，сверкают цветы.
>
> Девушка, в дом ты ступаешь женой?
>
> Дом убираешь и горницу ты.

原作为四言诗，节奏鲜明，隔行押韵，流畅和谐。译文采用了扬抑抑格即三音节音步，以三个音节对应一个汉字，每行四音步对应原作四个字，采用交叉韵，韵式为 abab，再现原作的音韵特色，译诗词句自然流畅，保留了原作的形象、节奏，原作的诗意和音乐性得到了精彩的再现。

著名汉学家列夫·扎尔曼诺维奇·艾德林（1909—1985）是阿列克谢耶夫院士的学生，他从《中国典籍翻译提纲》当中选择了两个诗人：陶渊明和白居易。1942 年以论文《白居易的绝句》获副博士学位，1949 年他翻译的诗集《白居易绝句》出版。关于译诗的原则与方法，他继承并且捍卫阿列克谢耶夫的主张。同时他还培养了自己的学生，使得阿列克谢耶夫建立的学派得以延续和发展。

著名汉学家尼古拉·特罗菲莫维奇·费德连科（1912—2000），汉语名为费德林，也是阿列克谢耶夫的学生，他的博士论文题目是《屈原的生平与创作》，1943 年通过论文答辩。《离骚》的俄译本逐词逐句的初译稿就是由他完成的，然后请诗人阿赫玛托娃加工润色，完成了诗化译本，1954 年由苏联国家文学艺术出版社出版，从而完成了阿列克谢耶夫《中国典籍翻译提纲》第 20 项《楚辞》当中的扛鼎之作。

三十多年后，费德林在题为《屈原，创作源泉及创作中的若干问题》（1986）的文章中回忆了这段经历。他写道："我很幸运，依据我逐词逐句的翻译初稿，最终完成译作的是安娜·阿赫玛托娃。恕我大胆说一句，这个译本不愧为经典译作，虽然阿赫玛托娃对我的初稿并没有作实质性的改动。她只是增添某些自认为合适的词，也只有安娜·阿赫玛托娃能够这样调整润色，经过她的修改，确实增加了诗意，使译稿臻于完美，更接近于原作。"

阿列克谢耶夫院士的另一个学生奥尔嘉·拉扎列夫娜·菲什曼（1919—1986），完成了副博士论文《欧洲学术视野中的李白》（1946），为她以后撰写《李白生平与创作》奠定了基础。

20 世纪 20 年代初到 40 年代末可称为俄罗斯翻译中国古诗的开拓期。阿列克谢耶夫院士明确提出了注重科学性和艺术性的译诗原则。他的学生相继翻译了《唐诗选》《诗经》《离骚》《白居易绝句》，在中国古诗翻译方面取得了重大进展。但是这一阶段遭遇30 年代后期的"大清洗"和连续几年的卫国战争，阿列克谢耶夫及其弟子连遭挫折与不幸。假如工作环境不那么险恶，或许他们会有更多的收获与奉献。

三

1949 年 10 月 1 日，中华人民共和国成立。这之后苏联和中国的关系进入"蜜月期"，苏联汉学研究与文学翻译步入鼎盛期。中国古诗的翻译同样取得了巨大进展，标志性的成果就是由郭沫若和费德林主持编选翻译的四卷本《中国诗选》，1957 年由苏联国家文学艺术出版社正式出版。郭沫若撰写了简短的序言，费德林以《中国诗歌》为题写了长达数万字的序言，介绍中国诗歌的历史衍变和汉语诗四声及音韵变化。

《中国诗选》第一卷包括《诗经》《国风》44 首、《小雅》9 首、《大雅》2 首、《颂》1 首，屈原的《离骚》《天问》，汉乐府古诗 19 首，"三曹"即曹操、曹丕、曹植的诗作，陶渊明、谢灵运、鲍照、谢朓等诗人的作品，以及包括《木兰辞》在内的南北朝民歌。第二卷选译的是中国"黄金时代"——唐朝的天才诗人李白、杜甫、王维、孟浩然、白居易、元稹、韩愈、柳宗元、李商隐、杜牧的作品，这些活在中国人心中的诗人集体亮相，向俄罗斯读者展示中国古诗的风采。第三卷选译的是宋、元、明、清几个朝代的诗作，翻译介绍欧阳修、王安石、苏轼、陆游、辛弃疾、李清照、元好问、刘基、高启、袁枚、龚自珍、林则徐、黄遵宪等诗人的作品。第四卷选译的是新中国诗人的作品。四卷本的《中国诗选》第一次向苏联读者展示了中国诗歌的全貌，也成为中俄文学研究合作的典范。正如苏联汉学家沃斯克连先斯基所指出的："五十年代翻译活动之广，数量之大，为世界汉学界所未见。"

参与《中国诗选》翻译的汉学家除了费德林、艾德林，还有切尔卡斯基、雅罗斯拉夫采夫、瓦赫金、戈鲁别夫、巴斯曼诺夫、孟列夫、李谢维奇、阿列克桑德罗夫、科舍列夫斯基、玛尔科娃、莫恰洛娃、帕甫洛维奇等。他们大多是阿列克谢耶夫的学生，有的则是艾德林的学生，在艾德林指导下取得副博士或博士学位。

参与翻译中国古诗的还有不懂汉语的诗人，他们跟汉学家合作，由汉学家逐词逐句翻译中国诗初稿，然后由这些诗人加工润色，就像当年阿赫玛托娃跟费德林合作完成《离骚》的俄译本那样。这些翻译中国古诗的诗人，阿赫玛托娃最有名，除了屈原的作品，她还翻译了贾谊的《吊屈原赋》、李白的《将进酒》、李商隐的《巴山夜雨》等作品，得到了汉学家的好评，受到了广大读者的欢迎。

翻译中国古诗最多的诗人当数亚历山大·伊里依奇·吉托维奇（1909—1966），在《中国诗选》当中他翻译了屈原、李白、杜甫、王维等诗人的作品。从 1949 年开始译诗到 1966 年去世，他把主要精力都投入了翻译中国诗的事业。他曾经写了一首诗，题为《翻译的甘苦》，抒发自己的感受："既然谈起了诗歌翻译，/ 我从事这项工作很多年，/ 任何劳动都不是休息，/ 虽多年付出却并不遗憾。// 翻译是我的由衷爱好，/ 是我自己选择的牢笼，/ 是我的崇尚，是我的痛/我的心痛，而不是头痛。// 力图借助现代人的语言，/ 再现中国古老的诗篇，/ 我仿佛借助古代的眼睛，/ 目睹当代人的苦难忧患。// 因此我逐渐积累了经验，/ 每当跟可敬的老人相遇，/ 不由得心想：都是孩子，/ 我比他们年长几个世纪。"他的翻译很重视诗歌的节奏与音韵，志在严谨中追求自由。"自己选择的牢笼"这种说法十分接近我国著名学者闻一多先生所倡导的"戴着镣铐跳舞"以及著名翻译家智量所说的"画地为牢"。附带提一句，与吉托维奇经常合作的汉学家蒙泽勒（1900—1959）也非等闲之辈，他曾经参与翻译长篇小说《镜花缘》，末代皇帝爱新觉罗·溥仪被监禁在苏联期间，蒙泽勒曾担任他的口语翻译。

另一位女诗人阿捷丽娜·阿达利斯（1900—1969）也值得关注。《中国诗选》采用了她翻译的屈原的《天问》、贾谊的《鹏鸟赋》、司马相如的《子虚赋》、曹植的《洛神赋》，以及北朝民歌《木兰辞》，都是相当重要的作品，翻译起来有相当的难度。《天问》的初稿和注释都出自费德林之手，他约请阿达利斯修饰润色，说明他对这位女诗人的信任。

诗人翻译家阿勃拉姆·马尔科维奇·阿尔戈（1897—1968），翻译过很多西欧诗歌作品，应约参与《中国诗选》的翻译工作，他承译了薛道衡、杨万里、刘基、高启及其他几位诗人的诗歌作品，完成了润色加工最后一道工序。

对于诗人与汉学家合作译诗这种方式，历来看法不一，有褒有贬。汉学家费德林对此有一段评论："在将中国作家的作品译成俄文的翻译实践中，我们的弱点经常是对原作文学语言的表达和艺术风格的真实性把握都欠准确。这其中的原因是，翻译工作由不同的人员完成：逐词逐句按字义翻译由懂汉语的人来做，而文学修饰——则由诗人来做，翻译作品的思想内涵与艺术部分被肢解，导致了艺术翻译的失败。因为一方——掌握汉语的人——认为从语言角度来看，自己读懂了原作，任务就是传达原作的思想内涵；而另一方——诗人或作家——则认为自己要做的是对俄语翻译文本进行文学润色，不依赖于文学原著——对他来说，原著是完全读不懂的。所以，便形成了内容与形式的机械对接。他认为自己的目的是增强翻译文本的'美感'与'诗意'，这种本质性的缺陷，对使用上述翻译方法，尤其是翻译诗歌的方法，都是难以避免的，要知道，真正具有诗歌天赋的汉学文艺家毕竟人数很少。"①

除了集体翻译的《中国诗选》，诗人个人的诗集或同类题材的诗集开始陆续出版。

鲍里斯·鲍里斯索维奇·瓦赫金（1930—1981），1954 年毕业于列宁格勒大学东方系，他翻译的《乐府：中国古代民歌选集》于 1959 年出版了。值得一提的是，1964 年诗人布罗茨基遭遇迫害的时候，瓦赫金曾经和阿赫玛托娃一道为之奔走斡旋，最终迫使当局减轻了刑罚，使原定判处流放 5 年的布罗茨基，一年半后就返回了列宁格勒；瓦赫金还曾教布罗茨基学习汉语，亲自翻译初稿，让诗人加工润色，使这位日后获得诺贝尔文学奖的诗人终生对中国诗歌与文化充满了向往，创作了《明朝书信》等跟中国文化有关的诗篇。

这一时期出版的中国古代诗人的专集还有阿列克谢耶夫主编

---

① 引自费德林著，宋绍香译《中国文学研究与翻译在苏联》，见《岱宗学刊》，2000 年第 4 期，第 40 页。

的《屈原诗集》（1954）、施图金翻译的《诗经全译本》（1957），唐诗选集有艾德林翻译的《白居易诗集》（1958），吉托维奇翻译的《杜甫诗集》（1962）、《李白抒情诗集》（1957）、《王维诗集》（1959）。可喜的是，宋诗选集出现了戈鲁别夫的译本《苏东坡诗选》（1975），宋词选集出版了巴斯曼诺夫翻译的《辛弃疾词选》（1985），译者指出，辛词的价值在于率先克服了同时代人仅用词描写风月、抒发儿女私情的局限性，把词作为与女真族入侵者及投降派斗争的有力武器。巴斯曼诺夫还翻译了《李清照词选》（1960），在序言中把李清照和古希腊女诗人萨福相提并论，他指出："不仅在中国，而且世界古代和中世纪的诗歌恐怕都难找到一位女性能跟李清照相比拟。李清照的作品之所以被广泛传诵，原因在于感情真实，抒情强烈而蕴藉，并且和音乐性融为一体，将生动的形象和完美的形式相结合。"

米哈伊尔·巴斯曼诺夫（1918—2006）长期从事外交工作，在中国生活将近二十年，由于爱好诗歌，业余从事翻译，成了著名的汉语诗词翻译家。对于他的译作，历来褒贬不一，有人推崇，有人指责。就我个人的看法，他的翻译确实不如阿列克谢耶夫及其弟子们的译作那样严谨，他翻译李清照的《如梦令·昨夜雨疏风骤》存在明显的误读、误解和误译。照他的理解，"绿肥红瘦"并非出自抒情女主人公之口，反倒成了卷帘人侍女说的话，着实让人惊讶。

1958 年，帕纳秀克翻译的长篇小说俄译本《红楼梦》问世。跟他合作的汉学家列夫·尼古拉耶维奇·缅什科夫（1926—2005），汉语名字叫孟列夫。他翻译了小说中的大量诗词，付出了心血与汗水。王实甫的《西厢记》俄译本也是孟列夫的手笔。他在诗歌翻译理念上有所突破。阿列克谢耶夫和艾德林翻译中国古诗，注重节奏，不押韵，担心押韵会以词害义；孟列夫却认为押韵是中国古诗的本质性特征，因而主张译诗一定要押韵。

这里引用《红楼梦》第一回的五言绝句："满纸荒唐言，一把辛酸泪！都云作者痴，谁解其中味？"

孟列夫的译文是：

> Заполнена бумага похвальбой,
>
> и нет достойной ни одной строки.
>
> И, вместе с тем, слезлива эта речь,
>
> претит избыток жалоб и тоски.
>
> Наверно, все, не вдумываясь в суть,
>
> заявят: «Этот автор недалек!» —
>
> Но кто оценит утонченный вкус,
>
> умея проникать и между строк?

他采用抑扬格每行十音节五音步，韵式为 xaxabcbc，保持了偶行押韵，显示了译风的严谨和驾驭语言的娴熟能力。

苏联汉学界一向重视翻译与研究结合，这是阿列克谢耶夫确立的传统。1958 年中国两个伟大的诗人李白和杜甫的传记几乎同时出版，成为中国和俄罗斯文化交流的一件大事。菲什曼写的《李白生平与创作》，第一次向俄罗斯读者全面介绍了李白的诗歌创作及诗人的"爱国主义和人民性"。叶甫盖尼·谢列布里亚科夫撰写的《杜甫评传》，是他多年研究诗人杜甫的重大成果，1954 年他在阿列克谢耶夫院士指导下完成了副博士论文《中国 8 世纪伟大诗人杜甫的爱国主义和人民性》，在这篇论文的基础上，又经过四年的潜心钻研，他对杜甫有了更深入的了解与把握。他充分肯定了杜甫"赞颂普通人的精神美，鞭挞官吏的残暴"，认为杜甫是"深切关心他人甘苦、关心祖国人民命运"的人民诗人。谢列布里亚科夫还重视诗人的艺术技巧，具体分析杜甫的诗歌作品，认为他的山水诗比陶渊明的作品"更质朴更鲜明"。他指出杜甫诗对后世的影响，认为诗人的诗句"至今还能激励读者，在他们心中激发起高尚的情操"。

<h1 style="text-align:center">四</h1>

随着1961年苏共二十大召开，赫鲁晓夫做秘密报告否定斯大林，中苏进入意识形态的冷战期。1966年中国开始了"文化大革命"。1969年3月"珍宝岛事件"使两国关系降到冰点，几乎处于战争状态。将近二十年两国关系冷淡，文化交流停滞，苏联汉学人才的培养数量锐减，研究中国文学的机构压缩。不过，尽管处境艰难，但由于老一代汉学家的努力，研究却在加深，范围也有所拓展，从1962年到1991年苏联解体，可称为中国古诗研究与翻译的沉潜期。

1962年，索罗金、艾德林合著的《中国文学史略》出版，该书以资料翔实、结论精辟著称。另外，由莫斯科大学和苏联科学院东方研究所合编的多卷本《东方文学史》，将中国文学与东方其他民族文学进行比较，作为大学教材在20世纪六七十年代产生了很大的影响。费德林《中国文学问题研究》（1974）、《中国古典文学名著》（1978）、《中国的文学遗产与现代性》（1981），波兹涅耶娃《中世纪东方文学》（1970），戈雷金娜《中国美文学理论》（1971），李谢维奇《中国的文心：中国古代和中世纪之交的文学思想》（1979），波梅采娃《晚期道家论自然、社会和艺术》（1979）等，都结合中国古典文学作家作品对一些文学理论进行探讨，这些都标志着对中国文学与诗歌研究的日益深入。

汉学家李谢维奇（1932—2000），从1960年开始研究乐府，1969年出版专著《中国古代诗歌与民歌（汉代乐府）》。鲍里斯·瓦赫金（1930—1981）首次将汉乐府译成俄文，并在"前言"中介绍了乐府诗的产生背景、社会价值和乐府诗的若干特征，指出：

"中国诗歌和音乐的血缘关系正是在乐府诗的影响下产生的……乐府对中国诗歌的影响巨大。正是乐府为包括唐王朝统治时期在内的中国诗歌繁荣作了准备,乐府仿佛是架设在著名的《诗经》和唐朝泰斗诗歌之间的一座桥梁。"

1965 年艾德林翻译的《陶渊明诗选》出版,以后多次再版,每次都增加一些新的译诗。他继承并坚持阿列克谢耶夫的传统,依据诗行当中的停顿,把一行译成两行,不少译者采用他这种译法。艾德林的译诗用词精确,他注重诗句的节奏,但不主张押韵。

列昂尼德·叶甫谢耶维奇·切尔卡斯基(1925—2003),汉语名字车连义,他是艾德林的学生,1962 年以论文《曹植诗歌研究》获得副博士学位,研究宗旨是找出曹植诗歌同民间诗歌的关联。作者还指出,曹植的世界观中既有儒学的因素也有道家因素。作者认为曹植从道家学说中主要汲取它的奇幻思想,而不是它的哲学思想。文章还研究了曹植对五言诗的革新,并认为曹植特别注意诗的开头和结尾,而这些诗句是最重要的。车连义转年出版了《曹植诗选:七哀集》,1973 年再版,篇幅有所增加。1967 年他还从比较文学的角度对比分析了古罗马诗人奥维德与曹植的创作,延续了阿列克谢耶夫对比研究古罗马诗人贺拉斯与中国诗人陆机的传统。车连义是艾德林的学生,由于他本人擅长写诗,所以在翻译诗歌方面有自己的见解,他主张译诗押韵,认为押韵并不妨碍词义的传达。我们可以透过曹植著名的《七步诗》来看车连义译诗的风采。原作是:"煮豆持作羹,漉豉以为汁。其在釜下燃,豆在釜中泣。本自同根生,相煎何太急。"车连义译为:

Стихи за семь шагов

Варят бобы, —
Стебли горят под котлом.

Плачут бобы:

«Связаны все мы родством!

Корень один!

Можно ли мучить родню?

Не торопитесь

Нас предавать огню!»

他采用三音节扬抑抑格，奇数行两音步，偶数行三音步，韵式为 ababxcxc，语言准确，韵律和谐，非常精彩。有意思的是吉托维奇也翻译过这首诗，他的译文是：

Семь шагов

Горит костер из стеблей бобов,

И варятся на огне бобы,

По поводу горькой своей судьбы.

И плачут, и плачут бобы в котле

— Один у нас корень, — стонут бобы.

Мы братья вам, стебли, а не рабы.

吉托维奇采用两音节抑扬格，每行五音步，只有五、六两行押韵，音韵略显逊色，用词也不如车连义准确。比如标题《Семь шагов》（《七步》），显然不如《Стихи за семь шагов》（《七步之内的诗》）。最后两行回译成汉语是："我们是一条根，/豆子哭泣，/我们是兄弟，不是奴隶。"选择"奴隶"这个词是为了押韵，有以词害义之嫌。车连义的译文从词义准确角度看更胜一筹，从译诗用韵角度比老师艾德林的译法有所提升，可谓青出于蓝而胜于蓝。

汉学家叶甫盖尼·亚历山大罗维奇·谢列布里亚科夫教授，1928 年出生，也是阿列克谢耶夫的学生，1968 年他的《陆游〈入蜀记〉：翻译、评论和跋》出版，标志着他研究陆游的开始。1973年他完成了博士学位论文《陆游：生平与创作》，探讨了陆游思想的构成因素和来源，认为陆游的世界观复杂，有儒家、道家和佛学禅宗的成分，王安石的革新主张对他也有较大影响。同时他探讨了陆游的诗歌创作、其抒情诗的形象特点、诗人与时代的关系，以及诗歌创作的传承和审美意识等问题，因而受到了苏联汉学界的重视。1979 年他出版了另一部专著《中国 10 至 11 世纪的诗歌：诗与词》，研究"词"这种体裁从晚唐五代到宋朝的发展衍变，这是俄罗斯唯一的词学专著。费德林充分肯定这部学术著作，认为它"揭示了词这种诗歌体裁产生和形成的过程，以及词同传统体裁诗之间的相互关系。……在很大程度上填补了苏联在中国中世纪文学知识上的一个很大的空白，使人们对中国古典诗歌发展中的某些重要的趋势和现象加深了了解。"

致力于宋代诗歌翻译的有两位翻译家。一位是伊戈尔·戈鲁别夫（1830—2000），《陆游诗集》（1961）和《苏东坡诗词集》（1975）是他的手笔。另一位是米哈依尔·巴斯曼诺夫（1918—2006），继《辛弃疾词选》和《李清照词选》之后，他还翻译出版了《中国历代词选：梅花开》（1979），入选的词人有 19位，其中宋代词人有 10 位：欧阳修、柳永、苏东坡、黄庭坚、秦观、李之仪、李清照、陆游、辛弃疾、朱敦儒等。谢列布里亚可夫教授撰写书评指出，这是俄文版的"第一部中国词选"。

在俄苏汉学界，元、明、清三个朝代的诗歌研究与翻译一向是个薄弱环节。郭沫若和费德林主编的《中国诗选》第三卷（1957）收入了 72 位诗人的 104 首诗。1979 年伊里亚·斯米尔诺夫主编的《中国 8 至 14 世纪抒情诗选》收入了关汉卿诗 27 首，高启诗 60 首，对元明两代诗人作品的翻译介绍有所拓展。斯米尔诺夫翻译中国古诗与阿列克谢耶夫、艾德林一脉相成，强调节奏，不主张押韵。

　　在翻译中国古诗方面还有一位曾在中国生活三十多年的俄罗斯侨民诗人不容忽视，他就是瓦列里·别列列申（1913—1992）。他以诗体翻译了《道德经》。他翻译的《离骚》和《团扇歌》在德国法兰克福出版。在《团扇歌》的序言当中，他分析了中国诗歌和西方诗歌的差别，提出了自己翻译中国古诗的几条原则：（1）采用五音步抑扬格翻译五言诗，用六音步抑扬格翻译七言诗，所有译作大体都遵循这样的格律。（2）鉴于汉语不具备词尾形态变化，押韵都属于阳性韵，译文韵式安排有所变化。（3）中国古诗押韵严格，多采用元音重复，对这种押韵方式有意回避。（4）鉴于原作多采用偶数行押韵（第二行与第四行押韵），奇数行不押韵，译诗则让所有诗行都押韵，韵式较为灵活，或采用相邻韵，或采用交叉韵。（5）翻译长诗和词，采用多种格律（扬抑抑格、四音节格律、缺抑音律），视不同的作者而有所变化。（6）所有广为流传的中国古诗选本几乎每篇原作都附有大量注释，因此在译本末尾应对相关作者、作品给予简明扼要的介绍，对某些词语给予解释。

　　《团扇歌》当中选译了李白的《将进酒》等 6 首诗，王维的《鹿柴》等 4 首诗，此外还有贺知章、王之涣、孟浩然、张籍、崔颢、欧阳修、辛弃疾等诗人的作品。篇幅较长的两首诗是北朝民歌《木兰辞》和白居易的《琵琶行》。阿列克谢耶夫的得意门生、翻译《易经》的休茨基，当年也译过《琵琶行》，他把原作一行译成两行，因而篇幅比别列列申的译本恰恰多出一倍。这两个译本值得好好对比研究。

五

1991 年 12 月，存在了近七十年的苏联宣告解体，俄罗斯进入新的历史发展阶段。经过几年社会动荡，俄罗斯社会与经济状况渐趋稳定。中国古典文学研究与翻译跟其他文化事业一样有复苏迹象，迄今的二十多年可以称为复苏期。

由伊里亚·斯米尔诺夫主编，由圣彼得堡东方研究所出版社出版的"中国诗歌珍品"丛书陆续问世。其中有艾德林翻译的陶渊明诗选《秋菊集》(1999) 和 7 至 10 世纪唐诗选《枯苇集》(1999)，斯米尔诺夫自己翻译的 14 至 17 世纪明代诗歌选《清影集》(2000) 和高启诗选《天桥集》(2000)，孟列夫翻译的 7 至 10 世纪唐诗选《清流集》(2001)，休茨基翻译的《7 至 9 世纪中国抒情诗选》得以再版，书名改为《悠远的回声——7 至 9 世纪中国抒情诗选》(2000)。阿列克谢耶夫在 20 世纪 40 年代初卫国战争期间翻译的《常道集——唐诗选》(2003)，在尘封半个多世纪后也终于得以面世。短短几年，连续出版翻译的中国古诗集，形成了一定的规模，产生了良好的社会效应，使得读者更关注中国古代诗歌和中国文化与文明。

2000 年圣彼得堡东方研究所出版社出版的宋代诗选《云居集》是由多位汉学家和诗人合译的，谢列布里亚科夫撰写了序言，共选了 20 位诗人的 121 首诗。入选诗最多的是苏轼，共 36 首，占了全书四分之一的篇幅，译者是诗人叶·维特科夫斯基；其次是陆游，入选 11 首诗，是由谢列布里亚科夫和雅·鲍耶娃合译的。

此外，孟列夫翻译的《中国诗集》(2007)，得到台湾蒋经国基金会资助得以出版。这位汉学家在长篇序言中对他毕生坚持的诗歌翻译进行了总结，内容涉及以下六个方面：翻译中国诗歌的缘由与经历；中国诗歌历史发展回顾；翻译中国诗的原则与方法；

对中国诗韵脚与韵式的认识；中国诗的形象、结构及其译法；中国诗歌的典故及注释方法。这位汉学家对中国诗歌既有宏观的把握，又有深入透彻的了解，对中国诗歌的音韵形式衍变、不同诗体的音韵特点、中国诗的不可译因素、中国诗歌与俄罗斯诗歌在形式音韵方面的差别等一系列问题都做了细致的分析和对比研究。他为自己设定的目标是翻译与研究结合，尽力翻译自己喜欢、自己需要的诗歌作品，译成俄语，读起来富有音韵和诗意，同时能反映原作的风貌，力戒随意想象与呆板乏味。他坚持阿列克谢耶夫倡导的注重科学性与艺术性的译诗方法，但是在是否应当押韵的问题上，跟阿列克谢耶夫和艾德林的见解不同，他认为押韵是汉语诗歌的本质性特征，因而主张翻译中国古诗一定要押韵。在这一点上，他跟车连义的见解一致。

　　这一阶段出版的还有李谢维奇主编的两卷本的《中国山水诗》（1999），戈里申科娃主编的杜甫诗选《感伤诗百首》（2000），费拉托娃主编的中国古典诗歌集《杨柳枝》，中国四行诗（绝句）选集《离别苦》（2000）等。这些选集多是苏联时期老一辈汉学家艾德林、诗人吉托维奇等人的译作。序言大多也采用苏联时期老一代学者的论文，如中国古典诗歌集《杨柳枝》的序言采用了艾德林 1977 年写的文章《中国古典诗歌》，略有压缩；杜甫诗选《感伤诗百首》则以老一代著名汉学家康拉德 1960 年写的文章做序言，很少有当代学者动笔。彼得堡大学东方系汉语教研室副教授斯塔拉茹克（汉语名索嘉威）的学术专著《元稹——唐代诗人的生活与创作》（2001）是这一阶段具有创新意义的科研成果。

　　还有三位汉学家兼翻译家的成果特别值得关注。一位是翻译《千家诗》的鲍里斯·梅谢里雅科夫。1960 年他出生于莫斯科，毕业于格涅辛音乐学院留校任教，掌握多种外语，从事诗歌翻译。他 20 世纪 80 年末开始自学汉语，依据英汉对照的《千家诗》翻译中国古诗，后来得到汉学家切尔卡斯基和雅罗斯拉夫采夫的指点和帮助。他应约参加宋朝诗歌翻译，不幸赶上苏联解体，社会动荡，译稿丢失，无果而终。后来他建立了自己的网站，把自己翻译的《千家诗》全部放在网上，这可谓是他的一项创举。他翻译中国古诗注重形式和音乐性，原诗四行，他也译成四行，通常采用交叉韵，有时采用相邻韵。他的《千家诗》网站引起了越来越多的读者关注，扩大了中国古代诗歌的影响。

另一位是俄罗斯科学院东方学研究所圣彼得堡分所研究员玛丽娜·克拉芙佐娃。她的《古代中国诗歌》（1994）一书除了在研究方法与视角上颇具新意外，还附录了从《诗经》《楚辞》到魏晋南北朝的诗歌，都是她重新翻译的。圣彼得堡科学出版社出版了她的新著《永明诗歌》（2001），这部著作完成于1986年，一直未能出版，尘封十五年后，终于问世，成为严肃的俄罗斯汉学研究再度复兴的征兆。该书重点研究了沈约、谢朓、王融、萧衍的生平与创作，探讨了永明诗歌的基本思想倾向及其题材、主题与形象，分析了永明时代的山水诗、应制诗、爱情诗和友谊诗，并论述了"永明声病说"等与诗歌韵律有关的理论和创作实践问题，不仅填补了俄罗斯中国古诗研究的一项空白，即便放在中国，也算是创新之作。2004年她翻译的六朝诗选《雕龙集》由圣彼得堡东方研究所出版社出版，选译了包括曹操、曹丕、曹植、沈约、谢朓、阮籍、嵇康等24位诗人的140首诗歌作品。她为这本诗集撰写了题为《六朝：诗歌与时代》的序言，不仅论述了六朝诗歌的时代特点和发展演变，还说明了她本人的诗歌翻译方法与追求。她指出，阿列克谢耶夫和艾德林译诗不押韵，而瓦赫金和切尔卡斯基则主张押韵，她采用的翻译方法介于这两者之间。她认为，既然原作押韵，译作也应当押韵，不过押韵的方法可以比较灵活，不一定仿照原作亦步亦趋，押韵可以有多种方式，尽量靠近俄语诗歌的韵律，这样做有利于诗歌的传播。

第三位是俄罗斯汉学家、莫斯科远东研究所研究员谢尔盖·阿尔卡基耶维奇·托罗普采夫。他 1940 年出生，汉语名字是谢公，近十年来连续出版了有关中国诗人李白的七本书：《书说太白》（ 2002）、《李白古风》（2004）、《李白的山水诗》（2005）、《楚狂人李白》（2008）、《李白传》（2009）、《李白诗五百首》（2011）和《诗仙李白》（2014），成为俄罗斯汉学界引人关注的一个现象。

　　第一本书《书说太白》是为了纪念诗人诞生一千三百周年编撰的，收集了前辈汉学家撰写的文章，有助于读者全面、深入地了解李白。第二本《李白古风》，第一次展示了汉学家翻译中国古诗的全过程。李白古风 59 首，每一首都逐词逐行地翻译，并对典故和疑难词语给予注释，这是第一道工序，重在保证对原作语言理解的准确；第二道工序是诗化翻译，或者称为艺术化翻译，重在体现原作的音韵特征，原作是五言诗，要用十个音节五音步抑扬格（或扬抑格）来对应，因而要对第一道工序的初译稿增删取舍，加工润色。过去汉学家和诗人合作翻译中国古诗，通常是汉学家完成第一道工序，诗人完成第二道工序；现在，托罗普采夫一个人完成这两道工序，而且要比他的前辈，比如阿列克谢耶夫、艾德林向前推进一步。他们采用三音节音步对应一个汉字，一行诗通常分为两行，在形式上距离原作较远；而托罗普采夫要用双音节音步对应一个汉字，原作四行，译文就译成四行，每行少用四五个音节，使得诗行更简练，因而更接近原作。这一点做起来相当困难，应当说使译者面临极大的挑战。阿列克谢耶夫和艾德林只注意传达原作的节奏，但不主张押韵，担心因追求韵脚而妨碍语言的准确；托罗普采夫认为，汉语原作押韵，译文也应该押韵。他用了十年的工夫翻译了李白的五百首诗，自费出版，就翻译李白诗而论，这样执着的翻译家不仅在俄罗斯屈指可数，在其他国家也很少见。

　　当然，托罗普采夫也继承了俄罗斯前辈汉学家阿列克谢耶夫、艾德林的优良传统，比如把翻译与研究相结合。他不仅翻译了李白古风59首，还撰写了论文《李白诗歌象征体系中的"羽族"》，并且写了诗人的传记；他跟中国多位研究李白的专家、学者保持联系，比如安旗、郁贤皓、薛天玮、梁森，向他们咨询请教，把他们的论文翻译成俄语；他还多次到中国访问，赴西安、四川、安徽等地进行学术考察，研究跟李白行踪有关的历史地理资料。他在研究与翻译李白诗歌方面取得重大进展，绝非一日之功。2006年，中国政府授予他优秀图书奖，是对他长期以来研究中国文化的充分肯定。2015年他获得中国驻俄罗斯大使馆中国文化中心授予的首届"品读中国"文学翻译奖终身成就奖，亦是实至名归。

回顾俄罗斯诗人与汉学家翻译中国古诗一个半世纪的历史，我们可以发现，他们的工作有以下几个特点：

1. 系统性。由于阿列克谢耶夫院士的学识渊博，对中国诗歌的发展脉络有宏观性的了解与把握，很早就列出了翻译经典著作的大纲，经过一代又一代汉学家的努力，使中国诗歌从《诗经》《离骚》《汉乐府》到唐诗宋词以及重要的诗人如屈原、曹植、陶渊明、李白、杜甫、王维、白居易、苏轼、陆游、辛弃疾、李清照等的专集，都有了俄译本。

2. 传承性。阿列克谢耶夫院士明确反对"欧洲文化中心论"。他尊重中国诗人，尊重原作，提出了翻译诗歌的方法，倡导注重科学性和艺术性的译诗原则。而他的弟子休茨基、施图金、艾德林、孟列夫，再传弟子斯米尔诺夫都遵从这样的原则。他们为出版老师的译著写序言，做注释，尽心尽力，展现出良好的学术品格。

3. 包容性。俄罗斯人翻译中国古诗，除了懂汉语的汉学家，还有不懂汉语、从事翻译的诗人，两者合作，共同译诗。比如费德林与阿赫玛托娃合作翻译《离骚》，吉托维奇与蒙泽勒合作翻译唐诗，都是很好的例证，他们彼此尊重，表现出相互包容的胸怀。

4. 创新性。在继承前辈传统的同时，有些汉学家还在译诗实践中不断探索，有所突破，有所创新。比如，从阿列克谢耶夫到艾德林再到斯米尔诺夫，都坚持翻译诗歌重节奏，不押韵；但车连义、孟列夫却主张在注重节奏的同时，译诗要押韵，因为押韵是中国诗歌的本质性特征。又如，前辈汉学家注意到俄语单词大多是双音节或多音节词，而古汉语大多是单音节词，双方音节数目比大约是三比一，基于这种情况，为了避免译成俄语的诗句过长，就把一行分成两行；但是别列列申和托罗普采夫却另辟蹊径，以双音节对应一个汉字，从而译出的诗句更简短凝练，更接近原作的形式。

5. 综合性。翻译与教学结合，翻译与科学研究结合，这是瓦西里耶夫和阿列克谢耶夫两位院士开创的优良传统，阿列克谢耶夫和他的弟子，在研究的基础上从事诗歌翻译，翻译诗歌作品又为科学研究提供丰富的资料。他们不仅系统地翻译了中国历代重要诗人的代表作，还以许多中国诗人及其作品为题目撰写学位论文，出版专著，先后写出了李白、杜甫、王维、元稹、陆游等诗人的传记。

俄罗斯汉学界翻译中国古诗的成就，令我们敬佩。他们严谨的治学精神，在翻译理论和翻译方法上的探索和追求，值得我国翻译界认真思考与借鉴。

（原载《永存的记忆——纪念李福清院士文集》，天津社会科学院出版社，2013 年。本次发表稍有修改补充。2018年 12 月 16 日记）

诗歌名篇赏析

心潮激荡写初恋

——普希金爱情诗赏析

1799 年 6 月 6 日，在莫斯科一个没落贵族的家庭里，诞生了一个男孩儿，皮肤黝黑，头发卷曲，嘴唇厚而前凸，外曾祖父的黑人血统在他的体貌中得到了鲜明的再现。当时，谁也没有料到，十几年后，这孩子会在诗坛崭露头角，能为俄罗斯诗歌开辟新的纪元。这个男孩就是亚历山大·普希金。

诗人普希金只活了三十七年，却经历了流放、囚禁、受沙皇警察厅暗中监视等种种磨难与坎坷，最后在决斗中结束了痛苦而不屈不挠的一生。他为俄罗斯人留下了八百多首抒情诗，十几部长诗，还有小说、剧作、童话诗、文学评论，并且创办了影响深远的文学杂志《现代人》，而他的代表作——诗体小说《叶甫盖尼·奥涅金》则被别林斯基誉为俄罗斯社会生活的百科全书。

普希金是俄罗斯诗人中获得世界声誉的第一人。正是他才华卓著的创作把俄罗斯文学带进了 19 世纪的黄金时代。因此，人们称颂普希金为俄罗斯现代文学之父，称颂他为俄罗斯诗坛永不殒落的太阳。

1999 年 6 月 6 日，是普希金诞辰二百周年纪念日。在漫长的两个世纪中，普希金的作品非但没有被岁月的风尘所掩埋，反而日益闪耀出耀眼的光华。他的名字不仅传遍了辽阔的俄罗斯大地，而且跨越国界，超越语言障碍，受到世界各个国家各个民族的广泛重视。在中国，普希金是最受读者欢迎的外国诗人之一。

为了怀念这位天才的诗人，笔者选译了他的四首爱情诗，与读者一道分析鉴赏，从中领略普希金诗歌的意蕴风采和艺术魅力。

1815 年，16 岁的普希金还在皇村中学读书。他有一位同学姓巴库宁，巴库宁的姐姐巴库宁娜有时到皇村中学来看望弟弟。浪漫多情的普希金对巴库宁娜竟一见钟情。

1815 年 11 月 29 日，少年普希金怀着兴奋的心情在日记中写下了这样一段文字：

> 我体验了幸福！……不，昨天我是不幸的。从清晨起我就忍受着期待的熬煎，怀着难以描述的激动站在窗前，眺望白雪覆盖的小路——谁知却望不到她的身影！我真盼望能和她在楼梯上相遇。这种会面是多么甜美的时刻呀！而现在我却陷于失望！

接下来，他引用了著名诗人茹科夫斯基（1783—1852）的诗句，用以印证自己的心情：

> 他歌唱爱情，然而歌声凄楚。
> 啊，他尝到的只有爱的痛苦！

下面，普希金以情不自禁的赞美口吻描绘了这位小姐的动人形象：

> 巴库宁娜实在可爱！黑色连衣裙和她苗条的身材是那样相称！但是，我有十八个小时没有看见她了。哎，十分痛苦，难以忍受……

诗人还写道：

是的，我曾有过五分钟的幸福……

让十六岁的普希金魂牵梦绕、寝食难安的巴库宁娜（1795—1869）出身于圣彼得堡贵族世家。夏天时，她跟随父母来皇村避暑消夏，有时应邀参加皇村中学举办的舞会。这位身材修长、容貌美丽的小姐自然成了皇村中学学生们的爱慕对象。给她寄情书写情诗的不仅有普希金，还有普希金的同班同学普欣和伊利切夫斯基。巴库宁娜小姐对瘦小黝黑的普希金并不特别青睐，这让普希金深为苦恼。

1816年夏天，巴库宁娜再次来皇村，普希金的诗才和他那一双炯炯有神的眼睛打动了这位小姐的芳心。她和少年诗人开始约会，皇村公园林荫湖畔，青草坪，小河边，留下了他们一起散步的足迹，夜晚的月亮和星星窥见了他们相依相偎的身影。

一次次约会使普希金体验到无尽的喜悦。临近秋天的时节，巴库宁娜跟随父母返回了圣彼得堡。普希金见不到他的心上人，陷入了相思的痛苦之中。他写出了一篇又一篇情真意切、哀婉缠绵的情诗，借以排遣自己的惆怅。

从1815到1820年，普希金先后为巴库宁娜写过二十多首诗。在他日后创作的诗体小说《叶甫盖尼·奥涅金》中，诗人以抒情插笔的方式回顾了自己与巴库宁娜的初恋。女主人公达吉雅娜身上也糅进了巴库宁娜的某些特征，比如，达吉雅娜匀称端庄的身材和那一身黑色连衣裙，都使人想起巴库宁娜的身影。1830年，普希金在一封信中写道："初恋，是非常敏感的人生经历：它越是显得稚拙愚蠢，就越是给你留下长久而美妙的回忆。"从这些肺腑之言中不难看出他对巴库宁娜念念不忘的深情。

　　大致了解了普希金与巴库宁娜的恋爱经历，有助于我们理解诗人的相关作品。我们从巴库宁娜组诗的二十多首诗作中，选介四首最重要最有特色的情诗，与读者一道欣赏。先看抒情诗《致画家》（1815）：

> 哈丽特与灵感宠爱的骄子，
> 一颗心儿总是热情激荡，
> 请你用随意与洒脱的画笔，
> 为我描绘心上人的形象：
>
> 请描画她纯真灵秀之美，
> 画令人痴迷的可爱面庞，
> 画天庭才有的笑容妩媚，
> 再画她勾魂摄魄的目光。
>
> 请为她系上维纳斯腰带，
> 赫柏的身姿苗条端庄，
> 再以阿利班的风光霞彩，
> 衬托我所崇拜的女王。
>
> 请将她微微起伏的胸脯，
> 罩上纱巾，薄纱透明如浪，
> 为的是让她能呼吸自如，
> 能暗自叹息，并抒发衷肠。
>
> 请体察羞怯的倾慕之情，
> 她是我心魂所系的女郎，
> 我在画像下面签上姓名，

幸运的手聊寄一瓣心香。

这首诗虽然标题是《致画家》，但内容却是向巴库宁娜婉转地透露倾慕之情。此诗写于认识这位小姐不久，热烈的内心追求与表白的委婉忐忑，交织成奇妙的旋律。

普希金从小喜欢读书，他对希腊神话和西方文学与文化十分熟悉。这首诗就采用了希腊神话中的形象，哈丽特为美惠三女神的统称。"哈丽特与灵感宠爱的骄子"，指的是普希金的同班同学伊利切夫斯基。此人能诗善画，相貌英俊，也是巴库宁娜的倾慕者。因此，诗人赞美他受到美惠三女神的宠爱，写诗作画颇富灵感，成为同学当中的佼佼者。普希金请伊利切夫斯基为巴库宁娜画像，借以抒发心中的恋情。

维纳斯与赫柏也是希腊神话中的人物。维纳斯，亦称阿佛洛狄忒，即爱情女神。据说，她有一条魅力神奇的腰带，哪位女子能系上这条腰带，便能如愿以偿地得到幸福。在古希腊罗马时期，女子结婚时常把亲手编织的腰带献给维纳斯神像，以祈求幸福美满。赫柏是青春女神，容颜美丽，腰肢纤细。普希金在诗中以赫柏指代巴库宁娜，形容其迷人的风韵。他让画家为她系上维纳斯腰带，含义是祝愿心上人永远幸福。诗中提到的阿利班，是意大利著名风景画家，又译阿利巴尼(1578—1660)，19 世纪初俄国画坛对他的风景画至为推崇。以优美的自然风光来衬托美人的形象，相得益彰，愈发动人。

诗人普希金以出神入化的诗笔描绘心上人，细细品味，颇有层次：先写其纯真灵秀之美，这是虚写，是总体印象，是概括之笔；然后是实写，刻画她的面庞、笑容；最后写她的眼睛。而且分别加上"令人痴迷的""可爱的""天庭才有的""妩媚的""勾魂摄魄的"这样一些修饰语和形容词，增加了艺术的感染力，使人仿佛看到了巴库宁娜，不由得也为之倾倒，为之赞叹。

　　十六岁的普希金以优美的诗笔淋漓尽致地抒发自己的恋情，不能不让人佩服。他的追求与表白，自称羞怯，实则大胆，情真意切，格外动人。巴库宁娜读了这首诗，自然不能不为之动容。据诗人同代人的回忆，当年在皇村中学，伊利切夫斯基确实为巴库宁娜画了肖像。另一位有音乐天赋的同学柯尔萨科夫为《致画家》一诗谱了曲，曲调优美流畅，和谐悦耳，颇受同学喜爱，大家纷纷传唱。同学们赞赏普希金的诗、伊利切夫斯基的画、柯尔萨科夫的曲，当然更赞赏巴库宁娜的美。诗、画、曲、美汇集成一个话题：少年的初恋。这在皇村成为久传不衰的佳话。

　　附带说明，普希金的原作以四音步抑扬格写成，韵式 abab，为交叉韵，单数行九个音节，偶数行八个音节，阴性韵与阳性韵交叉，横的节奏，纵的韵脚，交织呼应，形成流畅优美而又工整严谨的格律。译诗采用了每行四顿，也押交叉韵，力求再现出原作的风采，传达出朗朗上口的音乐性。

　　第二首诗为《一滴泪》（1815）：

> 昨天陪一位骠骑兵朋友，
> 相对共饮彭士酒①，
> 我默默注视远方的大路，
> 思绪阴沉压心头。
>
> "嗨！为什么总朝大路看？"
> 我的勇士这样问。
> "想必你还在把她思念，
> 没心思陪伴友人？"

① 一种加糖和果子露的甜酒，也有人译为潘趣酒。

我的头不由得低低垂下：
"我已经失去了她！……"
声音沙哑，我轻轻回答，
叹口气不再说话。

睫毛上悬着一滴眼泪，
忽然间落入酒杯。
"毛孩子！"骠骑兵大叫，
"为妞儿哭泣不害臊！"

"别这样，朋友，我很难受。
你显然不知忧愁。
哎！仅仅一滴泪水就足够
使杯中物化为苦酒！……"

    圣彼得堡郊区的皇村，驻扎着骠骑兵禁卫军团。皇村中学的学生和年轻的骠骑兵军官时有来往。普希金有几个骠骑兵朋友，其中一个叫卡维林（1794—1855）。卡维林性格豪爽，作战勇猛，平时喜欢饮酒和追逐美人。《一滴泪》中的朋友就有卡维林的身影。这首诗明写诗人与骠骑兵朋友饮酒聊天儿，暗写巴库宁娜离开皇村以后诗人的苦闷。

    如果说《致画家》一诗写得典雅优美，那么，这一首诗则以口语入诗，质朴平易，语言极富生活气息，而且非常个性化。骠骑兵说的"毛孩子""妞儿""不害臊"，用词粗俗，与人物的性格和身份相符。喜欢逢场作戏追逐女人的军官，不懂得什么叫真正的爱情。他觉得少年诗人为一个妞儿伤心落泪，实在丢脸，非常可笑。他的直率粗犷恰恰反衬出诗人情感的真挚与痴迷。从诗中对话的情节判断，诗人肯定对朋友讲述过他的恋爱经过，因此，朋友才会直言不讳地追问"想必你还在把她思念"。这个被军官轻蔑地叫作"妞儿"的"她"，虽未出场，从诗人对她思念、为她落泪来分析，不难看出她在诗人心中的位置和分量。见不到意中人，度日如年，百无聊赖，连平时能带来欢乐的美酒也变得苦涩。诗人的痴情由此得到了生动而鲜明的体现。

　　这首诗原作采用四音步与三音步交叉的抑扬格写成，单数行每行九个音节四个音步用阴性韵，偶数行每行六个音节三个音步用阳性韵，长短交织，韵律生动活泼，与口语化的语言风格十分和谐。译文仿照原诗采用长句四顿九字或十字，最多十一字，短句三顿七字，最多八字。韵式不拘泥于 abab 的交叉韵，而是偶行押韵，按诗节换韵，第四节采用了相邻韵，第五节与第一节同样用了交叉韵，可以首尾相顾，彼此呼应，从音韵角度考虑，使诗的韵律感更为完整。

　　下面来欣赏第三首诗《唱歌的人》（1816）：

> 你可曾听见有人在夜晚歌唱？
> 在树林里唱他的爱情与忧伤。
> 当清晨的原野还笼罩着宁静，
> 忽然响起呜呜咽咽的芦笛声——
> 　　你可曾听见？
>
> 你可曾看见他？当夜色迷茫，
> 唱歌的人唱他的爱情与忧伤。
> 你可曾看见他的泪痕与笑容，
> 还有那一双隐含幽怨的眼睛？
> 　　你可曾看见？

你可曾感叹？当他轻轻歌唱，
你听他唱自己的爱情与忧伤。
你和他在树林深处邂逅相逢，
觉察出他视线低垂流露愁情——
　　　你可曾感叹？

　　如果说 1815 年普希金写给巴库宁娜的情诗以倾慕和追求为基调，那么，1816 年诗人的相关作品更多的则是抒发离别的痛苦、思念的惆怅。

　　1816 年的夏天给普希金留下了美好的回忆，他的倾慕得到了回馈，巴库宁娜被少年诗人如火的激情、灵动的诗句所感化，终于和诗人心心相印，林荫湖畔留下了他们说爱谈情成双成对的身影。然而好景不长，随着秋季来临，巴库宁娜又随父母返回了圣彼得堡。受相思之苦折磨的普希金连续写出了《离别》《哀歌》《月亮》等近十首诗抒发心头的苦闷。诗人在草丛中寻觅情人的脚印，在树林中呼唤她的芳名，在小河岸上注目河水，痴迷地想从水中目睹她的倒影。似呆似痴的举止，活脱脱画出了抒情主人公的一片深情，痴中见真，以拙胜巧，是上述几首诗共有的特征。

　　《唱歌的人》与上述几首诗惆怅的情调相似，但在结构上却独具特色。诗人采用了颇有创造性的环状结构。全诗三个诗节，每节五行，前四行为长行，都是抑扬格五音步，第五行为短行，只有两音步。这个两音步的短句与第一行开头的三个词相重复，相呼应，从而形成了一个封闭的环。三个环又环环相扣，朗诵起来，和谐上口。每节的韵式为 aabbc，三个诗节韵脚相同，音韵流畅，长句与短句相间，工整中显示出变化。传统的俄罗斯诗歌，大都每节四行，音步整齐，严谨有余，活泼不足。少年普希金敢于突破陈规，另辟蹊径，在诗歌形式探索方面，表现出可贵的创造精神。

《唱歌的人》不是别人，正是抒情主人公自己。但是他不用第一人称的"我"，而用第三人称的"他"，变换了一个视角，进行自我观照，把自我客体化，这样就显得新颖别致。诗中"唱他的爱情与忧伤"一句，三次出现，三次重复，收到了一唱三叹的效果，凸显了歌者的相思之苦。诗中的"你"，既可以指一般读者，也可指诗人的朋友，但更深入地品味，十有八九指的是诗人的意中人巴库宁娜。诗中的潜在意思是，我在树林里歌唱，为思念你而忧伤，你可曾听见？你可曾看见？你可曾感叹？这既是对情人的深情呼唤，也是对她离别后没有音信的责问。

《唱歌的人》也曾引起作曲家的兴趣，先后有几位作曲家为之谱曲，在俄罗斯一代又一代人中传唱。优美的抒情诗具有持久的艺术生命力，有了音乐的辅助，自然流传得就更加久远。

第四首抒情诗题为《心愿》（1816）：

> 我的日子缓慢地拖延，
> 失恋，在压抑的心中
> 时时刻刻都注入辛酸，
> 并且引发迷乱的梦幻。
>
> 但我沉默，不想抱怨；
> 流泪，泪水给我安慰，
> 为忧伤所笼罩的心田，
> 反复体味苦涩的陶醉。
>
> 我不惋惜如飞的时刻，
> 虚幻倩影快隐入幽暗，

　　　我只珍重爱情的折磨；

　　　纵然一死，死于爱恋。

　　巴库宁娜小姐离开皇村，再无音信，让痴情的少年诗人普希金十分忧伤。他觉得度日如年，心中酸楚，甚至常常做一些迷乱的怪梦，才与情人见面，恍惚间又各奔东西。但是他并不抱怨，也不责备巴库宁娜，只是在沉默中流泪，以泪水安慰自己的心。

　　这首写失恋的诗，把恋人心目中的爱情推向了极致：失去了爱，生活便失去了意义。因此，抒情主人公断言，他只珍重爱情的折磨，甘愿为爱情而死。这些夸张决绝的口吻，具有强烈的艺术感染力。

　　为了表达强烈的情感，少年普希金采用了突破常规的修辞手段，比如，"珍重爱情的折磨"就不同凡响。通常诗人会说"珍重爱情的甜蜜"或"珍重爱情的欢乐"；普希金却反其道而行之，独特地写出了个性鲜明的爱情体验。把爱与死联系在一起，愿意在爱恋中结束生命，出语不俗，耐人寻味。

　　"苦涩的陶醉"也是个不同寻常的词语搭配。通常人们会说"欢乐的陶醉"或"陶醉于欢乐"；少年普希金则大胆运用了反常的修饰，造成了陌生化的效果，使人觉得新奇。细思量，诗人的说法颇有道理。失恋的滋味是苦涩的，但是与情人缠绵相处的时光毕竟令人陶醉。既然她曾经一度带给你欢乐，那就没来由抱怨和责备。爱情是两情相悦，是付出情感，而不是占有与索取。普希金这种高尚的感情在以后所创作的诗中仍有体现，比如写于1829年的《我曾爱过您》：

　　　我曾爱过您；也许在我心中

　　　尚未完全熄灭爱情的火焰；

　　　但别让这爱再搅扰您的安宁，

我决不想带给您些许忧烦。

我曾默默而无望地爱过您，
常忍受怯懦和嫉妒的熬煎；
愿上帝为您选中另一个情人，
能像我一样真挚地把您迷恋。

　　理解、体谅、宽容，是爱的基础。你爱一个人，即便她不爱你，你仍然爱她，并祝愿她能幸福，这是普希金高尚人格的体现。这种可贵的情操从他早期的诗作到后期的作品，像一根红线贯穿始终。别林斯基说过："在普希金的任何情感中永远有一些特别高贵的、温和的、柔情的、馥郁的、优雅的东西。由此看来，阅读他的作品是培育人的最好的方法，对于青年男女有特别的益处。在教育青年人，培养青年人的感情方面，没有一个俄国诗人能得上普希金。"①

　　在纪念诗人诞辰二百周年的日子里，让我们重温别林斯基的论断，认真阅读普希金的诗歌，和诗人进行心灵的对话，必然会从中获得审美的愉悦与性情的陶冶。

　　（本文为纪念普希金诞辰二百周年而撰写，原载《名作欣赏》1999年第2期）

---

① 引自查良铮译《普希金抒情诗选集》（下），江苏人民出版社，1982年，第554页。

挑战金字塔

——三首同题诗《纪念碑》赏析

说起世界八大奇迹，必然提到埃及的金字塔，那是古埃及为法老修建的庞大陵墓。法老去世后，遗体要被制成木乃伊，存放在金字塔的墓穴里，期望得到永生。

古罗马诗人贺拉斯（公元前65—前8）创作了诗歌《纪念碑》，向金字塔提出挑战。贺拉斯认为，诗人是无冕之王。诗人的作品就是他的纪念碑，诗人的名声超越帝王将相，非人工的纪念碑凌驾于人工修建的金字塔之上。

俄罗斯18世纪的诗人杰尔察文和19世纪的诗人普希金都仿效贺拉斯写出了以《纪念碑》为题的诗篇，普希金还把贺拉斯的诗句引用为题词。三首同题诗分属于两个不同的国家和民族，创作时间跨度相隔一千八百多年。从继承、借鉴和创新的角度，分析这三首诗，探讨它们各自的艺术手法与审美取向，对于诗歌爱好者来说不失为一个有意义的话题。

古罗马诗人贺拉斯出身寒微，生于意大利南部一个小镇，父亲是获释奴隶。诗人年轻时曾在罗马接受教育，后来又去雅典研习哲学。讽刺诗和颂诗的创作为他带来了巨大的声誉。他的才华不仅得到诗坛的公认，也受到社会的广泛好评与推崇，被国民誉为"导师"，最终得到了奥古斯都大帝的青睐，成了与维吉尔齐名的宫廷诗人。在其诗论著作《诗艺》中，他写过这样的诗句：

> 寓教于乐的诗人才博得人人称可，
>
> 既予读者以快感，又使他获益良多。

"寓教于乐"的创作主张可谓影响深远，直至今天，仍然受到很多作家和诗人的赏识。作为宫廷诗人，贺拉斯为权贵写过不少歌功颂德的诗篇，然而他最为倾心、最为器重的诗篇《纪念碑》，却不是献给帝王，也不是献给统帅，而是写给自己的。这首诗展示了诗人复杂性格的一个侧面：诗人的自尊与自信。贺拉斯认为，真正的诗歌是不朽的艺术品，可以超越时间与空间的局限而趋向永恒。《纪念碑》的开篇大气磅礴：

> 我造了一座纪念碑，它比青铜
>
> 更坚牢，比王家的金字塔更巍巍，
>
> 无论是风雨的侵蚀，北风的肆虐，
>
> 或者是光阴的不尽流逝，岁月的
>
> 不尽滚滚轮回都不能把它摧毁。
>
> 我不完全死去，我的许多部分
>
> 将会逃脱死亡的浩劫而继续存在，
>
> 人们的称誉会使我永远充满生机。[①]

贺拉斯用"纪念碑"隐喻真正伟大的诗歌作品，可算是诗歌史上的创举。在古代，青铜器是帝王祭祀用的礼器，而金字塔是古埃及法老的陵墓。试想，青铜再坚硬，总有锈蚀的时候；金字

---

① 引自辜正坤主编《外国名诗三百首》，北京出版社，2000 年，第 30 页。本诗译者王焕生。

塔再巍峨，总会受到岁月风雨的侵蚀；而真正的诗篇却可以万古流传，与日月同辉。诗人的生命虽然短暂，而他灵感的结晶——诗歌，却能延续他的生命，跨越时空，去叩响一代又一代读者的心扉。正是在这个意义上，诗人坚信，他不会完全死亡，他的精神将会永世长存。

> 只要卡比托利乌姆的祭司和贞尼
> 仍去献祭。我将会一直被人怀念，
> 在狂暴的奥菲杜斯河喧闹的地方，
> 在惜水的道努斯统治的乡人之间。

　　第三个诗节写家乡的人们将世世代代怀念诗人，通过时间的久远与地域的辽阔来衬托他声名的不朽。诗行中有几个词需要略加解释。"卡比托利乌姆"即卡比托利欧山，是意大利罗马七座山丘之一。古罗马城始建于此山下的台伯河畔。贞尼是维斯塔神庙的女祭司，而维斯塔女神则是古罗马人广为信奉的火神和灶神。道努斯是古罗马神话中意大利南方的国王，贺拉斯出生于意大利南方，奥菲杜斯河是他家乡的河流，道努斯统治的地方暗指诗人的家乡。在这一诗节，诗人把诗歌对人的陶冶与人的宗教信仰相提并论，从而肯定了诗歌的教化功能和社会价值。

> 出身低微的我首先给意大利音韵
> 引来伊奥尼亚格律，诗歌的女神啊，
> 请接受由你襄助而得来的这一荣誉，
> 慈祥地给我戴上得尔福月桂花冠。

　　在第四个诗节，诗人阐明了自己在诗歌艺术上的贡献："出身

低微的我首先给意大利音韵 / 引来伊奥尼亚格律"。"伊奥尼亚格
律"泛指古希腊抒情诗的格律。诗人坦然承认他对古代诗歌的继
承与借鉴，正是由于这种吸纳和包容，才使得他的诗歌在艺术形
式方面日趋丰富和多姿多彩。同时，诗人也不讳言自己"出身低
微"，从社会下层奴隶的儿子到闻名遐迩的诗人，其间他走过了漫
长的道路，每一步都要付出艰辛。象征诗人最高荣誉的"月桂花
冠"绝非唾手可得之物。"得尔福"为古希腊神话中太阳神阿波
罗神庙所在地，阿波罗也是司音乐与诗歌的神灵，还是诗人的保
护神，只有攀登到艺术顶峰的诗人，才有幸戴上"得尔福月桂花
冠"。

　　贺拉斯的《纪念碑》一诗，立意高远，气势恢宏，语言凝练，
结构严谨。诗人生命的有限与艺术生命的无限，出身寒微的无名
与最终的声名显赫，形成内在的反差和张力，再加上独出心裁的
比喻，烘托手法的成功运用，使得这首诗一经问世，就广为传诵，
尤其受到诗人们的推崇，真正成了诗歌史上的一座有纪念碑意义
的"丰碑"。

　　一千八百多年以后，俄罗斯古典主义诗人杰尔察文
（1743—1816）借鉴贺拉斯《纪念碑》一诗的形式，写出了他的
仿作《纪念碑》（1796）：

　　　　　　我为自己树一座神奇永久的丰碑，
　　　　　　它比金属更坚硬，比金字塔更雄伟；
　　　　　　无论是飓风，无论是滚滚的迅雷，
　　　　　　无论是岁月流逝，都不能把它摧毁。

　　　　　　是的！我的生命决不会全部消亡，
　　　　　　它多半将超脱腐朽而永世长存，

只要斯拉夫民族受到举世景仰，
我的荣耀与日俱增不会泯灭无闻。

白海和黑海之间将传颂我的业绩，
其间有伏尔加、顿河、涅瓦、乌拉尔河，
无数平民当中的每一个都将牢记，
我怎样由无名之辈变得声名显赫——

是我大胆运用灵活而俏皮的俄语，
颂扬了费丽察崇高善良的美德，
是我用亲切朴素的言辞谈论上帝，
是我面含微笑向沙皇把真理诉说。

缪斯啊！自豪吧，为真理的功绩，
什么人蔑视你，你就报之以轻蔑。
请伸出你从容而无拘无束的手臂，
把不朽的霞光冠冕佩戴到前额！①

　　俄罗斯诗人杰尔察文的人生经历与贺拉斯有某些相似之处，也是由无名之辈变得赫赫有名。他推崇贺拉斯的诗作《纪念碑》，能与这位前辈诗人产生心理共鸣并非偶然。杰尔察文出生于喀山省一个小贵族家庭，十九岁参加了骠骑兵团，经过十年的军旅生涯，才由士兵晋升为军官。文学爱好使他提笔写诗，创作讽刺诗和颂诗使他崭露头角，一首《费丽察颂》（1782）改变了他的命运。由于这首诗受到女皇叶卡捷琳娜二世的青睐，杰尔察文福星高照，官运亨通，不断升迁，先后担任奥伦涅茨省和唐波夫省省长，以

---

　　① 引自谷羽译《俄罗斯名诗300首》，漓江出版社，1999年，第3页。

后又进入宫廷担任女皇内阁秘书。不过，由于他耿直敢言，与同僚不合，最后被罢免官职，进入没有实权的元老院。亚历山大一世登上沙皇宝座后，杰尔察文曾担任御前司法大臣。

杰尔察文的《纪念碑》一诗，结构上与贺拉斯的原作非常接近，第一个诗节同样赞美自己所树立的纪念碑之神奇，巍然屹立，世代长存。第二和第三个诗节，分别从时间与空间的角度描述自己将名扬后世。这里自然采用了与自己身份相符的词句，那就是斯拉夫民族给予推崇景仰，俄罗斯的山山水水都将传颂他显赫的名声。

第四个诗节是这首诗的中心。这四行诗概括了杰尔察文引以为荣的终生业绩：首先是颂扬女皇的美德，其次是推崇东正教的信仰，再次是含笑向沙皇陈述真理，这一点大概是让诗人深感骄傲和自豪的品格。诚然，与那些庸庸碌碌的官员相比，杰尔察文的确有其过人之处，那就是在他的心中，除了威严的沙皇，还有真理，当沙皇的决策与真理相违背的时候，他敢于仗义执言，维护真理，而不是察言观色，见风使舵。而"面含微笑"陈述真理，则充分显示了杰尔察文久经官场、位至权臣的干练和智慧。

与贺拉斯的原作相比，杰尔察文的《纪念碑》多出了一个诗节，那是诗人和缪斯的对话。正是诗神缪斯的引导，使得诗人把真与美联结在一起。因为诗人知道，只有维护真理，他才有资格佩戴诗人的桂冠，才会超脱死亡而走向不朽。

作为俄罗斯古典主义代表性的诗人，杰尔察文的诗歌创作取得了令人瞩目的成就。不过，就其政治理想而言，他追求的最高限度是做个一人之下、万人之上的治世能臣。历史注定了，他的后来者，他所欣赏的普希金，很快就超越了他，使他的名声相形见绌。

1818 年 1 月 8 日，俄罗斯圣彼得堡郊区的皇村学校举行升级考试，杰尔察文应邀前去监考，这一年，诗人已经七十三岁。少年诗人普希金考试时，朗诵了他自己写的诗篇《皇村回忆》，令这位诗坛泰斗激动不已。杰尔察文从监考官的席位上站起身来，伸展双臂想拥抱少年，不料腼腆的普希金却迅速躲避跑出了考场。杰尔察文把普希金视为自己诗歌事业的继承人，他决不会想到，这位少年竟然违背了他的意愿，走上了另一条道路。普希金不想做沙皇的臣民和奴隶，他大胆地歌颂自由，立志鞭挞王位上的罪恶，由此导致了一生的坎坷：遭遇流放、监禁、监视、诽谤、污蔑，最后决斗死亡。

1836 年 8 月 21 日，离决斗致死只有五个月零八天，普希金心头萦绕着不祥的预感，挥笔写下了回顾平生、展望未来的《纪念碑》，似乎是为他的平生进行总结。这首诗与杰尔察文的诗作一样，也是五节二十行，但诗歌的内容和立意已经不可同日而语，它像分水岭一样标志着新时代新诗人的新声音。开头四行就非同凡响，有借鉴，更有创新：

> 我为自己树立了一座非人工的纪念碑，
> 杂草遮不住人们寻访它踩出的小路，
> 它不甘屈服的头颅挺拔而崔巍，
> 　足以俯视亚历山大石柱。[①]

普希金的创新之处在于，诗人不再单纯地渴望名垂千古，而是思考诗人与平民百姓的关系，他相信他的纪念碑不会被荒草湮没，因为寻访纪念碑的人们会踩出一条道路。诗人还勇敢地宣告：纪念碑不甘屈服的头颅，高过亚历山大石柱。这个石柱就是耸立在圣彼得堡宫廷广场上为沙皇亚历山大一世歌功颂德的纪念柱。

---

① 译文见谷羽译《俄罗斯名诗 300 首》，漓江出版社，1999 年，第 46 页。

指名道姓地蔑视沙皇，这在杰尔察文看来，简直是大逆不道的罪行。假如他还活在人世，普希金的叛逆精神肯定会让他感到万分惊恐。当时另一位有名的诗人茹科夫斯基看到了普希金这首诗的手稿，就把沙皇亚历山大的名字改成了拿破仑。经过了六七十年以后，普希金诗作的原貌才得以恢复。

与杰尔察文的《纪念碑》相比，普希金诗作的第二、三节，意境更恢宏，目光更远大，对于自己的名声更加自信：

> 是的，我不会完全消失，预言的琴声
> 将使我的灵魂超脱腐朽而永世长存——
> 我将获得荣耀，只要世界上月光溶溶，
> 　　哪怕只剩下最后一个诗人。

> 我的名字将传遍整个伟大的俄罗斯，
> 四海之内所有的语言都将呼唤我，
> 骄傲的斯拉夫子孙，至今野蛮的通古斯，
> 　　芬兰人和草原上的卡尔梅克。

诗人在第四个诗节，明确指出了自己与人民的关系，并且说明了备受人民热爱的原因：

> 我将受到人民的爱戴并且爱得长久，
> 因为是我的竖琴激发出美好的感情，
> 因为是我在严酷的时代歌颂自由，
> 　　呼吁对不幸者予以宽容。

普希金自认为他一生的功绩可以归结为三：一是创作诗歌激发美好的情感，二是在严酷的时代歌颂自由，三是为蒙难者呼吁

宽容。对于第一项功绩，别林斯基有过精辟的论述："普希金每首诗的基本情感，就其自身说，都是优美的、雅致的、娴熟的；它不仅是人的情感，而且是作为艺术家的人的情感。在普希金的任何情感中永远有一些特别高贵的、温和的、柔情的、馥郁的、优雅的东西。由此看来，阅读他的作品是培育人的最好的方法，对于青年男女有特别的益处。在教育青年人，培养青年人的感情方面，没有一个俄国诗人能比得上普希金。"①

歌颂自由，今天说起来容易，可是在沙皇专制的时代，谈论自由就有丧失生命的危险。普希金由于创作了《乡村》《自由颂》，几乎被流放到西伯利亚服苦役，后来由于宫廷诗人茹科夫斯基向沙皇求情斡旋，才改为流放俄国南方。

为蒙难者呼吁宽容，这里的蒙难者实有所指，那就是十二月党人。1825 年主张废除农奴制的十二月党人起义，惨遭镇压，五位领袖被处以绞刑，一百多人被流放到西伯利亚，在幽暗的矿坑服苦役。新沙皇尼古拉一世，为了笼络民心，表面上解除了对诗人普希金的监禁。但是作为十二月党人的朋友，普希金一直忠实于他们的共同理想，为此曾创作了《阿利昂》《寄西伯利亚》《给普欣》，对蒙难的朋友表示同情；他也曾向沙皇当面求情，希望对十二月党人给予宽容，减轻对他们的处罚。所有这些行为都体现出了诗人普希金的表里如一，光明磊落。

> 啊，缪斯，请你遵循上帝的旨意，
> 不必惧怕屈辱，也无须希求桂冠，
> 赞誉或者诽谤，皆可给予漠视，
> 不必和愚昧的人进行争辩。

---

① 引自查良铮译《普希金抒情诗选集》（下），江苏人民出版社，1982 年，第 554 页。

　　普希金的《纪念碑》最后一节，通过与诗神缪斯的对话，表明了他对诗人使命感的深刻把握，真正的诗人会把誉毁褒贬置之度外，他也并不刻意追求那顶诗坛的桂冠。值得注意的还有一点，就是不跟愚昧的人们进行争辩。这里所说的"愚昧的人"，不是指平民百姓，因为在前面几节，诗人已经充分肯定了他与人民的关系，如果说"愚昧的人"指没有文化的普通人，岂不自相矛盾？普希金历来把文坛上那些摇唇鼓舌、恬不知耻的文人称为"群氓"或"愚昧之徒"。跟这类不讲真理的愚昧之辈进行争辩只是白费口舌，徒劳无益。

　　通过上述解读分析，我们就会发现，这三首《纪念碑》，形式乃至文字有许多相同、相近之处，后者对前者既有继承，也有借鉴，但是就思想内涵而论，其间却存在本质的差别。贺拉斯所向往的，是诗人作为无冕之王的名声；杰尔察文渴望的除了诗人的名声，还有直言敢谏、治世能臣的清名；而普希金超越前人之处，在于他已经把自己的声望与人民的拥戴联系在一起，正是在这个意义上，普希金的诗歌具有了人民性，使他对于"俄罗斯伟大的民族诗人"这一称号当之无愧。

　　由此可见，诗歌创作可以借鉴前人的标题、题材、形式，甚至词句，关键是能否写出本人的个性，写出自己的时代感悟和超越前人的真知灼见。有个性，旧瓶也可以装新酒；缺乏个性，只能写出表面像诗，而实际上失之空泛的平庸仿作。

2006 年 11 月 26 日完稿
2007 年 3 月 10 日修订
2007 年 8 月 29 日再次修改定稿

帆船，在诗海上漂流

——以船为主要意象的中俄抒情诗赏析

一

帆船，是古今中外诗歌中常见的意象。船与帆之所以受到历代不同民族诗人们的关注，成为他们抒发内心情感的载体，原因在于船与帆具有漂移的功能、流动的特性，能够联结不同的时空，使诗人的目光超越视野的局限，进入想象的空间。请看李白的两首诗的片段：

> 行路难，行路难，多歧路，今安在？
> 长风破浪会有时，直挂云帆济沧海。

> 抽刀断水水更流，举杯销愁愁更愁。
> 人生在世不称意，明朝散发弄扁舟。

"云帆"与"扁舟"如同纽带，把诗人置身于其间的才志不得施展的现实逆境与心神向往的理想之境相联结，使时空发生转化。只不过两首诗中的理想境界彼此有别，前者洋溢着"天生我材必有用"的豪情与自信，而后者则相对消沉，字里行间浸透着"寄情山水"的逸兴。

　　李白笔下的"云帆"与"扁舟"突破了时空局限，在艺术天地里流传，在诗歌的海洋上破浪远航，使后世诗人为之注目，并谱写出新的诗章与之呼应。再看苏轼的词《临江仙》：

　　　　夜饮东坡醒复醉，归来仿佛三更。家童鼻息已雷鸣。敲门都不应，倚杖听江声。　　长恨此身非我有。何时忘却营营？夜阑风静縠纹平。小舟从此逝，江海寄余生。

　　李白的"散发弄扁舟"与苏轼的"江海寄余生"构成了异代知音的唱和，两位诗人都想驾起一叶小舟，离开纷扰的人世，到江河湖海的自然世界去寻求精神寄托。

　　船与帆，不仅能使现实时空与幻想时空相沟通，使物理时空与艺术时空相转化，它们还能维系人与人之间的情感，分离的人盼望归帆，送行的人借船帆寄托相思。试看温庭筠笔下的《望江南》：

　　　　梳洗罢，独倚望江楼。过尽千帆皆不是，
　　　　斜晖脉脉水悠悠。肠断白蘋洲。

　　楼上思妇望眼欲穿，望江楼上辨认归帆。过尽千帆不见夫婿，直至太阳西沉，仍不想回到独守的空房。在她的心目中，夫婿的船帆必定沐浴着春风，洒满了阳光。如果说思妇盼望的归帆上浸透爱意，那么，为友人送行的船上则承载着酒一般香醇的情谊。李白在黄鹤楼为挚友孟浩然送行，谱写了流传千古的名篇：

　　　　故人西辞黄鹤楼，烟花三月下扬州。
　　　　孤帆远影碧空尽，唯见长江天际流。

　　孟夫子已乘船远去，谪仙人仍在黄鹤楼上目送风帆。待帆影消失，只见远方江水奔流，诗人仍凝神远眺，此时此刻，浩浩长江水无疑成了诗人心潮的写照，友情的象征。

　　李白还有一首以船帆为意象抒发真挚友情的绝句《哭晁卿衡》：

　　　　日本晁卿辞帝都，孤帆一片绕蓬壶。
　　　　明月不归沉碧海，白云愁色满苍梧。

　　晁卿，指日本人晁衡，原名阿倍仲麻吕（698—770），唐开元年间来中国求学，后留在朝廷做官，与李白相友善，曾有诗篇互相唱和。天宝年间晁衡回日本，途中遇大风，传说溺死在大海中。李白这首诗即是对这位异国友人的缅怀与追悼。诗中的一叶孤帆联结着两颗诗心。李白与晁衡的友情不仅为盛唐诗坛留下一段佳话，也为中日两国人民的友好交往史书写了美好的一页。

　　船与帆，在诗歌创作中，除了联结与沟通的功能，还能成为诗人抒发喜怒哀乐、表达内心情感的载体与手段，因而有了比喻与象征的功能。试看《早发白帝城》：

　　　　朝辞白帝彩云间，千里江陵一日还。
　　　　两岸猿声啼不住，轻舟已过万重山。

　　李白因永王璘一案受牵连，被判处流放夜郎。流放途中，忽闻赦罪放还的诏书，囚徒重获自由，其欢快兴奋何以抒发？其内心激动怎样表达？顺流疾驰穿越万重山的轻舟是再好不过的情感载体，而彩色的云霞、连续不断的声声猿啼，正可衬托轻舟的迅捷与神奇。船能承载欢悦，也能装得下忧伤悲戚。

　　　风住尘香花已尽，日晚倦梳头。物是人非事事休，
欲语泪先流。　　　闻说双溪春尚好，也拟泛轻舟。只恐
双溪舴艋舟，载不动许多愁。

　　李清照这首《武陵春》词使原本抽象无形的愁绪，获得了千
钧重量，变得实实在在，似乎伸手可以触摸。女词人妙笔生花，
使舴艋舟具有了灵性与生命，获得了世代永存的艺术价值和在诗
海中永不沉没的权利。

二

　　船与帆在中国的诗歌长河里频频出现，光彩闪耀；在俄罗斯
的诗海上，船与帆也闪烁着奇异的光辉。我们不妨从中挑选出四
首以帆船为意象的抒情诗，略加品评与赏析。
　　在第一艘船上放声歌唱的是俄罗斯民族诗人普希金（1799—
1837）。他所创作的《阿里昂》（1827）借助于希腊神话中的故事
和人物，委婉曲折地表现了俄罗斯历史上一次重大的事件——十
二月党人起义。

　　　　　我们很多人同乘一条船，
　　　　　有些人奋力扬起风帆，
　　　　　其余的人们动作协调，
　　　　　把巨桨划入深深的波澜。
　　　　　我们的舵手聪明、镇定，
　　　　　默默操舵驾驶满载的船；
　　　　　而我——为水手们歌唱，

怀着无忧无虑的信念……

突然，咆哮的狂风袭来，

顿时卷皱了大海的胸膛……

舵手和水手都遇难身亡！

只留下我这神秘歌手，

被暴风抛到了海岸上。

我吟唱着往日的颂歌，

在悬崖下面，让太阳

晒干我湿淋淋的衣裳。①

　　阿里昂，一译阿里翁，希腊神话中的歌手。传说他乘船渡海，船上的海盗图财害命，他请求准许他最后唱一支歌，然后便纵身跳入大海。一只海豚迷恋他的歌声，驮着他脱离了险境。

　　普希金运用了神话典故，但又不受神话传说局限。他以歌手阿里昂自况，但歌手与水手的关系则与传说截然相反，由敌对关系变成了同志关系，遭遇变故与风险的不是歌手一个人，而是整条船，而这条船便是十二月党人秘密组织"北社"与"南社"的象征。

　　1812年，拿破仑入侵俄罗斯。俄罗斯人民奋起反抗，民族意识空前高涨。战争胜利后，一批出身于贵族的年轻军官目睹俄国农奴制的重重积弊，力图改革，他们组织秘密团体进行活动，或主张君主立宪，或主张推翻专制政体。年轻诗人普希金与他们思想一致，他写的《自由颂》以手抄本形式广为流传。在《致恰达耶夫》一诗中，诗人写道："同志，相信吧，一颗福星——／迷人的福星将升上天空，／俄罗斯将从沉睡中苏醒，／而在专制政体

---

　　① 引自谷羽译《俄罗斯名诗300首》，漓江出版社，1999年，第39页。以下引用的三首诗也都选自此书。

的废墟上，/ 必将铭刻我们的姓名!" 普希金是时代精英公认的叛逆歌手，为此他付出了沉重的代价，二十岁便被流放到了俄国南方，三年以后又被押解到北方遭受软禁。

1825 年 12 月 14 日，年轻军官们的秘密团体利用沙皇亚历山大一世去世、皇统中断的时机，发动军队武装请愿，要求君主立宪，不料遭到残酷镇压，后被史书称作十二月党人起义，起义成员被称作十二月党人。因力量悬殊，起义以失败而告终。1826 年6 月，五名起义领袖被处以绞刑，一百余名十二月党人被流放到西伯利亚服苦役。这就是《阿里昂》一诗中一场风暴使船上舵手与水手遇难身亡所表达的真实历史事件。

新沙皇尼古拉一世想利用普希金，使他成为御用诗人、宫廷诗人，于是解除了监禁，表面上让他获得了人身自由。但普希金却仍然忠实于往日的信念，依然唱着"往日的颂歌"。不过，他在推行政治高压的黑暗年代里，难以直抒胸臆，只能借助典故，曲折地抒发自己的情感。他的歌虽委婉，却依然真诚、响亮。赫尔岑曾在一篇文章中就此写道："只有普希金嘹亮宽宏的歌声回荡在奴役与磨难的峡谷之中，这支歌穿越了过去的世纪，以自己的声音警示并提醒当代人，还把颂词传向遥远的未来。"

《阿里昂》一诗的主要意象是船。这条船与众不同，它不是迎来送往的客船，不是休闲消遣的游船，不是形影孤单怕风怕浪的独木舟，它是凝聚着集体的意志与力量、敢于冒着风浪驶向汪洋大海的船，它是一条团队的船，船帆洋溢着抗争与变革的大无畏精神。虽然这条船在暴风中沉没，但它的悲壮气概令后人景仰，令后人赞叹。

与团队的船相对的是孤独的《帆》（1832），这首名诗出自诗人莱蒙托夫（1814—1841）之手：

　　淡蓝的海雾轻轻缭绕，

有一叶孤帆白光闪闪……
它在远方把什么寻找？
它把什么舍弃在家园？

海风呼啸，浪涛翻滚，
桅杆弯着腰挣扎呐喊，
帆啊！并非追求幸运，
逃避幸福也非其所愿！

下面海水澄澈如碧霄，
头顶的太阳金光灿烂，
骚动的帆却祈求风暴，
似乎风暴中它才坦然！

　　莱蒙托夫少年聪颖，十四岁便进入莫斯科大学读书。十六岁时由于参加学潮，反抗受宫廷支持的法学教授马洛夫，受到处分，被勒令退学，迫不得已到了圣彼得堡，进了禁卫军军官学校。诗人初到圣彼得堡，心情孤独又压抑。有一天，他到波罗的海海边漫步，透过缭绕的轻雾，看到了一叶白帆。郁闷的内心情感突然找到了宣泄口，灵感喷涌而出，一首抒情诗挥手之间落笔成篇。

　　这首诗只有短短的十二行，但底蕴丰厚，内涵深刻。帆与海的关系，主体意象与抒情主人公的关系，都耐人寻味。三个诗节当中，都是前两行写海，后两行写帆。写海是为了烘托帆，而写帆则意在展现抒情主人公的内心世界。海是变幻莫测的，忽而蓝雾飘浮，忽而风吼浪卷，忽而风平浪静，阳光照耀；帆却骚动不安，它呼唤风暴，它就是诗人灵魂的写照。年轻的诗人对世俗的平静生活给予否定，他渴望行动，渴望变革，渴望战斗。帆是莱蒙托夫孤傲性格、叛逆精神的象征。

莱蒙托夫的诗笔特别擅长点染色彩，淡蓝的雾，澄碧的海，金灿灿的阳光，把孤帆衬托得愈发洁白，愈发形象鲜明。《帆》成了莱蒙托夫的代表作，它在俄罗斯的诗海中远航，乌云浓雾、惊涛骇浪全都遮不住它的光彩。高尔基与莱蒙托夫相呼应，他笔下的海燕发出了无畏的呐喊："让暴风雨来得更猛烈些吧！"无产阶级大作家与优秀诗人的精神气质可以说是一脉相承。

然而在诗歌中，并非所有的船都祈求风暴，象征派诗人巴尔蒙特（1867—1942）笔下的《苦闷的小舟》（1894）表现的是另一种声音，另一种命运：

> 黄昏。海滨。寒风呼啸。
> 骇浪吼声撼天地。
> 暴风雨逼近。不受诱惑，
> 黑色小舟向海岸冲击。

> 一心远离运气的引诱，
> 苦闷之舟，恐慌之舟，
> 抛开海岸，跟暴风雨搏斗，
> 把梦中闪光的圣殿追求。

> 飞离海边，飞向海洋，
> 在波峰浪谷之间漂荡。
> 阴沉的月亮一脸忧伤，
> 压抑的月亮静静观望。

> 黄昏死寂。暮色茫茫。
> 海在呜咽。夜色愈浓。
> 黑暗吞没了苦闷之舟。

深渊上空咆哮着飓风。

巴尔蒙特是俄罗斯象征派第一浪潮的代表性诗人。在俄罗斯白银时代名震诗坛，被誉为"诗歌之王"。他擅长抒发瞬间的内心感受，注重音律和乐感，在诗歌形式和技巧方面勇于探索创新。

《苦闷的小舟》是巴尔蒙特享有盛名的杰作。诗中的主体意象是黑色的小舟，苦闷又恐慌。尽管小舟心中有光明的圣殿，但它找不到通往理想境界的途径。面对狂风暴雨，它既不能弃水登岸，又不能扬帆远航，被黑暗和风浪吞没，成了它难以避免的命运。

19世纪末，俄罗斯已处于革命前夜，社会动荡，矛盾重重。巴尔蒙特和许许多多有良知的知识分子一样，既对黑暗的社会现实不满，又害怕暴力革命，迷惘，彷徨，无所适从。苦闷的小舟所承载的正是诗人的困惑与茫然。

这首诗的原作采用了四音步扬抑格，韵律严谨，节奏鲜明，最为奇特的是运用了辅音同音，前面两行中每个词都以相同的辅音开头。请看原文：

Вечер. Взморье. Вздохи ветра.
Величавый возглас волн.

这样的音韵对于译者说来无疑是严峻的挑战，但几经思考，反复推敲，译文再现了原作的这一特色，开头两行用汉语拼音写出来，辅音同音现象便一目了然：

Huánghūn, Hǎibīn. Hánfēng hūxiào.
Hǎilǎng hǒushēng hàn tiāndì.

　　辅音同音并非巴尔蒙特的发明，但是他把这种艺术手法推向了极致，运用得格外成功。不仅词汇、音节，甚至每个音素，都俯首听命，任其调遣。这充分显示了诗人驾驭语言和韵律的非凡功力和才气。

　　上面提到的三条船，两条在风暴中为大海吞没，一条骚动不安，祈求风暴，前途未卜。与它们形成对照的是涅瓦河上的一条船，这条船上没有亢奋、没有苦闷，它承载的只有欢乐与亲密，因为这是一条神秘的爱情之舟：

> 涅瓦河水的轻柔波浪，
> 又一次闪烁粼粼星光，
> 爱情又把神秘的小舟
> 在波光星影之间摇荡。
>
> 穿过涟漪，飞上星空，
> 小舟滑行如驶进梦乡，
> 承载两个并肩的身影，
> 顺流而下它漂向远方。
>
> 这可是两个顽皮孩子，
> 在河上消磨闲暇时光？
> 还是两位快乐的天使，
> 辞别人间欲重返天堂？
>
> 涅瓦河哟，优美宽广，
> 水波浩渺，犹如海洋，
> 请求你用无边的细浪，
> 把这小舟的秘密珍藏！

这首题为《涅瓦河上》（1850）的抒情诗出自俄罗斯哲理诗人丘特切夫（1803—1873）之手。丘特切夫虽然只比普希金小四岁，但他在诗坛上成名却晚了二三十年。原因是他大学毕业以后长期担任外交官，二十多年不在俄罗斯国内。1844年，诗人回到了圣彼得堡，又过了六年，在他四十七岁的时候结识了一位年轻的姑娘杰尼西耶娃。两个人一见钟情，陷入了深深的热恋，涅瓦河上神秘小舟并肩而坐的便是诗人和他的情人。

俄罗斯有一条谚语："与情人在一起，窝棚胜过天堂！"神秘的小舟远非窝棚可比，夜晚的涅瓦河细浪无垠，波光星影使得氛围愈发浪漫。在小船上一边并肩划行，一边抒发衷肠，无忧无虑似返回了童年，安谧幸福，只有天使可以相比。此时此刻，小舟便是天堂！丘特切夫的文字是那么纯净、优美、透明，诗句的韵律舒缓而和谐，诗行连着诗行组成了梦幻一般的小夜曲。尽管诗人恳求轻柔的波浪为他保守秘密，但河水却把喜悦与欢乐偷偷告诉了海浪，而海浪把喜悦与欢乐传向远方也传向未来，丘特切夫的神秘小舟由此便驶入了万千恋人的心海。

（原载《名作欣赏》2001年第4期）

恋人的名字

——中俄爱情诗赏析

提起达吉雅娜的名字，喜欢外国文学的读者也许并不陌生。她是俄罗斯诗人普希金的诗体小说《叶甫盖尼·奥涅金》一书的女主人公。小说第三章写连斯基带领奥涅金到拉林家做客，达吉雅娜对初次来访的奥涅金一见钟情。这位小姐的心一经点燃，就再难平静。她在失眠的夜晚向奶娘吐露了心中的秘密，随后怀着激情，克服了羞怯，主动给意中人写信倾诉衷肠，转天凌晨恳求奶娘打发孙子把信送给奥涅金。谁知，过了两天，既不见回信，更不见意中人来访的身影，小姐心乱如麻，坐卧不宁。诗人普希金运用生动的细节刻画这位初恋少女的神态，笔法传神，形象鲜明：

> 达吉雅娜面对玻璃窗，
> 哈气浸润了寒冷的玻璃，
> 我的好姑娘想着心事，
> 在哈气迷蒙的窗玻璃上
> 用秀美的手指默默书写
> 隐秘的花体字母：O 和 E。

О（奥）和 Е（叶），是 Евгений Онегин（叶甫盖尼·奥涅金）姓名中两个开头的字母。俄罗斯人的姓和名字头一个字母要大写，写信时大写字母往往采用一种舒展灵动的花哨笔体，简称花体。达吉雅娜在玻璃窗上写这两个字母，无意之间泄露了心中的秘密。无声的信手书写，传达了心中的急切呼唤，她盼望奥涅金能再次来临，可又感到忐忑不安，不知对方将做出怎样的反应，会以何种态度对待她。

书写恋人的名字，不，写名字中的两个字母，看似简单，却有着丰富的内涵与韵味，给读者留下了想象的空间。这种以少胜多、开掘文字的潜在意义的艺术手法极富创造性和感染力，因而受人称道，也为后人所借鉴。俄罗斯有些诗人创作爱情诗也采用了写恋人的名字这一细节。内容相近，题材相似，表现形式却有变化，有创意，把这样的作品找来对照阅读品味，相互比较，是很有意思的事。

茨维塔耶娃（1892—1941）是俄罗斯白银时代才华卓越的女诗人，诗风激越奔放。她有一首无题诗，献给她的心上人艾伏隆，就是通过写恋人的名字借以抒发心中的思念，但写法与普希金大不相同：

> 我写，写在青青的石板，
> 写在已经褪了色的扇面，
> 写在溪流两岸和大海边的沙滩。
> 写在冰面用冰刀，写在玻璃用戒钻，
> 还写在历经千百个隆冬的树干……

一连六个"写在"，排比的笔法，造成一种难以遏制的气势。写什么，却不急于明言，又引发一种悬念，从语言运用角度看，是把宾语置后，一再后移，虽违背常情，却十分新颖。诗人一边写还一边叨念：

> ……为了让人人知晓众口相传：
> 你可爱！可爱！可爱！可爱！
> 我要用七彩长虹写在蓝天！

　　好一个"用七彩长虹写在蓝天"！意象何其宏丽！把饱满的激情表达得淋漓尽致。这真是千古难得的佳词丽句，凡读到这一诗行的读者，都不可能不为之击节赞赏，由衷赞叹。

　　如果说达吉雅娜写那两个花体字母，普希金的笔法是含蓄的写实；那么，茨维塔耶娃写恋人的名字则属于浪漫的想象。她心中有一支神奇的彩笔，可以随时随地任意挥洒。然而大胆的想象又绝非凭空杜撰，诗人每行诗句都不失生活中的依据。人行道上的青石板留下过恋人相伴而行的足迹，扇子是恋人以前赠送的信物，溪流两岸和海边沙滩是陪伴恋人留连忘返的地方，历经千百个隆冬的古树是恋人执手相对、海誓山盟的见证，而长空万里的蓝天虽然空阔辽远，却又是共有的空间，可以把忠贞不渝的两颗心紧紧联结。

　　在海阔天空的想象之后，诗人复归平静。想象终归是想象，现实毕竟是形影孤单，因此她忍痛把想象中的名字一一勾掉，低下头来只把一枚戒指紧握手中，因为指环上刻有恋人的名字。诗人写道，可以出卖心血，即用文字换取稿酬，但这枚戒指却决不出卖，而要永世保全。这首诗前两节气势恢宏，后两节平实谨严，大开大合，表现了诗人超脱凡俗的才情、气质与个性。有的诗评家认为，茨维塔耶娃诗笔雄奇，有阳刚之气，无女诗人的纤细柔弱的脂粉味儿，这首诗恰是一个生动而有说服力的例证。

　　写诗如同爬山。就某一题材创作出一首人所公认的佳作，就像登上了一座高峰，其他诗人再涉足这一领域，如果没有创新或突破，便只能搁笔兴叹。然而，艺术创造的天地宽阔，艺术创造的能力无限，即便是同一题材，同一情节，有时也会涌现各有千秋、双峰对峙的杰作。运用排比和想象写恋人的名字还有一首佳作，出自曾荣获国家文学奖的苏联诗人斯麦利亚科夫（1912—1972）之手。

他写的这首诗题为《俊俏的姑娘丽达》（1940）。诗中糅合了叙事与抒情两种元素。前半部分叙事写得风趣幽默，后半部分抒情笔法激扬洒脱。

少女丽达是个中学生，梳着金色发辫，穿一身蓝色印花衣裙。每当她上学走在路上，邻居们都投来赞赏的目光。人人都说丽达美，但这个姑娘究竟美在什么地方呢？诗人说，这个问题该问一个少年，他就住在对面那幢楼房，他总是念着丽达的名字就寝，念着丽达的名字起床，并把丽达的名字写在人行道的石板上，因为那是可爱的皮鞋踩过的地方。诗人猜测：

> 大概普希金是这样一见钟情，
> 也许海涅恋爱如此热情奔放。

诗人断言：狭窄的街道难以容纳博大的爱情。他相信这少年必将长大成名，并把心爱的名字写遍星球的四面八方：

> 写在南极，用烈火，
> 写在库班草原，用麦浪，
> 写在俄罗斯旷地，用鲜花，
> 再用层层浪花写在海洋。
>
> 他将飞上夜晚的苍穹，
> 让十个手指燃烧发光，

　　　　随后在安静的地球上空，
　　　　丽达星座便会闪耀光芒。

　　夜空中的丽达星座与蓝天映衬的七彩长虹相互辉映，为俄罗斯诗坛增添了奇异的灿烂之光，也为读者留下了宝石般瑰丽的诗句。相信恋爱时节的少男少女朗读这样的诗篇，必然会怦然心动，眼睛发亮，而中老年读者读了这样的名句，也会脸上浮现笑容，回忆自己美好的青春华年。

　　当诗人运用某种艺术手法表现某种题材，比如写恋人的名字，写出众口传诵的名诗之后，那就意味着达到了极限，别的诗人再写同类题材，必须求新求变，另辟蹊径，别有开拓。不然的话，很可能陷于模仿与雷同的尴尬境地。作品失去新意，就像没有根基的花朵，失去芳香，很快枯萎，成为没有任何价值的枯枝败叶。

　　可喜可叹的是，在诗意探寻的小路上总有不畏艰险的跋涉者。俄罗斯一位年轻的女诗人尼柯林科娃就具有这种苦苦探索、锲而不舍的精神。她虽然名不见经传，却写出了扣人心弦的诗篇。这是一首无题短诗，我们不妨通篇引用：

　　　　每当叫你的名字，
　　　　就像在五月的夜里
　　　　从人家的花园偷偷摘朵郁金香，
　　　　就像在寒风中吞咽一块冰，
　　　　就像在悼亡节失声大笑一样……
　　　　你不如没有名字。
　　　　我从早晨起咬紧嘴唇——
　　　　像个苦行僧满脸阴郁，
　　　　谁知妹妹又一次笑问：
　　　　"你这是叨念谁的名字？"

短短十行，透过恋人的名字，生动、别致地展现出一个初恋者的内在意绪。在五月的夜晚，从别人家的花园偷偷摘朵郁金香，那该是一种什么样的心情？采摘禁果的好奇，跨越樊篱的勇气，难以克制的喜爱，怕人发现的机警与胆怯，可以说几种情绪交织在一起，内涵丰富而又复杂，可意会而难以言传。在寒风中吞咽一块冰，既刺激神经又引起震颤，那种新鲜独特的感受叫人永远难忘。悼亡节是悲伤的日子，在这样的节日发出笑声是严重的失礼行为，必然受到长辈的斥责。这种失态表现了抒情主人公难以自控的痴迷，其中也夹杂着突破禁忌的胆量和不受世俗拘束的个性。听到有人叫"你的名字"，竟然产生如此强烈、如此复杂的心理反应，只能是初恋者、单相思者的切身感受。听一次，受一次刺激，受一次折磨，虽带来喜悦，也带来痛苦，因此抒情主人公才会以决绝的口吻说：你不如没有名字。

内心的爱慕与怨恨交织成一团，真可谓剪不断，理还乱，欲爱不能，欲罢不忍，抒情主人公怎能不满面愁云，怎能不像个苦行僧？但是他不知不觉自言自语，仍然在无意之间说出了思慕的名字。难怪妹妹会又一次含笑质问。这里把抒情主人公百无聊赖的痴迷神态表现得活灵活现，十分传神。

这首诗虽然也写恋人的名字，却并不渲染名字的光彩，而是侧重挖掘恋人的名字引发的独特感受，运用新颖的比喻展现内心世界的复杂情感。诗中穿插了人物的提问，语气风趣幽默，形成了戏剧效果，的确是一首清新隽永、耐人寻味的佳作，独特的艺术魅力使它获得了持久流传的价值。把这首诗与茨维塔耶娃及斯麦利亚科夫的名篇并置案头，它也毫不逊色。

上面简略分析的三首诗均是俄罗斯诗人的手笔。读者也许会问，我们中国诗人当中有没有表现同类题材的佳作呢？有，当然有。我国台湾诗人纪弦写过一首诗，题为《你的名字》，正好可以引用并加以比较：

> 用了世界上最轻最轻的声音，
> 轻轻地呼唤你的名字每夜每夜。
> 写你的名字，
> 画你的名字。
> 而梦见的是你发光的名字：
> 如日，如星，你的名字。
> 如灯，如钻石，你的名字。
> 如缤纷的火花，如闪电，你的名字。
> 如原始森林的燃烧，你的名字。
> 刻你的名字!
> 刻你的名字在树上。
> 刻你的名字在不凋的生命树上。
> 当这植物长成了参天的古木时，
> 啊啊，多好，多好，
> 你的名字也大起来。
> 大起来了，你的名字。
> 亮起来了，你的名字。
> 于是，轻轻轻轻轻轻轻地唤你的名字。

把纪弦的诗与茨维塔耶娃以及斯麦利亚科夫的诗相比较，我们可以发现有同有异。相同的地方是几位诗人都充分发挥想象力，让恋人的名字闪光，成为心神向往的光源。某些细节甚至也惊人地相似，比如把恋人的名字写在或刻在树干上。从视觉意象着笔，可以说是三位诗人最重要的共同点。

但是艺术分析更侧重探寻差异。纪弦诗作的独特之处在于从听觉角度入手抒情，起首两行是："用了世界上最轻最轻的声音，轻轻地唤你的名字每夜每夜。"最末一行连用七个"轻"字以后重新呼唤恋人的名字，仍归结到听觉意象，首尾呼应，结构谨严。

即便同样运用视觉形象，纪弦却以梦境表现，梦见恋人发光的名字，使用博喻手法加以形容：如日，如星；如灯，如钻石；如缤纷的火花，如闪电；如原始森林的燃烧。七种不同的光源或发光的物体，或强或弱，或明或暗，或辉煌壮丽，或动魄惊心，相互交替，闪烁不定，正与梦境的恍惚迷离相吻合。闪光的名字频频出现，也恰与每夜的思念相呼应。

茨维塔耶娃愿把恋人的名字写在历经千百个隆冬的树干，纪弦则想把恋人的名字刻在树上，而且是刻在不凋的生命树上，随着树木的生长，那镌刻的名字会大起来。这真是神来之笔，突发奇想，又合情合理。可见两位诗人的艺术手法同中有异。纪弦的诗句更灵动，更有弹性，因而也更富感染力。

从语言修辞角度分析，纪弦的诗独具特色。"你的名字"重复出现十四次，但读者并不觉得重复累赘，反而感受到抒情主人公的情真意切，念念不忘。"轻轻地呼唤你的名字每夜每夜"一句把时间状语倒置，以及后面的重叠连用七个"轻"字，使语言陌生化，给人以耳目一新之感。

从俄罗斯的普希金、茨维塔耶娃、斯麦利亚科夫、尼柯林科娃，到中国的纪弦，都以恋人的名字写出了激动人心的诗篇。爱情是文学永恒的主题。不同时代不同民族的诗人都在不断地进行探索，力图以新的形式、新的声音、新的意象谱写出新的篇章。主题是古老的，艺术形式却不断发展，在借鉴中创新，在继承中求变，看来这是艺术创作中一条颠扑不破的规律。

（原载《名作欣赏》2000 年第 1 期）

奥妙无穷的眼睛

——以眼睛为歌咏意象的中俄抒情诗赏析

"情人眼里出西施",是中国人常说的一句古话。唐朝诗人白居易的《长恨歌》,写美女杨玉环初得唐玄宗宠幸,"回眸一笑百媚生,六宫粉黛无颜色",生动地表现了一双明眸的魅力和威力。中国的古典小说,一个美人出场,往往会描写她的眼睛,如何顾盼生辉,眉目传情。

"眼睛是心灵之窗",这是西方人的说法。俄罗斯诗歌中也有不少描写眼睛的诗篇,把这些作品放在一起,集中阅读,对比分析,就会发现,不同的诗人采用不同的艺术手法,从不同的角度描绘眼睛,有的甚至透过眼睛来写故事,委婉曲折,妙趣横生,耐人寻味。有人说,文学是一种发现,而通过"眼睛"这一特定的意象,就可以发现许多意想不到的人情世故,获得审美的愉悦和快感。

俄罗斯大诗人普希金(1799—1837)是俄罗斯近代文学的奠基人,被誉为俄罗斯诗坛的太阳,他的代表作《叶甫盖尼·奥涅金》被别林斯基称为"俄罗斯生活的百科全书"。诗人一生创作了八百多首抒情诗,其中有一首诗题为《她的眼睛》(1828),全诗如下:

她很迷人,不妨这么说,

她是宫廷卫士们的克星，
那双契尔克斯人的眼睛，
像南方的星光一样明亮，
可用优美的诗句来形容；
她惯于用眸子大胆注视，
擅长顾盼生辉眉目传情。
但是得承认，我更喜爱
我的奥列宁娜那双眼睛！

其中有多少深邃的才思，
有多少天真无邪的纯情，
有多少缠绵不尽的爱意，
有多少温柔，多少憧憬！⋯⋯
低头时眼含爱神的微笑——
矜持中流露出风情万种；
抬起头像拉斐尔的天使，
明眸凝望着威严的神灵。①

　　这首抒情诗里的"她"指的是宫廷女官罗谢特（1809—1882）。
这位女官容貌端庄，学识渊博，干练大方。不过，她并非俄罗斯
人，她的父亲是法国人，母亲是格鲁吉亚人，她继承母系血统，
天生一双黑眼睛。曾一度担任宫廷近侍的普希金，敬重罗谢特的
人品与学问，常常跟她谈诗论文，把她看作一个异性知音。
　　但是，在这首诗里，罗谢特那双契尔克斯人的黑眼睛并非诗
人着意描绘的中心形象。这双黑眼睛只不过是铺垫，是陪衬，诗
人用这双黑眼睛来烘托美女奥列宁娜的一双明眸，这位少女才是

---

①引自谷羽编译《普希金爱情诗全编》，中国青年出版社，1997年版，第608页。

普希金的心上人，是诗人追求的意中人。普希金用排比的手法展示少女眼睛里的才思、纯情、爱意、温柔和憧憬，以富有灵性的诗笔刻画她的微笑，以意大利画家拉斐尔笔下的天使比喻奥列宁娜的真纯。总之，普希金不满足于描写"眼睛"外在的美，而是透过眼睛尽力揭示美女的内在气质，写她的清纯和圣洁。应当说这是一首真挚动人的抒情诗。

莱蒙托夫（1814—1841）是普希金文学事业的继承人。这两位诗人堪称俄罗斯诗坛的双璧。像普希金一样，莱蒙托夫也是天才的艺术多面手，诗歌、小说、剧本，无所不能，无所不精。1837年1月27日，普希金跟法国人丹特士决斗受到致命的枪伤，两天后死亡。莱蒙托夫听到噩耗，立刻写了《诗人之死》，声讨扼杀诗人的刽子手。他认为是沙皇宫廷借法国人丹特士之手杀死了歌颂自由的天才，扑灭了艺术的明灯。这首诗使莱蒙托夫一夜成名，并由此被警察厅逮捕，投入监狱，随后流放高加索。跟普希金一样，莱蒙托夫也死于决斗，只活了短短的二十七个年头，却为俄罗斯留下了四百多首抒情诗。说来也巧，他也有一首诗，题为《乌黑的眼睛》（1830），表现手法可谓独出心裁，另辟蹊径：

> 无数星星缀满夏夜的天空，
> 为什么你只有两颗星？！
> 南方的明眸，乌黑的眼睛，
> 遇见你叫我失去平静。
>
> 人们常常说，夜晚的星斗
> 是天堂里幸福的象征；
> 黑眼睛，你是天堂和地狱，
> 你的星光照彻我的心灵。

> 南方的明眸，乌黑的眼睛，
> 我从你目光中阅读爱情；
> 从我们相遇的那一刻起，
> 你是我白天黑夜不落的星！ [1]

　　从这首抒情诗中的形象判断，诗人心仪的少女显然是一位高加索姑娘。"南方的明眸，乌黑的眼睛"，让一见钟情的诗人失去了内心的平静。普希金写奥列宁娜的眼睛，是透过目光揭示少女内在的气质，侧重点在少女身上；莱蒙托夫的写法则不同，他着意表现少女的目光让人感受到的照彻心灵的魅力，重点在少女的仰慕者身上。"黑眼睛，你是天堂和地狱"，换言之，得到你，我像进入天堂一般幸福；失去你，我的痛苦如同身陷地狱。最后两行"从我们相遇的那一刻起，/你是我白天黑夜不落的星！"比喻新颖，令人拍案称奇，具有震撼人心的力量，堪称诗中警句。这首诗首尾呼应，结构严谨，语言凝练，形象鲜明，最值得称道之处，是诗人运用了象征手法。抒情主人公前途未卜，结局难料，悲中有喜，喜中有忧。这种开放性的双重结构，给读者留下了玄想的空间，余音袅袅，回味无穷。这也是诗歌的魅力所在。

　　如果说普希金被俄罗斯人推崇为诗坛的太阳，那么，哪位诗人称得上是俄罗斯诗坛的月亮呢？一般俄罗斯人公认这一荣誉应该归属于白银时代阿克梅派女诗人阿赫玛托娃（1889—1966）。这位女诗人一生坎坷，离异的丈夫古米廖夫被枪毙，儿子三次入狱，但她的性格柔中有刚，以女性柔弱的肩膀承受了一切打击，扛起了所有的苦难。可以说是诗歌创作的使命感赋予她顽强生存的力量。她擅长写爱情诗，写爱情的挫折、失意、痛苦、苦涩，她的诗融进了戏剧因素，往往有情节，有场面，善于在矛盾冲突激化

---

[1] 引自谷羽译《俄罗斯名诗300首》，漓江出版社，1999年版，第103页。

的时刻展示人物的性格。她写的《灰眼睛国王》（1910）抒情与叙
事结合，笔法含蓄，情节曲折，恰似一场耐人寻味的独幕剧：

荣耀属于你，难以言传的悲伤！
灰眼睛国王昨天竟意外死亡。

秋天的傍晚沉闷，夕阳红似火，
我丈夫回家来平平静静地说：

"他打猎的时候死啦，告诉你，
老橡树旁边发现了他的尸体。

王后真可怜。她还那么年轻！……
一夜之间白了头，实在悲痛。"

把壁炉上的烟袋一把抓到手里，
夜晚值班，丈夫向门外走去。

我立刻把我的小女儿叫醒，
一再注视她那双灰色眼睛。

窗外的白桦树沙沙作响：
"人世间再没有你的国王……"①

　　短短的十四行诗句，包含着复杂微妙的人际关系，包含着难
以言说的生活内容。五个人物，出场的三个：女主人公，她的丈

---

①引自谷羽译《俄罗斯名诗300首》，漓江出版社，1999年版，第265页。

夫，她的小女儿；没有出场的两个：灰眼睛国王，王后。诗句隐隐透露出一个婚外恋的故事，小女儿的灰眼睛暗示着她的亲生父亲就是绰号叫"灰眼睛国王"的那个人，窗外沙沙作响的白桦树似乎一再重复那个悲惨的消息："人世间再没有你的国王……"。诗中回荡着悲伤、压抑的气氛。

这首诗处处充满悬念，比如，灰眼睛国王为什么意外死亡？他的尸体为什么在老橡树旁边？他的死和女主人公的丈夫是不是有关联？丈夫是否了解妻子的外遇隐情？他向妻子说灰眼睛国王已经死亡，究竟是有意还是无意？他对小女儿的灰眼睛是否产生过怀疑？这些问题都给读者留下了猜想的余地。诗歌跟小说不同，小说可以通过情节的进展、生活细节的描绘，展现性格，塑造人物；诗歌语言凝练，篇幅短小，只能含蓄地点到为止。女主人公是个性格矛盾、具有悲剧色彩的形象，她的命运，她的不幸，让人感到困惑不解又寄予同情。

茨维塔耶娃（1892—1941）是俄罗斯白银时代才华卓越的女诗人，不属于任何流派，她与阿赫玛托娃齐名，但两个人的风格大相径庭。阿赫玛托娃的诗风细腻哀婉，诗作篇幅短小，语言含蓄内敛，接近传统；而茨维塔耶娃的风格则开朗奔放，富于激情，诗的节奏和韵律求新求变，更富有张力。她有一首诗题为《眼睛》（1918），恰好可与阿赫玛托娃的上述作品进行比较。下面是这首诗的译文：

> 看惯了草原的眼睛，
> 流惯了泪水的眼睛，
> 碧绿的，苦涩的——
> 农民的眼睛！
>
> 盼望遇上个平常婆娘，

为借宿必答谢盛情——
还是这双碧绿的——
笑眯眯的眼睛。

盼望有个普通的婆姨，
为遮蔽阳光手搭凉棚，
摇摇头，默不作声——
垂下了眼睛。

旁边走过背货箱的货郎……
俩人盖着僧袍沉睡不醒，
那双恭顺的、容忍的
农民的眼睛。

看惯了草原的眼睛，
流惯了泪水的眼睛，
见过的情景决不泄露——
农民的眼睛！[①]

　　这首诗同样包含着涉及隐情的故事。阿赫玛托娃所写的《灰
眼睛国王》，是从女主人公的角度展开叙述，她与灰眼睛国王的婚
外恋持续时间很久，并且和他生下了一个女儿，叙述语调中透着
哀婉与忧伤。而茨维塔耶娃所写的《眼睛》，则是由一个细心的旁
观者进行叙述，他冷静地观察到一幕幕哑剧，语调从容，略带戏
谑与调侃的味道。
　　草原上的农民，看惯了草原，流惯了泪水，碧绿的眼睛目光

苦涩。可是他盼望遇到一个普通的婆姨，为了借宿或许带给他意外的惊喜，想到得意之处，苦涩的眼睛居然充满了笑眯眯的神采。不料前来借宿的不是婆姨，而是个年轻货郎，碧绿的眼睛失去了笑意，目光变得恭顺而容忍。诗人透过农民眼睛神色的几次变化，不动声色地描绘了俄罗斯草原的世俗风情。"俩人盖着僧袍沉睡不醒"，是颇耐人寻味的一行，是谁陪着货郎睡眠，未必是别人，十有八九是农民的婆姨。他恭顺、容忍的眼神似乎透露了这个秘密。

在以眼睛为中心意象的诗歌当中，有一首不能不提，它就是出自俄罗斯侨民女诗人帕尔考（1887—1954）之手的《眼睛的彩虹》。帕尔考出生于俄罗斯的波尔塔瓦，1916 年随丈夫移居中国哈尔滨，后来又迁居上海。1937 年在上海出版了诗集《不灭的火焰》。这位女诗人擅长写爱情诗，语言华丽，比喻新奇，想象力丰富，虽然她的诗尘埋日久，但岁月的风尘遮不住艺术瑰宝的光芒。2003 年哈尔滨北方文艺出版社出版了"中国俄罗斯侨民文学丛书"，中国读者终于有机会欣赏帕尔考的诗歌，其中就有这首非同凡响的杰作：

　　　　天蓝的眼睛……祖祖辈辈受赞颂，
　　　　眼睛充满爱的问候，天堂般宁静，
　　　　黑白天使的眼睛忧伤不易觉察，
　　　　沉思的圣母蒙着天蓝色的面纱，
　　　　远方的天鹅正做着猜不透的幻梦。

　　　　碧绿的眼睛，诗人的梦呓与憧憬，
　　　　深潭轻悄的雾，大海上波涛汹涌，
　　　　纤细草茎上太阳明晃晃的反光，
　　　　妖女醒来的呼唤如同哑谜一样，
　　　　灵蛇柔软的脊背上鳞片光彩晶莹。

乌黑的眼睛与梦乡又与地狱相通，
午夜，幽暗，旧式法衣的天鹅绒，
追悼亡灵的葬礼上点燃的灯盏，
窗口敞开朝向花园夜晚的深渊，
令人销魂、缭绕如烟的神秘激情。

不太引人注意的只有栗色眼睛，
琥珀色眼睛是无数野兽的眼睛，
在创造世界的微笑中不停地闪烁，
为千秋万代照明，燃烧不熄如火，
古希腊野蛮人尚无心机的眼睛。

眼睛里发黄的干草燃烧在阳光中，
像远古的霞光，他们的心地纯净，
干草叶子沙沙响，茅草摇摇晃晃，
幸福的人往往是目光映着星光，
他观察这世界透过琥珀色的棱镜。①

　　我们前面赏析的四首诗，或抒情，或叙事，基本上都属于线性结构，依照时间发展的顺序布局谋篇。帕尔考这首诗则不同，诗人的视野更加开阔，立意大胆而新颖，采用放射性的板块结构来描写美丽如彩虹的眼睛：天蓝的眼睛、碧绿的眼睛、乌黑的眼睛、栗色眼睛、琥珀色眼睛……每一种不同颜色的眼睛，都体现着不同的个性或民族心理，描写每一种不同颜色的眼睛，都糅进了历史知识、宗教故事、民间传说，因而不仅诗句瑰丽多姿，而

——————————

①引自谷羽《九十九朵玫瑰》。

且文化内涵丰厚，显示出诗人驾驭题材的高超能力。这种写法可能跟诗人的经历有关，也跟她的审美素养有关。

另外，这首诗的结构也独具特色，五个诗节，每节包含五行，韵式为 aabba ccddc，即一二五行押韵，三四换韵，译文尽力传达了原作的这种格调。全诗语言运用有密度，也有力度，加上富有色彩和音响的比喻，充分调动了读者的视觉和听觉感受，因而让人印象深刻，过目难忘。

在俄罗斯诗歌史上，帕尔考虽不能跟普希金、莱蒙托夫、阿赫玛托娃、茨维塔耶娃等一流诗人相提并论，但是，单就诗歌本身的艺术价值而论，《眼睛的彩虹》并不比上述几位诗人的作品逊色。一流诗人的作品并非篇篇都是杰作，而非一流诗人有时候也能写出一流的作品，诗歌史上此类事例屡见不鲜。

有人说，世界上并不缺乏美，而是缺乏善于发现美的眼睛。几位俄罗斯诗人以眼睛为审美意象的诗篇，让我们看到了，他们多么善于发现生活中的美，多么善于发现眼睛里的才思、纯情、爱意、温柔、憧憬、忧伤、苦涩、恭顺、容忍，这千变万化的目光构成了眼睛的彩虹。假如我们能像诗人们那样细心观察，说不定也会从颜色不同、富于变化的眼睛里，阅读出奇妙的故事，体验到真挚的情感。

（原载《名作欣赏》2008 年第 1 期。2012 年 11 月 19 日修改）

"囚徒"不坠凌云志

——中俄囚歌三首赏析

　　真正的诗人，追求人格独立、精神自由，具有不同凡响的鲜明个性，从来都不肯摧眉折腰事权贵。这种诗人仗义执言，以诗明志，因而极易触怒当权者，从而遭受打击与迫害，或身陷囹圄，或遭发配流放，更有甚者，被杀头处死，付出了生命的代价。但是，在诗人看来，真理、正义与自由，远远高于一己之生命。即便成为阶下之囚，他们也不坠凌云之志。危难时刻，他们的创作愈发闪烁着人格的光辉。铮铮傲骨与博大的胸襟，使他们的诗句不朽。可以说，他们的诗并非由普通的文字书写，而是由心血与生命铸就。这样的诗，自然成为名篇杰作，能在诗歌史上长久流传。

　　俄罗斯大诗人普希金和莱蒙托夫，都写过以《囚徒》为题的抒情诗。我国著名诗歌翻译家查良铮，即诗人穆旦，也创作过类似的诗篇《听说我老了》。上述三首诗不仅题材相近，而且还有某种内在的精神联系，因而值得放在一起鉴赏分析。

　　第一首《囚徒》，出自俄罗斯民族诗人普希金（1799—1837）之手。普希金出身于贵族，在皇村中学学习期间，即受法国启蒙主义思想熏陶，向往精神自由与人格独立，产生了大无畏的反抗意识。十八岁时，他创作了《自由颂》，宣称：我要向世人歌颂自由，抨击王位上的罪恶！转年写的《致恰达耶夫》（1818）一诗，更包含了檄文一样的诗行：

> 迷人的福星将升上天空，
> 俄罗斯将从沉睡中苏醒，
> 而在专制政体的废墟上，
> 必将铭刻我们的姓名！

在皇权主宰一切的专制时代，敢于向专制政体发起挑战，并且预言它的覆灭，该具有何等的胆识与气魄！正是这些歌颂自由的诗触怒了沙皇亚历山大一世，他下令把诗人流放到俄国南方，在英佐夫将军手下任职并受其监督管辖，未经批准，不得自由行动。

在俄国南方小城基希尼奥夫（今属摩尔达维亚），据说普希金住的房子带有铁栅栏，形同囚室。有一次，普希金参观当地的监狱，发现那里豢养着一只鹰。这段生活经历，特别是有关鹰的那一幕情景，触发了诗人的创作灵感，于是他挥笔写下了抒情诗《囚徒》（1822）：

> 牢房潮湿我坐在铁栅后面，
> 一只被豢养的鹰拖着锁链。
> 我这忧郁的伙伴拍着翅膀，
> 啄着带血的食物，靠近铁窗。

> 鹰边啄边掷，向窗里凝视，
> 仿佛和我想着同样的心事；
> 它呼唤我，用叫声，用目光，
> 像要说："让我们一起飞翔！

> 我们是自由之鸟，别再拖延，

让我们飞向乌云外的雪山，

　　飞向波涛万里的蓝色海洋，

　　飞向长风伴我遨游的地方!⋯⋯"

这首诗只有三节十二行，篇幅短小，但诗中的时空结构却大开大合，极具张力。一开始写囚徒的现实处境：监牢，潮湿、狭小、幽暗，令人窒息。抒情语调低沉、压抑。拖着锁链的鹰和囚徒一样，也失去了自由，因而囚徒把鹰视为伙伴。接下来重点刻画鹰，写它不甘屈服的神态，它的目光，它的呼声都给囚徒以巨大的激励。第三节展示了鹰的理想之境：闪光的雪山，蓝色的大海，辽阔的长空，这充满了阳光的天地任你自由翱翔，尽情呼吸。第三节不仅色彩明丽、境域广阔，与第一节的黑牢形成巨大的反差，而且排比句式的运用，使得抒情语调愈发激昂而嘹亮，诗句充满了难以抑制的澎湃激情。

这里，我们不妨借用弗洛伊德的精神分析学理论对这首诗加以观照。被流放的诗人丧失人身自由，这是他的真实状况，但他不甘心屈服，时刻向往着自由，可以说，他的心里充满了矛盾。诗中的两个形象，囚徒与鹰，从不同的侧面展示了这种矛盾。也可以说，普希金让囚徒代表自我，而让鹰扮演超我的角色。鹰的形象是诗人积极的主体意识的外化，鹰的呼唤是诗人内在精神的宣泄。鹰是囚徒，囚徒也是鹰，二者合在一起，完整地传达出诗人的现实处境与精神向往。这里既有现实主义因素，又不乏浪漫主义情感，独到的艺术手法赋予这首诗以强烈的艺术感染力。别林斯基在论述普希金的创作时说过："诗人在一阵沉郁以后，会像狮子耸动鬃毛一样突然摆一摆头，把郁悒的阴云逐开，这种强烈的乐观主义精神尽管未必完全把郁悒抹去，却给人一种特别的爽气，使心灵振奋。"批评家的话用来分析这首诗，准确而恰当。

第二首《囚徒》出自俄罗斯另一位大诗人莱蒙托夫（1814—

1841)之手。他是普希金文学事业的真正继承人。普希金和莱蒙托夫是俄罗斯诗坛的"双璧",他们代表着俄罗斯诗歌黄金时代的辉煌。而这一首同名诗篇《囚徒》的创作则与普希金之死直接相关。

1837年1月,普希金因决斗受伤而身亡。表面看来,是法国人丹特士的枪弹夺去了诗人的性命。但当时的进步人士心里都明白,是沙皇和上流社会扼杀了俄罗斯的天才。普希金刚刚去世,一首题为《诗人之死》的诗便在圣彼得堡以手抄本形式广为流传。诗中愤怒声讨沙皇及蜂拥在王座四周的奸佞,指控这一群刽子手策划了这一场谋杀,导致俄罗斯的艺术明灯归于寂灭,俄罗斯诗坛的花冠归于凋零。

沙皇手下第三厅的秘密警察很快便查明,写这首诗的年轻诗人名叫米哈伊尔·尤里耶维奇·莱蒙托夫。他们逮捕了诗人,把他关进监狱。在关押期间,莱蒙托夫在包面包的纸上写了几首诗,其中一首就是《囚徒》(1837):

> 快为我打开牢房,
> 快让我重见阳光,
> 还给我青鬃烈马,
> 还给我黑眼睛的姑娘。
> 我先要甜蜜地亲吻
> 年轻美貌的女郎,
> 然后将飞身跃马,
> 驰向草原如疾风一样。
>
> 沉重的牢房挂着铁锁,
> 牢房有个高高的小窗。
> 眸子乌亮的年轻姑娘,

远在华美绚丽的绣房。
一匹野马挣脱了缰绳，
自由驰骋在绿草地上，
它奔腾跳跃格外欢畅，
高耸的马尾随风飘扬。

我孤孤单单抑郁忧伤，
四周只有光裸的高墙，
那一盏残灯昏黄暗淡，
摇曳着行将熄灭的光。
我只听见——牢门外
单调呆板的脚步声响，
驯顺的看守走来走去，
在寂静之夜监守牢房。

　　如果说普希金的《囚徒》一诗时空结构是由现实转向幻想，抒情方式是由低沉趋向昂扬，那么，莱蒙托夫笔下的《囚徒》，时空结构则是由幻想转向现实，抒情方式是由高昂趋向压抑。普希金的诗整体上洋溢着积极向上的乐观情绪，莱蒙托夫的诗则浸透着悲愤凄凉的情调。莱蒙托夫笔下的囚徒，一出场便发出激情四溢的呼唤，他渴望阳光、骏马、姑娘，这意味着他渴望光明、自由与爱情。他想象自己一旦获得自由，便会亲吻心爱的少女，并策马驰骋，疾风一样奔向辽阔的草原。第一节的诗句急促紧凑，如同飞流直下的瀑布，具有一往无前的气势。

　　然而幻想终归是幻想，四壁光裸的高墙成了难以逾越的樊篱，黑眼睛的姑娘相距遥远，脱缰的野马独自奔驰。抒情主人公的语气在这一节发生了急剧的转折，由激昂趋向消沉。

　　诗的第三节以细致的笔触描绘了囚徒的现实处境：牢房昏暗，

孤灯摇曳，衬托出抒情主人公的悲凉，而看守呆板单调的脚步声持续传来，更增加了压抑的气氛。如果说普希金的《囚徒》给人以鼓舞和希望，那么，莱蒙托夫的《囚徒》则引人思考，使人正视生存环境的严酷。这首诗所具有的悲剧意识提升了作品的艺术品位和审美价值。

第三首诗《听说我老了》，可说是囚歌的变体，它出自我国著名诗歌翻译家查良铮，即诗人穆旦之手。众所周知，查良铮先生不仅译过近五百首普希金抒情诗，还译过他的几部长诗和诗体小说《欧根·奥涅金》，在20世纪50年代产生了广泛的影响。但不幸的是，从1957年开始，查先生受到点名批判，1958年又被打成"历史反革命"，从而被划入另册，成了专政对象，此后二十年被剥夺了创作和发表作品的权利，成了不是囚徒的"囚徒"。然而作为真正的诗人，查良铮决不甘心让他生命的海洋在一颗图章下面凝固。他在逆境之中，以常人难以想象的刚毅，坚持不懈地从事诗歌翻译，重新修改他所译的普希金诗作，并且在1976年再次拿起诗笔，在夜深人静的时候，把他的心曲谱写下来。在这些珍贵的诗篇当中，有一首就是《听说我老了》（1976）：

> 我穿着一件破衣衫出门，
> 这么丑，我看着都觉得好笑，
> 因为我原有许多好的衣衫，
> 都已让它在岁月里烂掉。
>
> 人们对我说：你老了，你老了，
> 但谁也没有看见赤裸的我，
> 只有在我深心的旷野中
> 才高唱出真正的自我之歌。

　　它唱着，"时间愚弄不了我，
我没有卖给青春，也不卖给老年，
我只不过随时序换一换装，
参加这场化装舞会的表演。

　　"但我常常和大雁在碧空翱翔，
或者和蛟龙在海里翻腾，
凝神的山峦也时常邀请我
到它那辽阔的静穆里做梦。"

　　把囚徒与世界隔开的是监狱的铁栅与高墙，被打入另册成为另类的人，虽然未入监牢，但受到人们的歧视，人们的目光也是一圈无形的墙，使人陷入孤独。虽然他有许多好衣衫，只能任其在岁月中烂掉，出门时只能穿一件破衣衫，看起来十分怪诞，却符合历史的真实。荒诞的年代产生荒诞的现象。人性遭到扭曲，真善美受到摧残和压抑，因而人变得很丑，很虚伪。抒情主人公承认自己"丑"，自己觉得自己滑稽可笑，正说明了他的清醒与正直。一个"丑"字有多层含义。不能展现本来的面目，是外貌的丑；迫于压力，违心地穿破衣衫出门，是行为的丑；见丑不怪，习以为常，甚至以丑为美，是社会群体意识的丑。当社会群体都拼命压抑自我意识，人与人之间必然相互隔膜，难以沟通，说出话来言不由衷，真正的自我之歌只能深藏于内心的旷野，只能唱给自己，唱给后代。

　　敢于和时间抗衡的诗人是具有独立意识的人，虽然迫于环境他不得不随时序换装，不得不参加化装舞会，但外在的变化不会动摇内在的操守，他有自己坚定不移的信念，他决不出卖自己的理想，不出卖赤裸的本真的自我，不出卖内心的歌声，从年轻到年老，始终如一。

在这里，我们不妨把普希金《囚徒》一诗的最后一节与查良铮自我之歌的最后四行稍加对比。山峦、大海、碧空所构成的辽阔境界十分相似，说明查良铮创作这首诗时，对普希金的《囚徒》有所借鉴。但借鉴之中有创新。他不仅采用了具有中国民族特色的意象：大雁和蛟龙，而且把话语主体由鹰换为人，化被动为主动，更加突出了诗人的主体意识。"凝神的山峦也时常邀请我 / 到它那辽阔的静穆里做梦。"这最后两行诗句还糅进了传统诗歌的因子，使人联想起李白的诗："相看两不厌，只有敬亭山。"想起辛弃疾的词："我见青山多妩媚，料青山见我应如是。情与貌，略相似。"

2001 年 7 月 29 日

（原载《名作欣赏》2001 年第 6 期）

意韵芳香见真纯

——费特抒情诗赏析

　　阿方纳西·阿方纳西耶维奇·费特（1820—1892）是俄罗斯
纯艺术诗派的领袖。自然、爱情、艺术是其抒情诗的主旋律。诗
人具有非凡的感悟能力，善于捕捉自然界与情感世界的微妙变化
与瞬间差异，并用纯净、透明、优美的诗语加以表达。他的诗句
极富音乐性，以至于大作曲家柴可夫斯基赞叹说："费特君常常跨
越诗的界限，进入我们音乐家的领域来了。"在政治斗争风起云涌
的时代，费特的诗曾经受到冷落。然而真正的诗歌艺术经得起岁
月的淘洗与筛选。在诗人几起几落之后，现在俄罗斯人终于又承
认了费特抒情诗的价值，承认费特是第一流的抒情诗人，承认他
对俄罗斯白银时代象征派和阿克梅派的诗歌具有直接而有益的影
响。下面，我们选译费特的四首抒情诗并略加分析，一起来领略
这位诗人的风格与才情。

一

　　我来看望你向你祝福，
　　想诉说太阳已经东升，
　　温暖的阳光照耀草木，

闪亮的叶子交相辉映；

想诉说森林都已苏醒，
每条树枝儿都在颤动，
每一只鸟儿抖擞羽翎，
林中洋溢着春之憧憬；

想诉说我又一次来临，
怀着依如昨日的赤诚，
为了你同时也为幸运，
时刻愿献出我的心灵；

想诉说打从四面八方，
向我吹拂着欢乐的风，
我不知歌儿该怎么唱，
成熟的歌却直撞喉咙。

《我来看望你……》（1843）是费特的成名作，1843 年 7 月刊登在《祖国纪事》杂志上。二十三岁的诗人当时还默默无闻，但这首诗却引起了诗歌界的强烈反响。诗中饱满充沛的情感，清新真挚的格调，匀称的诗节结构，和谐流畅的音韵，给读者留下了鲜明的印象。当时享有盛名的诗评家鲍特金写道："类似这样的有关自然界春天感触的抒情诗，在整个俄罗斯诗坛还从未见过！"他认为，费特抒情诗的核心是"春天的情感"，而"芳香的清新气息"则是费特抒情诗的特征。

这首诗歌既赞美春天，又呼唤爱情。春天原本就是恋爱的季节。与一般的爱情诗不同的是，诗人不泛泛地抒发爱的追求，他写的是初恋的歌。诗中的抒情主人公是个年轻人，第一次体验爱情的激动。他对意中人尚未苏醒的爱发出了殷切的呼唤，这呼唤交织着倾慕、祈盼、羞怯与焦灼。爱情的歌儿已在心中成熟，却唱不出口，这种忐忑不安的矛盾心理，被诗人写得细致入微，真实动人。

这首诗在结构上其实只有一句话，是一个包含着四个平行副句的主从复合句，紧随第一行的主句之后，是四个以"想诉说"引起的副句，由此形成了四个对称的诗节。前两个诗节侧重写景，后两个诗节重在抒情。从诗句的排列不难发现，费特对自然景物的观察与描绘，采用了由总括印象到细部描述的艺术表达方式：先说太阳已经升起，再写每一条树枝的颤动，每一只鸟儿的啼鸣，从而传达出森林中渴望春天的意绪。这种意绪正好与抒情主人公的感情相呼应。

在这春意盎然的早晨，抒情主人公又一次来探望他所钟情的少女。他怀着一如昨日的激情，准备再一次向姑娘倾诉爱慕。他甘愿奉献一颗赤诚的心，来自四面八方的欢乐的风给他以鼓舞，只是他仍然犹豫不决，不知道该不该把心中的秘密宣泄出来。显然，他今天的举止可能和昨天一样，即乘兴而至，却在迟疑中失去勇气。诗中虽然以排比方式四次出现了"想诉说"，但能否诉说，却给读者留下了悬念。诗歌结尾含蓄蕴藉，具有深长的意味。

原诗采用四音步扬抑格，韵式为 abab。译文采用每行四顿，也押交叉韵的形式，尽力传达原诗的音乐性与风采。

《我来看望你……》使费特一举成名，这首诗在俄罗斯世代流传，几乎是家喻户晓。人们说，费特这首洋溢着春天芳香气息的爱情诗，就像一朵含苞欲放的玫瑰，花瓣尚未完全绽开，因而愈加清丽动人。它表达了初恋者细腻微妙的情怀，说出了许多恋人想要表述却又难以言喻的心绪。因而受到了读者的喜爱，得以众口传诵，历久而不衰。

二

> 耳语，怯生生的呼吸，
> 　　夜莺的鸣啭，
> 轻轻摇曳的梦中小溪，
> 　　银色的波澜，
>
> 月光溶溶，夜色幽冥，
> 　　幽冥无边际，
> 迷人面庞变幻的表情，
> 　　神奇的魅力，
>
> 云霄中，玫瑰的嫣红，
> 　　琥珀般明亮，
> 频频亲吻，珠泪盈盈，
> 　　霞光啊霞光!……

　　少男少女的初恋是纯真圣洁的，美好的感情要在优美的环境里倾诉，故而花前月下，柳荫溪畔，历来是年轻人谈情说爱的情境。费特的抒情诗《耳语，怯生生的呼吸……》（1850）表现的恰是恋人的纯情。诗人以出神入化的诗笔描绘了一个晶莹透明的美好环境。

　　"夜莺的鸣啭"正在夜晚时分，月光照耀溪水，波纹闪烁出银色光斑。初恋的情侣耳鬓厮磨说着悄悄话，"怯生生的呼吸"表明他们可能是第一次单独相处，心里尚有羞怯之感，同时还透露出环境的幽静，两个人可以听得见对方的呼吸。夜莺在婉转歌唱，溪流在轻轻摇荡，少男少女如痴如醉，似清醒又似在梦境之中。"月光溶溶"，似情人的心境。四目对视，面庞的喜悦，对未来的憧憬，种种表情焕发出神奇的魅力。月亮慢慢落下去了，天色变得幽暗，不久，云霄中泛出了玫瑰的嫣红，琥珀的明丽。太阳快出来了，满天的霞光带给情侣以兴奋和欢乐，预示着他们的未来无限美满，他们怎能不"频频亲吻"，怎能不"珠泪盈盈"呢？

短短十二行诗，抒写了一对情人由傍晚到黎明的感情变化：由轻声絮语，怯生生的呼吸，发展到热烈亲吻，流出激动的泪水，他们的情感在一夜之间得到了升华。

值得指出的是，费特这首诗原作共三十六个词，其中有二十三个名词、七个形容词、四个连接词和两个前置词，却没有一个动词。译文中也尽量多用名词和形容词，而力避使用动词。费特的这种无动词艺术手法，意在突出一个个画面，颇像电影中的蒙太奇，连续剪接的镜头富有动感。画面是静止的，但画面与画面的交接与替换暗示时间的流动。这种句法在我国的古典诗词中也不难找出例证，如温庭筠的"鸡声茅店月，人迹板桥霜"，又如马致远的"枯藤老树昏鸦，小桥流水人家，古道西风瘦马"等即是。费特这种连用名词的笔法，正是日后意象派意象叠加艺术手法的滥觞。

就音韵而言，这首诗原作采用四音步与三音步交叉的扬抑格，即单数行四音步八个音节，双数行三音步五个音节，形成长短结合、活泼生动的节奏。译文取单数行八字或九字四顿，双行两顿五字，以再现原诗的神韵。费特不懈地追求音乐性，他的诗流畅和谐且音律多变，从这首诗中不难窥见其艺术风采之一斑。

三

又一个五月之夜

多美的夜色！温馨笼罩了一切！

午夜时分亲爱的家乡啊，谢谢！
挣脱冰封疆界，飞离风雪之国，
你的五月多么清新，多么纯洁！

多美的夜色！繁星中的每一颗，
重新又温暖柔和地注视着心灵，
空中，尾随着夜莺那婉转的歌，
到处传播着焦灼，洋溢着爱情。

白桦期待着。那半透明的叶子
腼腆地招手，抚慰人们的目光。
白桦颤动着。像新娘面临婚礼，
既欣喜又羞于穿戴自己的盛装。

啊，夜色，你无形的容颜柔和，
无论什么时节也不会使我厌倦！
情不自禁吟唱着最新谱就的歌，
我再一次信步来到了你的身边。

　　费特擅长写自然风光，擅长描绘夜色。《又一个五月之夜》
（1857）便是历来受人称道的名篇。"多美的夜色！"全诗以赞美
的口吻开始，第一节抒写五月之夜给予诗人的总的印象，总的感
受。五月，挣脱了冰天雪地的疆界，展翅飞来，带着新鲜纯洁的
气息，用温馨笼罩了山川草木，给诗人以春回大地的喜悦。诗人
像见到了久别重逢的挚友一样，由衷欣慰，不禁脱口而出，对家
乡的五月道一声"谢谢"。
　　第二节仍以"多美的夜色"开头，但从视觉与听觉入手，转
而具体描绘星光与夜莺。诗人抬头仰望天空，只见繁星中的每一

颗，似乎都在注视着他，想和他倾心交谈。此时，夜莺的歌声传来，时起时伏，悠扬婉转，忽远忽近，形成回旋波动的音流，给人以遐思与联想，使人萌生出希望与期待。美好的夜色岂能一人独赏？产生渴求爱情的焦灼心绪实属自然。

第三节以生动的比喻刻画白桦。诗人渴望得到爱，有灵性的白桦似乎也有所期待。半透明的叶子轻轻颤抖，好像在向人招手。白桦亭亭玉立，宛如一个新娘；而新生的树叶，恰似新娘的盛装。对这参加婚礼的盛装，既感欣喜，又羞于穿戴，诗人对这种欣喜与娇羞参半的心态的描绘写活了新嫁娘，也写活了五月之夜的白桦。

夜色、星空、夜莺、白桦，栩栩如生地展现在读者面前，引发出无限的美感。只有心地真纯的诗人，才能发现这种美；只有技艺高超的诗人，才能描摹这种美。费特热爱俄罗斯，热爱大自然，热爱生活，热爱五月之夜。每一个五月之夜都激发着他的灵感与诗情。他不止一次在五月之夜独自漫步，谱写了一支又一支赞美五月之夜的歌。"又一个五月之夜"的"又"字，就表达了诗人的这种深情。

大文豪列夫·托尔斯泰是诗人费特的挚友，他们二十多年保持着通信联系，并且经常互相访问，相聚畅谈。托翁格外喜爱《又一个五月之夜》这首诗，尤其赞赏其中的两行：

> 空中，尾随着夜莺婉转的歌声，
> 到处传播着焦灼，洋溢着爱情。

托尔斯泰在给一位朋友的信中引用了这两句诗，不无幽默地写道："像这样大胆而奇妙的抒情笔法，只能属于伟大的诗人，这个好心肠的胖军官从哪儿来的这种本领呢？"费特满脸络腮胡须，身体肥胖，与诗人的洒脱风度相去甚远，难怪托尔斯泰会这样与他调侃。当然，这友好的玩笑中蕴含着由衷的赞誉。

四

　　这清晨……

这清晨，这欣喜，
这昼与光的威力，
这长空澄碧，
这叫声，这雁阵，
这飞鸟，这鸣禽，
这流水笑语，

这柳丛，这桦林，
这泪滴，这泪痕，
这细微绒絮，
这峡谷，这山峰，
这蜜蜂，这昆虫，
这哨音尖利，

这晚霞余晖明丽，
这乡村日暮叹息，
这夜晚失眠，
这卧榻闷热幽暗，
这夜莺呖呖鸣啭，
这都是春天。

　　《这清晨……》（1881）是费特又一首有名的无动词抒情诗，

抒写诗人在春天里由清晨到夜晚的感受。清晨的欣喜与夜晚的失眠形成反差，抒发出诗人对明媚春光的眷恋。碧空如洗，使诗人体验到白昼与晴光的威力。极目远天，引出了雁阵、鸣禽，视觉连接听觉，流水笑语，写得浑然天成。

诗人的目光细致入微，他观察柳丛桦林，也凝视树枝上的液滴与绒絮；他遥望峡谷与群峰，也关注蜜蜂与昆虫，而且聆听空中的鸽哨，并能区分哨音的舒缓与尖利。

诗人热爱春光，热爱自然界的万物，总想置身于自然，因而夜晚的卧榻带给他的只是幽暗和燥热，唯独悠扬的夜莺之歌带给他一丝安慰，这夜莺之歌引发遐想，诗人的心又回到了清爽的早晨。周而复始，内含一个环状结构。

这首诗共分三个诗节，每节六行，第一、二、四、五行是长行，每行三音步；第三、六两行是短行，每行两音步，长短穿插，韵式为aabccb，除去韵脚，还采用了头韵和内韵。全诗指示代词"这"先后出现了二十五次，却并不显得重复烦琐，倒是起了加重抒情口吻的作用，上下连接，有一气呵成之感。对语言和音韵的刻意追求，使得这首诗别具一格，很有特色。

作为纯艺术派的代表性诗人，费特追求诗歌艺术独立的审美价值，他对功利主义和道德批判缺乏兴趣。自然，爱情以及艺术这类永恒的主题是他关注的中心。不容否认，费特的抒情诗题材较为狭窄，从中看不到重大的社会内容，但是，如果我们从审美角度来解读他的诗歌，就不难发现那精美的艺术形式中所蕴含着的持久的艺术魅力。

1998 年 7 月 16 日，于南开园

（原载《名作欣赏》1999 年 1 期）

弹拨爱的琴弦

——伽姆扎托夫爱情诗赏析

　　"我知道中国是一个大国，人口众多。而我们阿瓦尔族则人数很少。中国的古典诗歌早就跨越崇山峻岭传到了高加索，我喜欢中国诗。现在，我知道自己的诗已经被译成汉语，心里非常高兴。这说明，诗人不需要护照，诗歌不需要签证。"每当我想起这掷地有声的话语，眼前便浮现出满头银发的伽姆扎托夫的笑容。诗人和他的夫人帕吉玛特在莫斯科高尔基大街的寓所接待我，并且做了高加索风味的"普劳甫"（羊肉抓饭）款待中国来客，还把他的诗集《爱之书》和两张诗歌朗诵唱片相赠留作纪念。那是1989年我在访学期间最为难忘的日子。

　　拉苏尔·伽姆扎托夫是苏联高加索达吉斯坦自治共和国阿瓦尔族诗人，1923年出生，父亲是诗人，母亲是民歌手。在这种洋溢着艺术氛围的家庭环境里成长，伽姆扎托夫从少年时期就展现出诗歌创作的天赋。他尤其擅长写爱情诗，渐渐获得了"爱情歌手"的美誉。诗集《高空的星辰》，使他获得了1962年度的列宁奖，这是苏联最高国家文学奖。他的诗歌作品还被翻译成几十种外国文字，为他带来了世界声誉。

　　下面我把自己翻译的伽姆扎托夫的三首爱情诗介绍给诗歌爱好者，让我们一起走进这位诗人的情感世界，领略他的艺术风采。

第一首诗是无题诗：

假如世界上有一千个男人
愿意向你求婚，
　　　　　　穿新装着盛服。
记住，这一千个男人当中
就有我，拉苏尔·伽姆扎托夫。

假如有一百个男人
热血沸腾，
　　　　　早已是你的俘虏，
你不难发现，他们当中
名叫拉苏尔的对你最为倾慕。

假如有十个痴情的追求者，
不掩饰激情如火，
　　　　　　　愿做你的丈夫，
拉苏尔·伽姆扎托夫就在其中，
既渴望吉庆欢乐，也准备蒙受屈辱。

假如由于你不肯轻易许诺，
只有一个人
　　　　　失魂落魄神志恍惚，
别忘了，这个人就叫拉苏尔，
他原在高入云端的山上居住。

假如，假如没有人向你求爱，
你内心忧伤，

脸上愁云密布，

那就表明：拉苏尔·伽姆扎托夫

已在高山上被埋入岩石的坟墓。

　　显然，这是一首求爱的诗。求爱的语言各种各样，但伽姆扎托夫的诗句与众不同。巧妙地运用数词，把数字序列作为结构的轴线是这首诗的显著特色。从一千个男人，一百个男人，十个男人，一个男人，到一个也没有，意味着一个"零"，数字由大到小，依次递减，但与之相关的情感却是由隐到显，由弱到强，在相互比较之中，这位追求者由千分之一、百分之一、十分之一，而最终成为唯一的一个，锲而不舍的执着精神令人感叹，即便为爱而死，也死而无憾，再矜持再高傲的少女，听了这样的热切表白，也会怦然心动。

　　把主体的、第一人称的"我"，转化为客体的、第三人称的"他"，让拉苏尔·伽姆扎托夫的名姓重复出现，这种艺术手法既表现了抒情主人公的坦诚直率，自报家门，毫无保留，又隐含着一层用意，五次自报姓名，让意中人加深印象，把这位无怨无悔的追求者记在心中，放在心上。五次重复非但不觉冗赘，反而加强了语气，情真意切，溢于言表。由此可见，爱情歌手的绰号，诗人当之无愧。

　　语言质朴流畅，不事雕琢，接近日常生活中的口语，内在的节奏和韵律，又使得诗句充满激情，极富感染力。透过这种风格，能感受到抒情主人公的豪爽、倔强、热情、执着，这和诗人从小生活在高加索的山林形成的个性十分吻合。爱情，是古老的诗歌主题，只有找到独特的形式与个性化的语言，才能在艺术上立于不败之地。《假如世界上有一千个男人……》结构新颖，抒情角度不落俗套，语言接近山区的民歌，但又经过了诗意的纯化与提炼，从总体上形成了自己的艺术特色。因此，它一经发表，就引起强

烈反响，众口传诵，广受好评，并且被译成外语，在更大的范围
流传。

第二首诗是《帕吉玛特》：

你，一个瘦小的女孩儿，
来到了这个无比庞大的世界，
母亲哺育你，保护你呀，
帕吉玛特、帕吉玛特、帕吉玛特！

睡梦笼罩着你的小床，
梦境里哗哗流淌欢乐的小河，
月亮的倒影在河面摇荡：
帕吉玛特、帕吉玛特、帕吉玛特！

光阴如流自有时序，
你的两条辫子叫我神不守舍，
我在熟悉的窗下低语：
帕吉玛特、帕吉玛特、帕吉玛特！

我曾有幸周游世界，
这世界既丰饶富足又贫困饥饿，
像回声萦绕在我的耳畔：
帕吉玛特、帕吉玛特、帕吉玛特！

我们的女儿泉水般纯洁，
她们望着你，满怀敬爱与喜悦，
你是她们慈祥的太阳啊，
帕吉玛特、帕吉玛特、帕吉玛特！

> 你的端庄美丽让我陶醉，
> 我反复吟诵总觉得不够准确。
> 你是我的命运、我的祷词：
> 帕吉玛特、帕吉玛特、帕吉玛特！

帕吉玛特是诗人伽姆扎托夫的妻子。他们有三个女儿，夫妻恩爱，相濡以沫，共同经历了几十年的风风雨雨、坎坎坷坷。在诗集《爱之书》中，诗人献给妻子的诗数以百计，其中有一辑还以"帕吉玛特"为题。有人说，恋爱像诗，而婚姻是散文，前者浪漫，后者平淡，因此，多数诗人写给女友和情人的诗篇多到不可胜数，而写给妻子的诗作则少得可怜。伽姆扎托夫的作品则突破了常规，有力地证明了婚姻家庭同样是灵感的源泉、创作的沃土。

《帕吉玛特》一诗结构严谨，全诗六节，每节末行相同，帕吉玛特的名字连续出现，但不同的诗节均有不同的背景、不同的含义。其中既有母亲的呵护、月亮的赞美；也有求爱的呼唤，远离的思念；还有女儿的依恋、伴侣的祈祷。第一、二节描写帕吉玛特无忧无虑的童年，格调开朗乐观；第三、四节写青春季节的热恋和婚后离别来自远方的牵挂，语气真切又深沉；第五、六节表现家庭生活的温馨和发自内心的对妻子的挚爱，把抒情推向高潮。短短的六节诗包容了漫长的岁月，从前那个瘦弱的小女孩如今成了三个女孩的母亲，从前那个在窗下低声呼唤少女的小伙子，如今当了父亲，岁月如流，而真情不减，这种白头偕老的专一之爱符合高加索山民的传统观念。对于更注重家庭责任和伦理情操的东方读者说来，这样的诗作显得格外亲切，倍加动人。

《帕吉玛特》的引人之处还有精心选择的细节以及独出心裁的比喻。"光阴如流自有时序，你的两条辫子叫我神不守舍。"活灵活现地展示了初恋者的神态。诗人不写少女的容貌、眼睛、服饰，只写两条辫子，让你欣赏她的背影，可说是匠心独运——既然连发辫都有诱人的魅力，明眸皓齿的妩媚自然不难想象。形容女儿像纯洁的泉水，自然而贴切。用"我的命运、我的祷词"比喻妻子帕吉玛特，则出人意料。"祷词"二字含义丰富，其中有祝福，有谢忱，有祈盼，也有敬畏的虔诚。这一行诗既是对妻子的赞美，更是对命运、对上帝的感激，是上帝赐给诗人这样美丽贤惠的伴侣，才使他体验了人生的欢乐与幸福。

第三首诗也是一首无题诗：

原野和旷地绿了，
峡谷和草场绿油油，
仿佛经过山民的洗涤，
铺展开来，绿到天的尽头。

原野和旷地绿了，
我们却白了头，我的朋友。

朝霞红了，朝霞红了，
云絮舒展玫瑰色的彩绸，
为犍牛的前额涂抹绛紫，
用一双灵巧的火焰之手。

朝霞红了，朝霞红了，
我们却白了头，我的朋友。

澄澈辽远的天空蓝了，
云朵在无底的海上浮游，

黛青色的烟岚环绕群山，
蓝色的钟声——悠悠。

澄澈辽远的天空蓝了，
我们却白了头，我的朋友。

原野和峡谷青春年少，
你我的双鬓却如霜雪凝就，
为什么柳絮杨花飞满头？
不要回避，请为我说明情由。

你和我不是原野，是雪峰，
我们五冬六夏长相厮守。

　　记不清在哪一本杂志上看过一篇短文，其中有几句话，大意是：有人问，有什么比少男少女的恋情更美丽？一位长者回答说：一对相搀相扶走过马路的白发夫妻。的确，恋爱，不仅仅是年轻人的专利，老年人的黄昏之恋别有韵致，其内涵更丰厚、更充实，其表现更从容、更豁达，更富有哲理意味和人生启迪。伽姆扎托夫这首表现白发夫妻情怀的诗篇就是最好的例证。一对满头白发的夫妻肩并肩，手挽手，漫步旷野，绿草、红霞、蓝天，既让他们喜悦，又让他们感叹。
　　大自然是那么美好和谐，让人赞美，让人留恋，但岁月无情，不知不觉已至垂暮之年。一个怀着忧伤提问：为什么这么快就鬓须斑白？另一个轻轻回答：我们是雪峰，阅尽人间沧桑，无悔无憾。两位老人把我们带进了既绚丽多彩又清明空阔的精神境界。
　　伽姆扎托夫的诗笔擅长描绘自然界的色彩。我们不妨稍加归纳：

绿——原野、旷地、峡谷、草场。

红——朝霞、云絮、火焰。

蓝——天空、海洋、烟岚、群山。

白——鬓发、雪峰。

有了前面的绿、红、蓝的诸多意象的烘托与反衬，白发与雪峰才更显精神矍铄，意气清远。"蓝色的钟声——悠悠"一句，运用了通感，原本没有颜色的钟声幻化出一片蔚蓝，把听觉形象转化为视觉形象，表现了空灵辽远的意境。这可谓是神来之笔，令人击节赞赏，拍案称奇。

从诗的结构角度分析，这首诗由四行诗节与双行诗节交织穿插，双行中"我们却白了头，我的朋友"三次重复，起到了蓄势与铺垫的作用，使得最后一节"你和我不是原野，是雪峰，／我们五冬六夏长相厮守"，更有分量，更显凝重。这就像一道泉水从高山上流下来，经过了三道水坝的拦截，因而水量更足，水势更猛，一旦开闸放水，浪花飞溅，波涛翻滚，其声势和冲击力必然令人印象更加深刻。

（原载《名作欣赏》2000 年第 2 期）

母亲的手　太阳的光

——中俄咏母爱诗赏析

母爱，是诗歌创作永恒的主题。古今中外许多怀着赤子之心的诗人，都把最真挚、最深情的诗篇呈献给母亲，献给自己的母亲，献给普天下的母亲，因为他们知道，母亲是世界上最无私的人。

从 2001 年上溯一千二百年，是公元 801 年，那是唐朝德宗贞元十七年，出生于 751 年的孟郊时年五十岁。几十年贫困潦倒的诗人，刚得到一个卑微的官职，做了溧阳县尉。对生活稍做安顿后，他便把老母接到任所，并写下了脍炙人口的名篇《游子吟》：

> 慈母手中线，游子身上衣。
> 临行密密缝，意恐迟迟归。
> 谁言寸草心，报得三春晖。

歌颂母爱的孟郊只活到了六十三岁。他创作的《游子吟》却流传了一千二百年，并且还会继续流传下去。为什么一首诗具有那么长久的艺术生命力呢？因为孟郊的诗道出了"人人心中所有，人人口中所无"。作为人之子的孟郊抒发了儿子对母亲最真切、最质朴的情感，这是发自肺腑的赞歌。普天下的人之子都怀有这种情感，但孟郊找到了抒发这种情感最恰当的语言、最简明的形式。共性与个性的完美融合为诗歌的长青之树提供了丰厚的沃土与取之不竭的养分。诗歌是由诗人创作的，但它却活在读者的心中。父母为孩子诵读《游子吟》，等孩子做了父母，他们也为自己的孩子读这首诗，代代相传，永不止息，这就是诗歌杰作的永恒魅力。

　　《游子吟》只有短短的六行，三十个汉字。前四行叙事，后两行抒情。孟郊截取了生活中的一个瞬间，刻画母亲为即将远行的儿子缝制衣裳，透过形体动作展示人物心理，艺术手法颇似电影中的特写镜头。读者眼前清晰地出现了母亲的手、手中的线、密密缝的动作、脸上忧虑的表情。这场面，这细节，是生活中屡见不鲜的，孟郊捕捉住了这一细节，并把它谱入诗篇，便使日常生活素材升华为艺术，而艺术能够超越时空的局限。

　　诗歌语言与日常口语不同，诗人运用种种艺术手段使语言排列符合韵律的要求。在《游子吟》一诗中，我们可以看到意象并置、诗思跳跃、主体省略等修辞手法。"慈母"与"游子"，"手"与"身"，"线"与"衣"，"密密"与"迟迟"，"寸草心"与"三春晖"都各自呼应，形成对仗。这样安排，不仅语言凝练，而且音韵和谐，读起来朗朗上口，亲切生动。我们平常说"母亲为儿子缝衣"，动词"缝"在前，宾语"衣"在后。但在这首诗中，"身上衣"宾语前置，"密密缝"谓语后移，非同寻常的词序造成了"间离"效应，或称"陌生化"效果，给读者留下新颖而深刻的印象。三、四两行译成白话，该是"儿子临行，母亲密密缝衣，她担心儿子久久不能回家"。诗人把主体全部省略，只留下"临行密密缝，意恐迟迟归"十个字，语言高度浓缩。汉语汉字，最具韧性与张力，与其他语言相比，在诗意的表达方面更灵活多变，更富有潜力，《游子吟》一诗可说是个生动的例证。

　　人同此心，心同此理，世界上的儿子都爱自己的母亲。有两位外国诗人写诗歌颂母亲，他们也写母亲的手，也把母爱与阳光相提并论。把这样的作品拿来与《游子吟》对照品评分析是一件很有意思的事情。

马克西姆·唐克（1912—1995）是白俄罗斯著名诗人，曾担任白俄罗斯作协主席。1978 年，他的诗集《纳罗奇湖畔的松树》荣获苏联文学最高奖——列宁奖。抒情诗《母亲的手》（1951）就是这位诗人的手笔。

唐克出生于贫苦的农民家庭，母亲是勤劳的乡村妇女。诗人熟悉母亲那双永不停息总是操劳忙碌的手，因而他从劳动场景入笔来写母亲的手，写这双手如何耕种土地，如何经受日晒、风吹雨淋。令人称奇的是，诗人用了一个充满亲情的字眼"吻"表现土地与手的关系：

> 土地吻它们
> 用自己的垄沟，
> 用沙土的嘴唇，
> 天空用热气，用风，用雨
> 把它们亲吻。

劳动本来是辛苦的，但一个"吻"字写活了劳动的优美与崇高，体现出母亲对土地的热爱。诗歌讲究斟词酌句，一个字运用得新颖，富有创意，顿使全篇增色。"吻"字的成功使用便是生动的一例。

接下来第二节写夜晚母亲手不停歇地纺线，纱线中融进了她的手温：

> 不眠的夜晚
> 细长的纱线
> 纺进了双手的多少温馨，

早晨，双手多少次点燃美丽霞光

照耀儿女和亲人！

纺线直纺到早晨，母亲的手多少次点燃美丽的霞光，照耀儿女和亲人！点燃霞光的手，自然光彩四射，感受到霞光的儿女，必然对彻夜劳作的母亲心怀感激，在他们看来，母亲的慈爱与美丽的霞光已融为一体。

第三节写母亲手上的皱纹：

如今，

手掌显现出

深深的皱纹，

纵横交织，像我们走过的路

在巴掌上留下的印痕。

乌黑的、深深的皱纹，纵横交织，像儿女们走过的道路。这比喻中蕴含着分离：子女长大成人，离开父母外出谋生；而母亲牵挂远行的子女，手上的皱纹犹如连心的线、思念刻下的痕，离别越久，印痕越深。

最后一节写团聚：

每当全家团聚，

我们的母亲

刚把双手放到桌上，

立刻像有阳光

照亮房间，温暖我们的心。

逢年过节，子女们围在母亲身边，在餐桌上，他们忽然看见了母亲那双粗糙又苍老的手,立刻百感交集,温暖涌上心头,他们觉得是母亲的手把他们养育成人,母亲的手就是太阳的光。

《母亲的手》一诗洋溢着浓郁的生活气息、欢快的家庭亲情和开朗明快的格调。唐克采用了自由体抑扬格抒发情感,诗行长短不一,活泼随意,与口语化的语言十分谐调。这首诗不仅为白俄罗斯读者所喜爱,而且已译成多种外文,受到其他民族读者的赏识。

在俄罗斯有一支歌家喻户晓,妇孺皆知,广为传唱。这支歌就是《你好,妈妈!》。歌词的作者罗日杰斯特文斯基(1932—1994)是俄罗斯大声疾呼派的杰出代表,他的诗集《城市之声》和长诗《二百一十步》荣获 1979 年度国家奖金。

罗日杰斯特文斯基受马雅可夫斯基影响,他写诗富有激情,关注重大的社会题材,诗歌形式也采用楼梯式,铿锵顿错,节奏鲜明。

> 你好,妈妈!
> 你的歌
>   又在我梦中萦绕。
> 你好,妈妈!
>   你的爱
> 像记忆那样明澈辉耀。
> 这世界闪烁金光并非由于太阳——
> 你的善良
>   涵盖了天涯海角。

以上是抒情诗《你好,妈妈!》的第一个诗节。重复的句式,增强了抒情的力度。新颖的比喻,富有启迪意义。母亲的爱像明澈辉耀的记忆,既设喻新奇又内涵丰富。一切美好的回忆都与母亲的慈爱相联系，这是一层含义；一想起母亲的慈爱，心中就充满了光明，烦闷忧伤的乌云为之一扫，这是又一层含义；只要记忆尚存，就忘不了母亲的慈爱，这是第三层含义。用最凝练的语言表达最充沛的情感，罗日杰斯特文斯基表现出不俗的才华。和孟郊、唐克一样，这位诗人也把母爱与阳光相联系，但他似乎向前推进了一步，母爱不仅像阳光，而且胜过阳光。阳光只出现在白天，而母爱则涵盖了白天与黑夜，母亲的善良流布到海角天涯。诗人在歌唱自己的妈妈，也为五洲四海的母亲们谱写了一曲赞歌！

　　接下来诗人说母亲渐渐衰弱，母亲的力量给了儿子，使他强壮；母亲渐趋高龄，母亲的岁月陪伴儿子成长。诗句平易，却蕴含哲理：

> 你逐渐衰弱——
> 你的力量
> 　　　溶进我心海的波涛。
> 你渐趋高龄——
> 　　　　你的岁月
> 伴随我走过人生大道。
> 无论光阴
> 　　　流逝到何年何月，
> 对于我来说，
> 　　　　你永不衰老。

　　第三节出现了母亲的双手！看来每一个有赤子之心的诗人都牢牢记着母亲的双手，那双拥抱儿子、抚摸儿子、为儿子终生操劳的手。母亲的手岂止为儿子操劳，它们哺育了子女，又为子女的孩子忙碌：

你的双手

为十口之家

　　　　日夜操劳。

你的孙子孙女

在蓝天之下

　　　　诞生了。

手扶摇篮又一次唱起歌谣，

你从小孙女的模样

忽然认出了自己的面貌。

　　这字里行间有多少亲情，多少欣慰，多少喜悦！看来含饴弄孙的天伦之乐绝非中国人的专利，俄罗斯人同样重视家庭亲情。高尔基在他的自传体三部曲中用许多笔墨描述他的外祖母，正可以与诗句相互印证。

　　《你好，妈妈!》最感动人的是最后一节：

地球上

　　　　好心肠的人不少

可亲近的人不少。

但是归根结底，

　　　　　归根结底，

就数妈妈，

　　　我的妈妈——

　　　　　　　最好!

　　诗句明白如话，没有任何比喻与形容，正所谓洗去铅华始见真。真挚与赤诚能产生强烈的艺术感染力。每个读者读到这里，都会情不自禁地想到自己的妈妈，心情激动，甚至热泪盈眶。

罗日杰斯特文斯基有一首诗《啊，写诗的艰辛!……》其中有这样的诗行：

> 不用敲门，
> 走进你的房间。
> 不费周折，
> 潜入你的心田。

无论是孟郊的《游子吟》、唐克的《母亲的手》，还是罗日杰斯特文斯基的《你好，妈妈!》都如春风化雨，滋润着诗歌爱好者的心田，为读者带来阅读的喜悦与启迪，使他们心灵得到净化，更加珍视人世间的母子亲情。

（原载《名作欣赏》2001 年第 5 期）

剪不断的故土情结

——俄罗斯侨民诗人怀乡诗赏析

19 世纪末最后十年至 20 世纪 20 年代，俄罗斯诗坛相继出现了象征派、阿克梅派、未来派、意象派，涌现出一大批才华横溢、个性鲜明的大诗人，把俄罗斯诗歌创作推到了一个崭新的阶段，这就是"白银时代"，与以普希金、果戈理和莱蒙托夫为代表的"黄金时代"遥相呼应。

1914 年爆发的第一次世界大战和 1917 年十月革命，使俄罗斯陷入了空前的社会震荡。有的诗人，像马雅可夫斯基、勃留索夫站在了革命阵营一边，为进攻的无产阶级擂鼓助威，高唱战歌；但更多的诗人感到迷惘、惶惑与惊恐，纷纷离开俄罗斯，流亡国外。柏林、巴黎是他们的栖居之地，其中也有人漂洋过海到了美国。漂泊的诗人没有放下手中的笔，他们继续写作，甚至创办了期刊杂志，俄罗斯侨民诗歌创作形成了第一次浪潮。

俄罗斯侨民诗人大都出身于贵族阶层。贵族意识、传统的道德观念，注定了他们难以留在国内。但是俄罗斯的森林、旷野、白桦、雪原，俄罗斯的文化、宗教、礼仪、习俗，又让他们深深依恋，难以割舍，因此，怀念故土，抒写乡愁，就成了他们反复吟唱的主题。

在异国土地的城镇都市，
经过多年的颠沛流离，
要绝望常有种种缘由，
我们走进了绝望的境地。

走向绝望，走向最后的安逸，
我们仿佛走在寒冷的冬季，
在邻村教堂里做过晚祷，
踏着俄罗斯积雪走回家去。

短短八行，包容了无限的感慨与悲凉：多年在国外漂泊流浪，居无定所，常常陷于绝望的困境。抒情主人公意识到已濒临死亡，然而他并不恐惧，反而把死亡视为解脱，视为"最后的安逸"。死亡给他的感觉，就像"在邻村教堂做过晚祷，踏着俄罗斯积雪走回家去"。死亡能使他超脱有国难投、有家难回的绝望，实现魂归故里的夙愿，那一望无际的俄罗斯积雪正好消解俄罗斯游子的思乡愁绪。诗人的怀抱是那样纯洁，那样开阔，他的忧思得到了净化与升华，显得澄澈透明。

这首诗的作者戈奥尔吉·伊万诺夫（1894—1958），是俄罗斯阿克梅派诗人，1922 年离开圣彼得堡。他还有一首怀念皇村故居的诗写得独具个性：

没有必要与厄运争执，
我也不想与定数对抗。
啊，我只盼些许柔情，
重温皇村窗口的风光，
太阳照耀绿色林荫道，
你沿着小路款款走来，

真难形容有多么漂亮!
白色连衣裙配上白鞋,
怀里抱着一束紫丁香,
就连清风也脉脉含情,
轻轻抚弄着你的秀发,
影子似的在身后飘荡,
黑色的缎带袅袅飞扬……

你说,我们怎么成了这样?
怎么竟成了侨民流落异邦?

　　人,难以把握自己的命运,在时代的急风暴雨中,个人往往是飘零的落叶。伊万诺夫在这首诗中既抒发了对故乡、对美好年华的眷恋之情,又发出了人生无奈的感慨。诗中最为动人之处是多姿多彩的细节描绘。当抒情主人公缅怀往昔,仿佛又置身于皇村故居的窗口,凭窗凝望,注视着心上人从林荫道上缓步走来。只见她白衣、白鞋,怀抱紫丁香,秀发随风飘扬,黑色缎带一起飞舞,而背景则是绿色林荫和穿过枝叶洒下的缕缕金色阳光。白、紫、黑、绿、金,五彩斑斓,多么清丽!诗人那支富有灵性的笔似乎不是在写字而是在绘画。景色栩栩如生,人物呼之欲出。最后两行是两个问句,那口吻既是问女友,又像在扪心自问,同时也在问读者,问诗人的同代人。每个面对提问的人,都不免要想一想那个时代以及诗人的命运与遭遇。
　　谢维里亚宁(1887—1941)是俄罗斯白银时代未来派诗人,1918 年他在莫斯科被推举为“诗歌之王”。马雅可夫斯基因此屈居次席,很长时间耿耿于怀。同年年底,谢维里亚宁陪母亲去爱沙尼亚治病,滞留在塔林,再也没有返回俄罗斯。侨居国外期间,他写了许多怀念乡土的诗,请看其中的一首无题诗《往往有这样的日子……》（1930）：

　　　　往往有这样的日子：我怨恨
　　　　我的祖国——我的母亲。
　　　　往往有这样的日子：我倾心
　　　　歌唱它，没有人比她更亲近。

　　　　她的一切一切都充满了矛盾，
　　　　她有两副容貌、两样灵魂。
　　　　就连少女，笃信奇迹的少女，
　　　　也未能脱俗而格外沉稳。

　　　　扁桃花似雪，冬天温存。
　　　　既有钟声，也有手风琴。
　　　　天气阴沉，云雾却透明。
　　　　既像是乌鸦，又像鹰隼。

　　　　拆毁了伊维尔大教堂，
　　　　诅咒是母亲，爱抚是母亲……
　　　　而你向往那广袤的怀抱，
　　　　一片痴情，一颗游子心！

　　　　我知道自己是俄罗斯子孙。
　　　　欲飞上晴空，却在沉沦。
　　　　我自己对自己也不了解，
　　　　我是流落异邦的俄罗斯人！

　　这是一首交织着怨恨与挚爱、向往与失落的歌。抒情主人公像个受到误解和惩罚的孩子，被母亲赶出家门，不许回家，孩子一阵冲动，怨恨母亲，但事后想想，又十分懊悔。母亲毕竟是母亲，没有人比她更亲近，因而还是倾注满腔的激情歌唱她。

　　正像母亲有时候不理解儿子一样，儿子有时候对母亲也不理解。他觉得祖国有两副容貌、两样灵魂，对自己的子女爱憎不一、亲疏不同，尽管游子向往祖国广袤的怀抱，但母亲板起面孔，不予宽容，不予接纳。这让身为侨民的俄罗斯子孙大为困惑。虽然他有凌云壮志，想为俄罗斯做一番事业，有所成就，有所贡献，但沦落异邦，生活艰苦，也只能在回忆与幻想中渐趋消沉。天长日久，忧郁主宰了生活，诗人便写了《忧郁的经验》（1936）这首诗：

　　　　我有一条经验，忧郁的经验。
　　　　别人的毕竟属于别人。
　　　　该回家了；海湾闪光如镜面，
　　　　春天正走近我的房门。

　　　　还有一个春天。也许
　　　　已是最后一个。没有关系！
　　　　这春天能使心灵省悟，
　　　　那背离的国家究竟好在哪里。

　　　　自己有住宅，无须再盖房。
　　　　有一处居室足可称心。
　　　　据他人之物为己有实在荒唐，
　　　　别人的毕竟属于别人。

　　两次出现的诗句"别人的毕竟属于别人"是底蕴丰富的痛苦

慨叹。国家是别人的，社会环境是别人的，住房是别人的，交际的语言是别人的，似乎连空气也是别人的，春天也是别人的，属于自己的却相隔遥远。这种生活怎能不显得怪诞荒唐？诗人盼望返回俄罗斯，尤其当春天降临，他在心里重温旧梦，缅怀在祖国度过的那些日子，缅怀亲朋好友，诗歌朗诵会、热情的读者、兴奋的听众，这既给他慰藉，又使他悲伤，甚至产生懊悔：为什么要离开那片土地呢？既然那里有栖身之地，何苦要跨越那条疆界，自寻烦恼？诗人渴望回国，想方设法与国内的朋友联系。列宁格勒的诗人罗日杰斯特文斯基出面与当局交涉斡旋。遗憾的是，一切努力皆属徒劳，谢维里亚宁最终是抱憾终生，客死他乡。

　　蒲宁（1870—1953）也属于白银时代，他的小说享有盛名，1933 年他获诺贝尔文学奖，成为俄罗斯作家中获此殊荣的第一人。蒲宁的诗也写得很好，其实他是以诗人身份步入文坛的。1903年，他因诗集《落叶》获得俄罗斯科学院普希金奖。值得指出的是，蒲宁的诗歌创作与白银时代的诸多流派保持了距离。他所遵从与推崇的，依然是融合抒情与哲理的俄罗斯写实主义的文学传统。1920 年，蒲宁离开俄罗斯，辗转到了巴黎，后来长期居住在法国东南部的小城格拉斯。侨居法国期间，伴随着蒲宁的是对俄罗斯土地、俄罗斯文化的苦苦思念。让我们来欣赏蒲宁写的一首无题短诗《鸟儿有巢……》（1922）：

> 鸟儿有巢，野兽有洞。
> 年轻的心有多么沉痛，
> 当我辞别父母的家园，
> 离开故居说声"再见！"
>
> 野兽有洞，鸟儿有巢。

心儿痛苦啊，怦怦直跳，

当我背着破旧的行囊，

画着十字走进陌生客房！

　　诗末注明写于1922年6月25日，诗人离开祖国已将近两年，但对家乡、对故园念念不忘，无时无刻不牵挂在心中。看到鸟儿能在树上筑巢，野兽能在土里挖洞，想想自己，漂泊不定，无容身之地，诗人怎能不感伤？1922年，蒲宁已经五十二岁，渐渐走向暮年，因而更易感慨。这首小诗语言质朴，结构严谨，整体构思立足于对比与反衬。鸟巢、兽洞、父母的庄园、出生的家屋、陌生的房子，相互联系又相互烘托，寥寥几笔就画出了人世的坎坷、命运的难料。蒲宁写诗，斟词酌句，异常精确，看似平易，却耐人寻味。"破旧的行囊"，道出了行旅的艰辛和旅程的漫长；"租来的陌生房子"，两个修饰语叠用，表现了诗人的酸楚与悲凉；"鸟儿有巢，野兽有洞"两次出现，但语序颠倒，工整中出变化，形式新颖，类似我国古典诗歌中的起兴手法。所有这些艺术笔法都使我们能约略窥见蒲宁的诗艺特色，领略到这位俄罗斯经典作家的感伤。

　　赏析俄罗斯几位诗人的怀乡之作，不由得想起了一首汉语诗，题为《野生植物》：

有叶

却没有茎

有茎

却没有根

有根

却没有土

那是一种野生植物
名字叫
华侨

　　破碎、断裂、残缺的意象，频频闪入眼帘，让人心灵震颤，感到切肤之痛。恍惚之间，排列有序的诗节就是一株被齐根斩断的植物，脱离了大地。两个诗节之间的空行俨然是一截横置的刀锋，森森然冒着凉气。

　　这首短诗的结构很有特色，句式排列采用了"有"与"没有"，即肯定、否定，再肯定、再否定的序列，单句与双句形成了矛盾与冲突。虽然肯定在前，否定在后，但诗中隐含的故土情结却生生不息，用"抽刀断水水更流"来形容，十分贴切。野生植物生存在陌生的环境，天时、地利、人和的条件均不具备，它们屡屡受到伤害。然而，正是生存的艰难赋予它们以刚毅和坚韧，而思乡之情是它们获取力量的源泉。

　　《野生植物》一诗的作者是菲律宾华裔诗人云鹤，1942年，他出生于马尼拉，祖籍福建厦门。据诗人自己说，《野生植物》一诗从酝酿构思、写成初稿、反复修改到最后定稿，前后经过了十五年之久。题目改过两次。原来最后一行两个字为"游子"，几经推敲才定为"华侨"。由此可见，这首诗非一般的笔墨之作，它是由心血与生命凝就的艺术品。每一位海外中华儿女、亿万大陆同胞的心灵，都是这棵"野生植物"落地生根借以生存的沃土。

　　真正的诗歌作品具有巨大的艺术包容性。我们不妨设想，假如俄罗斯诗人伊万诺夫、谢维里亚宁、蒲宁依然活在世上，假如他们有幸看到云鹤的《野生植物》，他们必定会击节赞赏，会情不自禁地说："好诗!好诗！佩服!佩服!"同时，他们也许会提出一个小小的请求：把"华侨"二字改为"侨民"。同命相怜，他们感到自己也是"野生植物"。

侨民离开故土，大都有难言的苦衷。或迫于生计，或由于局势动荡、社会环境不容，或由于信念有别、另有追求，不得不背井离乡，远走海外，但是不管走到哪里，他们的心都依然在思念祖国。文化传统和语言，像千丝万缕无形的线把他们和生根的土地紧紧地联系在一起。也许他们不会把故国情思时时挂在嘴边，但夜深人静之时，他们在梦中往往魂飞故里探望亲人，漫步家乡的土地，热泪盈眶。但愿人们对侨民多一些理解、尊重、同情与宽容，或许认识、理念、信仰有种种差异，但热爱乡土、认同传统文化的心会贴得很近。当远游的侨民诗人有机会回归故土的时候，相信他们的诗笔必会一扫往日的苦涩而谱写新的诗篇，来抒发团聚的欢畅。

（原载《名作欣赏》2000 年第 3 期）

负重"使者"　乐莫大焉

在过去的年代，许多中国读者都怀有某种俄罗斯艺术情结，剪不断，理还乱。那时候，俄语一度成为了公共外语，《红莓花儿开》《喀秋莎》《莫斯科郊外的晚上》《三套车》的歌曲几乎家喻户晓，《列宁在十月》《列宁在1918》中"面包会有的""让列宁同志先走"等句子，成了历时数十年的流行语，高尔基《海燕》固定在语文课本，奥斯特洛夫斯基在《钢铁是怎样炼成的》中通过保尔•柯察金说的"人的一生应该这样度过……"是无数中国人耳熟能详的名言。进入新世纪，那段"流金岁月"已成遥远往事，如今全球化语境下，人们的文化需求已日趋多元，但谁又敢轻视俄罗斯文学在世界文坛的巨大影响力？

美国媒体曾提供一份数据，由125位英美名作家评出"有史以来最伟大的书"，相当于世界文坛的一份"民意调查"。其中两项颇受关注：一是"19世纪最佳作品"中，托尔斯泰的《安娜•卡列尼娜》《战争与和平》、契诃夫的《契诃夫小说集》和陀思妥耶夫斯基的《罪与罚》分别位居第一、第三、第五、第九；一是"得分最多的作家"中，托尔斯泰以327分高居榜首，莎士比亚以293分位居第二，后面依次为乔伊斯、纳博科夫、陀思妥耶夫

---

① 黄桂元，评论家，天津作家协会副主席，《文学自由谈》杂志主编。

斯基。如此硬梆梆的数据，显影了一幅真实图景：无情的时光流逝，并没有湮没俄罗斯文学的世界高度。

谷羽先生一直坚信，俄罗斯文学的生命力必将恒久。三年前，我在一个诗歌研讨会上初次见到谷羽，虽对其大名已有耳闻，见面却只是礼节性的，并无一见如故的热络互动，他的儒雅学者气质多少把我"镇"住了。江弱水先生曾用"白发萧然而步履健如"的语言描述谷羽，极神似。我回去上网"百度"，发觉自己实在孤陋寡闻，谷羽先生对于俄罗斯文学在中国的译介，其影响所及，完全可用"覆盖"比喻。心有灵犀的是，谷羽回去也"百度"了一下，用先生的话讲，原来我们不仅是诗歌同好，不仅是南开校友，还是河北邢台同乡。我们此后的亦师亦友关系，也成了一种顺理成章。

不久前我们约着见了一次面。先生笑吟吟带来了新出版的四部俄罗斯诗人的诗集，这是我在这个寒冷冬季收到的最温暖的礼物。四部诗集，有茨维塔耶娃的《我是凤凰，只在烈火中歌唱》、蒲宁的《永不泯灭的光》、勃留索夫的《雪野茫茫俄罗斯》和巴尔蒙特的《太阳的芳香》，印制精美，装帧素雅，那一刻，我居然有了我这个年龄不大容易产生的那种感觉，怎么说呢，那差不多是一种小孩子被宠爱着的幸福感。在每部诗集的首页，先生对我分别示有四种不同称谓："诗友""校友""诗歌评论家""同乡"，先生的认真、细心、诚挚、友善，可见一斑。四种称谓，前三种大体属实，至于"同乡"，我的身世并不是"籍贯"所能概括的，且不去说它。这四部译著远非先生的全部成果，仅2014年，他就出版了八部译著，2015年还将有四部书出版。其实，我更"贪心"他译的那部八十六万字三卷本文学传记《茨维塔耶娃：生活与创作》的签名本，由于该书出版于2011年，他手头已经没有，我也只能求助于书店订购了。

　　2003 年，谷羽正式从南开大学外语学院西语系退休，已是 63岁。之前，先生出版过《俄罗斯名诗 300 首》《普希金爱情诗全编》《克雷洛夫寓言九卷集》《在人间》《契诃夫中短篇小说选集》等译著，并曾主编《俄罗斯白银时代文学史》等书，由于业绩显著，1999 年荣获了俄罗斯联邦颁发的普希金奖章和荣誉证书。早些年，谷羽曾以访问学者的身份在俄罗斯生活了 13 个月。俄罗斯民族一直以自己的文化传统为荣，从官方到民间皆如此，这给了谷羽极深的印象。他曾在圣彼得堡、莫斯科的许多博物馆、展览馆、纪念馆、名人故居里留连忘返，他见到过很多诗人、作家、艺术家的纪念碑、雕像，前面总是摆放着一束束石竹花，这一切让他眼睛湿润，也激励他要把更多俄罗斯文学瑰宝介绍到中国。谷羽尤其钟情于俄罗斯诗歌的高贵、浪漫、纯净与深沉，如果把俄罗斯文学比作一座雄伟瑰丽的殿堂，他认为支撑殿堂的两大支柱是托尔斯泰和陀思妥耶夫斯基，而镶嵌在塔尖最耀眼的那颗明珠则属于普希金。俄罗斯民族历来也有尊崇诗歌的传统。以普希金的三卷集为例，第一次印数 25 万册，第二次印数跃升为325 万册，第三次 1985 年竟达到了令人难以置信的 1070 万册；1988 年出版的《丘特切夫诗选》，印数 50 万册，《费特诗选》，印数 30 万册。拥有如此众多的忠诚读者，我想中国诗人一定会顾影自怜，垂涎不已。

　　有趣的是，先生与俄语的不解之缘，纯属一次"意外"事件。读中学时，他开始接触俄语，最犯愁的是，舌尖颤音"p"怎么也发不出来，光练"打嘟噜"就练了一个多月，他做梦也不会想到日后会与俄语打一辈子交道。他本来喜欢的是语文，特别是古典诗词，也在偷偷写诗，考大学报的也是中文系古典文学专业，却偏偏被分到了外文系俄语专业。那年月，个人服从分配乃天经地义，无商量余地，谷羽舌头不利索，还要硬着头皮每天"打嘟噜"，实属无奈。但正是阴差阳错的"被选择"，决定了他此生不可逆转的"文化使者"情怀和学术方向。

退休后的谷羽先生，稳步进入了事业的辉煌期，如今发表的译作和研究成果已超过千万字，对于一位年逾古稀的老人，堪称奇迹。俄罗斯诗歌史上曾有群星璀璨的"黄金时代"和"白银时代"，涌现出普希金、莱蒙托夫、丘特切夫、费特、阿赫玛托娃、叶赛宁、帕斯捷尔纳克、茨维塔耶娃等杰出诗人，谷羽都一一向中国读者做了译介。他的恩师李霁野先生曾告诉谷羽："文学翻译难，诗歌翻译更难。……你该记住两句话：一是对得起作者，二是对得起读者。"他一直铭记在心。费特是俄罗斯纯艺术派的代表性诗人，对诗的节奏韵律非常讲究，为保持诗的"原汁原味"，他采用以"顿"对应音步的方法，直到把费特诗歌的形式美与节奏感真正表现出来才满意，而全书的翻译过程竟持续了近二十年，也成为一段佳话。

与此同时，先生也在身体力行地把中国当代诗人介绍到俄罗斯，其动机乃至动力，竟源于一次"心理失衡"。谷羽曾问过俄罗斯诗人彼得·维根读过哪些中国诗人的作品？对方想了想，回答："李白、杜甫。"又问："当代诗人呢？"对方茫然，好半天才说出"艾青"的名字。这件事深深触动了谷羽，他意识到，俄罗斯读者对中国当代诗歌的了解基本是个空白，"来而不往，非礼也"，他要打破这种"不平衡"，让中俄诗人作品"双向"流动起来。近年来，经他推介，俄罗斯读者已经知道了邵燕祥、流沙河、牛汉、北岛、顾城、灰娃、席慕蓉、伊蕾、樊忠慰等近三十位中国诗人的名字和作品。他说这得益于自己与俄罗斯汉学家的顺利合作，而此事当真"乐莫大焉"。我也曾提供过一些诗人的作品，一再得到先生的表扬，我只有再接再厉。我在一次通话中大发感慨，当今中俄文学交流中，您是最负重的使者，最无私的劳模，没有"之一"。先生忙不迭阻止我说下去。但这是事实。谷羽不需要恭维，而我也不需要恭维任何人。

（原载《中华读书报》2015 年 1 月 7 日第 3 版，有改动）